Karin Hubert

Die Kinder des Affen

Eine Spurensuche in Assisi zur Zeit Giottos

tredition

Website: www.sesemi.de
Covergrafik von: By Giotto - Web Gallery of Art: Image Info about artwork, Public Domain, https://commons.wikimedia.org/w/index.php?curid=15883950

ISBN 978-3-384-14930-5 (Paperback)
ISBN 978-3-384-14931-2 (Hardcover)

Druck und Distribution im Auftrag der Autorin:
tredition GmbH, Heinz-Beusen-Stieg 5, 22926 Ahrensburg, Deutschland

Umschlag, Illustration: Karin Hubert

Inhalt

Personen

Die Maler und ihre Familien

Niccolò di Ranuccio, Maler aus Florenz
Bartolo di Giovanni, Niccolòs Freund
Onofrio da San Clemente, Franziskaner
Puccio Capanna, terra terra
Maria, seine Frau
Emilia, seine Tochter
Giotto di Bondone, Kopf der Werkstatt und cleverer Geschäftsmann
Ciuta, seine Frau
Ihre Kinder:
Francesco di Giotto, Chef der Werkstatt in Assisi
Lauretta und Viola, Francescos Frau und Tochter
Caterina
Ricco di Lapo und Stefano, Caterinas Mann und Sohn
Beatrice, liebt Zahlen und Geometrie
Chiara, liebt Tiere
Lucia
Margherita, keine Malerin, aber eine alte Dame mit einer großen Erinnerung
Guido di Michele
Angeluzia, seine Mutter
Gherardo di Guccio, Maler
Anselmo, Maler aus Bayern
Tobia, Steinmetz, Anselmos Bruder
Aloisio, Bildhauer, Anselmos Vater
weitere Maler und Lehrlinge

Die Cavalieri della Dama Amore und ihre Familien

Bonaventura Guidotti, Apotheker und Großmeister
Federica, seine gelehrsame Tochter
Salvestro de‘ Moriconi, Schatzmeister
Ginevra, seine Tochter
Ranieri di Giacomo, sein Schwiegersohn
Leone, Maestro abbacco (Elementarlehrer), Kanzler
Francesco, Onofrio (Marschall), Guido di Michele,
Gherardo di Guccio (Seneschall),
Aloisio und Niccolò (Novize)

Die Mönche und Gelehrten

Tebaldo da Pontano, Bischof von Assisi
Astrolabio da Salerno, Benediktiner, Mediziner, Forscher
Kardinal Napoleone Orsini, Kardinalprotektor des Franziskanerordens
Ubertino da Casale, Benediktiner, vorher Franziskaner
Michele da Cesena, Ordensgeneral der Franzikaner
Bruder Bernabò da Bevagna, Vorsteher des Klostergartens von S. Francesco
Bruder Alberto, Bibliotheksgehilfe von S. Francesco

Die Ketzer

fra Maso, Ritter der Madonna Povertà
fra Gentile, Ritter der Madonna Povertà
Francesco di Vanne, Bruder des freien Geistes
Torsolo, Dorftrottel, Bizzocco

Außerdem

Vitellozzo, Bader
Mariuccia, Vitellozzos Frau
Cenne de la Chitarra, Dichter aus Arezzo
Nardo, sein Koch
Piero und Coppo, Schüler
ein wohlgestalteter Jüngling
Muzio di Francesco, Bösewicht
Lemmo da Gubbio, Amor, Merkur
Agnese di Scescio, ein unglückliches Mädchen
Puzzarello di Manfredi, eitler Gockel
ein Pilger aus Florenz mit einer großen Nase
Cynthia, eine philosophische Ratte
Pipistrelluccio, ein schwarzer Kater
ein namenloses Äffchen

sowie weitere Bürger, Mönche, Schergen, Büttel und Buoninsegna d'Assisi

Teil 1 - solutio

Herr, woher kommt Ihr?"
Vom schmalen durch die Luke einfallenden Lichtstrahl erleuchtet trat die Erscheinung ein, von himmlischer Größe und göttlicher Gestalt. Er blickte zu dem anderen Körper, jung und schön, an die Säule gebunden, das Blut strömte aus seinen Wunden. Was war das Abbild, was das Wesen, was die Idee? Gerade noch hatte er dessen Wunden inniglich geküsst, ihr süßer Geschmack erfüllte noch seinen Gaumen. Er spürte die Fesseln an seinen eigenen Handgelenken, wie sie sich durch die Haut bis zu den Knochen schnitten, er fühlte das warme, lebendige Blut den Rücken herunter laufen. Er sah die Tropfen auf dem Boden langsam im porösen Stein versinken, Flecken hinterlassend, die wie Tintenkleckse aussahen.
„Herr, bin ich jetzt wie du? Leide ich nicht genau wie du? Bin ich nicht gegeißelt und geängstigt, ganz zerschlagen und mit Schmach gesättigt bis zum Übermaß, genau wie du?"
Dann blickte er wieder hoch in das schmerzverzerrte Gesicht, dessen unfassbare Schönheit drang wie ein Messerstich in seinen Leib. Die seidigen Locken streichelten seine Schultern wie der milde Wind an einem Sommertag.
„Warte ein wenig, du sollst noch Ärgeres sehen! Solche Bitterkeit und Qual des Herrn Jesus darf man nicht so oberflächlich betrachten."

Der andere stand jetzt vor ihm und verband ihm die Augen. Die ruhige, warme Stimme ließ ihn an seine eigene Schlechtigkeit denken. Wenn doch Christus, der frei von Sünden war, so leiden musste, um wie viel mehr muss dann er, der Sünder, Leid und Schmerz ertragen?
Er fühlte den Schmerz erneut aufglühen, diesen fürchterlichen, brennenden, beißenden Schmerz, und doch schmeckte er süßer als der feinste Honig. Diese Süße! War sie schon der Beginn der Erlösung?
Wieder hörte er die Stimme des anderen: „Glaubst du, eine solche Verworfenheit wie deine, lässt sich so einfach auslöschen? Dreifach ist dein Vergehen: zur Sünde des Körpers kommt die Sünde des Geistes, denn du hast dich an der körperlichen Sünde ergötzt, hast sie herbeigesehnt, dich nach ihr verzehrt wie nach einer Geliebten. Die schlimmste aber ist die Sünde der bereuenden Seele, die doch nur zum Schein bereut. In Wahrheit genießt du auch das, du badest im Schmerz wie in einem wohligen Bad, du trinkst die Qualen als seien sie köstlicher Wein. Du sündigst sogar während du bereust, und das ist schlimmer als deine Sünde selbst."
Er krümmte sich auf dem Boden, ringelte sich zusammen wie ein Wurm. Dieser Wurmkörper war die Ursache seiner Verworfenheit, doch die Seele, die in ihm wohnte, war noch verderbter. Er wollte beten, beten, dass der Vater den Todeskelch von ihm nehme, beten, dass die große Bitterkeit, die ihm bereitet war von seinen Feinden, hinweg genommen werde und ein Ende habe.
Die Wasser der Trübsal drangen bis an seine Seele. Er sehnte das Ende herbei, der Moment, der – wie die anderen Male – nie zu kommen schien. Und doch würde es auch diesmal kommen, das Ende. Ruhe würde sich über ihn senken wie eine warme Decke, die eine Mutter liebevoll über ihr krankes Kind legt, während er noch das harte schmerzliche Lager spüren würde. Die Decke würde ihn einhüllen, während die Wunden in seinem Körper noch brannten. Wann sollte es vorbei sein?

1. Kapitel

Langsam erschienen Farben auf der weißen Wand. Wie Pinsel in einer aufgeräumten Werkstatt standen die silbrigen Oliven in ordentlichen Reihen, von dunkelgrünen Steineichen überragt; dazwischen braune gerodete Felder und auf den Anhöhen verstreute Häuser und Kastelle. Je mehr der Nebel sich verzog desto deutlicher nahmen die Farbflecken Formen an, schließlich konnte man sogar Einzelheiten erkennen. Formlose Flecken zeigten menschliche Umrisse, verwandelten sich in Bauern, die auf den Feldern das Wintergetreide aussäten oder Holz aus dem Wald nach Hause trugen und dabei denen begegneten, die bereits die Schweine zur Eichelmast in den Wald trieben.

Schweigend blickte Niccolò ins Tal des Arno hinunter. Obwohl er und seine Gefährten schon seit zehn Tagen unterwegs waren, sah er an jedem dieser milden Herbsttage des Jahres 1318 dem Gemälde der Natur bei seiner Entstehung zu. Und wie jeden Morgen bewegte ihn das Schauspiel so als erlebte er es zum ersten Mal. In den siebzehn Jahren seines Lebens war er noch nie weiter als bis Galluzzo gekommen; er hatte immer geglaubt, die Quelle des Arno müsse irgendwo hinter Bagno a Ripoli liegen, und jetzt hatten sie jenen Ort seit Tagen hinter sich gelassen!

Bartolo di Giovanni, wie Niccolò selbst ein Geselle in der Malerwerkstatt des Francesco di Giotto, schaute ihn mehrmals grinsend von der Seite an. Er wartete auf den Moment, an dem er den Freund wieder ansprechen konnte, ohne dass die Worte an diesem abperlten wie Wassertropfen an einem Stück Marmor. Auch Bartolo war noch nie so weit aus Florenz herausgekommen, dennoch fehlte ihm jedes Verständnis für Niccolòs Ergriffenheit. Die Welt war eben groß, das wusste doch jeder!

Die beiden wanderten daher eine Zeit lang schweigend, bis Niccolò endlich zu reden anfing. Die ersten Worte dieses Tages gaben seiner Besorgnis Ausdruck, heute noch in die Stadt Arezzo einziehen zu müssen.
Bei Castel San Giovanni hatten sie vor wenigen Tagen den Grenzposten des Gebietes von Arezzo durchquert. Die Wachposten hatten die kleine Schar passieren lassen, nicht ohne sie mit den üblichen, den Florentinern vorbehaltenen Sticheleien zu bedenken.
Niccolò dachte an seinen Großvater und dessen Brüder, die in der Schlacht von Campaldino gegen die Aretiner gekämpft hatten. Zwei von Niccolòs Großonkeln hatten dabei ihr Leben verloren. Aber die Verluste der Aretiner mussten wesentlich größer gewesen sein. Niccolò erinnerte sich an die Geschichten, die der Großvater an langen Winterabenden manchmal erzählt hatte.
„Von überall waren sie gekommen, dieses kaisertreue Gesocks, 800 Reiter und 8.000 Fußsoldaten aus der Toskana, den Marken, dem Herzogtum", hatte er seine Erzählungen gerne begonnen, „und uns herausgefordert, obwohl wir doppelt so viele waren. Sie aber beschimpften uns, wir seien wie die Frauen und nur damit beschäftigt, unser Haar zu kämmen und uns zu schmücken. Aber wir haben ihnen richtig eingeschenkt, dort bei der Kirche von Certomondo! Wir waren zuerst da an jenem Samstagmorgen am Tag des heiligen Barnabas. Am Ende waren fast alle ihre Anführer tot, auch der Bischof. Wir aber hatten nicht ein Opfer von Rang zu beklagen. Den Stolz und die Überheblichkeit nicht nur der Aretiner sondern aller Kaisertreuen und des Reichs haben wir darnieder geschlagen!"

In diesem Moment aber wünschte Niccolò, die Ghibellinen seien damals weniger gedemütigt worden.
„Florentiner sind in Arezzo sicher nicht gerne gesehen", sagte er deshalb ein wenig besorgt zu Bartolo.
„Du meinst wegen Campaldino? Das ist doch nun schon fast ein Menschenleben her. Mein Bruder sagt, dass inzwischen sogar die Aretiner kapiert haben, dass sich im Frieden die besseren Geschäfte machen lassen." Niccolò musste trotz seiner Besorgnis lächeln. Manchmal beneidete er Bartolo um dessen Einfalt. Bartolo glaubte alles, was er von Älteren oder Gelehrten hörte. Was hingegen die Sicherheit von Arezzo betraf, so konnte Bartolos Bruder vielleicht recht haben. Seitdem der Bischof Guido Tarlati immer mehr Einfluss auf das Geschehen in der Stadt nahm, war es wohl ruhiger geworden. Immerhin hörte man weniger von Kämpfen innerhalb der Stadtmauern zwischen den verfeindeten Parteien. Wie man jedoch mit Fremden umging und noch dazu mit Florentinern, das wusste keiner so genau. Und so schlug Niccolòs Herz heftiger als sonst, als die beiden am späten Nachmittag den Hügel zur Stadt hinaufstiegen.
Die beiden Wachen an der Porta del Foro erfüllten alle seine Erwartungen. Abweisend sahen sie die jungen Burschen an.
„Florentiner, eh?", brummte der Ältere der beiden, während der Jüngere erwartungsvoll grinste.
„Ja", murmelte Niccolò.
„Lasst mal sehen, was ihr dabeihabt!", befahl der Wächter.
Bartolo kramte in seinem Beutel. Der Wächter posierte sich breitbeinig vor ihm auf, die Hände auf die Hüften gestützt. Er stellte sich auf die Zehenspitzen, dann wippte er zurück auf die Fersen.
„Na, kommt da noch was?"
Das Wippen wurde schneller. Endlich zog Bartolo das Schreiben Meister Francescos aus der Tasche und reichte es dem Brummigen. Dieser sah nur den Absender, und erstaunlicherweise besserte seine Laune sich schlagartig. Er hörte mit dem Wippen auf, seine Stimme wurde freundlich:
„Sieh an, die Gesellen kommen vom Meister Francesco. Seid uns willkom-

men! Ihr seid Gäste des Dichters, Messer Cenne? Sein Haus liegt bei der Kirche des heiligen Dominikus. Ihr findet wohl den Weg? Geht nur immer bergauf bis zur Kathedrale, dann nach links."

Niccolò und Bartolo sahen sich fragend an. Dem jungen Kollegen des Wachmannes erstarrte das Grinsen im Gesicht. „Aber ..., keine Kontrolle? Und der Zoll ...?", stammelte er.

„Sei still, oder du kriegst auf's Maul!", raunte der andere ihn an. Zu den Burschen sagte er unterwürfig:

„Hier bitte sehr, die Herren, und einen schönen Aufenthalt in unserer schönen Stadt, wünsche ich! Die Diener der Ritter der Dame, die unserer Madonna so gleicht, sind uns stets willkommen!"

Niccolò konnte es noch immer nicht glauben. „Er hat uns gehen lassen, ohne irgendetwas. Wir haben noch nicht einmal einen Tribut zahlen müssen."

„Ja", stimmte ihm Bartolo bei, „und dabei war er zuerst so grantig. Was das wohl heißen soll, was er da geredet hat: ‚die Ritter der Dame, die der Madonna gleicht'?"

Niccolò zuckte mit den Schultern.

* * *

Niccolò wusste, dass kein Ort der bewohnten Erde sich mit seiner Heimatstadt an Schönheit vergleichen konnte. Das hatte er von allen Reisenden gehört, denen er in Florenz begegnet war. Arezzo aber sah noch nicht einmal wie eine Stadt aus. Es war vielmehr ein Hügel, an dem Palazzi, Kirchen und kleinere Häuser klebten und zwischen sich ein Gewirr von verschlungenen und engen Gassen bildeten. Es ähnelte eher den kleinen Borghi bei Galluzzo. Es gab hier keinen Fluss, der die Stadt in zwei Hälften teilte und ihr Weite verlieh. Man konnte Arezzo auch nicht von oben betrachten, wie er es in

Florenz gerne vom Hügel des heiligen Minias aus tat. Arezzo war vielmehr selbst der Hügel. Auf seiner Spitze hatte man begonnen, den Dom des heiligen Donatus neu zu bauen. Niccolòs Vorstellung von einem Dom war schon immer die einer großen Baustelle. Denn auch die Kathedrale in Florenz war, solange er denken konnte, im Umbau und würde es sicher zum Zeitpunkt seines Todes immer noch sein.

Durch einige schmale Gassen kamen sie zur Kirche San Domenico. In ihrer Nähe sollte sich das Haus von Messer Cenne befinden, der mit Meister Francesco vereinbart hatte, die Beiden auf ihrer Wanderung zu beherbergen. Ein alter Mönch wies ihnen den Weg, und so klopften sie bald darauf an die Tür von Cennes Haus. Ein dünner, zahnloser Mann, der sich ihnen als Nardo, der Koch, vorstellte, ließ sie ein und führte sie in eine Kammer mit Strohsäcken.

„Legt eure Beutel ab und kommt gleich zu mir in die Küche, um etwas zu essen. Mein Herr hat heute Abend eine Gesellschaft, deshalb kann ich mich nachher nicht mehr um euch kümmern“, sagte Nardo.

Wenig später saßen sie bei Nardo in der Küche und aßen Kichererbsensuppe und Kastanienbrot. Nardo selbst setzte sich zu ihnen. Zwischendurch sprang er jedoch immer wieder auf, um das Essen für die abendliche Gesellschaft zu bereiten. Aus einem großen Topf über dem Feuer zog er zwölf gekochte Hühner und briet sie in einer Pfanne an, in welcher er zuvor Schweineschmalz zerlassen hatte. Zwischendurch zerkleinerte er allerlei Zutaten, wie Datteln, getrocknete Trauben, Zwiebeln und die verschiedensten Kräuter. Vom Herd strömte ein würziger Duft durch den Raum und machte die Burschen noch hungriger, so dass sie der Suppe kräftig zusprachen. Aber auch der dünne Nardo vertilgte nebenbei eine große Menge an Speisen, indem er beim Kochen hier und da von den Zutaten probierte und dabei unaufhörlich redete.

„Jetzt so kurz vor der Fastenzeit will mein Herr nochmal richtig feiern und das irdische Dasein genießen“, sagte er und schob sich eine Dattel in den Mund, „deswegen habe ich so viel zu tun. Ständig geht es bis in die Morgenstunden. Die Sünde der Völlerei ist seit jeher seine treueste Begleiterin. Und welche anderen Sünden seinen Lebensweg flankieren, das weiß nur Gott allein!“

„Und so einer ist mit Meister Francesco befreundet, dem gewissenhaftesten, ordentlichsten und zuverlässigsten Maler der bewohnten Welt?“, dachte Niccolò verwundert. Diesen Nardo aber mit seinem hässlichen Gesicht hätte er wohl Lust zu zeichnen, allerdings war er dazu zu müde. Er sah Nardo zu, wie er den in Wasser eingeweichten Mandeln das braune Häutchen abzog und auch diese zerkleinerte. Das üppige Essen, die warme Luft mit dem würzigen Geruch in der Küche und das melodische Geplapper des Zahnlosen machten Niccolò bald so schläfrig, dass er sich wünschte, sein Quartier aufsuchen und schlafen zu können.

Während aber Niccolò und Bartolo immer häufiger gähnten, schien Nardo nur noch munterer zu werden. Er holte die gebratenen Hühner aus der Pfanne, um im verbliebenen Fett die Zwiebeln anzubraten, die sogleich ebenfalls einen herrlichen Duft verbreiteten. Unter Anrufung des heiligen Laurentius sowie diverser weiterer Heiliger goss er das überschüssige Fett ab, fügte die gehackten Kräuter und den Safran zu und löschte das ganze kurz danach mit Essig und Wasser ab. Er gab zunächst die Mandeln, dann die Datteln und schließlich die getrockneten Trauben dazu. Zur selben Zeit legte er Scheiben von altbackenem Brot auf einen Rost über dem Feuer. Als diese angebraten waren, zerkleinerte er sie im Mörser, mischte die Brösel mit Wein und filterte sie durch ein Leinentuch in die Pfanne mit den anderen Zutaten.

Als bald darauf die ersten Gäste an die Tür klopften, war es endgültig um Nardos Ruhe geschehen. Er sprang hin und her, öffnete Türen und schloss sie wieder, klapperte mit den irdenen Schüsseln, türmte Brote zu einer Art schiefen Pyramide auf, die ihm kurz danach unter heftigen Verwünschungen wieder einstürzte. Er verteilte die gebratenen Hühner auf mehrere hölzerne Teller, gab die gerade zubereitete Soße darüber und trug die Speisen in den großen Saal im ersten Stock, wo der Dichter seine Gäste zu empfangen pflegte. Gleichzeitig lief er immer wieder zur Tür und begleitete die Ankommenden nach oben.

Mehr und mehr füllte das Haus sich mit Leben. Niccolò horchte trotz seiner Müdigkeit auf, als er die Klänge von Musikinstrumenten hörte.

„Es gibt Musik bei Euren Festen?“

„Ja natürlich“, antwortete Nardo, „wisst ihr nicht, dass mein Herr nicht nur der berühmteste Dichter von Arezzo, sondern auch ein begnadeter Sänger und Musiker ist? Wie könnte es auch anders sein, stammt er doch aus der Stadt, in der die Musik erfunden wurde. Hat nicht Bruder Guido, hier aus unserer schönen Stadt, den Micrologus verfasst, das wichtigste Werk zur Musik, das je geschrieben wurde? Ja, wir stehen, was Dichtung und Musik angeht, allen anderen Völkern voran. Meinen Herren nennt man auch Cenne de la Chitarra, weil er jenes Instrument derart vollkommen zu spielen weiß, dass seine Musik der Musik der Engel gleichkommt!“
Der berühmte Dichter trug seinen Gästen gerade ein Lied vor. Nach jeder Strophe war Gelächter zu hören. Nardo öffnete die Küchentür, um der Musik lauschen zu können:

Di maggio voglio che facciate en Cagli
con una gente di lavoratori,
con muli e gran distrier zoppicatori:
per pettorali forti reste d'agli.

Intorno a questo sianovi gran bagli
di villan scapigliati e gridatori,
de' qual' resolvan sì fatti sudori,
che turben l'aire sì che mai non cagli;

altri villan poi facendovi mance
di cipolle porrate e di marroni,
usando in questo gran gavazze e ciance:

e in giù letame ed in alto forconi:
vecchie e massai baciarsi per le guance;
di pecore e di porci si ragioni.

Während Niccolò sich noch über den seltsamen Text wunderte, der sich stark von seiner Vorstellung von Engelsmusik unterschied, rief Bartolo plötzlich: „Das kenne ich doch! Das Lied habe ich schon einmal gehört! Ich glaube, es war ein wandernder Geselle aus der Gegend von Siena, der es gesungen hat. Doch war der Text wohl nicht der gleiche?"
„Oh du Tor!", gab Nardo zurück, „du hast wohl ‚Di Maggio' von Messer Folgore gehört? Hörst du nicht den Unterschied? Der Herr Cenne antwortet auf Folgore, aber er antwortet in Gegenteilen. Bei ihm sind es nicht Jungfern und Jünglinge, die sich küssen. Es sind die alten Vetteln und die Bauern, die über Schafe und das Borstenvieh reden, und nicht über die Freuden der Liebe daher säuseln.
Die Pferde des Gedichts meines Herrn sind keine edlen Rösser wie bei Messer Folgore. Es sind Maulesel und humpelnde Klepper mit geflochtenem Knoblauch als Zaumzeug, der mit dem Schweiß der Arbeiter um die Wette stinkt. Spürt ihr nicht den Geist, der in diesen Worten steckt? Nicht einen Traum beschreibt er wie Folgore, Cenne erzählt das Leben. Die Zeit, die du ein Jüngling bist und jungen Mädchen Worte der Wonne ins Ohr flüsterst, ist nur allzu kurz. Es ist ein eitler Traum, und wir erwachen, noch ehe wir selbst gemerkt haben, dass wir ihn träumen. Dann sind wir nur noch wie der stinkende Bauer, der so gerne der nach Rosen duftende Jüngling wäre. Wir sind nur übelriechender Kot. Den Gestank der Verwesung tragen wir bereits in uns, auch wenn wir glauben, noch jung zu sein. Der Fäulnis fallen wir alle anheim!"
Niccolò fühlte, sein Gewand am Rücken kleben wie von kaltem Leim gehalten. Aus dem großen Saal drang Gelächter.

* * *

„Donne cosa donne rosa
ponendo vertute
lei per quella e luce bella
et e dognun salute.“

Mit geschlossenen Auge sang Francesco diese Worte. Sie umhüllten ihn wie das Wasser eines Sees einen einsamen Schwimmer umfasst. Und er wusste, dass der Moment auch heute kommen würde, kommen musste, an dem er nicht mehr schwimmen, sich nicht mehr anstrengen musste, sondern von den Wellen getragen würde, so dass er für einen Augenblick an nichts denken und in den Fluten davon schweben konnte.

Doch je mehr er sich anstrengte, an nichts zu denken, umso schwerer wurde es ihm. Er öffnete die Augen, sah in die spärliche Beleuchtung der drei Öllampen auf dem Marmor. Es war keine wichtige Versammlung heute, man hatte daher auf Kerzen oder kostbaren Schmuck verzichtet. Nur drei kleine Lampen inmitten einer unendlichen Dunkelheit. Die Wellen des Liedes breiteten sich ins Dunkel aus und kamen aus dem Dunkel zurück. Francesco wartete auf den Moment, an dem er die anderen Stimmen hören würde. Die Stimmen der Engel, die immer, wenn die Gruppe ihre Lieder sang, irgendwann aus dem Dunkel in den Gesang einstimmten. Doch heute blieben die Engel still.

Francesco lauschte angestrengt in das Schweigen, das dem Gesang folgte und in dem er sonst immer den englischen Gesang hören konnte. Der Großmeister begrüßte die Versammelten. Es war die übliche Zeremonie. Francescos Gedanken schweiften wieder ab. Er blickte in das Dunkel und dachte an die Tage, als er selbst mitgeholfen hatte, diesen Raum von Schutt und Steinen zu befreien. Welche überwältigende Freude hatte er empfunden, als sie die Tribuna entdeckt hatten. Ganz aus weißem Marmor war sie geschaffen. Wie musste es gestrahlt haben in den Tagen, als das Licht der Sonne noch heranreichte! Zur Zeit der Alten, als die Weisheit noch den Geist der Menschen leitete. Hinter dem Tribunal hatten sie zwei Treppen frei gelegt, die hinauf zum Tempel der Weisheit führen mussten. Leider konnte man nicht mehr hinaufsteigen, aber bald, wenn diese Tage der Dunkelheit erst vorüber wären …

„Ritter Francesco!“, die Stimme des Großmeisters rief ihn endgültig in die Gegenwart zurück, „würdest du bitte die Aufgabe des Kanzlers übernehmen, da dieser uns heute nicht mit seiner Anwesenheit beehrt!“
Erst jetzt bemerkte Francesco, dass einer der Plätze auf der Tribuna leer war. Es war der Platz des Lehrers Leone.
Verwirrt fragte er: „Wo ist denn der Kanzler?“
„Das weiß niemand, er hat niemandem etwas gesagt.“
Kaum hatte Francesco sich auf den Platz des Kanzlers gesetzt, reichte man ihm auch schon Schreibmaterial und eine der Öllampen. Das Schreiben der Chronik war die Aufgabe des Kanzlers.
Der Großmeister redete weiter. Er warnte vor dem eisigen Wind, der bevorstehe, und dass man ihm stark und bewaffnet entgegen gehen werde.
„Liebe Adepten“, fuhr er fort, „ich weiß, dass ihr alle fleißig die Spiegel eures Geistes reinigt, dass ihr auch alle schon mindestens den ersten Tod gestorben seid, einige auch schon weitere. Wir sollten uns daher um Novizen kümmern. Von welchen jungen Männern, die in den Stand der Gnade eingehen könnten, wisst ihr?“
Allgemeines Genuschel, aber niemand antwortete.
„Nun, dann frage ich euch direkt. Du zum Beispiel, werter Francesco, erwartest du nicht einen Zuwachs an frischem Geist?“
„Ja, nun, vielleicht ...“ damit hatte Francesco nicht gerechnet, „ja meine Lehrlinge müssten in diesem Moment ankommen, aber ich weiß nicht ...“
„Da sie deine Lehrlinge sind, sind sie vermutlich sehr gelehrsam?“
„Ja, schon, glaube ich, wenigstens, was ihre Arbeit angeht ...“
„Nun, warum zögerst du dann?“
„Ich weiß nicht, ob sie wirklich taugen, ob sie die Seelenkraft besitzen, die notwendig ist, um unserer Dame wirklich zu dienen, ich weiß nicht ...“
„Man wird also ihren Geist einer Untersuchung unterziehen müssen. Das ist die Aufgabe des Marschalls. Bruder Onofrio!“

* * *

Kurz nach dem Fest aller Heiligen – die Tage wurden immer kühler und feuchter – erreichten Niccolò und Bartolo eines Abends Cerreto di Porziuncola. Sie schliefen in der Pilgerherberge der Benediktiner, wo sie bei Morgengrauen einer der Mönche weckte und ihnen mitteilte, dass ein Jüngling auf sie wartete.

Im Vorraum der Pilgerherberge war ein junger Bursche bereits von den Brüdern mit Speise versorgt worden. Genüsslich tauchte er Brot in Rotwein und aß dazu getrocknete Früchte. Als er die beiden Gesellen eintreten sah, sprang er auf und begrüßte sie:

„Seid willkommen, Kameraden, wie war eure Reise? Ich heiße Anselmo, ich bin seit dem letzten Johannisfest in Meister Francescos Werkstatt."

Er sprach in einer sehr drolligen Weise. Alle Vokale zog er sehr lang, kratzte einige Konsonanten in der Kehle, während andere – wie das r – für ihn gar nicht zu existieren schienen. Seine Art zu reden klang wie die der Pilger aus dem Norden, denen Niccolò zuweilen in Florenz begegnet war. Doch sah Anselmo nicht aus wie einer aus dem Norden. Er war nicht groß, sein Haar und seine Augen waren dunkel, und auch seine Gesichtsfarbe ähnelte mehr der eines Sarazenen als der eines Deutschen.

Nachdem auch Niccolò und Bartolo eine kleine Stärkung zu sich genommen hatten, gingen sie zusammen mit Anselmo zur Terz in die kleine Kirche, Portiuncula genannt, die dem heiligen Franziskus so lieb und teuer gewesen war, dass er, als er seinen Tod nahen spürte, hierher gebracht werden wollte. Niccolò erzitterte. Er stand nun wirklich vor den wahren Zeugnissen der Wunder des Francesco di Bernardone. Diese kleine Kirche hatte der Heilige eigenhändig wieder aufgebaut, hier hatte er sein Leben ausgehaucht. Und oben in Assisi würden ihn noch viele heilige Orte erwarten.

Doch während des Aufstiegs vergaß Niccolò beim Geplauder mit seinen Gefährten bald diesen heiligen Schauer. Anselmo berichtete gerade, wie er nach Assisi gekommen war.

„Vor drei Jahren hatte es plötzlich angefangen. Es regnete den ganzen Sommer lang. Ich habe noch nie so etwas gesehen! Die Bäche plätschern sonst von den Bergen herunter, aber sie waren reißende Ströme geworden, schwarz vor Schlamm wie die blutigen Flüsse der Endzeit. Und alle Früchte der Felder in dem Jahr – kaputt. Schon im Sommer davor hatte es viel geregnet. Viele konnten das Korn nicht mehr bezahlen, so teuer war es. Wir sahen jeden Tag so viele Menschen sterben! Die Luft war ganz verpestet von den sich zersetzenden Leichnamen. Mein Vater beschloss dann, wegzugehen, bevor wir alles verloren hätten. Und so kamen wir hierher. Vater hatte noch etwas Geld und konnte uns ein Haus im Quartiere dei Tedeschi kaufen."

Die Jungs starrten ihn an. Auch sie kannten schlechtes Wetter und Missernten. Auch hier hatte es in den letzten Sommern viel geregnet, und die darauf folgenden Winter waren sehr kalt. Alle beschwerten sich über Teuerungen, doch niemand war bisher verhungert.

„Aber es kam noch schlimmer", fuhr Anselmo nach einer kurzen Pause fort, „auf unserer Reise habe ich Dinge gesehen, von denen habe ich geglaubt, die gibt es nur in der Hölle. Wir, mein Vater, mein Bruder und ich, haben uns Gewänder von armen Pilgern angezogen, damit wir nicht ausgeraubt werden. Trotzdem – mehr als einmal fürchteten wir um unser Leben!

Wir kamen mal in ein Dorf in den Bergen. Da gab es kein Gras mehr, keine Blumen, nicht mal Würmchen oder Käfer gab es da. In den Ställen lagen die blanken Knochen des Viehs, ihr Fleisch war bis auf den letzten Rest abgenagt. Es sah aus, als ob da keiner mehr am Leben war. Doch dann, als wir das Dorf bereits durchquert hatten und zum Richtplatz kamen, sahen wir sie! Diese Wesen, das waren mehr Tiere als Menschen! Sie hatten einen Gehängten vom Galgen geholt und haben sein verwesendes Fleisch gegessen! Kaum dass diese Kreaturen uns erblickt hatten, stürzten sie sofort auf uns zu. Wir sind natürlich gerannt, und nur weil wir doch noch in einer besseren körperlichen Verfassung waren, denn wir hatten ja wenigstens ein Bisschen gegessen, konnten wir uns retten."

„Entsetzlich!", stimmte Bartolo ihm bei, „so seid ihr dann also nach Assisi gekommen. Und woher kennst du Meister Francesco?"

„Mein Vater, er ist Skulpteur, müsst ihr wissen, war sehr angesehen in unserer Heimat, er fand dank seiner Referenzen bald eine Anstellung in der Werkstatt der Benediktiner von S. Pietro. Auch mein Bruder arbeitet bei ihm. Ich habe mich auch in der Bildhauerei versucht, aber, wie soll ich es ausdrücken?“ Anselmo zögerte. „Mir fehlt, scheint es, die notwendige Fertigkeit der Hände, nach der jene Kunst verlangt. Versteht ihr? Beim Malen ist es anders. Wenn du bei der Sinopie einen Fehler machst, dann ändert es der Maler, der das Fresko darauf malt, oder wenn alles falsch ist, kannst du immer noch etwas anderes darüber malen oder den ganzen Verputz wieder abschlagen. Aber die Teile einer Skulptur, die du weggeschlagen hast, die können nur sehr schwer wieder ersetzt werden.“

Niccolò horchte auf. Ein Lehrjunge, der zugab, ungeschickt zu sein, arbeitete in der Werkstatt seines Meisters, der doch so viel Wert auf Sorgfalt und Genauigkeit legte!

„Was sagt aber unser Meister dazu, wenn dir zuweilen Fehler passieren?“, fragte er Anselmo.

„Ach, weißt du“, gab dieser zögernd zurück, „ich bin ja erst seit kurzer Zeit in seiner Werkstatt. Bisher habe ich eigentlich nur die Werkstatt gekehrt und die Geräte geputzt. Mir ist noch nicht so viel Schlimmes passiert. Einmal fiel mir die Porphyrplatte auf den Fuß. Ich sage euch, das hat wehgetan! Tagelang konnte ich nicht richtig laufen. Und ein anderes Mal bin ich beim Kehren der Werkstatt mit dem Besen gegen einen Behälter mit Farbe gestoßen, der ist dann zerbrochen. Danach hat der Meister dann die anderen angehalten, die zerbrechlichen Gefäße immer oben zu lagern …“

Bartolo und Niccolò sahen sich verstohlen grinsend an. Mit so einem Tölpel zu arbeiten, das versprach lustig zu werden!

* * *

„Bunchum, quid est?"
Bonaventura schloss die Augen, um das Bild in seinem Geiste zu sehen. Am Anfang musste man zu Boden schauen, das war die erste Stufe, so stand es in der Schrift, die er so oft studiert hatte, dass er sie Wort für Wort auswendig zitieren konnte. Es waren sieben Stufen bis zur Erlösung:
„Wenn du das Elixier des ewigen Lebens herstellen willst, brauchst du zuerst die reine Materie, die Materie, aus der alles gemacht ist. Viele Stoffe kannst du zur Urmaterie zurückführen, am besten aber sind die roten Früchte der Pflanze mit den grünen Blättern, die du hier siehst. Nimm die Früchte, so viele du kriegen kannst, und lege sie ins Wasser, wie das Wasser am Beginn der Schöpfung steht. Die guten Früchte senken sich bald schon auf den Boden, die schlechten schwimmen oben, entferne sie. Die gute Frucht ist wie die Frau, die Braut, die sich schamhaft in ihren Mantel hüllt und zu Boden blickt. Nach unten sollst du schauen wie sie. Unten siehst du die Welt wie in einem Spiegel. Noch kannst du nicht ins Licht sehen, deswegen musst du den Reflex des Lichts auf dem Boden betrachten. Mit aller Vorsicht musst du jetzt der Braut den Mantel ausziehen ohne ihr dabei ein Leid zuzufügen."
Nicht nur die Worte der Schrift auch die Miniaturen hatten sich für immer in seinen Geist eingezeichnet. Das Bild, der Frau mit dem nach unten gewandten Blick, sie hielt den Mantel vor der Brust zusammen.
Er brauchte diese Pflanze! Es war nicht gleich, welchen Stoff man zur Urmaterie zurückführte, denn es gab nicht nur eine einzige Urmaterie. Es war nicht so einfach mit der Natur. Nachahmen musste man sie, ja. Aber welchen ihrer unendlich vielen, unendlich verschlungenen Wege musste er einschlagen? Er hatte keine Idee. Doch der Weg zum ewigen Leben konnte nicht einfach sein. Er hatte immerhin mehr als die anderen, die nach diesem Weg suchten. Er hatte die Schrift, nur er allein besaß die ganze Schrift. Nicht einmal die Cavalieri wussten, dass es noch eine Kopie gab. Und er hatte noch mehr. Nur er allein kannte Buoninsegna. Doch jetzt brauchte er Bunchum. Bonaventura kannte die Pflanze nicht, aber vielleicht war das der Bunchum, von dem Avicenna schrieb. Er hatte die Früchte einer Pflanze bei einem Händler aus dem Orient entdeckt. Es war eine seltene Pflanze, sie wuchs nur

in fernen Ländern, hier war sie vollkommen unbekannt. Ihre roten Früchte ähnelten den Kirschen, hatten aber nicht deren süßen Geschmack. Erst das große Werk, richtig vollzogen, würde den Wert dieser Früchte ans Licht bringen.

Man musste die unreinen Stoffe, Geschenke der Natur, sammeln, denn in ihnen verborgen lag der Schatz. Das war der Grundsatz jeder Forschung.

Aber was war das Elixier? Was war der Wert dieser Pflanze, die sie Bunchum nannten?

Wer, außer ihm selbst und dem Verfasser, hatten die Schrift wohl jemals in der Hand gehalten? Niemand? Wer war den Worten gefolgt, hatte das Elixier so hergestellt, wie es Buoninsegna beschreibt? Nur Buoninsegna selbst? Dann hatte er es sicher auch geschluckt? Und erfreute er sich jetzt nicht einer blühenden Gesundheit?

* * *

Assisi war viel kleiner als Florenz. Doch es stand der Arnostadt an Geschäftigkeit um nichts nach. Wohin man sah, wurden Häuser umgebaut, vergrößert oder verschönert. Ganze Stadtteile waren in den letzten Jahren neu angelegt worden. Das vergangene Säkulum war für alle Städte eine Zeit der Blüte und des Wachstums gewesen. Aber Assisi war unter diesen noch hervorgehoben durch die Besonderheit, die Geburtsstadt des Francesco di Bernardone zu sein, der inzwischen wohl alle Heiligen an Beliebtheit übertraf.

Nachdem die kleine Gruppe die Porta San Pietro passiert hatte, bemerkten sie gleich, dass hier Menschen aller Länder unterwegs waren. Sie hörten die derben Ausdrucksweisen der Römer, die stachelige Koloratur der Veneter, die sonoren, wortreichen Reden der Neapolitaner, mehr Gesang als gesprochenes Wort, und zu ihrer Freude auch ihre eigene Mundart, die an Schönheit und Wohlklang allen anderen voran stand.
„Wenn doch alle Völker Italiens unsere schöne florentinische Sprache sprächen!“, dachte Niccolò.
Aber auch Menschen aus fernen Ländern konnte man auf den Straßen von Assisi hören. Anselmo grüßte einige und redete ein paar Worte in seiner Sprache mit ihnen.
Sie erreichten das Haus, das Giotto di Bondone vor einigen Jahren gekauft hatte und in dem Giottos Sohn Francesco mit seiner Familie wohnte. Francescos Frau Lauretta mit ihrer kleinen Tochter Viola und Francescos drei jüngeren Schwestern erwarteten sie seit einigen Tagen und begrüßten sie herzlich. Besonders Bartolo, der – selbst ein Waisenkind – seit der Zeit, als er als Knabe von etwa zehn Jahren von seinem Bruder zu Giotto in die Lehre gegeben worden war, wurde von den Mädchen wie ein Bruder empfangen. Die kleine Lucia, Giottos jüngste Tochter, fiel ihm um den Hals und küsste ihn. Die elfjährige Chiara packte ihn gar beim Handgelenk und zog ihn fort mit den Worten:
„Komm Tolo, du musst dir meinen Igel ansehen, ich habe ihn vor ein paar Tagen gefunden. Er war ganz abgemagert. Jetzt geht es ihm besser. Ich behalte ihn, bis die Tage wieder wärmer werden.“
Als aber die fünfzehnjährige Beatrice Bartolo umarmte, bemerkte Niccolò an seinem Freund plötzlich eine Verlegenheit, die ihm neu war. Kaum sichtbar war dessen rosige Gesichtsfarbe noch etwas röter geworden, die Worte kamen ihm bald langsam und abgehackt, bald schnell und unwillkürlich über die Lippen.
„Armer Bartolo“, dachte Niccolò bei sich, „ich hab noch gar nicht bemerkt, dass Bice auf einmal deine Sinne verwirrt!“
Wie alle Kinder Giottos, mit Ausnahme des unglücklichen Nicola, ähnelte

Beatrice mehr ihrer Mutter als ihrem Vater. Sie hatte deren volles dunkles Haar, ihre großen wachen Augen, ihre schlanke Figur. Der arme Bartolo dagegen war kaum mit körperlichen Vorzügen bedacht. Dünn und schlaksig, stand er stets ein wenig krumm, als glaubte er, dadurch seine Länge verbergen zu können. Seine Bewegungen hatten stets etwas Unentschiedenes. Am schlimmsten aber waren seine Haare. Feuerrot und struppig standen sie in allen Richtungen von seinem sommersprossigen Gesicht ab und gaben ihm das Aussehen einer Medusa, um deren Kopf sich Schlangen winden. Freilich, mit einem solchen Aussehen hat man schon einen Teil seiner Sünden im irdischen Leben abgebüßt.

* * *

Wenig später machten Niccolò und Bartolo sich auf den Weg, die Stadt, die für die nächsten Monate ihre Heimat sein sollte, zu erkunden. Sie schlenderten durch die Straßen von Assisi, blieben mehrmals stehen, um die Gebäude und besonders deren Fenster eingehend zu betrachten. Hinter jedem Fenster vermuteten sie die versteckten Gesichter von jungen Mädchen, die verstohlen die Neuankömmlinge beäugten. Wenigstens Niccolò schwelgte im Gefühl seiner Wirkung auf Mädchen. Bartolo wusste, dass er bei den Warmherzigen höchstens Mitleid, bei den anderen dagegen Spott hervorrief, und hing keinen Illusionen nach.

Den Palast der Kommunalregierung erkannten sie an der Fahne mit dem weißen Kreuz der guelfischen Partei, daneben stand ein Gebäude, das wohl noch aus der Zeit der Heiden stammen musste. Auf Basen, die wie große Würfel aussahen, standen gerillte Säulen, auf diesen wiederum ruhte ein dreieckiger Giebel, ähnlich den Gebäuden auf den Zeichnungen, die Pilger aus Rom mitgebracht hatten.

Niccolò aber fragte sich, warum es hinter den Säulen keinen Eingang in das Gebäude gab; lediglich eine Mauer mit vergitterten Fenstern. Warum gab es eine Vorhalle mit Säulen zu einem Gebäude ohne Eingang?

„Siehst du, wie schräg die Treppe ist?“, fragte plötzlich Bartolo, „die Säule ganz links steht über fünf Stufen, die rechte dagegen steht direkt auf dem Boden. Das ganze Gebäude ist anscheinend so schief wie der Campanile der Pisaner.“

„Oh Bartolo, du bist wirklich einfältig!“, rief Niccolò, „nicht das Gebäude steht schief, sondern der Platz ist abschüssig. Die Alten waren doch nicht so blöd wie die Pisaner; sie haben gerade gebaut, selbst wenn ringsherum alles schief stand. Das waren wirklich großartige Baumeister!“

Bartolo runzelte die Stirn: „Der Platz kann doch nicht schief sein, oder wenn er schief wäre, dann müsste man doch trotzdem gerade Häuser auf ihn stellen. Sonst sind eben die Häuser schief, basta!“

Niccolò seufzte. Bartolo würde solche Dinge nie kapieren.

„Alles Denken beginnt mit dem Staunen, sagte schon der Philosoph“, sprach da plötzlich jemand hinter ihnen. „Wir haben einen Tempel der Minerva, der Göttin, die die Alten für ihre Weisheit bewunderten.“

Eine seltsame Person hatte da zu ihnen gesprochen. Man konnte kaum ausmachen, ob sie alt oder jung, Mann oder Frau war, so außergewöhnlich war die Erscheinung. Abgemagert bis auf die Knochen, in zerlumpte Gewänder nur notdürftig eingehüllt und trotz der herbstlichen Kühle ohne Schuhe, schien es sich um einen Bettler zu handeln. Das knochige Gesicht mit der riesigen Nase und dem hervortretenden zahnlosen Kiefer verlieh ihr Ähnlichkeit mit einem Pferd und ließ auf Armut oder selbstgewählte Askese schließen. Die Art zu reden sprach für letzteres.

„Ja, einst war es ein Tempel der Weisheit“, fuhr das Wesen fort, „der Ort der Sapientia sancta, in Zeiten, die sie heute heidnisch nennen. Jetzt gehört er unserer guten Regierung, und die hat es geschafft, der Weisheit des Ortes aufs Beste zu widerstehen.“
„Was sagst du, Bruder? Es ist der Tempel der Weisheit?“, fragte Bartolo.
„Der Tempel der Weisheit, ja das war er einst. Jetzt dagegen liegt die Weisheit in Ketten. Die Waage der Gerechtigkeit ist zerbrochen, ihre Schalen umgestürzt wie Kuchenformen. Glaubt mir, ich kenne den Ort sehr gut. Ich habe selbst viele Tage darin zugebracht. Aber verweilt nicht zu lange hier! Kommt, ich zeige euch das Haus unseres Poverello!“
Die knochige Gestalt sprang auf den nackten Füßen davon. Die beiden Jünglinge sahen sich an und überlegten, ob sie ihm folgen sollten. Bald aber siegte ihre jugendliche Neugier und sie liefen ihm nach. Das Wesen indessen war keinen Moment ruhig; während es auf der Straße hin- und herhüpfte, redete es unaufhörlich. Eigentlich war es weniger ein Reden als vielmehr ein Singen:
„Senno me pare e cortisia
empazir per lo bel Messia!“

Vor einer kleinen Kapelle blieb der Fremde stehen und wandte sich wieder an die Jungs: „Hier in diesem Stall ist er geboren, Francesco Bernardone, der neue Christus.“
„Ein Stall?“, wunderte sich Bartolo. „Das sieht doch aus wie eine Kirche?“
„Weil Franziskus‘ Neffe Piccardo aus dem Stall eine Kapelle gemacht hat. Er hat den Raum sogar mit Fresken ausmalen lassen. Seht ihr, die Geburt unseres Herrn hat man dort an die Wand gemalt. Hier in diesem Stall zwischen Ochsen und Eseln wie unser Herr Jesus Christus ist auch der Poverello geboren!“
„Der heilige Franziskus ist in einem Stall geboren?“, fragte Niccolò ungläubig, denn schließlich wusste jeder, dass der Kaufmann Pietro Bernardone dei Moriconi, Franziskus‘ Vater, zu den reichsten Männern Assisis gehört hatte.
„Ja! Die Prophezeiung hat sich erfüllt! Der neue Christus ist in aller Demut im Stall geboren, um uns in ein neues Reich zu führen! Ein Engel war Pica,

der Mutter des Poverello, erschienen, wie dereinst der Erzengel Gabriel unserer lieben Frau, und hatte ihr angeraten, ihr Kind in diesem Stall zur Welt zu bringen und in dieser Krippe zu betten. In den Gewändern eines Pilgers war er ihr erschienen. Eine Prophezeiung erfüllt sich immer, wenn sie sich erfüllen soll. Der Engel des siebten Siegels, mit dem das alte Zeitalter des Sohnes endet, ist gleichzeitig der neue Christus, mit dem das Zeitalter des heiligen Geistes beginnt. Kommt mit, ich zeige euch das Taufbecken, an dem der Poverello das Sakrament empfangen hat!“

Mit diesen Worten hüpfte das Wesen davon, sprang durch einige Gassen und über Treppen – stets nach oben – sodass die Jungs fast Mühe hatten, mit ihm Schritt zu halten. Als sie die letzte Stufe einer finsteren Gasse und den Torbogen an deren Ende passiert hatten, standen sie plötzlich auf einem weiten Platz vor einer Kirche. Der seltsame Führer erklärte den beiden, dass es der Domplatz sei, und die Kirche San Rufino, obgleich keine Baustelle, der Dom von Assisi. Es war ein massiver Bau, ganz im alten Stil. Niccolò fiel sofort der Unterschied zum Dom seiner Heimat auf. San Rufino war ohne kräftige Farben gestaltet, einzig weiß und rosa, die Farben des Steines des Monte Subasio, fand man hier. Wie anders würde die Kathedrale von Florenz aussehen, wenn sie erst vollendet wäre! Sie würde außen ganz mit farbigem Marmor verkleidet sein. Einstweilen hatte man zwar nur die Hälfte der Fassade fertiggestellt, aber wenn es erst so weit wäre, dann würde es die prächtigste Kathedrale der Christenheit sein! Sie würde für alle Zeiten vom Willen der Baumeister und Bildhauer zeugen, Gott und ihre Stadt durch die Schönheit ihrer Werke zu rühmen.

Hier an der Fassade von S. Rufino dagegen gab es drei Rosettenfenster, gebildet aus schmalen Säulchen, von denen das mittlere von drei Figuren gestützt wurde, die ihrerseits auf Tieren – einem Greif, einem Basilisken und einer Löwin – standen. Gleichsam als Spiegelbild lagen unten vor dem mittleren Eingang wiederum zwei Löwen, von denen einer einen schmerzhaft verbogenen Menschen zerfleischte. Der Kampf gegen das Böse war in allen Varianten gezeigt, der Kampf, den jeder Mensch aufnahm, wenn er die Kirche betrat und der ihm, wenn er ihn siegreich kämpfte, das ewige Leben schenken würde. Niccolò war nicht überrascht, wenn es an dieser Fassade Löwen gab, oder Pfauen, die sich über ein Gefäß neigten, das Gefäß, aus dem Christus und seine Jünger beim letzten Abendmahl getrunken hatten. Erweckte doch die Löwin ihre neugeborenen Kinder erst nach drei Tagen zum Leben. Und der Pfau verlor im Herbst seine bunten Federn, die ihm dann im Frühling wieder wuchsen, so gewiss, wie die Auferstehung der Gläubigen war.

Trotz allem war etwas an dieser Fassade seltsam. Über dem Eingang thronte Christus als Herrscher der Welt in einem von Weinranken gerahmten Halbkreis. Zu seiner rechten saß die Jungfrau Maria. Zu ihren Füßen schauten drei kleine Köpfe heraus. Schweigend deutete Niccolò mit dem Finger darauf.

Die dünne Gestalt verstand seine Frage auch gleich: „Du fragst dich, wen die Köpfe darstellen? Es ist ganz einfach: außen in den Weinranken siehst du die Menschen des ersten Reiches, des Zeitalters des Vaters. Sie müssen arbeiten, das war die Strafe für die erste Sünde. Siehst du dort die kleinen Bauern mit ihren Werkzeugen und ihren Tieren?

Auf dem Thron aber sitzt die heilige Jungfrau und Mutter des Erlösers. Siehst du, wie sie ihren Sohn an ihrer Brust nährt, wie groß und wohlgeformt ihre Brust ist? Ihre Milch ist die Liebe, die aus ihrer Brust herausläuft und alle trinken lässt, die sich danach sehnen.

Ihr Sohn, der Herrscher des zweiten Reiches, thront in der Mitte, der König über die gesamte Welt, deswegen sind Sonne und Mond bei ihm. Siehst du den kleinen Kopf unten? Aus seinem Mund rankt der Wein, die Schöpfung, das Wort, der Logos. Das ist die Welt und Christus herrscht über sie. Zu ihren Füßen steigen die Eltern des neuen Erlösers des neuen Reichs auf. Es sind Heinrich und Konstanze, die Eltern des imperator pacis. So wenigstens haben wir ihn genannt, damals, als wir noch an den ewigen Frieden glaubten. Doch jetzt ist er tot und das Reich des Friedens, wo ist es? Aber kommt nach drinnen!", unterbrach er sich plötzlich selbst und zog Niccolò am Ärmel, „kommt, ihr müsst das Taufbecken sehen. Von hier sollte die Erlösung der Menschen ausgehen!"

Er zog Niccolò durch eines der beiden kleineren Portale der Kirche. Gleich am Eingang stand das Taufbecken. Hier ist also hatte der heilige Franziskus

die Taufe empfangen! Erneut spürte Niccolò den heiligen Schauer beim Anblick dieses Zeugnisses.
Als habe sie wiederum seine Gedanken erraten, sagte die Gestalt plötzlich: „Dieses Taufbecken ist mehr als nur ein Zeuge von Wundern, viel mehr, viel viel mehr! Wisst ihr überhaupt, wer hier einst getauft wurde?"
„Der heilige Franziskus?", antwortete Bartolo ein wenig unsicher.
„Natürlich, unser Santo Poverello hat hier das heilige Sakrament der Taufe erhalten, natürlich. Aber wer noch?"
„Die heilige Chiara?", antwortete jetzt Niccolò zögernd und selbst daran zweifelnd, dass es sich um die erwartete Antwort handelte. „Selbstverständlich ist auch die treue und ergebene Gefährtin des Poverello, die Führerin der rechtgläubigen Weiber, hier getauft worden und hat mit ihrer Taufe die Unschuld, die uns vor der ersten Sünde gegeben war, wiedererlangt. Aber wer noch?"
Er schien die Lösung des Rätsels nicht verraten zu wollen, deswegen besannen sich die Jungs auf Namen von Personen, die aus Assisi stammten. „Bruder Elia?"
„Pietro Catanii?"
„Ihr Narren!", unterbrach der Dünne sie nach einer Weile, „wollt ihr mir etwa alle Einwohner dieser Stadt aufzählen? Sicher haben hier auch Unwürdige das Sakrament empfangen. Aber sie haben es nicht wirklich empfangen, versteht ihr? Das Sakrament empfängt nur, wer wirklich den wahren Geist hat. Nur, wer nicht schläft, nicht tot ist, wer nicht zu Stein geworden ist!"
Er machte eine Pause und blickte zuerst Bartolo, dann Niccolò direkt in die Augen.
„Hier an diesem Becken hat der Friedenskaiser das heilige Sakrament empfangen! Von hier ging das Heil aus! Der letzte Kaiser und der Engel des sechsten Siegels haben hier ihre Mission direkt von Gott empfangen! Aber wo bleibt das Heil, das Reich des Friedens? Das weiß keiner. Der eisige Wind – sagen sie – kämpft dagegen. Doch, glaubt mir, es sind nicht die Truppen des Feindes sondern vielmehr die eigenen Truppen, die sich selbst bekämpfen. Und wer am Ende der Sieger sein wird, das wird sich bald herausstellen.

Ihr seid glücklich, ihr seid auserwählt, dass ihr diesen Ort so kurz vor dem Ende noch besuchen dürft! Unser Friedenskaiser, der neue Konstantin, wie er zuerst hieß, dann aber Friedrich, weil nur er, reich an rechtem Glauben, dem Antichrist Widerstand entgegensetzen und das Reich des Friedens bringen kann!"

„Torsolo!", eine scharfe Stimme unterbrach plötzlich die Rede. „Torsolo! Raus hier! Ich dulde keine ketzerischen Reden in meiner Kirche! Sofort raus mit dir!"

Ein Sakristan kam mit energischen Schritten auf die kleine Gruppe zu. Der soeben als „Torsolo" bezeichnete verzog seinen zahnlosen Mund zu einem spöttischen Grinsen.

„Einer der Diener des Tiers! Hört, wie er bellt! Klingt sein Bellen nicht ganz wie der kalte Wind, der die Blumen sterben lässt und alles zu Stein verwandelt?"

Der Prälat wollte Torsolo gerade an einem der Fetzen seines zerfledderten Gewandes packen, doch jener war flink wie ein Kaninchen zur Seite gesprungen.

„Werter Zerberus, erinnerst du dich noch an Bruder Juniper?" Mit diesen Worten zog sich er den unteren Teil seiner notdürftigen Gewandung über den Kopf, sodass das, was eigentlich am meisten des Bedeckens bedurfte, völlig bloß und sichtbar war. Bartolo stand vor Schreck der Mund offen, und auch Niccolò, der sich gerade aus dem Staub machen wollte und den Kameraden deswegen bereits am Arm gepackt hatte, konnte plötzlich seine Augen nicht mehr von dem Spektakel abwenden. Torsolo heulte wie ein Wolf, während er mit immer noch nacktem Unterkörper aus der Kirche rannte.

„Verschwinde!", rief der Sakristan ihm hinterher, während er vom Domplatz einen Stein aufhob und nach dem Flüchtenden warf, „und lass dich hier nie wieder blicken! Beim nächsten Mal hole ich den Bischof!"

Niccolò und Bartolo hätten sich gerne unbemerkt aus der Kirche geschoben, wenn nicht der Sakristan ihnen den Weg verstellte und sie auch gleich barsch anfuhr: „Und ihr, wer seid ihr? Seid ihr etwa seine Apostel? Woher kennt ihr Torsolo?"

„Nein, nein ... Wir sind ... Nein, er, er hat uns angesprochen“, stotterte Bartolo. „Wir kennen ihn wirklich nicht, mein Herr“, beteuerte auch Niccolò. Die sichtbare Verlegenheit der beiden stimmte den Sakristan ein wenig freundlicher:

„Du, Petrus, wer bist du?“

„Nein, ich heiße nicht Petrus, sondern Niccolò di Ranuccio und das ist Bartolo di Giovanni. Wir kommen aus Florenz. Wir sind Maler aus der Werkstatt von Francesco di Giotto“, und als wolle er damit ein Zeugnis ihrer rechten Glaubens ablegen, fügte er hinzu: „Wir arbeiten für Kardinal Orsini.“

„Ah, Florentiner also“, knurrte der Sakristan, „aus allen Himmelsrichtungen holen sie sie nach San Francesco: Florentiner, Sienesen, Römer. Alles zum Ruhm unseres Poverello, und dabei kriegen die Franziskaner nicht einmal ihre eigenen Abtrünnigen in den Griff. Aber ihr beiden, gebt Acht, seid auf der Hut und lasst euch nicht mit verworfenen Subjekten ein. Wir sind nicht in Florenz. In Florenz werden Eitelkeit und Ketzerei schon lange geduldet. So lange, dass selbst der Leibhaftige seine Umtriebe dort aufgegeben hat, muss er sich doch nicht um die Seelen bemühen, die er längst gewonnen hat. Hier aber seid ihr an einem viel gefährlicheren Ort
. Die heiligsten Zeugen der Mysterien unseres Glaubens sind hier gewesen. Darum wird Assisi natürlich auch ganz besonders vom Teufel versucht. Unsere Vorbilder, die heiligen Feliciano, Vittorino, Savino und natürlich unser Schutzpatron Rufino sind in ihrer vorbildlichen Lebensführung dem Satan seit je ein Dorn im Auge. Seid daher stets wachsam wie die klugen Jungfrauen! Allzu schnell kann man das ewige Leben verlieren durch einen Moment, an dem man unaufmerksam oder neugierig ist. Der Teufel wartet nur auf diesen einen Moment. Ihr seid jung, euer Geist ist frisch. Haltet euch an Christus. Denkt jeden Tag, jede Stunde, jeden Augenblick an seine Leiden. Folgt ihm und lasst euch nur von den Hirten der wahren Kirche leiten! Hütet euch vor den falschen Lehrern!“

Endlich entließ er die beiden. Froh, dieser Predigt zu entkommen, machten sie sich aus dem Staub. Erst nachdem sie mehrere Gassen durchquert, sich in deren Gewirr verirrt, aber schließlich wieder zu dem Platz mit dem heid-

nischen Tempel fanden, an dem das seltsame Erlebnis seinen Anfang genommen hatte, sprachen sie wieder miteinander.
Wie üblich war Bartolo der erste, der Worte fand: „Was war das? Was war so schlimm, an dem, was der komische Kerl geredet hat?“
„Was hat er denn geredet?“, rief Niccolò heraus, „ich habe nicht verstanden, was der wollte. Die Köpfe an der Fassade, der Friedenskaiser, was soll das alles heißen? Außerdem hörte es sich an, als ob er selbst zweifelte, an dem, was er glaubte. Erst sagte er, das Reich des Friedens solle mit jenem Kaiser kommen, dann kam es doch nicht.“
„Ich weiß nicht, vielleicht …“
„Hast du bemerkt“, fuhr Niccolò fort, ohne Bartolos Antwort abzuwarten, „hast du bemerkt, dass, seit Arezzo, wir dauernd Menschen begegnen, die seltsam unverständliche Reden führen? Sie reden von Steinen, kalten Winden, irgendwelchen Kerlen, die schlafen, und was sonst noch für einen Unsinn! Sind außerhalb von Florenz alle verrückt? Oder reden sie nicht unsere Sprache? Was hat das alles zu bedeuten?“
„Vielleicht, hm, vielleicht bedeutet es, dass das Ende nicht mehr fern ist?“, schlussfolgerte Bartolo.
„Es scheint wohl so“, gab Niccolò zu, wenngleich ihm die Logik der Antwort nicht einleuchtete, und während des weiteren Weges schwieg er.

2. Kapitel

Francesco di Giotto wartete in der Werkstatt im Konvent von S. Francesco und auf seine Gesellen und Lehrjungen. Die Sonne, gerade erst aufgegangen, erzeugte noch nicht genug Licht an diesem Novembermorgen, so dass er eine Lampe mitnehmen musste. Wie so oft fragte er sich, ob er vielleicht nicht streng genug mit den Werkstattmitgliedern war.

„Bei Vater wären sie nicht später als der Meister gekommen", dachte er. Der Sohn des größten Malers zu sein, erfüllte den Dreiundzwanzigjährigen mit Stolz, ließ ihn aber in manchen Momenten auch an seiner eigenen Fähigkeit zweifeln. In den gelehrten Kreisen von Florenz, Padua und Rom sprach man von Giotto di Bondone als dem Erneuerer der Malerei. Man nannte ihn gar den „Affen der Natur", denn Giotto vermochte die Natur so getreu nachzuahmen, dass man den Unterschied seiner Malerei zur Natur nicht mehr erkennen konnte. Man sprach über einen Maler, der doch eigentlich nur ein Handwerker war! Man erzählte sich sogar Anekdoten über Giotto, als sei er ein Dichter oder gar ein Philosoph!

Francesco sah seinem Vater ähnlich, doch hatte ihn die Schöpfung wohlwollender behandelt. Über Giottos Hässlichkeit redete man ebenso wie über sein Talent. Francescos dagegen war wohlproportioniert und schlank, seine Gesichtszüge regelmäßig. Seinen großen, stets aufmerksamen Augen blieb nichts verborgen.

Endlich konnte Francesco die Stimmen seiner Mitarbeiter hören. Zuerst sah er Anselmo, dann weitere Maler, darunter auch Niccolò und Bartolo. Francesco hatte für dieses große Werk eine beachtliche Gruppe organisiert. Dazu gehörte auch Puccio Capanna, ein etwa dreißigjähriger Maler aus Assisi. Seine ersten Erfahrungen als Lehrling hatte er vor 16 Jahren in der Werkstatt Giottos gemacht, als dieser in Assisi einige Szenen aus dem Leben des heiligen Franziskus gemalt hatte.

Guido di Michele, im gleichen Alter wie Francesco, hatte bereits in Padua in Giottos Werkstatt gearbeitet und sich dort mit Francesco angefreundet. Der ältere Gherardo di Guccio mochte schon bald 40 Jahre alt sein, doch er stand noch keiner eigenen Werkstatt vor.

Weiterhin erschien Onofrio di San Clemente, ein Minderer Bruder und zunächst als Buchmaler tätig. Aufgrund seiner Jungend und seiner körperlichen Tüchtigkeit war er aber bald den Wandmalern der Kirche zur Hand gegangen und hatte sich so mit der Technik der Freskomalerei vertraut gemacht.

Bruder Onofrio gefiel Niccolò auf Anhieb. Er war etwa in Niccolòs Alter.

In Onofrios Gesicht schien alles rund. Über den rosigen Wangen blickten kleine verschmitzte Augen, sie verliehen ihm den Anschein, stets innerlich zu lächeln, auch dann, wenn er, wie jetzt gerade, keine Miene verzog. Aber auch Francesco schien Onofrio in besonderer Weise zugetan. Onofrio war am Morgen noch später erschienen als Niccolò und Bartolo. Doch statt ihn wie jene beiden, ob seiner Verspätung zu rügen, hatte Francesco ihm mit einem kaum sichtbaren Lächeln für sein Kommen gedankt. Wohl lag es am Ordenshabit, das, wenngleich zerschlissen und voller Flecken, die Hochachtung des Meisters wider den Gesellen das gebührende Maß überschreiten ließ.

Eine Gruppe von Knaben jugendlichen Alters, die Garzoni, die Lehrlinge, waren ebenfalls anwesend, zwei Deutsche, so wie zwei Jungs aus Assisi, Filippo und Corrado.

Auch Puccios Frau und seine kleine Tochter Emilia waren gekommen, genauso wie Lauretta und Beatrice. Beatrice liebte das Malen. Besonders den messbaren Dingen widmete sie ihre Aufmerksamkeit. Mehr als alle anderen begeisterte sie sich für die neue Idee ihres Vaters: Ein Bild war seit Giotto keine Fläche mehr. Es war vielmehr ein Kasten gleich einer Spielzeugkiste, in denen Kinder kleine Figürchen aufstellten und dessen vordere offene Front die Bildfläche bildete.

„Gesellen, Lehrlinge, Mitarbeiter", begann Francesco seine Rede, „eine große und wichtige Aufgabe liegt vor uns. Wir erwarten in diesen Tagen die Ankunft unsres Auftraggebers, des ehrwürdigen Kardinal Orsini. Wie ihr wisst, lässt Kardinal Orsini das gesamte Querhaus der Kirche ausstatten. An den Enden des Querhauses ließ er bereits zwei Kapellen bauen. In einer ist der Bruder des Kardinals begraben. Ricco, der Mann meiner Schwester Caterina, ist seit einiger Zeit mit der Ausmalung des Gewölbes im Querhaus beschäftigt. Einige von euch haben mit ihm an den Bildern mit den Szenen der Kindheit unseres Herrn gearbeitet. Unsere Aufgabe dagegen wird das Malen des Vierungsgewölbes und der Apsis sein. Führt euch immer wieder vor Augen, dass wir damit an einem der heiligsten Orte dieser Gegend arbeiten, direkt über dem Grab des heiligen Franziskus.
Ihr wisst, was ich euch immer gelehrt habe. Nehmt es euch zu Herzen! Denkt daran, dass ihr zwar nur Maler seid, aber führt euer Leben so, als würdet ihr Theologie, Philosophie oder eine andere Wissenschaft studieren! Verhaltet euch mäßig im Essen und im Trinken, nehmt höchstens zweimal am Tage leichte oder kräftige Kost zu euch! Und vor allem, schont eure Hände! Hütet sie vor Ermüdung, wie sie durch sinnlose Spielereien wie dem Werfen von Stangen oder Steinen eintreten kann! Und ... wie ihr wisst, ... ihr wisst wohl, und ich habe euch oft gesagt, dass es noch andere Veranlassungen gibt, eure Hände so unsicher und so zittrig wie ein Blatt zu machen, das im Wind flattert. Und das ist der zu häufige Umgang mit Weibern! Hütet euch also davor! Lasst unsere Arbeit dem heiligen Franziskus zur Ehre gereichen und uns zum Ruhm!"
„Und die Börse des alten Knauserers aus Florenz füllen", flüsterte Puccio Capanna seiner Frau zu, „der Kardinal soll der reichste Mann von Rom sein. Er zahlt doch wohl beachtliche Summen für seine Aufträge. Was davon bei uns ankommt, reicht sicherlich kaum, um einen Esel zu ernähren!"

„Von seinem Sohn erzählt man sich aber, er habe einen sanfteren Charakter", wandte sie ein, „er soll auch nicht so ein Geizhals sein wie Meister Giotto."
„Das mag schon sein, aber er kann selbst überhaupt nichts entscheiden. Er ist noch nicht volljährig. Noch ist sein Vater der Kopf der Werkstatt, und der wird wohl zu verhindern wissen, dass wir allzu großzügig bezahlt werden", und nach einem Seufzer fügte er hinzu: „Aber man kann es nicht ändern, machen wir uns nur an die Arbeit. Die Ehre dem heiligen Francesco, dem unheiligen das Silber!"

* * *

Nach dem Morgengebet gingen Lucia und Chiara zum Haus des Lehrers, wo sie wie jeden Morgen einige Stunden Elementarunterricht erhalten sollten. Erstaunt, die Mitschüler vor der Tür wartend anzutreffen, fragte Chiara:
„Was ist los, warum steht ihr hier draußen und geht nicht rein?"
„Maestro Leone öffnet nicht", antwortete der dünne Piero, „wir haben schon hundert Mal angeklopft."
„Du kannst doch noch nicht einmal bis hundert zählen!", unterbrach ihn Coppo, der Spaßmacher der Klasse, „aber seltsam ist das schon, ich bin gerade ums Haus herum gegangen, alle Fensterläden sind geschlossen."
„Vielleicht schläft der Maestro noch."
„Vielleicht hat er diese Nacht auch woanders verbracht."
„Vielleicht ist er von einem Dämon verschlungen worden."
Doch nach einigen weiteren Spekulationen kam man zu dem Ergebnis, es habe keinen Sinn noch länger zu warten; und so kehrten die Kinder – jedes in seine Richtung – nach Hause zurück.

Nachdem die beiden Schwestern aber die halbe Strecke zurückgelegt hatten, sagte Chiara plötzlich: „Lucia, willst du wirklich nach Hause? Dort müssen wir nur wieder irgendwelche langweiligen Hausarbeiten machen. Lass uns doch in Francescos Werkstatt zum Konvent gehen. Heute Morgen erklärt er seinen Leuten, was sie malen sollen. Vielleicht können wir mithelfen, das ist doch viel spaßiger!"
Statt langsam durch die Straßen zu schlendern, liefen die beiden daher zielstrebig zum Konvent von S. Francesco, wo sie ihrem Bruder vom Geschehenen berichteten.

* * *

Die Geschichte beunruhigte Francesco. Was seine Schwestern da berichteten, passte nicht zu einem Cavaliere wie Leone. In diesem Zustand nervöser Gespanntheit zeigte er seinen neu angekommenen Mitarbeitern die Kirche von S. Francesco.
Die riesige Kirche bestand genau genommen aus zwei Kirchen. Aus Florenz kannte Niccolò den zweigeschossigen Altarraum von S. Miniato al Monte. Aber hier lagen wirklich zwei Kirchen übereinander! Die Untere, dunkel und mit mächtigen Wänden, war die Grabeskirche des heiligen Franziskus, auch wenn das eigentliche Grab noch tiefer in der Erde lag. Niemand wusste genau, wo.
Das Gewölbe der Vierung war bereits vor langer Zeit mit Fresken ausgemalt worden. Ihre letzten Reste schlugen einige Mitarbeiter gerade mit Hammer und Meißel herunter. Staub hüllte den Raum in einen undurchsichtigen Schleier und Niccolò fühlte sich wirklich wie in einem Grab.

Über eine kleine Treppe stiegen sie in den Kreuzgang hinauf und von dort in das obere Querhaus. Hell und farbig empfing sie der Raum. Welch ein Unterschied zur staubigen und düsteren Grabeskirche! Im oberen Chor und im Querhaus leuchteten Fresken in den prächtigsten Farben. Niccolò hatte wohl noch nie ein so strahlendes Rot gesehen. Es war die Farbe reifer, süßer Erdbeeren oder blühender Rosen im Sommer. Aus diesem roten Hintergrund hoben sich plastisch goldene Rosetten und Heiligenscheine ab. Wie hatten die Maler diese Farbe erzeugt? Rote Ocker gab es in den verschiedensten Tönungen, aber wie hatte man die verschiedenen Farben gemischt, um dieses Rot zu erzeugen?
„Es ist eine orange Erde", erklärte Beatrice, als habe sie seine Gedanken erraten, „aus Resina, einem kleinen Ort in der Nähe von Neapel. Wenn man ihr im richtigen Maß Terra di Siena beimischt, dann kommt dieses schöne Rot heraus. Es ist alles eine Frage des Maßes."

Francesco war mit den anderen bereits am Lettner und winkte die beiden heran. Sie passierten die Chorschranke hindurch und erreichten den Teil der Kirche, der den Laien offenstand. Durch die große Rosette der Eingangswand strahlte die Morgensonne und tauchte die Gläubigen – Pilger aus allen Ländern aber auch einige Einheimische, – ebenso wie die Malereien an der Decke und an den Wänden in ein warmes Licht. Maler, Bildhauer und Glaser hatten hier über viele Jahre gearbeitet. Auch Giotto hatte hier zusammen mit anderen Malern einst das Leben des heiligen Franziskus gemalt.
Bartolo griff Niccolò am Ärmel und zog ihn zu einem der Bilder.
„Schau mal, da ist die Piazza, wo wir gestern den komischen Kerl getroffen haben!"
Und wirklich, das alte Gebäude, das Torsolo den „Tempel der Weisheit" genannt hatte, war auf einem der Fresken gemalt. Davor breitete ein Mann aus dem Volk seinen Mantel vor dem jungen Franziskus aus; einige Bürger aus Assisi standen mit verständnislosen Gesichtern dabei.
„Ja, das ist der Tempel, doch dieser hier hat fünf Säulen, der draußen dagegen sechs. Warum hat Giotto wohl eine Säule weniger gemalt?"

„Genau genommen", nahm Beatrice den Gedanken auf, „hat Babbo hier sieben Säulen gemalt. Seht ihr, die Säulen gehen um die Ecke, zwei stehen an der Wand zum Palazzo Comunale."
„Was war wohl der Grund dafür?" Onofrio di San Clemente hatte sich genähert, „Sieben Säulen statt sechs. Am Eingang fünf Säulen. Woran denkt ihr bei der Fünf?"
Beatrice und Niccolò sahen sich an.
„Richtig! An die fünf Bücher Mose, den Eingang in den wahren Glauben. Fünf sind die Wunden, die der heilige Franziskus empfing. Sieben dagegen sind nach unserem Theologen Bonaventura da Bagnoregio die Stufen, die die Seele auf ihrem Pilgerweg zu Gott zurücklegt. Die Sieben ist außerdem die Verbindung der göttlichen Drei mit der irdischen Vier, die Summe der theologischen und der Kardinaltugenden, sieben sind die Bitten des Vaterunsers, die Sakramente, die Gaben des heiligen Geistes. Und sollte hier nicht der simple Geist gezeigt werden, der einfache Mann, der, unbedarft von allen theologischen Diskursen, die Heiligkeit Franziskus' erkennt – noch bevor dieser selbst von seiner Heiligkeit weiß – und seinen Mantel vor ihm ausbreitet? Deswegen also hat Giotto nicht einfach die sechs Säulen gemalt. Auch die sechs ist doch eine schöne Zahl, am sechsten Tag der Schöpfung war es, als der Mensch als Mann und Frau geschaffen wurde. In dies sexto creatur sexus. Eine schöne Zahl, fürwahr. Doch hier haben wir den einfachen Mann, die Fünf, den Anfang, und Franziskus, die Sieben, das Ziel. Hier dagegen ..."
Onofrio ging weiter zum Bild, auf dem Franziskus seine Kleider auszieht und diese seinem wütenden Vater vor die Füße wirft. Die Wut des Vaters, der den Sohn gerade schlagen möchte, würde nicht ein anderer Bürger seine Hand festhalten, bemerkt Franziskus gar nicht mehr. Er streckt die Hände zum Himmel, seinem wahren Vater entgegen. „Und wie viele Säulen seht ihr hier?" fragte Bruder Onofrio.
„Sieben."
„Franziskus, die Vollendung. Wie viele Fenster und Türen seht ihr hier?"
„Elf?"
„Elf! Und wofür steht die Elf?"

Beatrice und Niccolò sahen sich wieder fragend an. Bartolo antwortete: „Für nichts?"
„Richtig! Die Elf ist eine Zahl ohne Regeln, eine Zahl ohne Teile außer sich selbst, es ist der Ungehorsam gegen alle Regeln und Gesetze der Menschen. Der heilige Martin verweigerte den Militärdienst, obwohl er nach dem Gesetz dazu verpflichtet gewesen wäre, weil er ein Soldat Christi sein wollte. Martin wurde aber am elften Tag des Monats November zu Grabe getragen, wir feiern sein Fest an jenem Tag. Die Elf ist die Zahl der Freiheit, der Grenzenlosigkeit, aber auch der Unvollkommenheit, hebt sie doch die Vollständigkeit der Zehn wieder auf. Weil sie aber nur einen Schritt von der vollkommenen Zwölf steht, ist sie auch der letzte Schritt auf dem Weg zur Vollkommenheit …"
Eine Stimme unterbrach den Redeschwall des Franziskaners:
„Meister Francesco di Giotto, sei gegrüßt! Wir suchen deinen Sororius. Da unten ist leider ein solcher Nebel, dass wir ihn, selbst wenn er dort sein sollte, nicht erblickt hätten. Du kannst uns wohl nichts über seinen Verbleib berichten?"
Zwei Männer kamen auf Francesco und seine Gruppe zu. Der Sprecher trug die schwarze Soutane des Bischofs. Es war Tebaldo Pontano, der Bischof von Assisi. Der andere war in das Habit des Benediktinerordens gehüllt. Niccolò erschrak unwillkürlich beim Anblick der beiden Männer. Nicht so sehr das ehrwürdige Amt des Bischofs erweckte seine Furcht, sondern vor allem die Erscheinung des Begleiters. Er mochte mehr als dreieinhalb florentiner Ellen groß sein und betonte diese enorme Größe zusätzlich durch eine sehr aufrechte Haltung. Sein Gesicht glich dem eines Falken, der aufmerksam seine Umgebung beobachtete und scheinbar regungslos auf den Moment des Angriffs wartete. Die Augen, hell und farblos wie Eis, schienen Pfeile abzuschießen.
Die Gespräche der kleinen Schar erfroren auch sofort. Francesco begrüßte den Bischof in der gebotenen Weise und antwortete dann auf dessen Frage nach dem Verbleib seines Schwagers, dass jener gewisse Geschäfte zu erledigen habe, aber jeden Moment in seiner Werkstatt im Konvent eintreffen

müsse. Ricco di Lapo hatte im Auftrag des Bischofs eine Kapelle in der Unterkirche ausgemalt, die der heiligen Büßerin Maria Magdalena geweiht war.
„Ja, es ist kein Verlass auf diese Florentiner", sagte der Bischof, und Niccolò wunderte sich über seinen jovialen Ton, „er verbringt seine Zeit sicher wieder im Palazzo Moriconi. Was wohl der Grund dafür sein mag? Messer Salvestros Ansichten, die Spendierfreude seines Schwiegersohns oder etwa die Präsenz seiner liebreizenden Tochter? Nichts davon ist gut für ihn. Aber wir hoffen doch, dass er sich heute nach der Sext zusammen mit dir in unserem Palazzo einfinden wird. Gestern hat mir ein Kurier des Kardinals Orsini dessen baldige Ankunft verkündet. Er wird dich sprechen wollen, werter Meister Francesco, und auch deinen flatterhaften Sororius."
„Eure Exzellenz, ich verbürge mich für seine Anwesenheit", versicherte Francesco sofort und versuchte, seinen Ärger zu unterdrücken. Dieser, wenngleich freundlich vorgebrachte, Angriff auf den Lebenswandel seines Schwagers, erzürnten ihn mehr als er zugegeben hätte.

3. Kapitel

Wer der kleinen Gruppe begegnete, die an diesem ungewöhnlich warmen und sonnigen Novembervormittag durch das Tal des Topino ritt, dem wäre kaum der Gedanke gekommen, dass hier einer der reichsten Männer Roms unterwegs war. Zu bescheiden war die Ausstattung des Kardinals, der, selbst auf einem Esel reitend, nur von seinem persönlichen Kaplan und einigen wenigen Bediensteten begleitet wurde. Sie kamen geradewegs aus Montefalco, wo Kardinal Napoleone Orsini die Untersuchungen zur Seligsprechung der Chiara von Montefalco geleitet hatte. Die Gedanken des Kardinals waren noch ganz mit den Untersuchungen und dem zurückliegenden Prozess befasst. Im Unterschied zu seinem Kaplan, dem bald sechzigjährigen Ubertino da Casale, war er keineswegs überzeugt, dass jede einzelne der Tugenden der Augustinerin unwiderlegbar bewiesen und damit Zeugnis ihrer Heiligkeit sei. Mit Ubertino war er deshalb in einem zwar freundschaftlichen, doch zuweilen heftigen Disput.

„Mein lieber Sohn", versuchte Ubertino den Kardinal zum wiederholten Male zu überzeugen, „ich sehe, Ihr habt Euer Herz immer noch nicht vollständig den offensichtlichen Zeugnissen geöffnet. Was sagt Ihr zu den Zeugnissen im Herzen der heiligen Schwester?"

Der Kardinal musste zugeben, dass die Stigmatisierung Chiaras höchst ungewöhnlich war. Nach ihrem Tode vor zehn Jahren erinnerten sich Chiaras Mitschwestern an einige seltsame Andeutung, die Chiara selbst noch auf dem Sterbebett geäußert hatte. Mehrmals hatte sie die Schwestern aufgefordert, ihr doch ins Herz zu schauen und Christus darin zu suchen. Denn Christus als ihr Bräutigam habe ihr seinen Verlobungsring geradewegs in ihr Herz geprägt. Einmal sagte sie sogar, man solle ihren Leib öffnen, um die Zeichen Christi in ihrem Herzen zu finden. Als Chiara dann im August des Jahres 1308 verschied – trotz der großen Hitze und des Fiebers, das sie heimgesucht hatte, war in ihrem Gesicht bereits die Seligkeit des neuen Lebens zu sehen – beschloss eine beherzte Mitschwester, den Leib vor seiner Einbalsamierung zu öffnen. Die Schwestern, die Chiara seit langem kannten und, bereits Zeuginnen verschiedener Visionen und Vorhersagen seitens ihrer Mitschwester sein durften, achteten längst ihre Heiligkeit. Dennoch trauten sie ihren Sinnen nicht, als sie dieses offensichtliche Zeugnis sahen: In Chiaras Herz steckte ein Kreuz, dessen Querarme aus Selbigem herausragten; außerdem die anderen Leidenswerkzeuge, die drei Nägel, die Dornenkrone, der Stab mit dem Essigschwamm, die Säule und die Lanze des Longinus, alles gebildet aus dem Gewebe des Herzens!

Bischof Trinci von Spoleto wurde gerufen. Auch er hatte noch nie etwas Derartiges gesehen und ordnete tiefgehende Untersuchungen des Körpers an, worauf man in Chiaras Gallenblase drei Kugeln gleicher Größe, Farbe und Gewicht, im Dreieck angeordnet, fand.

Wenngleich der Bischof die Schwestern angehalten hatte, das Gesehene für sich zu behalten, wurde schon bald in ganz Montefalco und darüber hinaus von der ungewöhnlichen Stigmatisierung geredet. Scharen von Pilgern kamen in den kleinen Ort, um die Fürbitte Chiaras zu erflehen, an deren Sitz nah bei Christus niemand mehr zweifelte. Der Bischof leitete weitere Untersuchungen ein, ließ weitere Zeugen verhören. Dabei kamen ständig neue Wunder zutage, sodass der Bischof die Angelegenheit schließlich vor den Heiligen Stuhl brachte. Papst Johannes beauftragte daraufhin Kardinal Orsini mit den Untersuchungen der Tugenden der Chiara von Montefalco. Der Kardinal zweifelte die Tugenden der Augustinerin keineswegs an, doch es war der Beweis dieser Tugenden, der ihm Kopfzerbrechen bereitete.

„Ihr wisst sehr wohl, lieber Ubertino", entgegnete er deshalb, „dass Wunder keine Beweise sind, sondern nur ein Ausdruck von Heiligkeit. Ich aber brauche Beweise, ich brauche Beweise ihrer heroischen Tugendhaftigkeit. Augenzeugen, die das, was sie bezeugen sollen, längst selbst aus tiefster Seele glauben, genügen nicht für einen ordentlichen Prozess. Ich brauche Beweise, Beweise ihrer Standhaftigkeit auch bei Anfechtungen und Versuchungen. Eine Nonne, die elf Jahre in ihrer Zelle verbrachte, dabei mit kaum einer Menschenseele geredet hat. Wie kann ich beweisen, dass sie stets von vollkommener Liebe zu Christus erfüllt war?"

„Ein vierjähriges Kind geißelt sich selbst, wäscht dann die blutenden Wunden mit Essig aus und legt sich dann zur Nachtruhe auf den sandigen Boden! Ist das etwa kein Beweis? Eine Siebenjährige entsagt gänzlich der Welt und schließt sich in einem Inklusorium ein! Reicht Euch das noch immer nicht als Beweis?

Dann vertraut doch dem Sinn für Heiligkeit des einfachen Volkes! Man nennt sie bereits Santa Chiara della Croce. War es bei unserem Poverello nicht auch ein Mann aus dem Volk, einer ohne besondere Gaben oder Tugenden, ohne eine außergewöhnliche Gelehrsamkeit, der zuerst seine Heiligkeit erkannte?"

Napoleone Orsini musste lächeln, als er hörte, dass Ubertino immer noch den heiligen Franziskus als seinen Heiligen bezeichnete. Hatte er den Franziskanerorden doch bereits vor Monaten verlassen. Nicht seinem Glauben war er dabei gefolgt, vielmehr war es der französische Papst Johannes, der Ubertino wegen einiger unliebsamer Ansichten gezwungen hatte, seinen geliebten Orden zu verlassen. Ubertino war dann in die Benediktinerabtei von Saint-Pierre de Gembloux eingetreten. Die Abtei selbst hatte er allerdings noch nicht besucht. In seinem Herzen war er noch immer Franziskaner.

„Lieber Vater Ubertino, Ihr setzt Euren Glauben und Euer Vertrauen in das Volk. Ihr wisst sehr wohl, dass Papst Johannes anders über die Bewohner unseres schönen Landes denkt. Die Verehrung durch das Volk Italiens wird ihm kaum zum Zeugnis von Heiligkeit gereichen ..."

„Johannes!", die Erwähnung des Papstes brachte das Blut des alten Ubertino in Wallung, „wenn König Ludwig, der Sohn des verderbten Philipp, und sein ebenso verderbtes Volk von Paris eine Person als heilig verehren würden, dann würde Johannes sie sofort in den Kreis der Heiligen aufnehmen, das ist sicher!"

„Beherrscht Euch, lieber Vater!", mahnte der Kardinal und senkte die Stimme, „wir wissen, dass Jacob von Cahors nicht der wahre Oberhirte ist, dass unsere liebe Kirche fehlgeleitet ist. Aber um Euer Leben willen, das Ihr schon so oft in Gefahr gebracht habt, haltet die Wahrheit zurück. Gebt auch Ihr vor, zu schlafen wie so viele andere, bis der rechte Zeitpunkt gekommen ist, und die Kirche – die wahre, rechte Kirche, nicht die korrupte, die jetzt im falschen Haus der Kapetinger in deren Diensten steht – an ihren Platz zurückkehrt!"

„Die Hure Babylon wird zugrunde gehen!", rief Ubertino hitzig, ohne die Ermahnungen des Kardinals zu beachten, „der Antichrist hat den Thron des heiligen Petrus belegt. Aber die Zeit des Heiligen Geistes ist nah! Bald schon werden wir in dieser Welt im himmlischen Jerusalem leben!"

* * *

Francescos Schritte dröhnten durch die Kirche. Er hatte seinen Mitarbeitern gerade für den Rest des Tages freigegeben und lief eilig hinaus. Wo steckte dieser Ricco? Und was war das für eine Geschichte, die seine Schwestern erzählt haben, Maestro Leone habe die Tür nicht geöffnet? Er hatte bereits am Minnehof gefehlt. Francesco kannte den Lehrer gut, er wusste, dass Maestro Leone keine dieser leichtfertigen Personen war, die die Nacht bei irgendeiner Frau verbrachten oder die sich abends derart betranken, dass sie am Morgen nicht fähig waren, ihrer Arbeit nachzugehen. Außerdem besaß der Lehrer gar nicht das Geld, um sich große Mengen Wein oder bezahlbare Frauen zu gönnen. Er war nur ein Elementarlehrer. Doch er hatte den Verstand eines Gelehrten, dachte Francesco, die Gruppe hatte ihn sogar zu ihrem Kanzler gemacht und ihn mit dem Schriftverkehr betraut. Und die Cavalieri ließen nur einen Mann mit vielen Jahren Erfahrung in ein solches Amt.

Francesco lief durch einige Gassen bis zum Hause Leones, klopfte an die Tür und rief laut seinen Namen. Nichts geschah. Er rüttelte an einem der Fensterläden, doch dieser ließ sich nicht öffnen. Sollte er den Podestà benachrichtigen? Aber wie sollte er erklären, dass er sich derart um den Lehrer sorgte? Schließlich kam Francesco zu dem Entschluss, zuerst seinen Schwager Ricco und dessen Freund Ranieri di Giacomo auszufragen. Beide hatten tags zuvor noch mit Leone das Badehaus bei den Quellen von Moiano aufgesucht.

Wie erwartet traf er beide, seinen Schwager und Ranieri, im Palazzo Moriconi an. Zuerst hatte Francesco ein wenig gezögert, unsicher, an welche Tür er klopfen sollte. Doch dann wählte er die Vordertür, war er doch der Schwager und auch – wenigstens in Abwesenheit seines Vaters – der Vormund des Gastes des Hauses.

Ricco und Ranieri jedoch schienen, ob der Angelegenheit des Lehrers, genauso verblüfft wie Francesco. Ja, sie waren gestern im Badehaus, hatten dort Leone getroffen, mit ihm auch einige Worte gewechselt. Ja, sie hatten das Badehaus gemeinsam verlassen. Nein, sie hatten den Weg zurück nicht zusammen angetreten. Warum? Nun, der Lehrer habe sich sehr früh, noch am Badehaus sogar, abgesetzt. Wie? Ja wie wohl, herumgebummelt habe er, sich noch länger dort herumgedrückt, so als ob er auf jemanden gewartet habe. Auf wen? Nein, das wussten sie nicht. Was er im Badehaus gemacht habe? Seltsame Frage, gebadet, natürlich. Selten fühlte Francesco eine solche Lust, seinen Schwager zu ohrfeigen.

„Oh Ricco, du weißt sehr gut, was ich meine! Ging er wirklich nur zum Reinigen seines Körpers dorthin oder gab es noch andere Annehmlichkeiten – du verstehst mich ganz gut – solche Dinge etwa, deretwegen ihr jenes Haus aufsucht? Und spare dir deine Scheinheiligkeiten!“

„Lieber Schwager“, antwortete Ricco und versuchte, seine Mundwinkel zu beherrschen, „du spielst doch nicht etwa auf die hübschen Mädchen an, die der Bader beschäftigt? Solltest du nicht wissen, dass ein Mann wie Leone, dessen Seele schon lange eine höhere Stufe erreicht hat, an so etwas nicht einmal denkt! Was glaubst du? Oh, wenn der Maestro wüsste, wessen du ihn verdächtigst!“

„Gerade weil er auf einer höheren Stufe ist, kann er doch der Versuchung begegnen! Das ist sogar den Heiligen passiert! Franziskus musste sich nackt im Schnee wälzen, um der fleischlichen Begier Herr zu werden!“

„Was das angeht“, mischte sich jetzt Ranieri ins Gespräch, „kannst du dir bei Leone sicher sein. Bei ihm versuchen die Weibsleute ihre Kunst vergebens. Im Gegenteil, er scheint das Weibsvolk gar nicht zu bemerken.“

Francesco atmete erleichtert auf: „Seine Seele ist wie eine Burg, uneinnehmbar.“

„Nun, das würde ich nicht unbedingt sagen ...“, warf Ranieri zögernd ein.

„Was soll das heißen?“

„Ich habe nur gesagt, dass er den Verführungen der Weiber widersteht, aber es gibt andere Versuchungen, unendlich viel verworfenere sogar, widernatürliche!“

Francesco sah Ranieri verwirrt an. Was konnte er meinen? Doch man musste sich beeilen. Er wies daher seinen Schwager an, sich zu verabschieden und seine Zeichnungen mitzunehmen, schließlich erwarte sie der Bischof.

Auf dem Weg zum Bischofspalast schwiegen Francesco und Ricco. Die Worte Ranieris hallten wie ein Echo durch Francescos Kopf. Was konnte eine schlimmere Versuchung sein als die des Fleisches? Von der Verführung der Weiber hatte Ranieri gesprochen, welche Verführung konnte aber noch sündhafter sein? Oder gar widernatürlich?

Im Palazzo Vescovile ließ man die beiden in einem Vorzimmer warten. Kardinal Orsini konnte jederzeit in Assisi eintreffen. Hinter der Tür warteten Bischof Pontano und sein Vertrauter, dieser Respekt einflößende Benediktiner, auf den Kardinal.

* * *

In der Unterkirche von S. Francesco hatten die Arbeiter die Entfernung des alten Wandputzes beendet und den Raum gekehrt. Der staubige Nebel war verschwunden, und Niccolò, allein in der Kirche zurückgeblieben, konnte sich endlich umsehen. Fresken in alten Stil waren auf die beiden Wände des Langhauses gemalt. Episoden aus dem Leben Christi und dem Leben des heiligen Franziskus standen sich an den Wänden gegenüber.
Wie gleich die beiden doch waren! Ja, der heilige Franziskus war wirklich der neue Christus, der gekommen war, um die Menschen zu erlösen! Wie Christus hatte er die Wundmale der Kreuzigung, wie Christus war er in einem Stall geboren. Niccolò fielen die Worte Torsolos wieder ein. Vom neuen Reich und vom himmlischen Jerusalem, das nicht mehr fern ist, hatte er gesprochen. Aber warum wollte keiner diese Worte hören, warum hatte man Torsolo vom Dom verjagt, warum hatte der Sakristan ihn und Bartolo sogar vor Torsolo gewarnt?
Dem Rat seines Meisters Francesco folgend schaute Niccolò sich weiter in den Kapellen der Unterkirche um. Die Kapelle des heiligen Martin hatte der Meister Martini aus Siena bereits vollendet, doch es stand noch ein Teil des Gerüstes. So konnte Niccolò Zeichnungen anfertigen und die Fresken kopieren, indem er Wollpapier, das er zuvor mit gesottenem Leinöl eingepinselt hatte, um es durchsichtig zu machen, über die Fresken legte und diese abpauste.
Die Art des Simone Martini war so ganz verschieden von der, die in Francescos Werkstatt gelehrt wurde. Der heilige Martin erschien in diesen Szenen selbst schön wie ein Engel, der sich jedoch stets der Flüchtigkeit seines diesseitigen Daseins bewusst war. Über den Szenen lag eine Art höfischer Eleganz. Niccolò kopierte die Fresken mit großem Eifer. Er hoffte, dadurch vom Hauch des Vorbildes eingezogen zu werden.
Nach einiger Zeit war er zufrieden mit seinen Kopien und nahm sich vor, sie sorgsam aufzubewahren, um sich auch später noch durch wiederholtes Abzeichnen an der Malweise des Simone Martini schulen zu können. Doch bevor er die Kirche verließ, wollte er sich noch die Kapelle ansehen, die Francescos Schwager Ricco di Lapo vor nicht allzu langer Zeit fertiggestellt hatte und

von der Ricco selbst und seine Frau Caterina so gerne sprachen. Den Auftrag hatte Ricco vom Bischof Pontano erhalten. Der Bischof wollte das Leben der heiligen Büßerin Maria aus Magdala auf den Wänden seiner Kapelle dargestellt haben.

Niccolò betrachtete die Wandbilder im Kerzenschein der Kapelle und – empfand eine große Enttäuschung. Ganz anders hatte er sich die Bilder des für seinen Fleiß bekannten und viel gerühmten Ricco di Lapo vorgestellt. Diese Bilder sahen aus wie die Malereien eines Lehrlings. Wo blieben die Studien der Natur? Nicht wirkliche Menschen schienen Riccos Modelle zu sein. Vielmehr sah es aus, als habe er mit Stofflappen behängte Holzpuppen abgezeichnet, eine von Schülern zuweilen angewandte Methode, um den Gewandfall zu studieren. Diese Holzpuppen waren in ebenso leblosen Landschaften aufgestellt. Schroffe Abhänge, an denen verschiedene Pflanzen wahllos verteilt waren, so als habe der Maler sie auf Papier gezeichnet, ausgeschnitten und dann über die Landschaft gestreut. Sogar zwei völlig identische Bäume standen direkt nebeneinander. Die Mannigfaltigkeit der Natur hatte der Maler völlig missachtet!

Ungläubig betrachtete Niccolò gerade die Szene, in der Magdalena, nachdem sie am leeren Grab Christi einige Zeit weinend im Gebet verharrt, vom auferstandenen Christus angerufen worden war, und er sie bat, ihn nicht zu berühren.

„Noli me tangere!", hörte Niccolò plötzlich die Worte Christi. Durch seinen Körper fuhr ein Blitz. War das eine Vision?

Aus dem Dunkel trat ein kleiner alter Mann ins Kerzenlicht. Er ging ein wenig humpelnd, sein Gesicht sah müde aus, doch seine Augen leuchteten aufmerksam, so als habe er gerade eine große körperliche Anstrengung hinter sich und verlange jetzt danach, auch seinen Geist der Mühen zu unterziehen.

„Etwas scheint dich zu verstören, mein Sohn", sprach er weiter, „sollte das büßende Weib auch dein Gewissen belasten?"

„Oh nein, Herr, nein, es ist nicht die Buße, die mich beunruhigt", beeilte sich Niccolò sogleich richtigzustellen, „nein, es ist die Malerei des Ricco, der von allen verehrt wird, die mich so verwirrt."

Erst jetzt fiel Niccolò auf, dass der alte Mann das Habit des Benediktinerordens trug, genauso wie der furchterregende Begleiter des Bischofs, dem er des Morgens begegnet war. Und sofort fragte er sich, ob seine Antwort wohl sündig war. War es eine Sünde, ein Bild zuerst mit den Augen des Malers zu betrachten und nicht mit den Augen des Gläubigen?
„Ricco? Ist das nicht ein Sohn dieses Florentiners, wie heißt er noch gleich?"
„Meister Giotto di Bondone, Ricco di Lapo ist der Gemahl von Giottos Tochter", antwortete Niccolò stolz und zugleich verwundert. War es möglich, dass jemand nicht von Giotto di Bondone gehört hatte?
„Ja, ja genau der, der Kardinal will heute mit ihm einen Handel besprechen. Mit ihm, oder mit seinem Sohn, ich erinnere mich nicht genau. Aber sag, was stört dich so an den Bildern?"
„Nun ja", begann Niccolò wieder sehr zögernd, „Ricco ist wohl ein großer Maler ..."
„Das sagtest du gerade", unterbrach ihn der Alte, „das wird es kaum sein, was dich derart verstört."
Niccolò begriff, dass er dem Alten nichts vormachen konnte. „Es sieht aus, als habe er einen Lehrling malen lassen, der das erste Jahr bei ihm ist", antwortete er deswegen, „als habe der Maler nie die Natur beobachtet, ja als erkenne er sie gar nicht als die größte Lehrmeisterin der Maler an, die sie doch zweifelsohne ist. Seine Magdalena hat er so steif gemalt, als sei sie aus Holz. Außerdem ist sie so weit von Christus entfernt, dass sie ihn gar nicht berühren könnte, selbst, wenn sie wollte!"
Der Anflug eines Lächelns huschte bei diesen Worten über das Gesicht des alten Mannes.
„Mein Sohn, aus dir spricht die Leidenschaft der Jugend, die Leidenschaft, die den Dingen Wichtigkeit beimisst, die in Wirklichkeit ganz unwichtig sind. Wie viel Zeit verwenden die Maler darauf, sich die Dinge anzusehen, nur um sie nachzuzeichnen? Und je mehr ihre Nachzeichnung dann dem von Gott geschaffenen Ding ähnlich sieht, umso mehr halten sie die Zeichnung für gut und gelungen. Sie überbieten sich dabei gegenseitig, jeder will noch genauer die Schöpfung nachahmen. Und dabei vergessen sie dann, was wirklich wich-

tig ist: dass sie selbst Geschöpfe sind, Geschöpfe des einen einzigen Künstlers. Nichts können wir hervorbringen, was Er nicht zuvor geschaffen hat. Wir können nichts erschaffen."

Diese Rede konnte Niccolò nicht gerade beruhigen. „Ihr sagt also, Herr, das alle Malerei überflüssig ist, weil sie immer falsch ist?"

„Falsch ist sie nicht immer, mein Sohn, aber sie ist eitel. Eitel, weil die Maler ihre Liebe und ihre Leidenschaft in die Nachahmung der Schöpfung stecken, statt diese Liebe der Schöpfung selbst zuzuwenden. Weil sie Dingen nachjagen, die so vergänglich sind wie ihre Malerei selbst. Aber falsch ist sie nicht, wenn sie die Wahrheit sagt. Sieh dir dieses Bild an. Du sagtest, es seien Fehler darin. Magdalena wirke wie eine hölzerne Puppe?"

Niccolò nickte.

Der alte Mann sah sich das Bild an und sagte dann: „Du hast recht, wenn ich es mit deinen Augen betrachte, sehe ich auch, dass sie wirklich nicht sehr lebendig wirkt. Aber was erzählt der Maler – wie heißt er doch gleich – hier denn? Erzählt er nicht die Geschichte von Christus, der nach seiner Auferstehung als Erstes der Büßerin Magdalena erscheint, seiner treuen Freundin und Gefährtin?"

„So ist es, Herr", antwortete Niccolò.

„Und ist diese Geschichte wahr oder falsch?", fragte der Alte weiter.

„Sie ist wahr."

„Sie ist also wahr. Kann ein Maler also, der diese Geschichte erzählt, irren; berichtet er doch eine wahre Geschichte?"

„Nein, Herr", Niccolò war jetzt völlig verwirrt. Was wollte der Alte ihm eigentlich sagen? Zuerst verwarf er alle Malerei als eitel, dann verteidigte er ausgerechnet dieses Bild.

„Es ist also wahr. Ist es daher von Wichtigkeit, wie er diese wahre Geschichte erzählt? All die Regeln, die die Maler für wesentlich erachten, Maß und Raum und was es noch alles gibt, sind ganz und gar nichtig. Diese Regeln haben die Maler erdacht, weil sie abbilden wollen, was man sieht. Aber sehen nicht auch die Ungläubigen? Der Falke sieht den Hasen, die Katze sieht die Maus. Sie alle haben Augen. Und die Augen können lügen. Der Wein ist eine gute

und gesunde Medizin, aber wenn ein Mann ihm zu sehr zuspricht, dann sieht er seltsame Dinge, die nicht wirklich da sind. Was wir sehen, kann also falsch sein."
Niccolò verstand nicht ganz. „Wie wissen wir dann aber, Herr, was richtig ist, und was falsch?"
„Mein Sohn, wir müssen immer dem, was wir mit unseren Augen sehen, misstrauen. Es kann wahr sein, aber es kann auch falsch sein. Wahr ist nur das, was direkt von Gott kommt: Visionen. Visionen können uns nie täuschen, weil Gott zu uns durch Visionen direkt spricht. Sieh dir dieses Bild noch einmal an. Glaubst du, Christus sei nach seiner Auferstehung als Erstes Magdalena erschienen, die sicher seine treue Freundin und Anhängerin war?"
„Steht das nicht so im Evangelium ...?"
„Ja, natürlich. Aber was, glaubst du, war mit Maria, seiner Mutter? Wird er nicht zuerst seiner leiblichen Mutter erschienen sein, dem einzigen Weib, das ganz frei von Sünde ist?"
„Ja, aber ... davon haben die Priester noch nie erzählt ..."
„Davon erzählen die Priester nicht, weil es so selbstverständlich ist, dass man darüber gar nicht reden muss. Christus erschien zuerst seiner Mutter Maria. War sie es doch, die die größte Liebe zu ihrem Sohn in sich trug und die das größte Leid seines Todes wegen erlitt. Am Ostersonntag blieb Maria in ihrer Kammer und betete, während Magdalena zum Grab ging, um den Leichnam zu salben. Sie betete unter Tränen: ‚Komm, Herr Jesus, komm, meine einzige Hoffnung! Komm zu mir, mein Kind!' Und plötzlich stand der Sohn neben ihr, die himmlische Verklärung auf dem schönen und heiteren Antlitz, und sagte: ‚Sei gegrüßt, heilige Mutter! Siehe, ich bin auferstanden und wieder bei dir.' Und dann nahm er seine Mutter in den Arm. Diese sah die Wundmale an seinen Händen und fragte, ob er deswegen noch Schmerzen litt. Und Jesus antwortete ihr, dass alle Schmerzen von ihm gegangen waren. Verstehst du? Jesus hatte bereits den neuen Leib, wie der Apostel sagt: ‚Es wird gesät ein natürlicher Leib, und es wird auferstehen ein geistlicher Leib.' Du wirst dich sicher fragen, warum die Maler das nicht malen?"
Niccolò nickte.

„Maria hatte ihren Sohn in einer Vision gesehen. Sie konnte ihn umarmen. Weil er direkt vom Vater zu ihr kam, konnte sie ihn berühren. Ihr Glaube ließ den Vater erbarmen, und er schickte den Sohn zu ihr. Deswegen konnte sie ihn berühren und fühlen. Magdalena sah Jesus dagegen mit ihren Augen und hörte ihn mit ihren Ohren. Sie war so überrascht, dass sie ihn zuerst sogar für den Gärtner hielt. ‚Maria!', sagte Jesus zu ihr, ‚berühre mich nicht!' Sie hat ihn nicht sofort erkannt, weil sie schwach im Glauben war, weil sie nicht zuversichtlich, wie Maria, seine Auferstehung erwartete. Im Leben der Maria gab es keinen Moment der Umkehr, weil sie nie in Sünde gefallen war.
Magdalena aber hatte Zweifel. Sündige Gedanken quälten sie. Immer wieder neu musste sie gegen Anfechtungen kämpfen.
Wem glaubst du nun, mein Sohn, sind die meisten Menschen aber ähnlicher, der sündlosen Maria oder der sündigen Magdalena?"
„Magdalena", antwortete Niccolò.
„Sehr recht, sehr recht. Daran sollen uns die Maler erinnern. Genauso wie die Priester, die von den Geschichten erzählen. Denn was ist Malerei anderes als gemalte Erzählung? Sie wollen uns daran erinnern, dass wir ständig an unserer eigene Sündhaftigkeit denken, dass wir immer, an jedem Tag, daran denken, dass wir unsere Sünden bereuen und umkehren und …", er machte eine kurze Pause, „deswegen ist es völlig unwichtig, wie ein Bild gemalt ist, so wie es unwichtig ist, wie ein Priester redet, solange das, was er verkündet wahr ist.
Glaubst du, der heilige Franziskus habe die Sprache der Völker beherrscht, denen er von Christus verkündet hat? Nein, aber das ist unwichtig. Wichtig ist nur die Wahrheit. Wer die Wahrheit verkündet, der wird verstanden. Von den frommen und gottesfürchtigen Seelen wird er verstanden. Hat der heilige Franziskus selbst nicht sogar den Tieren die frohe Botschaft verkündet? Brachte er nicht sogar den wilden Wolf dazu, umzukehren und sanft wie ein Lamm zu werden? Wie konnte er dessen Sprache sprechen? Der Wolf aber verstand ihn, weil er trotz seiner Wildheit den Samen des Glaubens in sich trug. Hätte Franziskus sich aber Gedanken gemacht, wie er mit dem Wolf reden muss, hätte er nach schönen Worten gesucht, hätte der Wolf ihn zer-

fleischt, während er noch mit seiner schönen Rede beschäftigt gewesen wäre. Und deswegen, mein Sohn, hüte dich vor denen, die zu sehr danach trachten, Werke zu schaffen, die den Menschen gefallen. Es ist alles eitles Machwerk. Die ganze Malerei in dieser Kirche, genauso wie der ganze Bau dieser Kirchen. Der heilige Franziskus schlief auf der rauen Erde, doch seine Kirche ist bereits eine der prächtigsten der bewohnten Welt! Hüte dich vor diesen Eitelkeiten, bleibe den Malern fern, die unter dem Vorwand des Naturstudiums nur ihren eigenen Ruhm suchen! Nichts als Verderben liegt in ihrem Streben! Wenn das neue Reich des himmlischen Jerusalem da ist, brauchen wir keine Bilder mehr, um uns der heiligen Begebenheiten zu erinnern. Wir werden sie immer in uns tragen. Wir werden sein wie der auferweckte Lazarus", er wandte sich zu dem Fresko mit der Geschichte des Lazarus, der dank des Gebets seiner Schwestern, Magdalena und Maria, aus dem Grab auferstand. „Schau, Christus wird ihm die Binden seines Leichentuchs lösen, und Lazarus wird frei sein. So frei, wie wir sein werden, wenn erst das neue Reich da ist. Dann werden wir sein wie die sündlose Maria."

Nachdem er diese und noch weitere Ermahnungen ausgesprochen hatte, umarmte und küsste er Niccolò und verschwand wieder im Dunkel der Kirche. Verwirrt blieb Niccolò in der Kapelle zurück. Schon wieder hatte jemand vom Ende der Welt gesprochen. Oder war es wirklich das Ende der Welt, das der alte Benediktiner gerade prophezeit hatte? Was meinte er mit dem neuen Reich? Gestern hatte der seltsame Torsolo vom Herankommen einer neuen Zeit geredet. Doch war jener vielleicht ein Verrückter. Aber dieser war ein Mitglied des ehrwürdigen Ordens des heiligen Benedikt. Was sollte Niccolò nun tun? Auf die Malerei verzichten, die er doch so liebte? Oder wenigstens auf das Studium der Natur? Doch ohne Naturstudium und ohne ständiges Bemühen würde Francesco ihn kaum in seiner Werkstatt dulden. Nachdenklich ging Niccolò aus der Kirche. Dabei schaute er sich immer wieder um, ob der alte Benediktiner noch irgendwo zu sehen war. Doch er erblickte ihn nirgendwo.

* * *

Im Bischofspalast beim Dom S. Rufino empfing Tebaldo da Pontano, der Bischof von Assisi, inzwischen Kardinal Napoleone Orsini. Zusammen mit seinem Sekretär, dem Benediktiner Astrolabio da Salerno, hatte der Bischof in seinem Palazzo alles vorbereitet, um dem Kardinal den Aufenthalt in Assisi so angenehm wie möglich zu machen.
Kardinal Orsini hatte mit Giotto di Bondone bereits vor einigen Monaten den Vertrag zur Ausmalung des gesamten Querhauses der Unterkirche abgeschlossen. Man hatte sich schnell auf einen Teil des Programms geeinigt, den Teil, der das Thema der Kindheit Christi betraf sowie einige Wunder, die der heilige Franziskus an Kindern bewirkt hatte. Ricco di Lapo und seine Werkstatt waren seit einiger Zeit damit beschäftigt, die Zeichnungen für diese Geschichten anzufertigen.
Ricco und Francesco warteten immer noch im Vorzimmer darauf, dass man sie hereinrief. Ersterer mit mehreren großen Bögen Papier, die die fertigen Zeichnungen enthielten, Letzterer nur mit einigen kleinen Skizzen, die noch viel Platz für künftige Planungen ließen. Seit die beiden den Palazzo Moriconi verlassen hatten, war zwischen ihnen kein Wort gewechselt worden. Francesco schaute aus dem Fenster auf die Äste eines Baumes, dessen letzte rote und orange Blätter gerade zu Boden rieselten. Er beobachtete dieses Bild der Vergänglichkeit, in Gedanken aber immer wieder den unseligen Dialog mit dem Schwager wiederholend. Ricco dagegen stand breitbeinig im Raum mit dem Gefühl des Triumphs und wartete, fast unmerklich vor sich hin grinsend, auf ein Wort des Schwagers, das ihm erlaubt hätte, sich an dessen Missmut noch weiter laben zu können. Doch Francesco sagte nichts.

* * *

Zwei Mönche, ein alter Benediktiner und ein jüngerer Franziskaner passierten das Portal des Bischofspalastes, das jetzt am Tage offen stand und ständig von Dienstboten und Bittstellern in beiden Richtungen durchquert wurde, stiegen unbemerkt die Treppe hinauf, vorbei an den beiden wartenden Malern und öffneten die schwere Tür zum Zimmer des Bischofs. Dieser wunderte sich genauso wenig über ihr Kommen wie der Kardinal, hatte man sie doch bereits erwartet.

Einzig Astrolabio da Salerno versuchte, seine Irritation über das verspätete Erscheinen des Kaplans des Kardinals und des Ordensgenerals der Franziskaner zu verbergen. „Seid gegrüßt, werter Mitbruder", sagte er und seine Oberlippe formte einen rechten Winkel, „ich glaubte, ihr seid zusammen mit dem Kardinal angereist?"
„Selbstverständlich, lieber Bruder", erwiderte Ubertino da Casale, „ich konnte es aber nicht lassen, zunächst meinen ehemaligen Mitbrüdern von S. Francesco einen Besuch abzustatten und das Grab des Poverello zu besuchen.
So hielt ich dann auch Michele auf und ich fürchte, auch sein Verspäten ist meine Schuld.
Hattet Ihr aber nicht ohnehin vor, über die Ausstattung des Grabes unseres heiligen Franziskus mit uns zu sprechen?"
„Es geht um die weitere Ausstattung der Grabeskirche, sehr wohl, lieber Ubertino", schaltete sich der Bischof ein, „Meister Ricco di Lapo aus Florenz hat bereits eine Kapelle in meinem Auftrag in jener Kirche ausgemalt. Er arbeitet sehr zu meiner Zufriedenheit."
„Ricco di Lapo, ja, den Namen hörte ich bereits", bemerkte Ubertino, „er soll wohl ein sehr fleißiger Geselle sein, nicht?"
„Er ist noch recht jung, noch nicht mündig, und arbeitet für seinen Schwiegervater, den Meister Giotto di Bondone", setzte Kardinal Orsini fort, „auch Giottos eigener Sohn Francesco scheint ein sehr tüchtiger Handwerker zu sein. Wir haben mit Giotto vereinbart, ihm die Ausmalung des wichtigsten Teils der Grabeskirche anzuvertrauen. Weiter haben wir mit Meister Pietro Lorenzetti aus Siena verhandelt. Ein Landsmann von ihm, Meister Simone

Martini, den ich am päpstlichen Hof in Avignon traf, empfahl ihn mir. Meister Pietro und Meister Giotto werden wohl in der nächsten Zeit in Assisi eintreffen."

„Die anderen beiden, besagter Ricco di Lapo und sein Sororius Francesco di Giotto, warten bereits draußen", bemerkte der Bischof, „mit Eurer Eminenz Erlaubnis, bitten wir sie herein."

So wurde zunächst Ricco hereingerufen, seine Zeichnungen vom Kardinal und seinem Kaplan betrachtet und bis auf ein paar kleine Änderungen für gut befunden. Ricco verabschiedete sich unterwürfig von den hohen Herren, drehte sich beim Hinausgehen erst in der Tür um und sah Francesco grinsend an.

„Keine Angst, werter Schwager", flüsterte er ihm beim Herausgehen zu, „die Herren wissen gute Malerei zu schätzen."

Mit einem Grummeln im Magen betrat Francesco den Raum. Vom Kardinal freundlich aufgefordert, legte er seine Entwürfe auf den Tisch, sich dabei ständig für deren Unvollkommenheit entschuldigend.

„Lieber Meister Francesco", sagte der Kardinal ermutigend, „Wir wissen, dass deine Entwürfe noch nicht die Vollkommenheit derer deines Schwagers haben können. Haben wir doch selbst noch keine klaren Vorstellungen davon, wie die Malereien am Ende aussehen sollen. Was du zu malen hast, ist so viel komplizierter und umfangreicher als die Jugendszenen unseres Herrn, die dein Schwager malt. Handelt es sich beim Gewölbe, das du ausmalen sollst doch gleichsam um das Herz der ganzen Grabeskirche. Was meint Ihr, lieber Ubertino?"

„Sehr richtig, das Herz der Kirche liegt direkt über dem Grab des heiligen Poverello. Aber was ist das Herz der Kirche? Ist es nicht das Herz unseres Glaubens? Und was ist das Herz unseres Glaubens, wenn nicht unser Herr Christus selbst! Christus ist der Eckstein unseres Glaubens, der Anfang und das Ende, deshalb muss er auch im Mittelpunkt der Ausmalung stehen. Meister Francesco, glaubst du, du könnest Christus im Schlussstein, dem Stein, der das ganze Gewölbe zusammenhält, ja die ganze Kirche, die ohne ihn einstürzen würde, malen?"

„Ja, natürlich ...“, antwortete Francesco und verwarf insgeheim seinen Plan, den Schlussstein mit einem besonders filigranen geometrischen Ornament auszumalen.
„Sehr gut“, sprach Ubertino weiter, „Christus setzen wir in den runden Schlussstein, denn das Runde ist wie Gott, es hat keinen Anfang und kein Ende, es ist, war und wird sein ...“
„Wir dachten“, meldete sich da Michele da Cesena, der Ordensgeneral der Franziskaner zu Wort, „der Tod und die Auffahrt in das ewige Leben unseres Heiligen seien angebrachte Themen für sein Grab.“
„Die Auffahrt des Heiligen Franziskus zu Christus ist fürwahr das Richtige, ich stimme Euch zu“, setzte Ubertino seine Rede fort, „doch stellen sich dabei für uns drei Fragen, erstens: Warum fährt der heilige Francesco zum ewigen Leben auf? Seine Verdienste, seine Tugenden sind es, die dank des Einwirkens der göttlichen Gnade aus Giovanni, dem Sohn des Tuchhändlers Pietro Bernardone, unseren heiligen Franziskus machten. Deswegen stellen wir uns das Gewölbe so vor, dass seine Auffahrt zu Gott im vorrangigsten Gewölbefeld gemalt wird, in dem Feld, das dem Langhaus zugewandt ist. Sind doch die Gläubigen im Langhaus versammelt und werden vom Seraphicus erlöst. Du kannst nun einwenden, lieber Michele, dass sie sein Bild so nicht mit ihren Augen sehen können. Aber das macht nichts. Ist es doch nicht wichtig, was die Augen sehen. In den anderen drei Gewölbefelder aber malt die Tugenden, die so wesentlich den Verdienst des heiligen Poverello ausmachen. Und das ist natürlich die Keuschheit. Man wird sie in dem Feld, das den Geschichten des Meisters Ricco mit den Kindheitsgeschichten folgt darstellen, ist doch die Keuschheit genau die Tugend der Kindlein. Dem gegenüber wird man den Gehorsam finden. Im Querhaus, das ihm folgt, wird jener Meister – wie hieß er doch gleich? – aus Siena die Geschichten der Passion unseres Herrn malen. Die Passion, die der Sohn auf Grund seines unbedingten Gehorsams gegenüber dem Vater erlitt. Auf dem dritten Feld aber, dem über der Apsis, unter der die Brüder sich versammeln, wenn sie der heiligen Messe beiwohnen werden, auf diesem dritten Feld stellen wir uns die wesentlichste Tugend des Poverello vor: die heilige Armut. Denn es war die Armut, die

Franziskus suchte, liebte und begehrte, im Namen Christi. Es war die Armut Christi, nach der er sich verzehrte. Deswegen möchten wir die Armut zusammen mit der Caritas, der göttlichen Liebe sehen. Die Armut, die Braut Christi, des Allerhöchsten Armutsfürsten, die zur Braut des Franziskus wird."
„Du beschreibst einen mannigfaltigen Kosmos, lieber Bruder", unterbrach ihn Astrolabio da Salerno, „wir kannst du aber ständig von Armut reden und doch ein Bildprogramm entwerfen, dessen Reichtum an den Tempel Salomons heranreicht?"
„Es ist der Schatz, den der erwirbt, der die Armut um Christi willen liebt", antwortete Ubertino, „sagte nicht Christus zu dem reichen Jüngling: ‚Willst du vollkommen sein, so gehe hin, verkaufe, was du hast, und gib es den Armen, so wirst du einen Schatz im Himmel haben!' Es ist der Schatz im Himmel, dessen Herrlichkeit unsere Vorstellung übersteigt. Und da sind wir bei der zweiten Frage: Wie ist der heilige Francesco zu Gott aufgefahren?"

Kardinal Orsini nutzte die Pause Ubertinos, um sich in das Gespräch einzuschalten:
„Wir können es uns nur in aller Herrlichkeit vorstellen, sitzend auf einem prächtigen Thron, begleitet von der Musik der Engel, von Freude und Tanz. Ich weiß sehr wohl, werter Astrolabio, was Ihr sagen werdet. Ihr werdet sagen, Freude und Ausgelassenheit sind fehl am Platze, geht es doch um die Grabeskirche. Doch dir, lieber Meister Francesco, sage ich, zeige die Herrlichkeit des himmlischen Jerusalems, male tanzende und singende Heerscharen, verwende das kostbarste Material, die schönsten Farben. Nimm auch Gold!"
„Gold!", dachte Francesco überrascht, „das benutzten doch nur noch die Tafelmaler." Sein Vater hatte ihn stets gelehrt, dass ein wirklich geschickter Maler Gold darstellen könne, ohne wirkliches Gold zu benutzen. Francesco hatte sich bereits vorgestellt, die Auffahrt des Heiligen in den blauen Himmel zu malen, eine natürliche Landschaft hinter sich lassend.
„Eminenz", sagte er deswegen, „bitte verzeiht meinen Einwand, aber das kostbarste Material, das wir Maler zur Verfügung haben, ist das Blau des Ultramarin. Es ist noch kostbarer als Gold."

„Ganz recht, lieber Meister Francesco“, stimmte der Kardinal zu, „verwende nur ruhig auch Ultramarin. Aber den Himmel male mir in Gold, damit jeder versteht, dass es nicht nur einfach der natürliche, blaue Himmel ist. Bedenke, so wie die Mannigfaltigkeit der Farben das Auge erfreut, so dringt die Lieblichkeit der erfreulichen Dinge durch die Fenster des Körpers in das Innere des Herzens ein. Und deswegen halten wir die heilige Messe in der Grabeskirche: die Brüder – und nur die minderen Brüder werden die Bilder in ihrer ganzen Fülle sehen können, befinden sie sich doch auf der Seite des Lettners, die wir die klösterliche nennen, und die den Laien unzugänglich ist – sollen an die Tugenden ihres Ordensgründers erinnert werden, um diesen nachzustreben. Damit sie auch verstehen, warum sie den heiligen Franziskus, und damit Christus, nacheifern sollen, wird ihnen der Verdienst des rechten Lebens gezeigt: die Herrlichkeit des ewigen Lebens!“

“Curiositas in pictorum!“, rief da Astrolabio da Salerno, „curiositas in pictorum! Waren das nicht deine Worte, werter Mitbruder Ubertino? Sind die Kirchen nicht schon voll mit diesen Dingen, vor allem die Kirchen der Klöster? Eure heilige Mannigfaltigkeit! In den Kirchen wimmelt es nur so von dieser Mannigfaltigkeit, von lächerlichen Ungeheuerlichkeiten, seltsamer unschönen Schönheit und schöner Unschönheit! Tummelt sich da nicht Unglaubliches vor den Augen der lesenden Mönche? Bei euch Franziskanern thront sogar der Heilige Vater auf einem Thron, zu dessen Füßen Vierfüßler mit Schlangenschwänzen zusammen mit unreinen Hähnen, Echsen mit dem Körper eines Vogels und wilden Löwen ihr Unwesen treiben! Mannigfaltigkeit! Die Bildhauer schlugen diese Missgebilde in Marmor, die Maler zögerten nicht, es ihnen gleichzutun. Es dünkt angenehmer, in Marmorsteinen und Bildern zu lesen als in den Büchern, den Tag damit zu verbringen, all diese Einzelheiten zu bewundern als über Gottes Gebote nachzudenken!“

„Beruhigt Euch, lieber Bruder Astrolabio“, versuchte der Bischof einzulenken, „Ihr beleidigt die Autorität des Kardinals. Und schließlich geht es doch nicht um Eure Kirche.“

„Meine Kirche gibt es nicht", gab Astrolabio da Salerno selbstgefällig zurück, „jede Kirche ist das Haus Gottes und damit genauso meine wie Eure wie die eines jeden, der rechten Glaubens ist."

Von diesem Ausbruch unbeeindruckt redete Ubertino da Casale weiter: „Damit wären wir also bei der dritten Frage. Sie lautet: Wann kommt das neue Reich, das uns mit dem heiligen Franziskus angekündigt wurde? Wann erfüllen sich die Versprechungen des himmlischen Jerusalem?"

Michele da Cesena wusste, dass diese Frage, die so harmlos ausgesprochen schien, doch der Anlass zu einem größeren Disput sein konnte, und versuchte daher einzulenken:

„Lieber Bruder Ubertino, du hast vollkommen recht, die Schönheit des himmlischen Jerusalem lässt sich mit Nichts darstellen. So wenig wie man sie mit Worten hinreichend beschreiben kann. Wäre es deswegen nicht angebracht, in den Darstellungen etwas bescheidener zu sein, auch, um unsere Brüder, die doch alle von der Liebe zur heiligen Armut erfüllt sind, nicht zu sehr zu verwirren? Schrieb doch auch der heilige Poverello selbst in seiner Ordensregel, der Prediger solle schlicht und kurz von Lastern und Tugenden reden, von ewigem Lohn und Strafe, und selbst aber durch sein Leben ein Beispiel geben."

„Ja, das Beispiel sollte euer Leben sein", redete Ubertino weiter, „aber glaube nicht etwa, lieber Bruder, dass wirklich alle deiner Mitbrüder von der innigen Liebe zur heiligen Armut erfüllt sind. Auch unter unseren Mitbrüdern sind solche, die weit entfernt vom Geiste der heiligen Armut in euren Konventen ein bequemes Leben führen. Doch werden diese sein wie die neue Synagoge, die Christus zurückwies, ebenso wie die alte.

Und da kommen wir zurück auf die Frage, wann sich die Versprechungen des Himmlischen Jerusalem erfüllen werden. Wenn wir den Antichristen besiegt haben, wenn Christus als Richter erscheinen wird, dann werden wir die Ruhe und den Frieden in unbeschreiblicher Süße in unseren Herzen fühlen.

Male deswegen die Apokalypse in die Apsis, lieber Meister, male, was nach der Öffnung des sechsten Siegels geschehen wird. Male die vier Engel, die an den Ecken der Erde stehen und die Winde festhalten, auf dass kein Wind

über die Erde bläst, noch über das Meer, noch über irgendeinen Baum! ‚Und ich sah einen anderen Engel aufsteigen von der Sonne Aufgang, der hatte das Siegel des lebendigen Gottes.' Versteht ihr, wer dieser Engel ist? Der Doctor Seraphicus lehrte es uns. Male unseren Poverello mit den Zeichen des lebendigen Gottes!
Ein Beispiel aber sollen euch die viri seraphici unsres Ordens, verehrter Michele, geben. Deswegen sollst du sie, lieber Francesco di Giotto, auch malen. Unter den Tugenden sollst du sie abbilden, die Brüder des wahren Geistes. Die neuen Stigmatisierten des neuen Zeitalters, die das Bild des heiligen Franziskus in sich tragen, ein Teil der Armee, die mit Christus in untrennbarer Ehe verbunden ist. Sie, die jetzt noch verfolgt sind, werden uns das himmlische Jerusalem in diesem Leben bringen."
„Das reicht!", rief Astrolabio da Salerno, „du brauchst nicht weiter zu reden, Bruder Ubertino. Wir verstehen sehr wohl, dass du von den Fratizellen und Spiritualen und sonstigen Häretikern sprichst, die du auch noch wie Heilige in der Kirche abgebildet haben willst! Niemals werden wir – und der hochverehrte Bischof wird mir zustimmen – diese Abtrünnigen in der heiligen Mutter Kirche dulden! Du vergisst wohl, Bruder Ubertino, dass die Kirche und der Konvent von San Francesco nicht dir gehören, so wenig, wie sie den Minderen Brüdern gehören. Sie selbst sind es doch, die nichts besitzen wollen. Ihre Kirchen und Konvente gehören also, wie du natürlich weißt, aber manchmal erscheint es opportun, dich daran zu erinnern, dem Heiligen Stuhl!"
„Was ereiferst du dich so, lieber Bruder Astrolabio", gab Ubertino zurück, „zeigt doch gerade dein Zorn, dass wir am Beginn des siebten Status stehen, dass die wahren Gläubigen verfolgt werden und damit bereits den Vorgeschmack des himmlischen Jerusalem genießen. Du wirst sehen, die Zeit ist nicht mehr fern ..."
Doch hier unterbrach ihn der Kardinal mit der Äußerung, es sei an der Zeit sei, den braven Meister Francesco di Giotto zu verabschieden, damit dieser sich an die Arbeit machen könne und ihnen bald konkretere Entwürfe seiner Arbeiten vorlegen können. Francescos Verwirrung war so offenbar, dass der

Ordensgeneral Mitleid mit ihm hatte und ihm zusicherte, ihn baldigst in seiner Werkstatt aufzusuchen, um weitere Details mit ihm zu besprechen. Einstweilen könne er ja schon mal das Gewölbe frisch verputzen und Farben und was er sonst noch so brauche, besorgen. Mit den gebührenden Ehrerweisungen zog sich Francesco zurück. Während er die Treppe hinabstieg hörte er noch die Stimmen Astrolabios und Ubertinos aus dem Raum schallen.

Wie häufig hatten sich zum Abendessen neben den Familienmitgliedern auch noch einige Nachbarn eingefunden, so dass etwa zwei Dutzend Personen um den Tisch saßen. Es gab Carabaccia, die übliche Zwiebelsuppe der Florentiner. Aber die Verfeinerung mit Mandeln, Zucker und Zimt machte sie zu einer nicht alltäglichen Köstlichkeit. Dazu reichte man gebratene Kapaune, wohl die letzten vor der Fastenzeit.
„Langt zu, Kinder", forderte Ricco die Kommensalen auf, „wenn der Padre erst wieder da ist, dann wird die Suppe nur noch mit Wasser und Zwiebeln gekocht, mit sehr viel Wasser und sehr wenig Zwiebeln!"
Francesco runzelte die Stirn, unterdrückte aber seinen Ärger. Beatrice war weniger zurückhaltend.
„Du machst es dir leicht, lieber Schwager, schlecht über den Babbo zu reden. Siehst du doch wahrlich nicht aus, als würdest du Hunger leiden. Sollte etwa dein Leibesumfang allein von Wassersuppe kommen, dann ist damit immerhin bewiesen, dass Wasser doch sehr nahrhaft ist."
Die anderen grinsten bei dieser offenen Frechheit. Bartolo sah Beatrice voll Bewunderung an und er spürte die Hitze in seinen Kopf steigen.
Ricco aber, zu dessen Fähigkeiten die Schlagfertigkeit kaum zu zählen war, antwortete wenig folgerichtig:

„Bei all den zweifelsohne lobenswerten Tugenden deiner Mutter, liebe Bice, hat sie es doch versäumt, ihre Töchter die angemessene weibliche Zurückhaltung zu lehren."

Dieser Spruch ärgerte Bartolo weit mehr als Beatrice. Gerne wäre er als ihr Ritter aufgetreten und hätte sie gegen solche Unverschämtheiten verteidigt. Allein er wusste nicht, wie er das hätte tun sollen.

Francesco, der den ganzen Abend geschwiegen hatte, ließ schließlich doch einige Bemerkungen fallen, das seltsame Gespräch im Palazzo Vescovile betreffend. Ricco labte sich an der Verwirrung seines Schwagers.

„Wie? Du weißt nicht, was du malen sollst? Haben die Herren dir nicht ihre Ideen erklärt? Oder solltest du es nicht verstanden haben? Freilich, so hochgelehrte Personen drücken sich manchmal in einer Weise aus, die für uns schwer verständlich ist."

„Nein, nein, das war es nicht", entgegnete Francesco, „nein, es sah vielmehr so aus, als wüssten die Herren selbst nicht so recht, was sie eigentlich wollen. Ich weiß nicht, ob ich nun einen goldenen Himmel malen oder lieber Ultramarin verwenden soll."

„Ultramarin für den Himmel!", mischte sich da Beatrice ein, „das haben wir noch nie gemacht, das ist doch viel zu teuer!"

„Ja, aber sie wollen es teuer, glaube ich, wenn ich es richtig verstanden habe. Jedenfalls dieser Kaplan vom Kardinal, dieser Ubertino da Casale. Der andere dagegen, dieser Benediktiner Astrolabio – was für ein Name! – der war mit nichts einverstanden und schrie zum Schluss auch noch, die Kirche gehöre gar nicht den Minderen Brüdern."

„Ja, Astrolabio da Salerno ist ein strenger Geist", bemerkte jetzt die alte Margherita. Alle sahen sie an. Niemand wusste genau, wie viele Jahre Margherita eigentlich zählte, wahrscheinlich nicht einmal mehr sie selbst. Sie mochte wohl so alt sein wie die Schöpfung. Sie kannte jeden, wusste von allen etwas zu berichten. Bruder Elias und sogar der heiligen Clara wollte sie noch persönlich begegnet sein. Ihr Gedächtnis war wie eine alte Truhe, die lange Zeit vergessen und plötzlich wiedergefunden, die erstaunlichsten Dinge zu Tage brachte.

„Erzähl doch, Margherita, bitte!", bettelten die anderen am Tisch. Wie üblich ließ die alte Dame sich zunächst eine Zeit lang bitten, bevor sie ihre Erzählung begann:

„Nicht wenige fürchten sich vor ihm. Sein Vater war der Leibarzt der Grafen von Aquin, auch wenn er eigentlich aus der Gegend von Rimini stammte. Er hatte nur diesen einen Sohn, und auch diesen, sagt man, hat er nicht besonders geliebt. Deswegen soll er ihm auch diesen seltsamen Namen gegeben haben. Es gab mal einen unglücklichen Gelehrten in Paris, der seinen Sohn so genannt hatte. Dieser Arzt gab seinen Sohn dann auch zu den Benediktinern von Montecassino, damit er seine eigene Karriere nicht störte. Karriere! Er soll das wirklich so genannt haben! Und dabei war er doch nur ein Arzt!

Astrolabios Mutter hingegen stammte aus einer alten Familie aus Salerno, deren Frauen seit jeher Hebammen waren. Ihren Mann behandelte sie daher sicher mit der Herablassung, die Angehörige alter Zünfte den neuen Künsten entgegen brachten. Versteht ihr? Sie mit ihrem durch Generationen überlieferten Wissen, wusste auch um die Gefahr, durch das neue Handwerk der Ärzte. Trachteten diese Herren, die sich Ärzte nennen, doch ganz offen danach, die weisen und gelehrten Frauen aus ihrer Kunst zu verdrängen! Besonders in Salerno führen manche Ärzte sich ja auf, als seien sie Philosophen oder Gelehrte!"

Auch der junge Astrolabio schien dem Studium der Medizin zugetan. Er soll sogar einmal aus dem Konvent geflüchtet sein, um an der Universität von Salerno zu studieren. Doch sein Vater habe ihn gewaltsam entführen und wieder zurück zu den Benediktinern bringen lassen. Aus seinem Sohn sollte doch etwas Anständiges werden, wenn dem Vater das schon nicht gelungen war!

Niccolò und Bartolo sahen einander ungläubig an. Sie hatten von jungen Männern gehört, die aus einem Konvent geflohen waren, um der Liebe zu einem Mädchen willen; jedoch, um die Heilkunst zu studieren? Bot da das Leben in einem Benediktinerkloster nicht mehr Annehmlichkeiten?

Warum Astrolabio aber nach Assisi gekommen ist, das wisse wohl niemand. Habe ihn doch bei den Benediktinern von Montecassino sicher eine aus-

sichtsreichere Zukunft erwartet. Einen Mann mit seinen Fähigkeiten! Er lebe noch nicht lange im Konvent von S. Pietro in Assisi, und war doch schon der Sekretär und der engste Vertraute des Bischofs. Manche sagte, er suche etwas, eine Schrift oder etwas Ähnliches, wohl von einem anderen Gelehrten aus Salerno verfasst. Aber Genaueres wisse niemand.
Niccolò schüttelte den Kopf. Geschichten von unglücklicher Liebe oder amourösen Enttäuschungen hätten ihm besser gefallen. Deswegen hakte er ein wenig nach, um von der alten Dame derartige Geschichten zu hören. Doch sie beteuerte, es gäbe keine anrüchigen Begebenheiten im Leben des Benediktiners, sein Leben sei so makellos rein wie frisches Wasser.
Und so gab Niccolò schließlich auf, sammelte noch einige der Knochen des Kapauns ein, legte sie ins Feuer, wo er sie über Nacht in der langsam verlöschenden Glut liegen ließ, und zog sich zurück.

4. Kapitel

Ihr müsst nach der Natur zeichnen, die Natur soll eure größte und vorrangigste Lehrmeisterin sein. Ihr müsst sie studieren, bis ihr sie versteht. Dann, wenn ihr nicht müde werdet, euch immer wieder an der Natur zu üben, dann werdet ihr eines Tages so viel Zeichnung im Kopf haben, dass ihr selbst wie die Natur seid und Dinge hervorbringen könnt."

Die Worte klangen Niccolò im Kopf, während er am frühen Morgen noch vor Sonnenaufgang zum Bäcker ging. Genau das war es, wonach er strebte; er wollte selbst zum Schöpfer der Dinge werden. Er liebte sogar das Zeichnen. Für die meisten seiner Kameraden in der Werkstatt war es nur eine lästige Vorarbeit zum Malen mit Farben. Niccolò dagegen sammelte seine Zeichnungen und bewahrte sie sorgfältig in einer Mappe aus dünnem Holz und geleimtem Papier auf.

Er hatte dem Bäcker am Abend zuvor ein Bündel aus geschliffenen und geglätteten Weidestäben gebracht, damit dieser sie über Nacht in einem Topf in seinen Ofen stellte. Jetzt wartete er neugierig darauf, ob die so hergestellte Zeichenkohle zu gebrauchen war, oder ob sie beim Zeichnen zersplittern würde, wie es zuweilen geschah, wenn die Weidenstäbe zu stark gebrannt worden waren. Der Bäcker, schon seit etlichen Stunden mit seiner Arbeit beschäftigt, hatte den Topf bereits aus dem Feuer geholt, sodass die Stäbe schon so weit abgekühlt waren, dass Niccolò sie anfassen und ausprobieren konnte. Sie erfüllten seine Erwartungen, und so besaß er endlich wieder brauchbares Zeichenwerkzeug.

Die Knochen des Kapauns vom Abendessen waren inzwischen weißer als Asche. Niccolò hatte sich einen kleinen Mörser tags zuvor aus der Werkstatt mitgenommen. Und nun begann er, kaum in die Kammer unterm Dach zurückgekehrt, die er sich mit dem noch schlafenden Bartolo teilte, die verkohlten Knochen zu einem feinen Pulver zu zerstoßen. Dieses Pulver, in das er hin und wieder spuckte, verteilte er dann mit dem Daumen sorgfältig auf den Blättern aus Wollpapier, um diese zum Zeichnen vorzubereiten.
Als die Glocken zur Prim läuteten, hatte Niccolò seine Vorbereitungen bereits vollendet. Er nahm sein Zeichenmaterial mit zur Frühmesse, um gleich danach die Stadt in Richtung des Monte Subasio verlassen zu können. Dem Rat seines Meisters folgend, wollte er in aller Einsamkeit seiner Zeichentätigkeit nachgehen.
Doch bereits am Portikus des Monte Frumentario hörte er seinen Namen rufen. Bruder Onofrio di San Clemente, der Franziskaner, kam ihm mit dem noch immer verschlafenen Bartolo nachgelaufen.
„Der Meister hat uns aufgetragen, aus der Stadt zu gehen und einige Zeichnungen nach der Natur anzufertigen. Er sagt, du bist auch dahin unterwegs. Hast du alles Notwendige dabei, Stifte, Kohle, Papier?"
„Was soll das?", dachte Niccolò, „er predigt uns immer, wie wichtig es ist, beim Zeichnen allein zu sein. Und jetzt schickt er die zwei zu mir. Und noch nicht einmal Papier oder Stifte haben sie dabei!"
Doch Bruder Onofrio mit seiner fröhlichen Unbekümmertheit schien Niccolòs Verstimmung gar nicht wahrzunehmen, und bald konnte man die Drei – Einen verschlafen, Einen vexiert und deshalb Beide schweigsam, den Dritten dagegen umso schwatzhafter – hinaus wandern sehen.
Sie verließen die Stadt durch die Porta S. Rufino, überquerten die Ebene, an der die großen Kalksteine der Steinbrüche des Monte Subasio gesammelt wurden, die bestimmt waren, sich auf den unzähligen Baustellen von Assisi in die Mauern neuer Palazzi, Kirchen und Privathäusern einzureihen, während man ihre kleineren Genossen zu den Öfen der Kalkbrenner brachte. Dort würden sie solange brennen bis sie leicht und hellgrau wie das Gefieder der Lachmöwen wieder herauskamen, um dann, mit Wasser gelöscht, zu-

nächst lebhaft blubbernd und dampfend, in den Sumpfgruben zur Ruhe zu kommen und zu reifen, um später die Grundlage für die Freskomalerei zu werden.

Die drei gingen eine Weile den Hang hinauf und ließen sich an einer lichten Stelle nieder, die von der Sonne, die selbst langsam ihren Rotton ablegte, leidlich erhellt wurde. Niccolò merkte bald, dass seine vorherigen Bedenken die Begleitung betreffend unbegründet waren. Bartolo war, halbwegs bequem auf den Wurzelausläufern einer Steineiche gebettet, nach kurzer Zeit eingeschlafen. Und Bruder Onofrio wurde, nachdem er sich von Niccolò einige Blätter Wollpapier und einen seiner frisch angefertigten Kohlestifte erbeten hatte, von seiner Arbeit derart aufgesogen, dass Niccolò seine Anwesenheit kaum noch bemerkte. Somit konnte er sich, ein wenig abseits von den anderen, ganz in seine eigenen Studien versenken.

Er betrachtete die Steineiche, die ein Stück weiter unten am Hang stand, versuchte, ihre Struktur zu verstehen, die Regel, nach der die Äste aus dem Stamm wuchsen, die Zweige aus den Ästen und aus diesen die Blätter. Als ein Hase vorbei hoppelte, sich mit aufgestellten Löffeln auf die Hinterpfoten stellte, wollte Niccolò diese Haltung höchster Aufmerksamkeit festhalten. Doch zu kurz war der Moment. Kaum hatte er grob die Proportionen skizziert, war das Tier auch schon verschwunden. Niccolò seufzte. Musste er nicht die Baupläne verstehen lernen, nach denen alles Geschaffene gebildet war? Doch lagen den Pflanzen und den Tieren keine mathematischen Regeln zugrunde, wie man diese bei Gesicht und Körper des Mannes finden konnte. Also musste jedes Geschöpf einzeln beobachtet und in seinen Eigentümlichkeiten aufgenommen werden. Wie viele Hasen würde er noch beobachten müssen, bevor er endlich in seinem Geiste Hasen erzeugen und sie mit seiner Hand zeichnen konnte?

Mehrmals hatten unten in der Stadt schon die Glocken geläutet, als Niccolò zu seinen Gefährten zurückkehrte. Bartolo war endlich erwacht und betrachtete Bruder Onofrios Zeichnungen. Jener hatte sämtliche Blätter des Papiers auf beiden Seiten voll gezeichnet. Am Ende hatte er sogar mangels Papier auf die glatten Oberflächen einiger Steine gezeichnet. Alles lag vor ihm ausgebreitet auf dem Boden. Niccolò stockte der Atem. Keine Studien von Tieren oder von Pflanzen hatte der Franziskaner da gezeichnet. Vielmehr ganze Landschaften, so als habe er genau diesen einen Ausschnitt der Schöpfung, diesen einen Moment, festgehalten. Aber wie hatte er ihn festgehalten! Wenige Linien, schnell dahingeworfen, und doch erkannte man das Tal des Tescio mit einigen Häusern aus so wenigen Linien gebildet, dass sie gerade eben als Häuser zu erkennen waren. Wälder, ohne dass er einen einzigen Baum gezeichnet hätte. Auf einer Zeichnung war der schlafende Bartolo zu sehen, nur mit wenigen Linien skizziert. Und doch war es Bartolo! Man spürte Bartolos Müdigkeit, seine Schlaksigkeit, seine Harmlosigkeit, Bartolos ganzes Wesen in dieser Zeichnung. Bruder Onofrio hatte den Freund auf Wollpapier verewigt! Und dabei waren wohl alle Regeln zur Proportion dem Franziskaner vollkommen gleichgültig! Die ganzen Regeln zu den berechenbaren Proportionen des männlichen Körpers, die Francesco seinen Schülern in unermüdlicher Wiederholung beibrachte, Bruder Onofrio schien sie gar nicht zu kennen oder zumindest außer Acht zu lassen! Er hatte Bartolos Arme und Beine noch länger gezeichnet, als sie eigentlich waren, der Kopf mit dem Gesicht hatte gar keine bestimmbare Form.

Während Niccolò noch ganz ergriffen davon, wie jemand trotz (oder vielleicht wegen?) der Nichtbeachtung aller Regeln die Natur so trefflich abbilden konnte, Onofrios Zeichnungen betrachtete, sammelte dieser bereits die Blätter ein und wollte sie gerade lose in seinen Beutel packen.

„Aber, hast du denn keine Mappe?“, rief Niccolò, besorgt, ob das Papier diesen Transport unbeschadet überstehen würde.

„Für so ein paar Bilderchen auf Wollpapier?“, gab Onofrio unbekümmert zurück, „es sind doch nur Zeichnungen, schnell dahin geworfen und keineswegs mit Sorgfalt ausgeführt. Das Wertvollste daran ist das Papier. Ich wollte die Zeichnungen wieder abschaben und das Papier noch mal benutzen. Aber du hast recht, Niccolò, das Papier gehört dir. Ich habe nicht daran gedacht, weißt du, die Idee des persönlichen Eigentums ist uns Franziskanern ja fremd. Hier, nimm du sie“, er reichte Niccolò seine Zeichnungen, „du kannst sie abschaben und hast dann eine ganze Menge an gutem Papier.“

„Niemals werde ich deine hervorragenden Zeichnungen zerstören, Bruder Onofrio! Aber hab vielen Dank!", rief Niccolò und fragte sich insgeheim, ob Onofrio ihn wirklich ernst nahm. Doch er war glücklich über die ganz neuen Studienobjekte, die der Franziskaner ihm so bereitwillig und unbedacht zur Verfügung stellte.

Und in der Tat war Onofrio einigermaßen amüsiert über diese unerwartete Bewunderung.

„Willst du auch noch das Steinchen, mein Bub?", alberte er, während er Niccolò einen Stein reichte. Auf dem Stein hatte er etwas gezeichnet, und Niccolò erkannte jetzt, was es war. Es war ein Hase, ein Hase, der mit aufgestellten Löffeln auf den Hinterpfoten stand! Onofrio hatte mit drei bis vier Strichen schnell auf den Stein gekritzelt, woran er selbst trotz aller Anstrengung und allen Studien gescheitert war! Schweigend steckte Niccolò den Stein in seinen Beutel.

„Auf Jungs, lasst uns noch ein bisschen die Gegend erkunden. Wenn wir zu früh zurückkommen, dann findet Meister Francesco nur wieder irgendeine Arbeit für uns! Ist es nicht viel lustiger, durch die Wälder zu streifen? Und schließlich ist es ja genau das, was er uns aufgetragen hat, die große und unendlich erhabene Lehrmeisterin Natur zu studieren!", bei diesen letzten Worten ahmte Onofrio Francescos Stimme und seine Art zu reden so trefflich nach, dass Bartolo sich vor Lachen schüttelte. Ohne weiteres Zögern stimmte Bartolo dann auch dem Vorschlag zu. Er und Onofrio zogen ausgelassen scherzend und herumalbernd voran. Niccolò schlurfte nachdenklich hinterher.

Nach einiger Zeit sahen sie hinter einem Felsen den Rauch eines Feuers aufsteigen. Onofrio schlug sofort die Richtung des Rauchs ein. Auf einem Felsen blieb er stehen und sah nach unten.

„Dachte ich's mir doch, dass ihr das seid!", rief er freudig aus. Unter dem massigen Fels saßen zwei Gesellen und kochten etwas in einem irdenen Topf.

„Bruder Onofrio, du Liebhaber des bequemen Lebens, was führt dich mal wieder zu uns?", wurde er von unten begrüßt.

Onofrio war schon den Felsen hinunter gerutscht, die beiden anderen zu sich winkend.
„Kommt, ich stelle euch meine Freunde vor“, rief er zu Bartolo und Niccolò. Die beiden folgten ihm und kletterten ein wenig mühevoll den Felsen hinab. Sie besaßen nicht Onofrios Sorglosigkeit, einfach hinunterzurutschen und dadurch zu riskieren, dass ihre Kleidung zerreißen würde. Onofrio umarmte seine beiden Freunde am Feuer aufs Herzlichste und stellte sie dann Bartolo und Niccolò als fra' Maso und fra' Gentile vor. Erst jetzt sah Niccolò, dass die beiden das Habit der minderen Brüder trugen. Doch wie sahen sie aus! Ihre Gewänder waren so zerschlissen, dass man sie kaum noch als Kutten erkennen konnte. Und um die Gesellen, die darin steckten, stand es nicht viel besser! Abgemagert bis auf die Knochen, mit zerzausten Haaren ohne Tonsur und mit Bärten, machten sie den Eindruck, als haben sie noch nie in ihrem Leben ein Bad genommen oder sonst irgendeine Art der Körperpflege betrieben. Es wunderte Niccolò, dass diese zerrupften Gesellen Onofrios Freunde und offensichtlich Franziskanermönche waren. Zwar ließ auch Onofrio eine gewisse Nachlässigkeit bezüglich seiner Kleidung erkennen – eine Eigenart, die bei einem minderen Bruder gewiss ein lässliches Vergehen darstellte – doch war Onofrio zumindest stets einigermaßen ordentlich rasiert und gekämmt und schien auch sporadisch vom Badebottich Gebrauch zu machen. Seine Mitbrüder im Konvent achteten wohl darauf, wenn es auch ihm selbst wenig bedeutete. Diese beiden dagegen wirkten hinlänglich verwildert. Dazu im Kontrast standen aber ihre Gesichter. Glücklich und entspannt kamen sie Niccolò vor, als lebten sie bereits im Paradies. Vor allem fra' Gentile strahlte, seinem Namen entsprechend, eine milde und heitere Freundlichkeit aus.
In Niccolò kam schon wieder der Wunsch auf, ihn zu zeichnen, doch hielt er sich zurück, halb der Enttäuschungen dieses Morgens gedenkend, halb seinen Fingern nicht trauend, die ob der herbstlichen Kälte nicht mehr ganz beweglich waren.
„Kommt, setzt euch zu uns und speist mit uns“, forderte fra' Gentile die Drei auf und zeigte auf einige Steine an der Feuerstelle, „macht es euch auf unseren Polstern bequem.“

Niccolò nahm diese ungewöhnliche Einladung gerne an. Dieser fra' Gentile mit seinen sanften Augen und seinem seltsamen Humor gefiel ihm und machte ihn neugierig. Er setzte sich auf einen der Felsen und wartete, auf das, was nun käme.
Onofrio bedankte sich für die Einladung: „Wir sind überaus geschmeichelt, liebe Freunde, euer Bankett mit euch teilen zu dürfen. Wir hoffen, dass wir euch nicht zur Ursache allzu großer Inkonvenienzen werden ..."
„Ich bitte Euch, werter Bruder, für euch, der Ihr das wonnige Leben eines Konvents führt, mag unser Mahl frugal erscheinen, dennoch erfreut uns Eure Gesellschaft in höchstem Maße. Zeigt uns doch jede Unterhaltung mit Euch weltlichen Gesellen, was es in der Welt alles Schönes und Angenehmes gibt, dessen wir nicht bedürfen ..."
Fra' Gentile unterbrach sich selbst durch sein lautes Gelächter, in das Onofrio sofort einstimmte. Auch Niccolò und Bartolo mussten bei diesem Schauspiel lachen, wenngleich sie es nicht ganz verstanden. Fra' Maso verzog ebenfalls den Mund, doch war es mehr ein Grinsen als ein Lachen. Ein Grinsen der Duldsamkeit und Großzügigkeit, wie das eines Vaters, der einen dummen Streich seiner Kinder aufdeckte.
„Ihr mit euren Albernheiten", sagte er dann auch, „ihr verwirrt unsere weltlichen Gäste ja vollends. Seht ihr nicht, dass sie zwar über eure Art zu reden durchaus amüsiert sind, den Sinn eurer Rede aber kaum verstehen?" Darauf wandte er sich an Niccolò und Bartolo: „Ihr habt vielleicht bemerkt, dass all das Gerede der beiden leeres Gerede ist. Einer Einladung bedarf es gar nicht, da das Mahl, das wir gerade zubereiten keinesfalls unseres ist. Ebenso wenig wie die Felsen, die der Bruder gerade so bildlich als unsere Polster bezeichnet hat. Bei uns bestehen die Mahlzeiten ausschließlich aus Brot, (was wir heute allerdings nicht haben), Wasser und den Kräutern, die wir im Wald finden. Ist es deswegen nicht unsinnig, von unserem Mahl zu sprechen, wo doch Schwester Wasser alle Kreaturen mit ihrem kostbaren, keuschen Gut versorgt? Oder die Kräuter, die wir darin kochen, die uns die Mutter Erde liefert, als die unseren zu bezeichnen, nur weil wir sie gepflückt und getrocknet haben? Oder Bruder Feuer? Nichts davon gehört uns, und deswegen gibt

es auch keine Einladung, weil unser Mahl genauso eures wie das einer jeden anderen Kreatur ist."
Während seiner Rede war fra' Maso immer ernster geworden und hatte von Wort zu Wort mehr Leidenschaft in seine Stimme gelegt. Onofrio legte den Arm um ihn:
„Ja, du hast natürlich recht, lieber Bruder. Aber was ist denn dagegen zu sagen, wenn wir ein bisschen scherzen und herumalbern. Du bist immer so ernst, aber wir sind kindliche Naturen und unsere Seele erfreut sich stets an einem bisschen Lachen."

Fra' Gentile hatte inzwischen einen Teil der Suppe, die auf dem Feuer kochte, in einen irdenen Napf gefüllt und reichte diesen an fra' Maso weiter.
„Koste, lieber Bruder, vom Mahl, zu dem uns unsere Herrin einlädt!", und zu Onofrio sagte er leise: „Du wirst sehen, danach wird er weniger ernst sein."
Der Napf ging mehrmals im Kreis der Freunde herum, zwischendurch füllte fra' Gentile ihn immer wieder auf. Die Brühe darin bestand lediglich aus Wasser und einigen Kräutern. Auch wenn sie nur wenig Geschmack besaß, und dieser eher bitter und wenig angenehm war, genoss Niccolò die warme Flüssigkeit. Er fühlte sich auf einmal sehr behaglich und glücklich, und es schien, als ob dieses Wohlgefühl mit jedem Schluck, den er aus dem Napf nahm, anstieg. Als ob der kühle und feuchte November sich in einen wohligen Frühling verwandelte, und die Natur die Farben dieses Frühlings annahm. Ihm fielen die vielen schillernden Farbtöne auf, die die Steineichen in den silbernen Nebel malten. Nicht nur Grün, sondern eine mannigfaltige Palette an Rot-, Blau-, und Orangetönen sah er plötzlich. Seine vorherige Schweigsamkeit war zudem einer ungehemmten Redelust gewichen, sodass er nicht umhin konnte, seinen Kameraden diese neuen Beobachtungen mitzuteilen.
„Habt ihr schon einmal bemerkt", fragte er, „aus wie vielen verschiedenen Farben ein solcher Baum besteht? Jeder würde doch antworten ‚grün', wenn er gefragt würde: ‚Welche Farbe hat dieser Baum?' Und zweifelsohne ist er grün, doch wie viele Farben braucht es, damit der Baum für uns grün ist!"

Onofrio stimmte ihm gleich bei:
„Da hast du etwas sehr Wichtiges entdeckt, lieber Freund. Der Baum ist grün, genau, weil nicht jedes einzelne seiner Einzelteile gleich grün ist. Stell dir vor, jedes Blättchen, jedes Zweiglein, jedes kleinste Teil des Baumes wäre vom gleichen einheitlichen Grün. Hast du je versucht, mit nur einem einzigen Grün einen Baum zu malen?
Wie tot und falsch wäre solch ein Baum! Aber gerade weil hier die unterschiedlichsten Farben zusammenkommen, jede einzigartig und ganz sie selbst, deswegen hat der Baum in seiner Gesamtheit diese schöne grün-blau-schwarz-silberne Farbe. Du siehst, dass der Schöpfer seine Gründe hatte, dem Baum diese mannigfaltige Farbigkeit zu geben. Und von den Formen reden wir gar nicht! Finde mir zwei Blätter, die genau gleich sind! Es ist unmöglich! Und doch hat Gott jedes einzelne Blatt geschaffen und kennt es beim Namen …"
„Nein!", fiel auf einmal fra' Maso ins Wort, „nicht alle! Einige Blätter sind auch vom Leibhaftigen erschaffen! Sie sind krank, vergammelt, und bringen, wenn sie nicht entfernt werden, dem ganzen Baum den Tod! Warum, glaubst du wohl, werfen die Bäume zuweilen ihre Blätter ab, und zwar stets die mit der falschen Farbe, die roten, die gelben, nie die grünen. Du wirst nun sagen, ein Baum, voll mit roten und gelben Blättern ist so schön. Schön ist er, weil er dem Auge gefällt, aber kann nicht auch die Sünde schön sein und dem Auge gefallen, und bringt dennoch Tod und Verderben!"
„Lieber Bruder", mischte sich nun fra' Gentile ins Gespräch, „es gibt sicher auch Tod und Verderben, aber wir brauchen uns nicht darum zu kümmern. Du sagst selbst, dass der Baum die toten Blätter von sich aus abwirft. Er weiß besser als wir, welche Blätter tot sind. Für uns sind alle von Gott, und wir können Gottes Werk auch in den schönen roten und gelben Herbstbäumen spüren. Würde uns der Anblick der Natur wohl diese Freude machen, wenn er vom Teufel käme? Nein, die Pflanzen und Bäume sind unsere Brüder, so wie die Luft, die durch sie zieht, unsere Schwester ist. Hör doch mal auf die Musik, die der Wind auf den Bäumen spielt! Ist es nicht schöner als jedes Festbankett!"

Die anderen – mit Ausnahme von fra' Maso – stimmten ihm zu, und so schwatzten sie noch eine Weile vor sich hin, Schwester Natur in all ihren Einzelheiten preisend, bis schließlich, einer nach dem anderen, in einen wohligen Schlaf fiel.

* * *

Im Konvent von S. Pietro sangen die Mönche den Hymnus. *Os, lingua, vigor* – einer von ihnen, Astrolabio da Salerno, hob den Kopf nicht, sondern starrte fest auf einen Punkt an der Kutte des Bruders in der Reihe vor ihm. Das Bild der singenden Brüder, gespitzte Lippen, breitgezogene Lippen, aufgerissene Münder, weiße Zähne, dunkle Zähne, Zahnlose erschien in seinem Innensinn auch ohne Hinsehen. Wie von einem Maler gemalt bildeten sich die verzerrten Gesichter ab, Fratzen der Leidenschaft, flamescat igne caritas. Er selbst bewegte nur leicht die Lippen, er wollte sich nicht versenken, nicht den Mund aufreißen wie einen Schlund. Das war nicht der Weg. *Sciamus da patrem, noscamus atque filium* – Erkennen konnte man nicht durch Versenken, nicht durch Vergessen, nicht, indem man sich selbst auflöste.
Er kämpfte gegen die Auflösung, den verlockenden Abgrund. Er spürte die Müdigkeit in seinen Augenlidern, mit Willensanstrengung zwang er sie, ihrer natürlichen Bewegung nach unten zu widerstehen. Ein Soldat in Rüstung, das war der Wille, allen Neigungen des Körpers konnte er niederringen wie Soldaten ihre Feinde bekämpfen. Doch die Neigungen des Geistes drangen

wie Mäuse in die Festung des Willens ein, ohne dass er bemerkt hätte, woher sie eigentlich kamen. Auch jetzt, in diesem Moment, zog das in der letzten Nacht Geschehene seine Gedanken immer wieder in seinen Kreis. Bis zum Morgengrauen hatte er im Haus an den Quellen von Moiano verbracht und sich erst zur Prim wieder in den Konvent zurückgeschlichen. Wie die anderen Male war es auch diesmal gutgegangen, keiner seiner Mitbrüder hatte ihn bemerkt. Er erinnerte sich des Schrecken, als er Schritte vernommen hatte. Er musste zu dem Zeitpunkt etwa am Oratorium der Bruderschaft der Flagellanten von Santa Maria del Vescavado sein. Das Fresko über seinem Kopf hatte er nicht sehen können, doch er hatte es schon oft bei Tage betrachtet. Die Brüder in ihren weißen Kutten mit dem Schlitz am Rücken, aus dem das Blut rann, das Blut der Wunden, die sie sich selbst zufügten. Sie führten ihrem Körper Leid zu, um ihre Seele zu retten.
Doch die Schritte waren eilig in der Ferne verklungen. Wohl ein Mann, der des Nachts unerlaubte Dinge getrieben hatte und nun selbst fürchtete, entdeckt zu werden. So hatte er mit klopfendem Herzen, aber von niemandem bemerkt, die Quellen von Moiano erreicht. Nachdem er sein Gesicht und seine Hände am frischen Wasser gereinigt hatte, überwältigte ihn ein Gefühl sündhaften Glücks. Er hatte das Werk begonnen, den ersten der sieben Köpfe abgeschlagen. Nicht seinem Körper hatte er Wunden zugefügt, wie die Flagellanten von Santa Maria del Vescovado. Aber seine Seele hatte er verwundet. Und auch einen Teil der geheimen Schrift hatte er gefunden, so schien es wenigstens, nur einen Teil natürlich. Sie würden nie die gesamte Schrift an einem einzigen Ort verstecken. Diesen einen Teil zu finden war leichter, als er geglaubt hatte. Es gab nicht viele Verstecke im bescheidenen Haus eines Lehrers. Etwa so wenige wie es Möglichkeiten im Vorstellungsvermögen eines Lehrers gab, dachte Astrolabio. Nun drängte es ihn, diesen einen Teil zu studieren. Im spärlichen Licht des Kellerraums hatte er die erste Seite des Buches aufgeschlagen. An die Worte würde er sich immer erinnern:
„Bunchum, quid est?
... Viele Stoffe kannst du zur Urmaterie zurückführen, am besten aber sind die roten Früchte der Pflanze mit den grünen Blättern."

Am Anfang stand immer die Rückführung der Ausgangsstoffe in die Urmaterie. Aber wenn die Materia prima doch nur eine war, wenn aus dieser einen Materie alles gemacht war und sich nur durch die Form unterschied, warum war dann die Beschaffenheit des Ausgangsstoffes so entscheidend? Konnte man jeden Stoff in die gleiche Urmaterie verwandeln, war dann die Beschaffenheit des Ausgangsstoffes nicht unwesentlich?

Alles war zuerst Samenkorn, dann Pflanze, dann Frucht. Dieselbe Substanz mit verschiedenen Akzidenzen. Und doch bleibt das Wesen stets gleich. Damit sich etwas ändern konnte, musste etwas anderes gleich bleiben.

Nos nani sumus in umeris gigantium sedentes. Plattheiten!

„Die Erde ist die Mutter der Metalle, sie trägt sie in ihrem Schoß. Die sieben Planeten lassen die Metalle wachsen. Alles strebt nach Vollkommenheit, alle Metalle wollen werden wie Gold. Gold ist aber deswegen vollkommen, weil es ewig ist, sich mit nichts verbindet, sich von nichts zersetzen lässt.

Für den Philosophen ist es daher einfach, Gold herzustellen. Er muss nur die Natur nachahmen und das, was sie bewirkt, beschleunigen.

Der Mensch aber, der nach Vollkommenheit strebt, verliert sie sobald er sie erreicht hat. Er ist wie das flüchtige Silber, der irdische Merkur, den man aus Zinnober sublimiert. Wir müssen also selbst Gold werden, vollkommen und ewig. Dazu brauchen wir die Tinktur, die alles zu Gold veredelt, deren Herstellung in sieben Stufen wird hier erklärt."

* * *

Die Sonne hatte längst den Zenit überschritten, als Niccolò, Bartolo und Onofrio sich von den anderen verabschiedeten. Niccolò war plötzlich eingefallen, dass Meister Francesco sie wohl in der Werkstatt erwarten würde. Auf dem Weg bestätigte Bartolo immer wieder, wie gut ihm doch Onofrios Freunde gefielen, wie freundlich sie seien und wie gerne er, Bartolo, zu einem erneuten Besuch herkomme. Onofrio nahm die Komplimente mit heiterer Gelassenheit entgegen. Einzig Niccolò machte sich Sorgen, was der Meister wohl ob ihres langen Ausbleibens sagen werde.
Am Konvent angekommen beschlossen er und Bartolo deswegen, draußen zu warten und zunächst Onofrio vorzuschicken, demgegenüber sie sich eine größere Nachsichtigkeit seitens des Meisters erwarteten. Und wirklich erschien Onofrio nach einiger Zeit an der Pforte, um die beiden herein zu rufen. Mit einem fröhlichen Lächeln bescheinigte er ihnen, dass Meister Francesco ihnen nicht gram sein werde.
Niccolò sah den Franziskaner erstaunt an. Onofrio verstand die Dinge zu meistern als seien die anderen Menschen Marionetten und er selbst der Puppenspieler.

Später begleitete Onofrio die beiden nach Hause und blieb – auf Francescos ausdrückliche Einladung – zum Abendessen. Onofrio verschlang solche Mengen an Carabaccia, dass Niccolò es kaum glauben konnte. Francesco dagegen aß mit ungewöhnlicher Eile, was um so mehr verwunderte, da er sonst gerne über die Angemessenheit der Muße beim Essen philosophierte. Kaum hatte er seinen Napf geleert, sprang er vom Tisch auf und bat Bruder Onofrio, ihm in sein Schlafzimmer zu folgen.
„Was sagst du zu den Beiden?", fragte Francesco sogleich nachdem er die Tür geschlossen hatte.
„Werter Meister, ich habe deinen Auftrag erfüllt und die beiden heute gründlich studiert. Ich kann dir daher sagen: Niccolò ja, Bartolo nein."
„Du meinst, wir sollen nur einen von beiden aufnehmen? Aber du weißt, dass sie seit ihrer Kindheit befreundet sind. Daher wird, was der Eine weiß, auch sofort der Andere wissen."

„Ja, heute wäre das sicher noch so, wie du sagst“, gab Onofrio zu, „aber lass die Zeit erst einmal ihren Dienst tun. Am Anfang wird Niccolò sicher seinem Freund noch alles ausplaudern, was er bei uns hört, doch wird er als Novize noch nicht unter den Schleier sehen können. Später, wenn er erst einmal eine höhere Stufe erreicht haben wird, dann wird er auch der Einfalt des Geistes Bartolos einsichtig. Und eine höhere Stufe wird er erreichen, denn er ist wissbegierig und strebsam, stets bemüht alles gut zu machen und ist dabei doch nie mit dem zufrieden, was er vollbringt. Ein Geist, wie die Cavalieri ihn brauchen. Und was bedeutet schon Freundschaft? Wenn Bänder reißen können, die das Blut geflochten hat, um wie viel mehr können dann solche Bänder reißen, die allein von der Gewohnheit geschaffen sind? Das Band beginnt übrigens schon, spröde zu werden. Man braucht keine scharfe Klinge mehr, um es durchzuschneiden.“

„Also gut“, stimmte Francesco bei, „dann sei es so, wie du sagst.“

5. Kapitel

Niccolò hockte auf einem Schemel im hinteren Teil des Raumes und grübelte, warum man ihn wohl hereingebeten hatte. Die Cavalieri d'amore, so nannte sich die geheimnisvolle Gruppe, war offenbar nichts anderes als ein Kreis von Dichtern. Er hatte Geheimnisse erwartet, doch jetzt rezitierten sie irgendwelche Liebesgedichte. Niccolò war enttäuscht.

Dabei hatte es so spannend angefangen. Sie waren zum Hause Francescos gekommen. Sie waren an ihm und den anderen Familienmitgliedern vorbeigegangen, diese mehr oder weniger aufmerksam grüßend. Einige kannte Niccolò, es waren Maler aus der Werkstatt, wie Guido di Michele, Gherardo di Guccio oder Francescos Schwager Ricco. Auch dessen Freund Ranieri war gekommen in Begleitung eines älteren Mannes, dessen Anblick Niccolò sogleich in den Bann genommen hatte. Nicht allein, weil der Mann humpelte. Sein gesamter Körper bildete die Form einer Kurve gleich einer Spindel. Ohne einen sichtbaren Hals saß der Kopf direkt auf dem Körper und führte dessen gewundene Form fort. Das Gesicht wies daher eine beachtliche Asymmetrie auf, das rechte Auge stand tiefer als das linke, der rechte Mundwinkel dagegen höher als sein Gegenüber. Als Folge hatte die Nase die Form eines zunehmenden Halbmondes.

„Der Ältere ist Messer Salvestro dei Moriconi“, hatte die alte Margherita voller Ehrfurcht geflüstert, „er gehört zu einer der ältesten Familien von Assisi. Sie sind sogar mit dem heiligen Franziskus selbst verwandt! Er ist ein sehr freundlicher Herr“, und nach einer kleinen Pause hatte sie hinzugefügt: „Wie er jedoch seine Tochter mit einem solchen Nichtsnutz wie diesem Ranieri verheiraten konnte, das habe ich nie verstanden! Und mir scheint, nicht einmal sie selbst versteht es, führt sie doch eher das Leben einer Witwe im Hause ihres Vaters, als das einer verheirateten Frau.“
Niccolò hatte sie erstaunt angesehen. Riccos Kumpel, der dem Gerede nach, zu nichts anderem gut war, als die Nächte in den Tavernen bei Wein und Würfelspiel zu verbringen, sollte in die Familie des heiligen Franziskus eingeheiratet haben! Margherita aber hatte weiter geredet:
„Sollte eine verheiratete Frau nicht im Hause ihres Gatten wohnen? Messer Salvestros Tochter dagegen lebt im Hause ihres Vaters, wie übrigens auch dieser Ranieri selbst. Sollte sie nicht ihrem Manne gehorchen, seinem Hause mit ihren Tugenden, ihrer Keuschheit, ihrer Verschwiegenheit zur Ehre gereichen? Die schöne Ginevra scheint keine dieser Tugenden zu kennen. Sie läuft auf der Straße herum, wann immer es ihr gefällt, grüßt, wen immer sie will; und das vor aller Augen!“
Es hatte mehrmals an die Tür geklopft; weitere Bürger waren eingetreten. Und zuletzt sogar er, Niccolò. Francesco selbst hatte den ungläubig Überraschten aufgefordert in den großen Saal im ersten Stockwerk des Hauses, der sonst nur an Festtagen genutzt wurde, zu kommen. Bartolo war zugleich mit ihm aufgestanden, gewohnt, dass eine Aufforderung, die Niccolò galt, zugleich auch für ihn gedacht war. Aber Onofrio hatte Bartolo beide Hände auf die Schultern gelegt und ihn sanft aber unmissverständlich wieder auf die Küchenbank gedrückt, bevor er sich selbst auf den Weg die Stiegen hinauf begab.

„Donne cosa donne rosa
ponendo vertute
lei per quella e luce bella
et e dognun salute.“

Dann rezitierten sie verschiedene Poesien. Wirklich, sie schrieben Liebesgedichte und trugen sie einander vor. Gedichte, in denen sie die Schönheit der Dame besangen, der das Herz des Dichters gehörte, die seine Seele regierte. Sogar Bruder Onofrio wusste weibliche Vorzüge in Versen trefflich zu beschreiben!

Aber jetzt wandten sie ihre Aufmerksamkeit ihm, dem Neuling, zu. Sie bestätigten ihm immer wieder, wie wichtig das Studium sei. Besonders einer der Herren – wie Niccolò im Laufe des Abends erfuhr, war es der Apotheker von Assisi – betonte immer wieder die Notwendigkeit des Studiums, um das Ziel der Erlösung der Seele zu erreichen. Niccolò blickte verwundert in die Runde. Er hatte stets mit dem Ziel gelernt, in seinem Handwerk besser zu werden. Jetzt sollte auf einmal sein gesamtes Seelenheil daran hängen.

„Es wird lange dauern, viele Jahre", sprach der Apotheker, „du wirst mehrfach sterben, du wirst deinen Dämonen begegnen, doch am Ende wirst du erlöst werden. Deswegen gib alles, all deine Kraft, all deine Anstrengung ins Studium. Dann wirst du Stufe für Stufe aufsteigen. Doch du wirst auch einen Lehrer brauchen, einen Adepten, der dir an Erfahrung voraus ist und schon eine höhere Stufe erreicht hat. Halte dich nur an Bruder Onofrio, er wird dich sicher durch das Labyrinth der Anfechtungen leiten."

Onofrio überreichte Niccolò ein aufgerolltes Blatt Papier.

„Das ist eine Abschrift", erklärte der Apotheker, „Bruder Onofrio hat den Text eigenhändig kopiert. Er ist in deiner Sprache verfasst. Du kannst also gleich anfangen. Später, wenn du im Lesen solcher Texte geübter sein wirst und auch die Sprache der Alten zu lesen gelernt haben wirst, dann wirst du in den Schriften noch sehr vieles entdecken können."

Unsicher hielt Niccolò die Rolle umschlungen und wusste nicht, ob er es wagen solle, sie sofort zu öffnen. Man erwartete von ihm, dass er den Text lese und lerne, sogar, dass er irgendwann die lateinische Sprache lerne und ihre Schriften studiere. Hielten sie ihn etwa für einen Magister?

Die weiteren Dispute der Cavalieri lösten sich auf wie Landschaften im herbstlichen Nebel. Niccolò hörte kaum hin, wenn doch, dann verstand er nichts. Ihre Reden schienen ihm seltsam widersinnig, so als benutzten sie

Ausdrücke einer ihm fremden Sprache, die doch klangen, wie die Worte seiner Muttersprache.

* * *

Bartolo saß noch immer auf der Bank in der Küche und grübelte, warum man ihn wohl nicht hereingebeten hatte. Die Ellbogen auf den Tisch und den Kopf auf die Hände gestützt, sah er immer wieder Niccolò, der mit Francesco die Treppe hinaufgegangen war, ohne ihn, seinen Freund, auch nur eines Blickes zu würdigen, fühlte er immer wieder Onofrios Hände auf seinen Schultern, und drückte seinen Kopf immer fester auf die Hände, um seiner Lust, mit der Faust auf den Tisch zu schlagen, entgegenzuwirken. Er bemerkte nicht einmal, dass Beatrice im Türbogen stand und ihn beobachtete.
„Bartolo! Willst du etwa den ganzen Abend hier sitzen und motzen? Komm mit, ich zeige dir etwas, was ich entdeckt habe!"
Wie ein Kind, das beim Naschen erwischt wurde, schreckte Bartolo in die Höhe. Er wollte etwas sagen, doch ihm fiel nichts ein.
Beatrice aber forderte ihn auf, ihr zu folgen, wenn er hören wollte, was die großen Kinder so spielten. Zitternd folgte Bartolo ihr in die kleine Kammer neben der Küche, von dort durch die niedrige Tür am anderen Ende, dann einige Stufen hinab in den kleinen Raum, in dem man in den heißen Jahreszeiten die Vorräte aufbewahrte und der jetzt bis auf ein paar hölzerne Fässer leer war. Beatrice forderte ihn auf, ihr zu helfen, die Klappe im Fußboden zu öffnen. Bartolo gehorchte, immer noch tremolierend, und beide stiegen die Treppe zu den kühlen und feuchten Kellerräumen hinab. Es war nun so dunkel, dass sie sich an der Wand entlangtasten mussten. Beatrice führte ihn gleichsam eine Etage tiefer den ganzen Weg wieder zurück, schließlich waren

sie unter dem großen Saal, in welchem die Herren sich versammelten. Bartolo konnte ein Klappern an der Wand wie von Holz hören, und fühlte, wie an seinem Gewand gezogen wurde. Doch er hörte auch Stimmen! Als er an die Wand tastete, verstand er, dass Beatrice offensichtlich eine Art Fenster in der Wand geöffnet hatte, die zu einem Schacht führte, der mit dem oberen Saal verbunden war. Sie kannte den Weg so gut, dass sie ihn sogar im Dunkeln fand. Wie oft mag sie schon hergekommen sein, um ihren Bruder zu belauschen! Bartolo musste lächeln und dankte zugleich der Finsternis, dass sie sein Lächeln verbarg. Neugier ist wirklich die vorrangigste Untugend des Weibes! Welch ein Glück!
Bartolo hörte jetzt eine ruhige, tiefe Stimme reden. Offenbar wandte der Sprecher sich an Niccolò, und forderte ihn zum Lesen einer Schrift auf. Er redete sogar davon, dass Niccolò die Sprache der Alten lernen solle! Hielten die Niccolò etwa für einen Magister?
Doch dann wurde es noch widersinniger. Nach einigen einleitenden Reden und nachdem Niccolò herausgeschickt worden war, was Bartolo mit einem triumphierenden Grinsen quittiert hatte, kündete jetzt ein Mann die Ankunft eines Kuriers aus Gubbio an mit Namen Lemmo, der im Dienste eines gewissen Muzio di ser Francesco stand.
Die weitere Reden konnten die Lauschenden nicht vollständig verstehen. Doch hörten sie auf einmal die zornige Stimme Francescos:
„So geht es doch nicht, nicht mit diesem Muzio! Was wollen wir denn erreichen? Ist nicht die Liebe der Madonna unser Ziel? Diese Liebe, die wohl jeder von uns spürt, um die sich jeder dennoch selbst bemühen muss. Jeder muss sich anstrengen und das Beste geben, was er geben kann. Dann kann jeder den Gruß der Madonna erlangen."
„Nein, du täuschst dich! Du bist so verblendet wie die Schlafenden! Jeder muss von der Madonna erlöst werden! Auch die Verrückten, auch die, die noch schlafen!", hörte Bartolo eine andere Stimme, ebenso aufgebracht, rufen.
„Nur durch unsere eigene Arbeit können wir unter den Schleier sehen!", erzürnte sich jetzt wiederum Francesco.

„Wir brauchen den Retter, der uns von der Eifersucht befreit und der dem kalten Wind etwas Heiterkeit entgegenhält! Den Ritter, der die Damen zur Blume führt!“, schrie der andere. „Und ist nicht Lemmo dem Amor gleich, dem ständigen Begleiter der Madonna?“
„Niemals!“, rief Francesco, „Ihr werdet noch sehen, dass Euer Amor eher ein kalter Stein ist, noch schlimmer als der, der zuvor da war! Aber dann wird es zu spät sein!“
„Was reden die für einen Unsinn?“, flüsterte Bartolo, „sind die etwa alle in die gleiche Frau verliebt? Und wer ist diese so verehrte Madonna?“
„Ich sagte es dir“, triumphierte Beatrice, „sie veranstalten stets diese Treffen mit einer großen Heimlichtuerei, nennen sich sogar Liebeshof, aber ich habe noch nie eine Dame bei diesen Versammlungen gesehen noch den wirklichen Namen einer gehört, jedenfalls scheint es stets, als haben sie Dinge von ungeahnter Wichtigkeit zu bereden und dann reden sie doch nur einen solchen Zinnober daher!“
Der Mann mit der tiefen ruhigen Stimme sprach jetzt wieder. Er sagte, vollkommen ohne Schleier reden zu wollen. Und es sei Erlösung nur im Studium zu finden. Vor allem im Studium der Natur. War nicht die Philologie zunächst eine schöne, aber doch sterbliche und damit trotz ihrer Jugend dem Tode geweihte Jungfrau. Erst als sie sich mit Merkur vermählte, wurde sie göttlich und damit ewig und unsterblich. Wie das Metall des Merkur – der Quecksilber – andere Substanzen veredeln könne und zu deren Transmutation beitrage, so sei es das Göttliche, das der Anstrengung des Menschen Ewigkeit und Wahrheit schenken könne. Die Frage hier sei nun aber, ob Muzio wirklich ein Interesse habe am Studium und an der Veredlung des Menschen durch Erkenntnis. Und wie dieser Lemmo wohl einzuschätzen sei. Ist er wirklich mit Amor vergleichbar, oder gar mit Merkur, dem Boten und dem, der die Menschen veredelt? Oder sei er doch eher dem niederen Amor gleich, der mit verbundenen Augen seine Pfeile ohne Sinn und Verstand verschießt?
„Wer ist wohl dieser Muzio?“, fragte Bartolo.
„Muzio di Ser Francesco ist ein Edler aus Perugia aus dem Geschlecht der Brancaleoni. Reich ist er, auch hier in Assisi ist ein Teil seines Besitzes bei

der Porta Santa Chiara und in Santa Maria Maggiore", antwortete Beatrice, „er führt die Armee der Kaisertreuen an. Man erzählt, sie seien zur Zeit in den Hügeln von Gualdo. Und auch, dass er sich in den dunklen Wäldern dort wohlfühle, mit all den Dämonen, Hexen und Feenwesen, die dort leben, soll er selbst doch auch in der schwarzen Kunst bewandert sein und entsprechende Praktiken ausüben. Er ist verbündet mit dem Bischof von Arezzo, Guido Tarlati, und verwandt mit Federico da Montefeltro. Und deswegen – scheint es jedenfalls – halten einige ihn gar für den Erlöser, den, der den Antichristen besiegen wird."

„Ist es denn wirklich schon soweit?", fragte Bartolo, „ist der Antichrist schon da?"

„Das weiß ich nicht, und ich weiß auch nicht, ob das irgendjemand weiß. Aber ich weiß, dass manche Papst Johannes für den Antichristen halten."

„Den heiligen Vater!"

„Manche sagen, er sei nicht der heilige Vater. Muss denn nicht der heilige Vater in Rom residieren und nicht beim französischen König? Und war nicht Christus arm und besitzlos, und sollte deswegen nicht auch die wahre Kirche arm sein, aber Johannes lebt in Avignon keineswegs in Armut? Einige sagen sogar, Johannes sei ..." Beatrice flüsterte die Worte jetzt so leise, dass Bartolo sie kaum noch verstehen konnte, „er sei die Hure Babylon und die Metze des Königs von Frankreich!"

Bartolo fehlten die Worte. War das nicht gefährlichste Ketzerei?

„Was glaubst du, Bice?", flüsterte er.

„Ich verstehe davon nichts, ich bin doch nur ein Weib."

* * *

Auch am nächsten Morgen waren Chiara und Lucia zu ihrem Bruder in die Werkstatt gegangen, nachdem sie die Tür ihres Lehrers erneut verschlossen vorgefunden und dort einige Zeit mit den anderen Kindern gespielt hatten. Francesco beschloss, den Podestà aufzusuchen. Noch am Vormittag begab er sich zu dessen Palast. Er musste warten, mehrmals den Anlass seines Kommens erklären; dabei vergaß er nie, den Namen seines Vaters und die Aussicht auf dessen baldiges Eintreffen in Assisi zu erwähnen, seine Worte mit Bedacht zu wählen und so florentinisch auszusprechen, wie es möglich war, ohne lächerlich zu klingen. Schließlich nahm sich ein Schreiber (er stammte aus Borgo San Lorenzo im Mugello) seiner an, hörte sich die Geschichte noch einmal an und sagte endlich zu, einen Büttel zum Haus des Lehrers zu schicken.

Francesco begleitete also den Amtmann zu besagtem Hause, man unternahm die üblichen Versuche, sich bei einer eventuell im Hause anwesenden Person bemerkbar zu machen, die aber wie zuvor unbeantwortet blieben. Francesco forderte den Büttel auf, gewaltsam in das Haus einzudringen, was dieser jedoch nicht zu entscheiden befugt war. Deshalb zog man wieder zurück zum Palazzo des Podestà, wartete einige Stunden auf besagten Schreiber, der schriftlich festhielt, dass eine Erlaubnis, gewaltsam ins Haus des Lehrers einzudringen, aus gegebenen Gründen geboten sei, das Schreiben von Francesco und dem Büttel unterzeichnen ließ und an seinen nächsten Vorgesetzten weiterleitete. Nach einigen weiteren Stunden kam der Schreiber mit dem vom Stellvertreter des Podestà abgezeichneten Schriftstück zurück, sodass Francesco nach einer kurzen Wartezeit erneut mit einem Büttel (einem anderen, dem die Angelegenheit zunächst erklärt werden musste; mehrfach, weil er nicht sofort verstand) zum Haus Leones ging. Nachdem der Büttel das Haus betrachtet und festgestellt hatte, dass Türen und Fenster verschlossen waren und auch auf Klopfen und Rufen keine Antwort erfolgte, kam er zu dem Ergebnis, ein Schmied oder ein Schreiner müsse gerufen werden, der mit einem geeigneten Werkzeug Tür oder Fenster öffnen könne. Man müsse folglich die schriftliche Erlaubnis einholen und aus diesem Grunde zurück zum Palazzo des Podestà gehen.

Doch an dieser Stelle verlor Francesco die Geduld, zog Hammer und Brecheisen aus seinem Beutel und erklärte, sogleich im Beisein eines Vertreters der kommunalen Gewalt und daher mit kommunaler Erlaubnis einen der Fensterläden aufzuhebeln. Und noch bevor der Büttel den Sinn der Rede verstand, setzte Francesco sein Vorhaben in die Tat um.

Es war dunkel im Hause Leones als Francesco durchs Fenster kletterte, gefolgt vom Büttel, der ständig wiederholte, dass es so eigentlich nicht ginge. Das untere Geschoss bestand nur aus dem Raum, in dem der Lehrer unterrichtete. Alles sah aus wie immer. Die Kisten und Hocker standen ordentlich im Kreis. Auf einem Tisch lagen ein Abakus und ein aufgerolltes Blatt Papier. Francesco wusste von seinen Schwestern, dass Leone immer großen Wert darauf legte, dass die Kinder alles aufräumten, bevor sie gingen. Hier gab es nichts Ungewöhnliches. Gefolgt vom immer noch vor sich hin nuschelnden Büttel stieg Francesco ins obere Geschoss. Er öffnete das Fenster, um etwas Licht hereinzulassen. Aber auch hier schien alles in Ordnung, ein Bett mit ordentlich gefalteten Laken, eine Truhe, ein Tisch, auf dem sich nur ein tönerner Becher, eine Öllampe und ein Buch (die lateinische Grammatik des Priscian) befand, zwei Hocker. Die beiden stiegen die Treppe wieder hinab.

„Hier gibt's nix", sagte der Büttel und entriegelte die Haustür, „gehen wir!"

„Irgendetwas ist aber doch seltsam", stellte Francesco fest, „er ist sicher kein reicher Mann und auch nicht anspruchsvoll, aber das Haus ist ja beinahe leer."

„Der braucht halt nichts, der isst vielleicht nicht einmal", bemerkte der Büttel.

Bei diesen Worten hielt Francesco inne. Es konnte nicht sein, dass der Lehrer nichts Essbares im Hause hatte. Zahlten nicht einige Eltern den Unterricht ihrer Kinder mit Mehl, Wein, Käse oder Wurst? Es musste also noch einen Raum geben. Vielleicht ein Geschoss unter der Erde, wo man gewöhnlich die Speisen aufbewahrte. Und wirklich entdeckte Francesco eine Klappe unter dem Tisch im Klassenraum und darunter eine Stiege.

„Geh nach oben und bring mir die Lampe!", sagte er zu dem Amtmann.

Francesco stieg allein die Stufen hinab, der Büttel zog es vor, laut atmend an der Tür stehen zu bleiben. Das Licht der kleinen Lampe genügte, um zu erkennen, dass es wirklich der Vorratsraum war. Einige Mehlsäcke, die ansonsten ordentlich an der Wand aufgereiht waren, mussten wohl umgefallen sein, sie lagen mitten im Raum. Francesco stellte den einen Sack auf, er war zerrissen, das Mehl rieselte heraus. Er tastete nach dem zweiten Sack, seine Oberfläche fühlte sich wie Samt an. Francesco hielt die Lampe dichter daran und erkannte, dass es kein Mehlsack war.

*　　*　　*

„Bruder, es ist soweit, der eisige Wind ist da! Der Kanzler ist tot, ich habe ihn gesehen, ich habe ihn gefunden in seinem Keller. Sein Körper war über und über voll mit Blut und Mehl“
Francesco zog Onofrio in eine dunkle Ecke der Apsis.
„Mehl? Was sagst du da, Francesco?“
„Nun, der Podestà glaubt, er habe seine Bußübungen zu gewissenhaft ausgeführt, sich zu stark gegeißelt, dabei habe sich einer der Mehlsäcke geöffnet. Der Kanzler soll an zu großem Blutverlust gestorben sein. Aber du hast es nicht gesehen. Er fühlte sich an wie kalter Sandstein!“
„Er hat sich in seinem Keller gegeißelt?“
„Ja, in seinem Keller fanden wir ein kleines Altarbild, ein schönes, filigranes Werk, wohl aus Frankreich, wie ihn die Reisenden gerne verwenden; darauf gemalt ist Christus, an die Säule gefesselt und von den Schergen gepeitscht ...“
„Wo ist das Bild jetzt?“

„Ich habe es mitgenommen, ich habe dem Büttel gesagt, ich brauche eine Erinnerung an meinen Freund, den Lehrer meiner Schwestern. Es steht in meinem Schlafzimmer und tut mir und meiner Familie dort guten Dienst. Außerdem ist es ein so meisterlich gearbeitetes Werk, sollte ich das wohl dem Podestà und seinen Männern überlassen?"
Onofrio nickte beiläufig. „Warum versteckte Leone den Altar im Keller?"
Statt einer Antwort schaute Francesco ihn nur verwirrt an, Onofrio dagegen war seltsam gefasst. „Nun, wir haben immer gewusst, dass der eisige Wind eines Tages über uns peitschen werde; je näher wir unserer Dame kommen umso stärker wird die Eifersucht des Feindes zuschlagen. Jetzt ist es wohl soweit! Der eisige Wind wird danach trachten, uns alle zu töten, deswegen ist es wichtig, beizeiten zu handeln."
„Das Dokument habe ich nicht gefunden!", flüsterte Francesco, „es war nicht in seinem Haus, ich habe überall nachgeschaut. Entweder, es gibt in seinem Haus noch ein Versteck, von dem wir nichts wissen, oder wer immer Leone ermordete, hat es!"
„Es geht nicht um das Dokument!", fiel Bruder Onofrio ihm ins Wort, „glaubst du wirklich, die Rettung der Menschen hinge von einem Buch ab? Nein, wir müssen endlich handeln, solange wir noch können, solange es uns noch gibt!"
Beide verließen den Konvent, draußen sahen sie sich noch einmal um, und verschwanden dann jeder in eine andere Richtung.

* * *

Am Tag des heiligen Martin konnte man noch mehr Stimmen als sonst in der Stadt hören. Die Bauern des Umlandes hatten ihre Pacht gezahlt. Sie hatten Hühner, Gänse und Schweine den Hügel hoch getrieben, schwere Karren mit Getreidesäcken und Ölfässern hinauf geschoben, waren vorbeigezogen an anderen Bauern, die sich keinen Karren leisten konnten und ihre Säcke auf den Schultern tragen mussten.

Jetzt waren die Vorratskammern der Stadt gefüllt, in den Ställen standen Tiere, in den Fässern gärte der Wein. Wie jedes Jahr wurde dieser Tag gefeiert, indem man gleich von den neuerworbenen Früchten des Bodens, dem Schinken, den Würsten und besonders dem Wein probierte. Die adventliche Fastenzeit, die am darauffolgenden Tag beginnen sollte und in der man sich derartige Genüsse versagen werden müsse, verdoppelte die Freude am Gelage obendrein. Und so schienen die Bewohner in dieser Nacht tiefer als sonst zu schlafen.

Dennoch befürchtete die Cavalieri, dass jemand das Licht hätte bemerken können, deswegen hatten sie nur eine kleine Lampe in die gewölbte Öffnung des Steins gestellt, die jetzt zusammen mit der schmalem Sichel des Mondes die kleine Gruppe beleuchtete.

„Liebe Cavalieri, liebe Brüder", begann der Großmeister seine Rede, „wir versammeln uns heute an diesem Grabstein, dem Grab eines großen Poeten der Alten, damit dieser uns eine Mahnung sein werde. Einen von uns hat der eisige Wind zu Stein verwandelt. *Qui nunc iacet horrida pulvis, unius hic quondam servus amoris erat*. Er war fürwahr ein treuer Diener der Liebe. Doch weinen wir nicht um seinen Tod. Wir weinen doch nicht seinetwegen. *Atque utinam primis animam me ponere cunis iussisset quaevis de tribus una soror3*

! Nicht das lange Leben ist es, wonach wir streben müssen. Wäre nicht auch Nestor glücklicher gewesen, wenn sein langes Leben ihn nicht gezwungen hätte, seine Sohn zu begraben? Nein, wir weinen um uns. *Sed frustra mutos revocabis, Cynthia, manis: nam mea qui poterunt ossa minuta loqui*? Wir weinen um uns, wir rufen seinen Geist und finden nur lebloses Gerippe. Um uns weinen wir, weil wir schon von den Pfeilen getroffen wurden. Glücklich ist nur der, dem sich die spitzen Pfeile noch nicht ins Herz bohrten."

Er redete weiter. Er sprach von der Gefahr für die Cavalieri, davon, dass alle getötet werden würden. Niccolò hörte ihm nachdenklich zu. Warum sollte jemand die Mitglieder einer Dichtergruppe töten wollen? Was ist der eisige Wind? Plötzlich kam ihm ein Gedanke, der ihn erfrösteln ließ wie eine kalte Brise. Wollte etwa jemand die Kunst zerstören? Wer Dichter tötete wegen ihrer Kunst, der würde auch Maler töten. Ut pictura poësis; Malerei ist Dichtung mit Farben, Poesie ist Malerei mit Worten. Sollte beides so verwerflich sein, dass jemand dafür eine Todsünde begehen würde? Die Rede des alten Benediktiners kam Niccolò wieder in den Sinn. Der Künstler, der Schöpfer sein wollte, sündigte. Durch seine Anmaßung verwirkte er sich das Seelenheil. Aber war nicht auch König David ein Dichter, der heilige Evangelist Lukas ein Maler? Haben sie nicht Gott gerade mit ihrer Kunst gedient? Und Bruder Onofrio? Und all die malenden, schreibenden, dichtenden Mönche und Nonnen in den Klöstern? Und die Baumeister und Bildhauer? Sollte sie alle ihr Seelenheil verwirkt haben?

Das konnte nicht sein! Der alte Benediktiner hatte vom himmlischen Jerusalem in dieser Welt gesprochen. Wie sollte ein Paradies aussehen ohne die Freude, die das fertige Werk dem Künstler gab, die größte Freude, die ein Mensch im Leben empfinden konnte?

Suchte hier jemand, dieses Glück zu zerstören? Niccolò musste es herausfinden. Zunächst musste er aber herausfinden, was die Cavalieri eigentlich wollten, was ihre wahren Ziele seien. Den Großmeister, den Apotheker von Assisi, würde er in den nächsten Tagen genauer betrachten, war er doch der Kopf der Gruppe.

Teil 2 – putrefactio

1. Kapitel

Der Sand rieselte in die schneeweiße Masse. „Nicht so schnell!“, mahnte Niccolò. Er rührte in dem mächtigen Kübel bis der Sand verschwunden und die Masse wieder weiß war. Bartolo grinste; es ging dem Freund immer zu schnell. Er selbst konnte nicht verstehen, wie Niccolò Ewigkeiten – wie Bartolo fand – in einem Kübel mit Sand und Kalk herumrühren konnte. Vor einigen Wochen schon hatten sie den ersten Putz, den Arricio, gemischt und damit das Gewölbe zum Malen vorbereitet. Jetzt wurde der Intonaco angerührt, auch wenn niemand wusste, wann man diesen endlich auf das Gewölbe auftragen und mit dem Malen beginnen könne. Niccolò bereitete das Herstellen des Intonaco aber noch mehr Vergnügen, war doch der Anteil des Kalkes im Vergleich zum Unterputz höher, so dass alle Versuche des Sandes, die weiße Substanz zu verunreinigen, vergeblich waren, er vielmehr völlig aufgesaugt wurde und das Endprodukt ebenso jungfräulich rein aussah wie der Ausgangsstoff.

Heute aber gingen Niccolò Bartolos Sticheleien auf die Nerven: „Lass mich doch, du weißt doch, dass ich Arbeiten gerne gründlich mache. Wir malen schließlich Bilder für die Ewigkeit. Meinst du, ich will, dass in 300 Jahren die Menschen sagen: ‚Sieh nur, die Maler damals haben den Putz nicht gut angerührt, da sind Klumpen drin!' Ganz sicher nicht! Constantia, Beharrlichkeit, ist die Tugend all derer, die Großes geleistet haben! Aber davon verstehst du ja nichts!"

Er warf Bartolo einen spöttischen Blick zu; von Constantia hatte er erst gestern gelesen in einer neuen Schriftrolle, die Onofrio ihm gegeben hatte.

„Hört den Magister! Constantia!" Bartolos Laune verdunkelte sich. „Und außerdem, in 300 Jahren sind wir entweder im Himmel oder in der Hölle! Dann interessiert mich doch nicht mehr, was die Leute sagen."

„Dich nicht, aber mich! Dich interessiert überhaupt nichts, außer schlafen und essen vielleicht. Ständig hast du irgendetwas im Mund und kaust darauf herum. Und du wirst von Tag zu Tag runder!"

Bartolo grinste jetzt nicht mehr. Niccolò hatte recht, das wusste er. Seit einigen Tagen, aß er wirklich das Dreifache des Gewohnten. Es lag wohl am guten Essen beim Meister. Doch hatte er nicht geglaubt, dass Niccolò oder irgendjemand es bemerkte.

Auch Francesco war seit Tagen gereizt. Das Gewölbe war längst verputzt, der Unterputz trotz des feuchten Wetters bereits so trocken, dass man darauf den Intonaco längst hätte anbringen können. Gerne hätte er mit dem Malen begonnen, doch gab es bis jetzt noch nicht einmal Sinopien. Und so schimpfte Francesco über die verschiedenen Schuldigen an dieser Verzögerung. Zuerst war das feuchte Wetter der Freskomalerei nicht zuträglich. Dann wieder entsprach der Sand, mal zu grob, mal zu feucht, nie den Vorstellungen des Meisters. Doch der wahre Grund des Stillstands beunruhigte Francesco mehr als er zugegeben hätte: er wusste einfach nicht, was sie malen sollten. Weder der Kardinal oder sein Kaplan, noch der Ordensgeneral, obgleich er Francesco doch schon lange versprochen hatte, das Programm der Fresken mit ihm zu besprechen, hatte bisher sein Versprechen gehalten. Francesco wusste also nicht mehr als damals, nach dem Gespräch im Bischofspalast. Michele

da Cesena hatte ihn seitdem wohl einmal aufgesucht, um ihm darzulegen, dass alles nicht so einfach sei und dass man hier, handele es sich doch um ein heikles Thema, große Vorsicht walten lassen müsse und er deswegen auf keinen Fall anfangen solle, irgendetwas zu malen, ohne alles zuvor ganz genau mit ihm, Michele, besprochen zu haben. Doch bisher hatte es dieses Gespräch nicht gegeben. Beinahe noch größere Unbill aber verursachte Francesco der Umstand, dass seine Eltern vor einiger Zeit ihre Ankunft in Assisi angekündigt hatten, und sowohl der Bischof als auch der Kardinal übereingekommen waren, dieses sensible Thema doch lieber gleich mit Giotto di Bondone selbst zu verhandeln. Der Ordensgeneral hatte dem zugestimmt, und so blieb Francesco nichts anderes übrig, als beinahe tatenlos auf die Ankunft seiner Eltern zu warten.
Lauretta und Beatrice versuchten, ihn aufzumuntern.
„Lieber Mann“, sagte Lauretta, „was kümmern dich ein paar Tage, ein paar Wochen vielleicht, im Vergleich zur Ewigkeit? Werden unsere Bilder nicht ewig bleiben? Auch dann, wenn wir längst nicht mehr in diesem Leben sein werden, werden die Menschen sie noch sehen können. Sie werden noch in Jahrhunderten vom Ruhm dieser Kirche, vom Ruhm des heiligen Franziskus, vom Großmut des Kardinals und nicht zuletzt von unserer Kunstfertigkeit künden. Malen wir nicht genau deswegen in den frischen Kalkputz, damit alles ewig hält. Wenn die Tafelbilder längst von den Holzwürmern gefressen sein werden, wenn alle unsere Banner und Fahnen den Motten zum Fraß gefallen sein werden, dann werden unsere Fresken noch in dieser Kirche zu sehen sein und den Menschen von uns erzählen. Was sind dagegen ein paar Wochen?“
„Was nützt mir die Ewigkeit?“, gab Francesco missmutig zurück, „vom Ruhm in 100 Jahren kann ich jetzt nicht meine Maler bezahlen. Sieh doch nur mal hin! Sie machen fast nichts, sie genießen ihr Leben. Aber wenn die Sonne untergeht, dann wollen sie doch, dass ihre Teller gefüllt sind.“
Beatrice sprach dagegen den praktischen Verstand ihres Bruders an: „Oh Francesco, denk doch mal ein bisschen nach! Wir müssen doch nicht tagelang herumsitzen. Du musst auch deine Lehrjungs nicht mit allerlei unnüt-

zen Arbeiten beschäftigen, nur damit sie was zu tun haben. Mit scheint, die Werkstatt war noch nie so sauber wie in diesen Tagen.
Aber warum fangen wir nicht einfach an? Wir wissen nicht, was wir malen sollen, richtig? Wir wissen nicht, ob wir Gold brauchen oder eher Ultramarin. Aber wir wissen, dass wir in jedem Falle mit Sinopien beginnen müssen. Lass uns doch schon mal die rote Erde besorgen. Wir wissen nicht, was wir in den Rippen des Gewölbes malen sollen, aber sicher werden die Bilder doch von geometrischen Figuren eingerahmt sein? Lass uns doch einstweilen die Rahmenmuster entwerfen. Wir wissen auch, dass wir in jedem Falle menschliche Figuren malen werden. Bereiten wir doch also schon einmal das Cinabrese zu, das wir für das Inkarnat brauchen werden. Lass uns doch zuerst einmal auflisten, was wir alles besorgen müssen."

Francesco musste zugeben, dass Beatrice Recht hatte. Er stimmte seiner Schwester zu, selbstverständlich nicht ohne einen gebührenden Disput mit Widerreden und Schlussfolgerungen seinerseits, so dass am Ende die gute Idee von ihm, dem Meister und Vorstand der Werkstatt, zu stammen schien. Und so begann man, zu planen und Rechnungen aufzustellen, von Beatrice schriftlich festgehalten. Man einigte sich, die Vorräte des Apothekers von Assisi zu inspizieren. Der Apotheker sei ein hochgelehrter Mann, versicherte Francesco sogleich, und Bice und Chiara sollten ihn noch am gleichen Tage aufsuchen.

Niccolò horchte auf, als er vom Apotheker reden hörte. Er bot sogleich an, die Schwestern zu begleiten, wisse er doch genauer, welche Farben zu besorgen seien. Beatrice runzelte die Stirn, doch Francesco stimmte, schneller als Niccolò es erwartet hatte, zu.

* * *

Im öffentlichen Bad genoss der Bischof von Assisi an jenem Morgen ein warmes Wannenbad, während Diener ständig heißes Wasser aus Kübeln nachgossen und ihn außerdem mit Rotwein, getrockneten Früchten und Weizenbrot versorgten. Tebaldo da Pontano liebte diese Bäder. Das warme Wasser vertrieb für einen Moment Schmerz und Kälte aus seinem Körper und brachte seine Körpersäfte wieder in das für die Gesundheit so notwendige Gleichgewicht. Er mochte den Duft der verschiedenen Essenzen, die über dem Feuer hängende Tiegel verströmten, und der den Charakter des Außergewöhnlichen und Feierlichen noch verstärkte. Er liebte den Frieden, der sich seines Geistes bemächtigte, wenn er sich die leckeren Kleinigkeiten zuführte und es sich gleichzeitig an diesen genügen ließ.
Nicht immer war er von diesem Frieden beseelt gewesen. Auch im Leben des Bischofs gab es eine dunkle Episode der Sünde und des Irrglaubens. Die heilige Maria Magdalena hatte ihn in jenen Tagen zur Umkehr geleitet. Seitdem verband ihn eine tiefe Dankbarkeit mit der Heilligen, weshalb er ihr die Kapelle in der Kirche von San Francesco gestiftet hatte. Die heilige Frau schenkte ihm dafür Seelenfrieden, den er besonders in den Momenten verspürte, in denen der Leibhaftige ihn zu versuchen trachtete.

Auch Salvestro de' Moriconi besuchte die Bäder häufig, bedeutete das warme Wasser seinen ständig schmerzenden Knochen doch eine große Linderung. Sein Schwiegersohn Ranieri begleitete ihn fleißig, jedoch schien die Menge der flüssigen Substanz, die durch seine Kehle rann, die noch zu übersteigen, in der er seinen Körper badete.
Die gefälligen Dienerinnen des Badehauses wirbelten seine Seele ebenso wie das Wasser im Badebottich auf. Den freundlichen Salvestro erfreute das Verhalten Ranieris wenig, doch sah er es auch als Zeichen der Achtung seiner tugendsamen Tochter gegenüber, der derartige Exzesse damit zumindest erspart blieben. Messer Salvestro bemühte sich ansonsten, keine Notiz vom wilden Treiben seines Schwiegersohns zu nehmen. Und so wählte er sich, kaum dass ihm ein Diener vom Dasein des Bischofs berichtet hatte, einen Badebottich in dessen Nähe und nur durch einen Vorhang von jenem getrennt,

als glaubte er, am Seelenfrieden des Bischofs schon durch die räumliche Nähe teilzuhaben. Dem Bischof freilich gab er sich aus Gründen der Diskretion nicht gleich zu erkennen.
Ein Jüngling, dessen schlanker Körper ebenso wie seine Gesichtszüge durch eine ungewöhnliche Wohlgestalt auffiel, legte den Bottich mit frischem Tuch aus, füllte ihn mit warmem Wasser, verteilte anmutig Rosenblätter auf der Oberfläche des Wassers und eilte gleich darauf in die Küche, um verschiedene Leckereien für den Besucher zu besorgen. Als Messer Salvestro seine schmerzenden Glieder im warmen Wasser ausstreckte, empfand er eine solche Erleichterung, dass er mehrfach wohlig seufzte.
„Herrlich", sagte er schließlich laut, „welch köstliches Vergnügen ist doch ein warmes Bad! Das einzige, das uns alten Männern noch vergönnt ist!"
Als ihn aber ein trauriger Blick des wohlgeformten Jünglings traf, fügte er leise hinzu:
„Nun, das einzige wahre, unschuldige. Sagen wir, das einzige, das deinem Geist auch hinterher noch Frieden lässt."
„Ihr redet wohl, lieber Messer Salvestro", ertönte da die Stimme des Bischofs, „doch glaubt Ihr nicht auch, dass ein irdisches Vergnügen nur deswegen als ein solches empfunden wird, weil es uns einen Vorgeschmack des himmlischen Vergnügens ahnen lässt, das unermesslich viel reicher, tiefer und dauerhafter sein wird?"
„Seid gegrüßt, Exzellenz", antwortete Messer Salvestro, „ja, meint Ihr wirklich, das neue Leben im himmlischen Jerusalem sei ein ewiges warmes Bad?"
„Lieber Messer Salverstro, Ihr habt manchmal den Geist eines Kindes. Was sicher kein Schaden ist, heißt es doch: ‚Wenn Ihr nicht werdet wie die Kinder ...' und so weiter, und so weiter, Ihr kennt es ja. Aber könnt Ihr Euch nicht das Vergnügen vorstellen, ohne dabei an die Sache zu denken, die Euch das Vergnügen bereitet? Das reine Vergnügen! Denkt Euch das Vergnügen ohne einen Anlass, die Freude, die ins Herz dringt und von ihm Besitz ergreift, ohne nach etwas zu fragen, ohne noch etwas anderes zu wollen. Das ist die Freude, die den erwartet, der ins himmlische Jerusalem eintritt. Ihr werdet keiner warmen Bäder mehr bedürfen, die Schmerzen des Leibes werden ver-

schwunden sein; wir werden einen neuen Leib bekommen und der wird den Schmerz nicht kennen ..."

„Verzeiht, Exzellenz, darf ich die Gelegenheit ergreifen, Euch noch eine kindliche Frage zu stellen?"

„Nur zu."

„Wenn wir dereinst in jener Herrlichkeit sein werden, werden wir uns dann des Leides und der Mühen des diesseitigen Lebens erinnern? Denn wenn wir uns nicht erinnern, wird uns dann die Herrlichkeit dort wirklich so herrlich vorkommen, wenn wir doch nur sie und nicht das Leid kennen? Wenn wir uns aber an das Leid in diesem Leben erinnern, wird dann die Freude des jenseitigen Lebens nicht doch immer vom Gedanken an das Leid und damit von Traurigkeit begleitet und deswegen eben nie vollkommen sein?"

„Werter Messer Salvestro", der Bischof atmete tief und machte eine Pause, „Ihr stellt fürwahr die Fragen eines Kindes. Denn natürlich werden wir uns an das Jammertal erinnern, das dieses Leben einst gewesen ist. Genau aus dem Grunde, den Ihr selbst anführt, wird uns das Leben dort dann um so süßer vorkommen. Und warum sollte diese Freude wohl von Traurigkeit begleitet sein, wenn doch die schwarze Galle, die die Melancholie hervorbringt, keine Macht mehr über uns hat?"

„Das leuchtet mir wohl ein, verehrter Bischof. Dennoch gibt es Erinnerungen, die, sobald sie mich heimsuchen, obgleich sie lange Jahre zurückliegen, den schwarzen Schleier der Melancholie über meinen Geist legen, ganz gleich wie sehr er zuvor in Frieden war. So wie jetzt, da der schwarze Dunst gerade mein Gemüt verdunkelt, weil ich Euch davon erzähle. Und so geht es jedes Mal, die dunklen Mächte kommen, sie kommen ohne sich vorher anzukündigen, sind dann plötzlich da und versetzen mich in tiefste Schwermut!" Messer Salvestro seufzte.

„Mein lieber Sohn, was sind das für Gedanken, die Euch so beherrschen?", fragte der Bischof.

„Nun, Exzellenz, es gibt diese Dämonen, wenn ich an manche Leiden denke, die der Herr mir auferlegt hat. Ich weiß wohl, dass Leiden auch ein Geschenk unseres Vaters sind, dass es unsere Aufgabe ist, sie geduldig zu ertragen. Und

ich glaube, ich habe das Joch, das Er mir auferlegt hat stets mit Freude getragen. Ich denke nur an die Zeit, als ich als kleiner Junge, wild und aufbrausend wie der Herbstwind, die ständigen Schmerzen des Körpers zu bekämpfen suchte. Ich habe mich nie darüber beklagt. Nicht über die Qual meiner verformten Knochen, nicht über die Drangsal, die meine Seele litt, wenn mich die anderen Jungs deswegen verhöhnten. Nein, das war mein Joch, und ich war glücklich, dass der Herr mir ein solch großes Gewicht zu tragen gab.
Als Er mich dann trotz meiner körperlichen Entstellung eine schöne Frau ehelichen ließ, da dankte ich Ihm mit der größten Freude im Herzen, im Glauben, dies sei der Lohn für die Schwere meines Leidens. Ich liebte mein Weib von ganzem Herzen, und sie mich. Doch wie Ihr vielleicht wisst, schenkte sie mir vier Kinder, von denen nur noch meine Tochter am Leben ist. Meine Tochter ist mir ein Quell tiefen Glücks, doch wenn ich an meine anderen Kinder, an meine Frau denke ...
Als unser erster Sohn, kaum den Windeln entwachsen, starb, da trösteten wir uns mit dem Glauben, dass das ertragene Leid die Herzen für umso größere Freude öffne. Als der zweite Knabe geboren wurde, gesund und kräftig, und ein Jahr später Ginevra, da lebten wir wirklich und wahrhaftig im Paradies. Aber dieses Glück hielt nicht lange an. Kaum mehr als ein weiteres Jahr kam meine Frau wieder mit einem Knäblein nieder. Dieser war schwächlich. Er überlebte die Geburt nur um wenige Stunden und riss seine Mutter mit sich in den Tod. Aber selbst in jener Zeit der tiefsten Trauer versuchte ich, auf den Herrn zu vertrauen und mich an den beiden gesunden Kindern, die mir geblieben waren, zu erfreuen.
Bis dann, in jenem schrecklichen Winter, Ihr erinnert Euch vielleicht, beide das Fieber bekamen. Ginevra kämpfte einen heftigen Kampf, und erholte sich nach einiger Zeit. Nicht aber ihr Bruder. Und so hatte ich in wenigen Jahren, alle, die mir lieb und teuer waren – außer meiner Tochter – verloren.
Ihr werdet nun sagen, Exzellenz, das seien Leiden, die vielen Menschen widerfahren, und das ist zweifelsohne wahr. Doch Ihr als Mann der Kirche könnt das Leid nicht einmal erahnen, das ein Mann fühlt, wenn er sein totes Kind in den Armen hält. Wenn das Fleisch, eben noch rosig und prall, fahl

und kalt wird. Wenn der kleine Mund, der tags zuvor noch fröhlich plapperte und dich mit tausenderlei Fragen löcherte, plötzlich still ist, und du einsehen musst, dass nie wieder eine Frage aus ihm kommen wird. Die Äuglein, die gerade noch neugierig alles in sich aufsaugten, geschlossen sind und du weißt, dass sie sich nie wieder öffnen werden. Nein, das sind Leiden, die Euch erspart bleiben, und ich sage Euch, es sind die schlimmsten, die ein Mann auf dieser Erde ertragen muss. Alles andere ist nichts dagegen, ob Hunger oder Krankheit oder sonstige Gebrechen. Und es wird kein noch so großes Glück geben, dass mich diese Schrecken vergessen machen könnte!"
„Lieber Messer Salvestro, Ihr werdet Eure Söhne doch wiedersehen, wenn Ihr dereinst ins himmlische Jerusalem eingehen werdet!"
„Ja, aber wie werden sie sein? Wird mein Sohn immer noch ein fünfjähriger Knabe sein? Wird er immer noch allerlei Käfer und Gewürm in seinen Taschen spazieren tragen? Oder ist er inzwischen ein Mann? Und wenn er ein Mann ist, wer hat ihm dann die Dinge beigebracht, die ein Mann können muss, wie reiten oder schießen oder vielleicht sogar lesen?
Ich sicher nicht, denn ich habe seinem Heranwachsen nicht beiwohnen können. Wird er mich überhaupt noch als seinen Vater erkennen, wenn er mich so lange Jahre nicht gesehen hat? Wenn er aber immer noch der fünfjährige Knabe ist, der von mir gegangen ist, wird er dann noch ein Mann werden? Kann er denn all die Jahre mit dem Wachsen gewartet haben, oder wird er immer ein fünfjähriges Büblein bleiben? Ja, Exzellenz, ich freue mich wirklich, meine Frau wiederzusehen, auch wenn sie inzwischen eine alte Frau sein mag und ihre Schönheit nicht mehr die gleiche wie damals. Dennoch wird sie wieder meine Frau sein. Aber die Kinder, die im zarten Alter von uns gehen, sind auf immer verloren!"
„Mein Sohn, ich sehe, die Leiden um Eure Kinder zerfressen immer noch Eure Seele. Doch lasst sie nicht auch Euren Glauben verschlingen! Wir werden in der höchsten natürlichen Vollkommenheit auferstehen! Vielleicht wird Eure Gattin eine alte Frau sein, doch wird sie schöner sein als sie es je auf Erden war. Ist nicht der reife Körper so viel vollkommener als der jugendliche?"

Messer Salvestro verstand nicht ganz, wollte etwas sagen, doch der Bischof redete schon weiter:
„Ja, und so werden wir kein Alter mehr haben, keine Unvollkommenheiten (denn was ist die Jugend denn anderes als Unvollkommenheit, die nach Vervollkommnung strebt und deswegen reift). Und hat uns nicht der heilige Paulus versichert: ‚Christus selbst wird den Leib unserer Niedrigkeit umgestalten und dem Leib seiner Herrlichkeit gleich gestalten vermöge der Kraft, mit der er sich auch alles unterwerfen kann'. Und auch der heilige Johannes schreibt in seiner Vision: ‚Trauer und Klage und Mühsal wird nicht mehr sein; denn das erste ist vergangen.'
Wie könnt Ihr also zweifeln? Ihr werdet eure Söhne wieder sehen, doch werden sie keine kleinen Kinder mehr sein, denen man die Windeln wechseln muss, sondern sie werden Engel sein. Wie auch Ihr ein Engel sein werdet, und alle Eure jetzigen körperlichen Gebrechen werden von Euch genommen sein, wenn Ihr nur an Christus glaubt. Und damit natürlich an die eine heilige, katholische und apostolische Kirche und an den heiligen Vater Papst Johannes!"
Doch diese letzten Worte perlten bereits an Messer Salvestro ab. Zu sehr beschäftigte ihn der Gedanke an sein eigenes gerade beschriebenes Leid als dass er sich eine Linderung von diesem erhofft hätte. Nach so vielen Jahren war die Trauer um seine kleinen Söhne so sehr ein Teil von ihm selbst geworden wie seine ständigen körperlichen Schmerzen. In manchen Momenten dachte er sogar fast mit Erleichterung an den schmerzlichen Verlust, so als lindere das Baden in der Seelenqual seine körperlichen Qualen. Und in diesen Momenten liebte er seinen Seelenschmerz.

* * *

Auf dem Weg zur Apotheke beschleunigte Beatrice, angetrieben vom Schneeregen und dem Wunsch, Niccolò abzuhängen, ihren Gang immer mehr. Niccolò trabte schweigend ein bis zwei Schritte hinter ihr her, während Chiara sich teils rennend mühte, mit der Schwester mitzuhalten, wobei sie obendrein pausenlos plapperte:
„Weißt du, Lello, mein Igel, war heute Morgen so hungrig, dass er einen ganzen Haufen Würmer gefressen hat. Er hat sich so gut erholt, der Kleine. Ich wünschte, der Winter und die Kälte gingen nie vorbei, damit Lello für immer bei uns bleiben könnte. Wäre es nicht schön, wenn immer Winter wäre?"
„Immer Winter! Bist du toll?", die Vorstellung ließ Beatrice erschaudern, „immer diese Kälte und diese Dunkelheit! Ich kann es gar nicht abwarten, dass der Frühling kommt und es wärmer und heller wird, und wir nicht mehr mit diesen schweren Mänteln herumlaufen müssen, die vom Regen und vom Schnee immer nur noch schwerer werden ..."
„Aber Bice, der Winter ist doch so schön! Gerade weil es immer dunkel ist, sind die wenigen Stunden des Tages, an denen wir Licht haben, umso schöner. Und wenn wir jetzt vor Weihnachten abends Lichter anzünden, dann ist das so feierlich. Und stell dir vor, wenn erst richtiger Schnee kommt, dann machen wir Schneeballschlachten, und wie das so herrlich knirscht, wenn man durch den frischen Schnee stapft oder sich gar ganz hineinwirft ..."
„Ja, du wirfst dich wieder in frischen Schnee! Dann werden deine Kleider drei Tage lang nicht trocken. Und die Lichter, die unserer Schwägerin jeden Abend so großzügig anzündet, scheinen mir doch die reine Verschwendung. Sogar Kerzen nimmt sie! Weißt du, was Kerzenwachs kostet? Nur an wirklich hohen Feiertagen sollte man Kerzen anzünden."
„Ist nicht jeder Tag vor der heiligen Weihnacht ein hoher Feiertag, wenn wir die Ankunft unseres Herrn erwarten?"
Den schwesterlichen Disput als Begleitmusik, erreichte die kleine Gruppe die Apotheke. Doch kaum hatten sie die Schwelle übertreten, vergaßen die Schwestern alle Zwistigkeiten. Auch wenn weder Niccolò noch die beiden Mädchen zum ersten Mal eine Apotheke betraten, – denn natürlich gab es in Florenz Apotheken – überwältigte sie doch dieser Raum. Unter dem mit

geometrischen Formen freskierten Gewölbe standen entlang der drei Wände Regale aus dunklem Holz, deren oberer Abschluss mit Schnitzereien versehen war. In den Fächern der Regale reihten sich Flaschen, Fialen, Tiegel und sonstige zum Teil bizarr anmutende Behälter. Einige diese Gefäße waren aus kostbarem Material gefertigt, andere handwerkliche Meisterstücke aus Keramik mit feinen Zeichnungen. Auf den meisten klebten Schilder mit einer klaren und filigranen Kalligraphie. Dem Eingang gegenüber stand der Verkaufstisch mit der großen Waage und den nach ihrer Größe sortierten Gewichten, die wie Kohlestifte in einer frisch aufgeräumten Werkstatt in einer Reihe standen. Das herrlichste aber war der Geruch! Sie versuchten, die Düfte einzelner Kräuter zu erkennen, doch es war die Sinfonie der verschiedenen Essenzen, die den Nasen, die seit Tagen nur Schimmel, Feuchtigkeit und Schmutz vernommen hatten, dieses Vergnügen bereitete.

Ein Mädchen – sie mochte etwa in Chiaras Alter sein – kam den dreien entgegen.

„Seid gegrüßt, was führt euch zu uns?"

„Meister Francesco, der Meister der Fresken von San Francesco, unser Bruder, schickt uns", antwortete Beatrice, „wir kommen, einige Farben zu besorgen: grüne Erde, verschiedenen Ocker, ein wenig Morellone und roten Bolus vielleicht, außerdem ein bisschen Mastix."

„Ja, wartet einen Moment", sagte das Mädchen, „ich hole meinen Papà." Sie verschwand durch eine Tür im hinteren Teil des Ladens, aus der sie bald danach mit einem Herrn zurückkehrte.

„Die Schwestern des Meisters, seid mir gegrüßt!", empfing Bonaventura Guidotti, der Apotheker, die beiden, und Beatrice war als kenne sie seine Stimme, „euer Bruder schickt euch, Farben zu besorgen? Ich habe verschiedene Steine und Erden. Kommt nur mit, ich zeige sie euch!"

Die Drei folgten ihm und seiner Tochter in den Raum, aus dem er gerade gekommen war. Auch hier wimmelte es von Gefäßen und Behältern, jedoch ließen sie jede Ordnung vermissen. Seltsame Geräte, Glaskolben und Schläuche waren in den kleinen Raum gestopft, als wollten sie diesen sogleich zum Platzen bringen, um dadurch ihre Freiheit wiederzuerlangen.

Beatrices Blick aber blieb an einem Schreibpult hängen. Auf diesem Pult lag ein aufgeschlagenes Buch. Ein weiteres Buch lag geschlossen daneben, und auf einem Wandregal darüber gab es noch vier Bücher, sowie verschiedene beschriebene Papierrollen. Dieser Apotheker besaß Bücher! Noch nie hatte Beatrice so viele Bücher gesehen, sie hatte bisher geglaubt, nur die großen Klöster besäßen Bücher. Doch hier gab es sechs Bücher! Der Apotheker musste ein sehr reicher Mann sein, wenn er sich eine eigene Bibliothek leisten konnte! Verstohlen näherte Beatrice sich dem Schreibpult, um wenigstens einen Blick auf den kostbaren Gegenstand werfen zu können. Die Tochter des Apothekers sah ihre Neugier mit Stolz:
„Es ist die Naturalis historia", erklärte sie, „eine sehr erhellende Schrift."
„Kannst du etwa lesen?", fragte Beatrice und ihre Selbstsicherheit schwand zunehmend. Sollte es wirklich außerhalb von Florenz Mädchen geben, die lesen können?
Messer Bonaventura antwortete an Stelle seiner Tochter: „Ich habe Federica das Lesen beigebracht, auch die Sprachen der Alten, Latein und Griechisch, in denen die Bücher geschrieben sind. Wisst ihr, ich habe keinen Sohn. Wem soll ich also meine Erkenntnisse vererben, wenn nicht meiner Tochter? Dabei habe ich die Entdeckung gemacht, dass der Geist des Weibes dem des Mannes nicht naturgemäß nachsteht. Ja, ich würde sogar behaupten, dass ein Mädchen, wenn man ihm nur die gleiche Erziehung zukommen ließe wie einem Jungen, zu ebensolchen geistigen Leistungen fähig wäre. Stand nicht die heilige Katharina von Alexandrien an Gelehrsamkeit allen Männern voran? Und bedeutet das nicht, dass der Schöpfer die Gabe des Geistes zumindest unabhängig vom Geschlecht verteilt?
Aber, wenn ich mich recht erinnere, ist euer werter Herr Vater in diesem Punkte durchaus meiner Meinung. Seid nicht auch ihr, seine Töchter, literalisiert?"
Beatrice und Chiara sahen sich fragend an. Federica erklärte: „Er meint, ob ihr lesen und schreiben könnt?"
„Oh, ja, ja …", stammelte Beatrice, „ich …, wir können schreiben, wir sind Florentinerinnen, aber …, das hier, das ist eine schwierige Sprache."

„Es ist Latein, die Sprache der Bücher, die Sprache der Gelehrten. Eine klare und logische Sprache. Und sie ist nicht so schwer zu verstehen, wenn du einmal ihren Aufbau durchschaut hast. Kommt uns doch mal besuchen, dann versucht ihr, einen der Texte zu lesen. Federica freut sich immer, wenn sie Gespielinnen in ihrem Alter findet. Und ich bevorzuge es, sie ihre Zeit mit Mädchen mit Verstand verbringen zu sehen. Ihr habt vielleicht bemerkt, dass Personen mit Verstand, seien sie nun des einen oder des anderen Geschlechts, derzeit rar gesät sind."

Er redete noch weiter, während er ihnen die verschiedenen Ocker und farbigen Erden zeigte. Wie im Traum sah Beatrice ihm zu. Die Terra verde, die grüne Erde, hatte die Farbe von frischem Salbei, die Ocker leuchteten in allen Abstufungen von Gold bis zum warmen Rot eines sommerlichen Mohnfeldes. Selbst der Morellone, der manchmal zu sehr ins blau-gräuliche tendierte, strahlte heute in einem kräftigem Tiefrot. Vergessen waren Kälte, Schmutz und Feuchtigkeit. Es gab nur noch diesen Raum, diese Farben, diese Gelehrsamkeit.
„Ihr kauft sehr viel Bolus", bemerkte Messer Bonaventura, „habt ihr denn so viele Heiligenscheine zu vergolden?"
„Nun, nein, es scheint ...", Beatrice lächelte verlegen, „womöglich will der Kardinal alles vergoldet haben, wie bei einem Tafelbild."
„Er will goldene Hintergründe? Was wird euer Vater dazu sagen? Hat er nicht in der Kapelle des Herrn Scrovegni, wo er die Malerei endgültig vom Griechischen ins Lateinische übersetzte, gezeigt, dass ein Maler nahezu ohne Gold auskommt? Einzig bei den Nimben mag es noch angehen ..."
„Das sagt der Babbo auch immer", fiel Beatrice ein, „und wohl deswegen trägt unser Bruder Francesco uns auf, noch kein Gold zu kaufen. Unsere Eltern kommen ja bald nach Assisi. Einstweilen sollen wir nur ein bisschen Ultramarin mitbringen."
„Jaja, das blaue Gold", sagte Messer Bonaventura, während er ein paar der tiefblauen Brocken auf die Waage legte. „Ist es nicht erstaunlich, welche Kostbarkeiten Mutter Erde uns schenkt?"

„Mutter Erde?" Jetzt horchte auch Niccolò auf. Der Satz klang, als hätte fra' Maso aus dem Eremo ihn formuliert.
„Ja, genauso wie die Pflanzen wachsen doch auch die Steine und Metalle, diese auf ihrer Oberfläche, jene im Innern, wie ein Kind im Mutterleib. Weil die Erde aber ein riesiger Mutterleib ist mit einer zahlreichen Kinderschar, dauert das Wachstum jener viel länger. Die Pflanzen bietet die Mutter uns großzügig an ihrer Oberfläche dar. Doch geben wir uns etwa mit diesem Geschenk zufrieden? Nein, wir müssen in ihre Eingeweide eindringen. In ihre Adern graben wir uns und höhlen sie damit komplett aus. Wir leben dann auf dem ausgehöhlten Erdreich und wundern uns auch noch, wenn die Erde auseinander klafft, zittert und bebt. Dabei ist das doch genau der Ausdruck ihrer Entrüstung! Wir bedenken nicht, was das für ein Ende nehmen wird, wenn in vielen Jahrhunderten unsere Mutter gänzlich erschöpft und ausgebeutet sein wird. Was werden die Menschen, die dann auf der Erde leben, von uns denken?"
„Ihr sagt, die Steine wachsen in der Erde wie Kinder im Mutterleib?" Niccolò hatte immer geglaubt, alles, was auf oder in der Erde zu finden ist, sei einfach da. Noch nie hatte er darüber nachgedacht, wo es herkommen könnte.
Messer Bonaventura reichte ihm den kleinen Behälter mit den blauen Steinen. „Was werdet ihr in der Werkstatt mit diesen Steinen machen?"

Niccolò verstand nicht.
„Ihr könnt doch nicht mit Steinen malen! Wie verarbeitet ihr sie?"
„Ja, wir, wir mahlen sie zuerst im Bronzemörser, dann auf Porphyr; das Pulver, das geben wir dann in einen Topf zusammen mit Fichtenharz, Mastix und Bienenwachs, zuerst aber das Harz und das Wachs, und stellen diesen Topf auf eine kleine Flamme, wenn alles zerlaufen ist, geben wir das blaue Pulver hinzu ..."
„Feuer also, das warme trockene Feuer, das erste Element, muss seine Wirkung entfalten. Wie geht es dann weiter?"
„Wenn dann alles eins ist, eine dunkle, fast schwarze Masse, dann kneten wir es gründlich mir den Händen durch. Zum Schluss formen wir daraus kleine

Kuchen und lassen diese mindesten drei Tage stehen, besser länger, wobei wir sie jeden Tag erneut durchkneten ..."

„Die Luft, das zweite Element, wirkt auf das Werk ein. Was passiert dann?"

„Wenn die Kuchen trocken und hart sind, dann geben wir sie in einen Topf mit warmer weißer Lauge, wir kneten sie wieder mit den Händen durch, wir rühren mit einem Holzstab in der Lauge herum. Irgendwann wird die Lauge blau ..."

„Da haben wir das dritte Element: Wasser. Weiter!"

„Das muss man dann mehrmals wiederholen, mehrere Tage, immer wieder, wenn das blaue Pulver sich am Boden des Gefäßes absetzt, muss man es neu aufmischen. Ganz am Ende wird es dann durch ein Tuch gesiebt, damit die Lauge langsam abtropft und das Farbpulver zurückbleibt."

„Die Erde, das vierte Element, wird extrahiert. Hast du gesehen, alle vier Elemente müssen auf diese Steine einwirken, sie müssen sie alle durchlaufen, bis ihr endlich die Eigenschaft nutzen könnt, die doch das Wesen dieser Steine ausmacht, nämlich ihre blaue Farbe. Du fragst jetzt sicher, was das mit der Mutter Erde zu schaffen hat?"

Niccolò nickte und der Apotheker redete weiter: „Im Schoße der Erde muss alles seine Entwicklung durchlaufen, den Einfluss der vier Elemente in der richtigen Folge durchleiden, damit das entsteht, was entstehen soll. Auch die Planeten üben ihren Einfluss aus, wie ihr wisst; zum Wachstum des Kupfers beispielsweise ist der Einfluss der Venus notwendig, der des Mondes für das Silber, die Sonne für das Gold. Genauso wie die Elemente und die Planeten auf die Menschen wirken, Jupiter hier einen jovialen Charakter, Mars dort einem kriegerischen Gemüt seine Züge aufprägt, so ist auch die Ausprägung der mineralischen Dinge vom Samen des Wirkstoffes abhängig. Wie der Same des Vaters bei der Zeugung dem ungeformten Kind seine Ausprägung verleiht.

Und was machen wir, wir Künstler, Handwerker, die wir etwas schaffen wollen? Wir gehen genauso vor wie die Natur. Wir ahmen sie nach. Wir wissen nicht, welcher Same die Mutter Erde befruchten musste, damit diese schönen blauen Steine wachsen könnten. Aber wir wissen, dass wir die Steine den

gleichen Prozessen unterziehen müssen, damit wir ihre Farbe nutzen können. Wir müssen die Natur nachahmen. Nur wenn wir die Natur ganz genau nachahmen, so wie ein Affe seinen Herrn nachahmt, nur dann können wir selbst etwas hervorbringen."
Messer Bonaventura hätte wahrscheinlich noch lange weiter geredet, wenn nicht Federica in diesem Moment zwei weitere Besucher ankündigte: „Papà, Bruder Bernabò und Bruder Alberto sind hier."

Zwei Mönche im Habit der Franziskaner traten ein. Einen der beiden kannten die drei bereits aus dem Konvent von S. Francesco. Es war der junge Bibliotheksgehilfe Bruder Alberto. Er trug zwei schwere Folianten unter dem Arm, die er Messer Bonaventura überreichte:
„Herr, ist das das Werk?"
Bonaventura nickte, und Bruder Alberto blickte sogleich verschämt zu Boden. Die vielen Menschen, vor allem die unerwartete Präsenz der drei jungen Mädchen, machten den jungen Mönch so verlegen, dass er fortan kein Wort mehr sprach.

Der ältere der beiden dagegen begrüßte Messer Bonaventura wie einen alten Freund, scherzte mit Federica und begrüßte auch Niccolò, Beatrice und Chiara. Es war Bruder Bernabò da Bevagna, der dem Klostergarten von S. Francesco vorstand und den Apotheker mit dessen Produkten belieferte.
„Seht nur, was für einen schönen Meerrettich ich heute Morgen geerntet habe!", sagte er stolz und hielt eine Pflanze in die Höhe, „ich habe natürlich sofort an Euch gedacht, Messer Bonaventura. Wenn Ihr die Blätter trocknet und die Wurzeln in frischen Sand einschlagt, dann habt Ihr im nächsten Frühjahr die schönste Medizin gegen Erkältungen und Verstimmungen."
„Fürwahr", gab Messer Bonaventura zu, „das sind wirklich vortrefflich gewachsene Pflanzen ihrer Art! Ich danke Euch vielmals, fra' Bernabò, der Meerrettich kann wirklich den Kranken gesund machen. Doch kann er sogar, wenn er von Gesunden eingenommen wird, gewisse tödliche Krankheiten von ihm fernhalten und das Leben verlängern."

Während die beiden sich noch eine Zeit lang in ihr fachliches Gespräch vertieften, verließen Niccolò, Beatrice und Chiara, die Apotheke nicht ohne sich noch mehrere Male umzudrehen. Federica begleitete sie zur Tür und forderte die Schwestern auf, doch recht bald wiederzukommen.

* * *

Astrolabio da Salerno missbilligte die Badelust des Bischofs. Zu nah – gefährlich nah – kam sie der Sünde der Genusssucht. Dabei ließ er die Argumente seines Herrn nicht gelten, die Bäder verliehen seinen schmerzenden Glieder Linderung und außerdem sei er, der Bischof von Assisi, der Besitzer der Badestube bei den Quellen von Moiano, der Pachtzins, den der Bader zahle, käme damit also der heiligen Mutter Kirche zu Gute. Denn für Astrolabio zählte weder die Erleichterung körperlicher Schmerzen, da diese doch nur eine besondere Gnade Gottes waren und daher freudig ertragen werden sollten, noch die Einnahmen, die das öffentliche Bad dem Bischof und der Kirche brachte. Er hielt das häufige Baden schlichtweg für einen Exzess der Wollust. Und obschon er wusste, dass diese Art Wollust im Falle des Bischofs eine lässliche Sünde darstellte, sparte er nicht an missmutigen Bemerkungen.
Trotz dieser in regelmäßiger Frequenz geäußerten Missbilligungen genoss aber auch Astrolabio die Zeit, die der Bischof im Bade verbrachte, bot sich ihm doch die Gelegenheit, seiner Forschungsarbeit nachzugehen. Er war stolz (eine lässliche Sünde) auf das Offizin; er hatte es im Keller des Hauses des Baders bei den Quellen von Moiano eingerichtet. Wenngleich es in Assisi besser ausgestattete Offizine gab, erlaubte es ihm doch, sich einigermaßen ungestört seinen Studien zu widmen.

Wenn sich nun die Badezeit des Bischofs ihrem Ende zuneigte, stieg er stets etwas früher die Treppen zum Hof hinauf, begab sich von dort in die Küche und ließ sich von Mariuccia, der Ehefrau des Baders Vitellozzo hereinbitten, um von den delikaten Vorräten aus deren Speisekammer zu kosten, welche sie ihm geflissentlich anbot. Heute kam er sogar noch zeitiger als sonst hinauf. Doch als Astrolabio durch den Kücheneingang eintrat, fand er dort statt Mariuccia den Hausherrn selbst vor.

„Werter Bruder Astrolabio", sagte der Bader mit seiner nuscheligen Stimme, „Ihr wisst, ich habe Euch immer gerne in meinem Haus. Und ich bin auch mit Freuden Euer Diener, aber ich weiß gerade nicht, ob das noch weiter sein kann."
„Was?", fragte Astrolabio.
„Euer Diener. Ich mach' das gern, was Ihr von mir wollt, aber zur Zeit, Ihr wisst, die Zeiten sind nicht gut, alles ist teurer geworden, der Bischof will jetzt mehr Pachtzins, und der Kataster ..."
„Wie viel brauchst du?", Astrolabio blickte Vitellozzo mit seinen eisgrauen Augen an. Dieser ließ sich aber keineswegs einschüchtern, erzählte noch mehr von Teuerungen und dem Personal, das so unverschämt sei, sein Gehalt zu fordern, nannte schließlich eine Summe, die Astrolabio ihm ohne weitere Worte auf den Tisch legte. Vitellozzo bedankte sich unterwürfig, rief sofort nach seiner Frau und wies diese an, die üblichen Kleinigkeiten – diesmal sogar etwas mehr als das Gewohnte – zu servieren und versicherte dem Benediktiner, alles werde zu seiner Zufriedenheit erledigt, er solle ganz beruhigt sein.
„Ich bin stets ruhig", konstatierte Astrolabio, „du hast aber die richtige Person gefunden, auch für das, was jetzt kommt? Du weißt, es ist ein Unterschied, jener war nur ein Elementarlehrer dieser aber ... Auch wenn sie diese ... nun ... diese Sache gemeinsam haben. Es ist etwas anderes."
„Ihr werdet staunen!", versicherte Vitellozzo und schrie seiner Frau etwas Unverständliches zu. Mariuccia verschwand daraufhin sofort, und wenig später betrat der wohlgestaltete Jüngling, der zuvor Messer Salvestro so eifrig

zu Diensten war, den Raum. Er blickte schamhaft zu Boden, während sich Astrolabio vor ihm aufbaute.
„Du weißt bereits, was du zu tun hast?“ Der Jüngling nickte fast unmerklich.
„Herr, es ist doch gut gegangen beim letzten Mal, oder? Niemand hat irgendeinen Verdacht geschöpft“, versicherte an seiner Stelle Vitellozzo, „glaubt mir, er wird die Aufgabe zum Besten erledigen, er ist ...“
„Nun gut“, unterbrach ihn Astrolabio, „nimm das“, er überreichte dem Jüngling ein kleines Tongefäß, „und mache alles genauso wie dir gesagt wird.“
Zu Vitellozzo gewandt sagte er noch: „Mein Herr, wir sehen uns nach vollbrachter Tat wieder. Bemüht Euch nicht, ich finde den Weg“, und verließ die Küche, um den Bischof, der inzwischen sein Bad vollendet haben musste, abzuholen.

* * *

Niccolò gab sich redlich Mühe, er wollte die Schrift studieren. Constantia mit gepanzertem Herzen war in ein Buch vertieft; vier Widrigkeiten griffen sie an. Superbus, die Überheblichkeit, ein gerüsteter Krieger, versuchte es ebenso vergebens wie Corruptio, ein alter Mann mit goldenen Münzen. Nicht einmal die schöne Blanditia, die Schmeichelei, die anmutig auf einer Laute musizierte, oder Consanguinea, das Kind an ihrem Rockzipfel, konnten das Studium der Constantia stören. Niccolòs Gedanken dagegen wurden ständig von einer Widrigkeit (vielleicht avocatio?) in eine andere Richtung gezogen. Die wichtigsten Dinge aus dem Text wollte Niccolò sich auf einem Blatt notieren wollte, doch seine Ränder waren bereits voll gezeichnet mit allerlei seltsamen Gegenständen. Einen Ofen hatte er gezeichnet, rund wie ein Turm mit einem kegelförmigen Dach.

Ein anderer Turm, bestehend aus aufeinander gestapelten zwiebelförmigen Töpfen zierte den gegenüberliegenden Rand des Blattes. Zangen, Trichter, Hasenpfoten, Glasbehälter mit Armen, Ohren und Rüsseln hatte er über das ganze Blatt verteilt. Dabei wunderte er sich über das Aussehen einiger Geräte erst jetzt, als er sie zeichnete. Da gab es einen gläsernen Behälter, der aus zwei aufeinander gesetzten Kugeln bestand, die wiederum durch zwei gläserne Röhrchen miteinander verbunden waren. Das Gerät hatte die Form einer fülligen Frau, die die Arme in die Hüften stemmt. Was konnte man mit diesem Ding wohl anstellen? Wohl konnte man in der unteren Kugel eine Substanz erhitzen, so dass diese in die obere Kugel stieg. Dort aber würde sie durch die Glasarme sogleich wieder in die untere Kugel hinab sinken, um dort erneut mit der Ursprungssubstanz vermischt, erhitzt werden und wieder aufsteigen. Ein ewiger Kreislauf ohne Ende. Wozu sollte das gut sein?
„Ich sehe, unser junger Magister studiert." Niccolò fiel der Stift aus der Hand. Er hatte den Herankommenden nicht bemerkt. Es war Ranieri di Giacomo, der Tuchhändler, dem Niccolò wohl ein oder zwei Mal bei einer Versammlung der Cavalieri begegnet war, der aber bisher noch nie mit ihm geredet hatte.
„Ja, Constantia, die Tugend der Hartnäckigen. Du hast sie wohl verstanden." Dabei richtete er seine Augen auf Niccolòs Zeichnungen. Sein vertraulicher Ton lies Niccolò erstarren. „Nein", versuchte er sich zu rechtfertigen, „nein ich bin heute nicht weit gekommen. Das ist nur Gekritzel, so nebenbei gemacht."
Warum interessierte dieser Ranieri sich wohl für seine Studien?

2. Kapitel

Längst war das Lied im Dunkeln verklungen. Francesco erzählte von der Schrift, die er in Leones Haus nicht habe finden können, man müsse herausfinden, wer ins Haus eingedrungen sei und sie gestohlen habe.
„Das bedeutet aber doch“, folgerte Aloisio, der Bildhauer, mit seinem deutschen Akzent „wir müssen den Mörder finden. Nur er kann die Schrift mitgenommen haben.“
Salvestro de‘ Moriconi wandte ein: „Cavalieri, ihr seid so sicher, dass der Kanzler ermordet wurde. Wenn nun aber der Podestà und seine Männer richtig liegen? Sie sind doch der Ansicht, Meister Leone habe sich selbst zu Tode gegeißelt und, wenn es sich wirklich so verhielt, dann wäre es müßig, nach einem Mörder zu suchen. War Meister Leone nicht ein Mann von großer Frömmigkeit, der die Übungen der Buße sehr ernst nahm? Trug er nicht stets den Bußgürtel voll mit Spitzen und Dornen? Es könnte doch so sein, wie der Podestà ...“
„Die unseligen Nachahmer dieses Peruginers Ranieri“, fiel Messer Bonaventura ihm ins Wort, „diese Büßer, die glauben, Gott vergebe ihnen ihre Sünden, wenn sie sich nur eifrig Schmerzen zufügten, sich selbst peitschen, stachelige Hemden tragen und Dornenkronen, Bußwerkzeuge aus Eisen, Bußwerkzeuge aus Holz, die Schmiede und Tischler freuen sich über das blühende Geschäft ...“

„Nicht Nachahmer Fasanis sind sie, sondern Nachahmer Christi!“ unterbrach ihn Bruder Onofrio, „das Leiden Christi ist es, es ist das Tor, durch das wir zu ihm gelangen. Ranieri Fasani ist ein Vorbild, aber das Leiden Christi ist das wahre Vorbild, sowie die Natur das Vorbild für uns Künstler ist. Nur wenn wir selbst das leidende Menschsein Christi durchschreiten, können wir ihm wahrhaft gleich werden. Die Imitatio Christi verlangt, Christus in der Bedrängnis und den schmerzvollen Leiden ähnlich zu werden.“
„Lieber Marschall, Disziplin und Lehre sind dein Gebiet“, gab Messer Bonaventura mit ruhiger Stimme zurück, „und Zurückhaltung in weltlichen Dingen ist dir schon als Mönch eigen. Aber sage mir, wo hat Christus je von sich aus das Leiden gesucht? Betrachte den Herrn, wie er vom Abendmahl sich erhebt und nach Beendigung der Abschiedsreden mit seinen Jüngern in den Ölgarten geht! Demütig und ehrfurchtsvoll wirft er sich auf die Knie, um zum Vater zu beten. Auch zuvor hat er schon gebetet, doch stets als unser Anwalt beim Vater. Hier aber betet er für sich. Kniet da wie ein gewöhnlicher Mensch aus dem Volk und betet zum Herrn. Um was betet er aber? Den bitteren Todeskelch möge der Vater von ihm hinweg nehmen! Die furchtbaren Schmerzen der Kreuzigung sollten erspart bleiben! Glaubst du daher wirklich, Bruder Onofrio, Christus habe das Leiden gesucht, gewollt oder gar geliebt wie diese Flagellanten meinen? Und wie viel größer ist daher sein Gehorsam gegen den Vater und die Liebe des Vaters zu uns! Hätte Christus nämlich das Leiden gesucht, dann wäre doch nur sein eigener Wille geschehen. Er hätte die Passion nicht für uns sondern für sich selbst angenommen. Hätte der Vater aber das Todesurteil über seinen Sohn aufgrund des Willens des Sohnes erfüllt, dann hätte er uns nicht diese unfassbare Liebe gezeigt. Es kann also nicht Gottes Wille sein, dass wir uns selbst Leid zufügen. Genügt nicht das Leid, das uns ohne unser Zutun begegnet? Hat sich Hiob etwa selbst gegeißelt? Er ertrug das Leid, das Gott ihm auferlegte und stand deswegen in Seiner Gnade. Ihr Mönche und Einsiedler aber entflieht eurem vorgesehenen Leid. Glaube einem Mann, der in der Welt lebt, lieber Bruder, das Leid, das dir im Leben begegnet ist unvergleichlich größer als die Schmerzen, die die Peitsche verursacht. Ihr verzichtet darauf, andere Menschen zu lieben

und entgeht so dem Leid des Verlustes. Ihr fügt euch dann ein paar Qualen zu, indem ihr euch mit allerlei Werkzeugen traktiert. Doch diese Schmerzen sind nichts gegen die Schmerzen, die einen Menschen in der Welt erwarten. Das Leid der Hölle wollen sie voraus nehmen und hoffen, dadurch von der Hölle verschont zu bleiben. Sie bezahlen einen Vorschuss, um hinterher nicht zur Kasse gebeten zu werden. Das ist die Sicht eines Kaufmanns. Doch wer sagt, dass Gott ein Kaufmann ist? Und glaubt ihr denn wirklich, ihr könntet eine Schuld von vielen Goldflorin mit wenigen Denaren begleichen?"

„Wir können unsere Schuld nie begleichen, auch Ihr nicht!" Onofrio war aufgesprungen, „die Erlösung ist immer ein Akt der Gnade, niemand kann sie sich verdienen! Ja, wir gehen ins Kloster, um dem Teufel zu entrinnen. Den größten Teufel aber nehmen wir mit, und das ist der Bruder Esel, unser Leib. Doch kann unser Körper auch ein Spiegel sein, ein Spiegel des Körpers Christi. Wir lesen von seinem Leiden in der Schrift, wir vollziehen es im Geiste nach, indem wir es uns immer und immer wieder vorstellen. Wir betrachten die Bilder seines Leides solange, bis die Schmerzen Christi auch unseren Leib quälen. Und wir fügen uns Schmerz zu, weil wir nur so den verborgenen Sinn der Schrift erfassen. Durch das Blut, das aus unserem Körper spritzt, haben wir Teil am Erlöser. Der Vater wird mit dem Wohlgefallen auf uns herabschauen, das er auch seinem Sohn entgegenbrachte, soll auch uns als seinen Sohn annehmen. So wie er seinem Sohn Franziskus den Seraph sandte, weil die Glut der Liebe des Franziskus zum guten Jesus sich zu einem lodernden Feuer und zur Flamme entfacht hatte, dass noch so viele Wasserströme seine starke Liebe nicht auslöschen konnten. Sein glühendes Verlangen und sein Mitleiden trugen ihn selbst wie einen Seraph zu Gott empor. Weil aber Franziskus' Seele beim Anblick des Gekreuzigten vom Schwert schmerzlichen Mitleidens durchbohrt wurde, wurden an seinen Händen und Füßen die Wundmale der Nägel sichtbar und an seiner rechten Seite klaffte die Wunde als sei sie von einer Lanze durchstoßen worden und das Blut spritzte aus ihr!"

„Du redest recht, Bruder Onofrio, doch lässt du das Wesentlichste aus: Warum wurde Franziskus diese Erscheinung zuteil? Franziskus wusste doch, das Leidensfähigkeit mit der Unsterblichkeit des Seraphs nicht vereinbar war.

Doch es war nicht der Martertod des Leibes, der Franziskus zum Bild des gekreuzigten Christus umgestaltete, es war die Glut des Geistes. Franziskus hat sich nie selbst gequält allein um des Schmerzes willen. Wenn es ihn nach dem Martyrium verlangte, dann zog er in die Welt, wie damals, als er nach Syrien hinüber fahren wollte, um den Sarazenen den christlichen Glauben zu bringen. Gottes Wille verhinderte dies, als Er ein Unwetter sandte, dass kein Schiff in diese Richtung fuhr. Das Verlangen nach dem Martertod trieb Franziskus dann nach Marokko. Doch bereits in Spanien rief Gott ihn durch eine Krankheit von der begonnen Reise zurück, weil Er den Martertod seines Kindes nicht wollte."

„Und als Franziskus sich in eine eisige Grube geworfen und darin geblieben ist, der Schmerzen an den frostigen Gliedern nicht achtend ..."
„... um die fleischliche Versuchung abzutöten, die zuweilen auch die heiligsten Männer befällt. Bruder Onofrio, hast du dich jemals gefragt, warum es der Wille des Vaters, der uns geschaffen hat, sein sollte, dass wir den Körper zerstören, den Er uns doch gegeben hat, damit wir in dieser Welt leben können? Ist denn der Körper nicht die Wohnstätte der Seele aus Adern, Knochen und Fleisch? Keine Stelle des Körpers ist ohne Seele, weil die Seele mit ihrer eigenen Wärme den ganzen Körper durchströmt. Wer dem Körper Schmerzen zufügt, quält daher die Seele, die doch der Strahl Gottes in uns ist. Und ich sage dir noch mehr, lieber Bruder: nicht schwächen sollen wir unseren Bruder Esel, wie du ihn nennst, sondern stärken und gesund erhalten müssen wir ihn, damit er, der doch für den Teufel anfällig ist, diesem widerstehen kann."
Mit leiser Stimme mischte sich nun Francesco wieder ein:
„Aber wenn es keinen Mörder gibt, wer hat dann die Schrift, und brauchen wir sie nicht ...?"
„Lieber Francesco, du hast recht, wir sollten unsere Zeit nicht mir sinnlosem Streit verbringen", Messer Bonaventura drehte sich zu den anderen Versammelten, „seid zuversichtlich, Messer Leone besaß nur einen Teil des Werkes, genau wie ihr. Wer immer diesen Teil an sich genommen hat, wird damit

nichts anfangen können. Nur wer alle Kapitel besitzt, kann damit die Menschen erlösen oder – ", er blickte in Francescos erschrockenes Gesicht, „vernichten."
„Aber wer diesen Teil nun besitzt, ist nicht nur ein Mörder, er wird doch auch weiter suchen wollen, um die gesamte Schrift an sich zu bringen?", wandte Francesco ein.
„Wenn Meister Buoninsegna das Geheimnis über Jahrhunderte verbergen konnte, dann können es die Cavalieri jetzt auch eine Zeitlang hüten. Wäre es aber Gottes Wille gewesen, es ans Licht zu bringen, dann wäre dies schon lange geschehen. Irgendwann, und vielleicht ist der Zeitpunkt wirklich nicht mehr fern, werden die Menschen davon erfahren und dann betet, dass sie es nicht verstehen."

* * *

Die Frau in dem blauen Gewand sitzt zurückgelehnt in ihrem Sitz und blickt ins Weite. Sie liest nicht in einem Buch, wie *Constantia*. Bonaventura dachte an das Buch des Francesco da Barberino. Viele Jahren ist es her, dass er es studieren musste und noch heute ist das erste Buch der Novizen der Cavalieri. Nein, die Frau liest, was in keinem Buch geschrieben steht. Sie liest die Natur. Sie liest Gottes Spuren, nur durch seine Spuren kann sie ihn erkennen. Über die Spuren, die Zeichen seines Wirkens, tritt der Makrokosmos in den Mikrokosmos ein und erzeugt darin eine Erscheinung seiner selbst. Bilder sind es, die sich unserer Seele einprägen, Bilder, die, wenn sie uns gefallen, auf das Urbild selbst verweisen, dann können wir die ewige Zeugung des Wortes in ihnen erkennen. Doch Erkennen ist auch Abschied. Die Frau blickt in die Ferne, denen nach, die sie zurücklässt, den Tugenden. Jetzt ist sie aus der Leibei-

genschaft befreit durch den vornehmen Adel der Liebe. Jetzt endlich verspürt sie kein Verlangen mehr. Sie lebt nach den evangelischen Räten Keuschheit, Gehorsam und Armut. Deswegen sieht sie ihnen nach, den Tugenden, die davon treiben wie Theseus, der Ariadne allein zurücklässt, die jedoch nicht verzweifelt, wissend um den Samen des Geliebten, der in ihr heranreift.
Messer Bonaventura erinnerte sich an das leuchtende Blau des Gewandes, die kaum erkennbaren Goldpartikel im Haar der Frau, alles deutete auf lange Übung und große Geschicklichkeit des Malers hin.
„Sollte er nicht nur ein herausragender Gelehrter sondern auch noch ein exzellenter Maler sein, dieser Buoninsegna? Um alle diese Fähigkeiten zu erwerben reichte ein Leben wohl kaum aus“, dachte Bonaventura. Oder war es doch ein anderer, der die Miniaturen ausgeführt hatte?
„Doch jetzt muss die Braut sich von ihrem Bräutigam trennen, weil er nicht ihr ewiger Gemahl ist. Sie sitzt und beobachtet, sie bleibt allein zurück. Lass die Lösung, die du zuvor gemacht hast, mindestens vier Tage stehen bis sie schwarz wird. Die Schwärze gleicht dem Mist, aber darin liegt das Gold. Behandle sie vorsichtig, damit die Blume nicht verbrennt. So wie Gott in den Dingen ist als Gegenwart, als Wesen und als Macht, aber von der Natur versteckt ist, steckt das Gold im Mist.“
Den Mist holte Bonavantura jetzt hervor. Schwarz und übelriechend war die Substanz. Sie unterschied sich kaum von den anderen schwarzen und übelriechenden Substanzen, die er bei seinen verschiedenen Versuchen in der Vergangenheit hergestellt hatte. Das zeigte ihm, dass er auf dem richtigen Weg sein konnte. Zuerst musste man die Urmaterie wieder herstellen. Aus der Materia prima war alles gemacht, was war. Nur indem man dieser die richtige Form aufprägte, konnte das Gold entstehen. Es war nicht das erste Mal, dass er sich an dem großen Werk versuchte; aber es konnte das letzte Mal sein. Der eisige Wind tobte. Meister Leones Tod war ein deutliches Zeichen. Doch wenn dieser Weg wirklich der richtige war, dann hätte der eisige Wind keine Macht mehr. Dann wäre er besiegt! Wenn aber der eisige Wind zuschlage, bevor er das Werk vollendet hatte, dann war alles umsonst, sein Werk und auch sein Leben!

Die Urmaterie! Bonaventura füllte die schwarze Masse in einen Behälter. Es kam ihm plötzlich falsch vor. Warum schrieb Buoninsegna wohl von dieser Pflanze, Bunchum? Nur im richtigen Mist war Gold. Es ging nicht ohne diesen Bunchum. Er musste aus Buoninsegna herausbekommen, was das für eine Pflanze war! Wie aber konnte er vorgehen? Buoninsegna bestechen? Womit konnte man jemanden bestechen, der nichts bedurfte? Ihm schmeicheln und dann zum unüberlegten Reden verführen? Wie konnte er aber die Eitelkeit einer Person bedienen, wenn diese Person so völlig frei von Eitelkeit war? Und doch, es musste etwas geben! In seinem Leben war Bonaventura noch niemandem begegnet, der wirklich frei von Stolz war, nicht einmal unter den heiligsten Männern. Sind die Armen denn nicht stolz, der Armut zu dienen? Und die Demütigen wetteifern miteinander, wer wohl der Demütigste aller ist. Selbst der heilige Franziskus konnte es kaum ertragen, wenn ein Anderer ärmer war als er selbst. Den Weisen verbot ihre Weisheit, stolz zu sein, und das war ihr Stolz!

* * *

Ranieri klopfte an die Tür der Sakristei von S. Pietro. Er klopfte ein zweites Mal heftiger als zuvor, erst jetzt forderte die bekannte Stimme ihn auf, herein zu treten.
„Ihr habt lange nichts von Euch hören lassen. Gibt es dafür einen Grund?"
Ranieri grinste etwas verlegen: „Nein, es ist eher so, dass nichts Wichtiges passiert ist. Sie versammeln sich nicht mehr. Sie arbeiten nur noch, und das, obgleich Francesco ständig darüber jammert, dass es keine Arbeit für ihn gibt. Nichts ist passiert. Es sei denn ..."
„Was?"

„Nun, eine Kleinigkeit, sicherlich vollkommen unbedeutend ..."
„Berichtet dennoch!"
„Ja, wisst Ihr, dieser Jüngling, der eine der Florentiner, der in die Gruppe der Cavalieri aufgenommen wurde, der Dunkelhaarige, er und sein Freund hängen ständig mit Bruder Onofrio zusammen ..."
„Kommt endlich zum Punkt!"
„Ja, ich weiß eigentlich gar nicht, ob das ein Punkt ist, der der Erwähnung wert ist ..."
Ranieri sah, wie der Winkel in der Oberlippe seines Gegenübers zu zucken begann, und beeilte sich nun weiter zu reden:
„Ich sah vor einigen Tagen, wie er Geräte zeichnete, die man nur in einem Offizin finden kann, im Offizin eines Mannes, der sich mit der schwarzen Kunst befasst. Versteht Ihr?"
„Ich glaube nicht, dass dieser Bericht mein Auffassungsvermögen übersteigt. Was schließt Ihr daraus?"
„Dass er bei ihm im Offizin war."
„Nun, das sollte nicht wundern. Er ist Maler. Die Maler kaufen ihre Farben bei ihm, das Offizin ist irgendeine Rumpelkammer in seinem Haus. Außerdem haben sie den Jüngling als Novize in ihre Gruppe aufgenommen. Er wird also schon mal in seinem Laden gewesen sein."
„Ja, ich sagte ja, es hat wohl keine Bedeutung." Ranieris Stimme wurde leiser, schließlich sagte er nichts mehr. Astrolabio sah ihn regungslos an. Beide schwiegen. Während das Schweigen Ranieri aber zunehmend unruhiger machte, verharrte der Andere in eisiger Ruhe. Ranieri suchte nach einem Thema, über das er reden konnte. Endlich fragte er, weniger aus Interesse als vielmehr, um das bedrohliche Schweigen zu unterbrechen:
„Sagt Herr, woher wisst Ihr eigentlich, dass die Schrift hier in Assisi ist?"
„Das ist so naheliegend wie das, was Ihr mir gerade erzählt habt", antwortete Astrolabio mit dem Ton eines Elementarlehrers, der gerade zum zwölften Male die Methode der Division erklärt, „der Autor stammt aus Assisi, Buoninsegna d'Assisi nannte er sich damals in Salerno. Er hatte stets ein großes Vertrauen zu den Franziskanern, wohl weil er sie seit seiner Kindheit kann-

te, wie alle, die hier aufwachsen. Oft redete er von seiner Heimatstadt und vom Franziskanerkonvent. Besonders bei den Festen der Studenten, wenn der Wein seine Zunge gelockert hatte, pries er die Stadt der Zwillinge, die Stadt, in der alles doppelt ist. Ich bin daher sicher, dass er, als er spurlos verschwand, die Schrift zuvor in seiner Heimatstadt versteckt hat."

„Meinte er Assisi mit der Stadt, in der alles doppelt ist? Und warum muss er die Schrift versteckt haben? Kann er sie nicht mitgenommen haben? Oder vielleicht hat er sie auch verbrannt?"

„Ihr habt Buoninsegna nicht gekannt. Das war kein Mann, der Jahre seines Lebens für ein Werk aufwendet, von dem er glaubt, dass es die Menschheit erlösen werde, und dieses Werk dann einfach verbrennt. Dazu war er viel zu hoffärtig. Er glaubte fest, der Retter aller Sünder zu sein, allen voran seiner selbst als dem vorrangigsten Sünder. Wegen dieser Hoffart und seiner ketzerischen Lehren verfolgte ihn auch die Inquisition. Nie hätte er jedoch von seinen Erkenntnissen abgelassen, noch weniger sie vernichtet. Lieber ist er vor Folter und Scheiterhaufen geflohen."

„Aber warum sollen gerade die Cavalieri, dieser Haufen schwärmerischer Poeten, an eine so wichtige Schrift kommen?"

„Die Cavalieri sind ein vielköpfiges Ungeheuer. Schlägt man einen ihrer Köpfe ab, wächst irgendwann ein neuer nach. Allerdings ist nicht jeder ihrer Köpfe mit der Gabe des Denkens beschenkt. Vielmehr ist es nur einer, der für alle anderen das Denken übernimmt."

„Wie könnt Ihr so sicher sein, dass das gerade er ist?"

„Weil ich ihn gesehen habe, damals in Salerno. Er war sehr vertraut mit Buoninsegna, er hatte ihn bei seinen Reisen durch Europa an anderen Orten kennengelernt. Wenn er nach Salerno kam, dann zog sich Buoninsegna mit ihm gleichsam in eine Einsiedelei zurück und war für niemanden von uns Studenten zu sprechen. Doch nicht nur Buoninsegna d'Assisi war er begegnet, sondern einigen der wichtigsten Gelehrten unserer Zeit. In England, sagte man, habe er sich mit dem Schotten, den sie Doctor subtilis nannten, getroffen und dessen häretische Lehre geteilt, von den zehn Geboten seien nur die ersten drei notwendig, die anderen könnten auch anders sein. Lehren, die den verrückten Franziskanern wohl gefallen, wird damit doch auch eine Welt ohne Privateigentum möglich. Das ist übrigens ein weiter Grund dafür, dass die Schrift hier in Assisi sein muss. Warum sollte ein so welterfahrener und weitgereister Mann wie dieser Guidotti sich sonst gerade in Assisi niederlassen?"

„Wenn wir also die Schrift finden, dann können wir die Menschen erlösen?"

„Wir? Was Euch angeht, frage ich mich, ob Ihr sie überhaupt lesen könnt! Buoninsegna war doch kein Trottel. Er hat eine so wichtige Schrift sicher nicht in einfacher Sprache geschrieben. Er beherrschte selbst so viele Sprachen, nicht nur Latein, Griechisch, Hebräisch und was man so an der Universität lernt. Nein, er beherrschte auch die Sprache der Araber, der Sarazenen und sogar die der Briten, wenngleich das kaum eine Sprache zu nennen ist."

„Aber warum wollt Ihr die Schrift denn finden? Wollt Ihr die Menschen erlösen?"

„Was glaubt Ihr? Seht Ihr denn nicht, dass das schon die schlimmste aller Todsünden ist, zu glauben, man könne die Menschen von ihren Sünden reinigen? Das kann allein Gott! Auch wer glaubt, er können den Menschen in dieser Welt das Leben angenehmer machen, versündigt sich bereits. Superbia! Nein, nichts davon können wir, nichts davon dürfen wir. Das Leiden in diesem Leben hat Gott uns auferlegt, um uns auf das ewige Leben vorzubereiten. Wir dürfen niemandes Leiden erleichtern, niemandes Krankheit heilen, niemandem seine Last abnehmen. Wir zerstören und durchkreuzen damit den göttlichen Plan. Das wird nicht, das kann nicht ungesühnt bleiben! Nein, wer je dieses Kompendium der Hochmut und der Überheblichkeit findet, muss es vernichten. Sollte es ein gebundenes Buch sein, darf er es nicht öffnen, ist es eine Rolle, darf er sie nicht aufrollen, sondern muss das Machwerk, will er nicht die ewige Verdammnis riskieren, sofort den Flammen übergeben!"

3. Kapitel

Weitere Tage vergingen, ohne dass den Malern mitgeteilt wurde, was sie malen sollten. Nach den Feiertagen von Weihnachten und Epiphanias nahm Francesco einige Aufträge von Bürgern an. So war man in der Werkstatt damit beschäftigt, Truhen, Fahnen, Wappenschilde und manchmal auch einen Hausaltar zu bemalen.

Beatrice war es recht, bot sich ihr doch so die Gelegenheit, den Apotheker noch häufiger aufzusuchen. Allerdings unterschieden sich die Farben für das Malen auf Holz oder auf Tuch von denen, die die Freskomaler verwendeten. Sie und Chiara nutzten daher jede Gelegenheit, die verschiedenen Grundstoffe wie Zinnober, Bleiweiß, Rauschgelb und allerlei Leime zu besorgen. Chiara verband längst eine innige Freundschaft mit Federica, der elfjährigen Tochter Messer Bonaventuras. Gerne zogen sich die beiden Mädchen zurück, tuschelten miteinander und tauschten Geheimnisse aus. Chiara erzählte der Freundin von ihren Tieren und davon, dass ihre Liebe zu den Tieren von den anderen Familienmitgliedern oft belächelt wurde. Federica stimmte ihr zu, dass Tiere unserer besonderen Zuwendung bedurften, auch wenn sie keine Vernunftseele besaßen.

„Aber gerade deswegen, liebe Chiara", sagte sie, „weil sie im Rang unter uns Menschen stehen, müssen wir uns um die Tiere kümmern. Wünschen wir uns nicht auch die besondere Zuwendung der Engel, die doch weit über uns stehen?"

Federica zeigte Chiara – und manchmal auch Beatrice – die Bücher, die Bruder Alberto aus der Bibliothek des Konvents mitbrachte. Aber nicht einmal Federica selbst konnte alle Bücher lesen, waren sie doch in den verschiedensten Sprachen abgefasst. Und Bruder Alberto schien besonders gerne Bücher in seiner eigenen Sprache zu liefern. Doch waren die Bücher oft schön bebildert, so dass man den Geschichten auch folgen konnte, wenn man den Text nicht zu lesen vermochte. Die Mädchen wunderten sich immer wieder, welche Bücher in der Bibliothek des Konvents eines Ordens aufbewahrt wurden. Da gab es Romane, Liebesromane, deren Inhalt nicht etwa die Liebe zum Schöpfergott war, sondern die weltliche, niedere und sündige Liebe.
„Dürfen die Mönche so etwas lesen?“, fragte Beatrice einmal erstaunt.
„Ich glaube nicht“, mutmaßte Federica, „aber sie bewahren die Bücher in ihren Bibliotheken auf. Vielleicht dürfen es auch nur die Mönche lesen, die bereits im Lichte der Heiligkeit stehen und deren Seelen keinen Schaden mehr nehmen können an derartigen Geschichten.“
Die Vorstellung, Bücher zu lesen, an denen die Seele eines Mönches Schaden nehmen könne, ließ die Mädchen erschauern und häufig gingen Beatrice und Chiara nach diesen Besuchen in die Kirche, um für etwaige sündige Gedanken Abbitte zu leisten.
Einmal brachte Bruder Alberto eine Handschrift mit feinen Miniaturen, die sogleich die Neugier der Mädchen erweckte. Der Text war obendrein in ihrer Sprache abgefasst, nicht einmal in Latein, was die Lektüre so leicht und so vergnüglich machte wie frische Erdbeeren im Frühling. Die Bilder zeigten einen jungen Ritter wie er sich einem geflügelten Amor unterwarf. Die Schrift erzählte wie dieser Durante – so nannte sich der Ritter – dem Amor mitten im kalten Januar begegnete, von diesem selbst gewarnt wurde ob der Leiden, die er seinetwegen ertragen werde; dennoch folgte der Ritter entschlossen seinem geflügelten Führer in einen Garten.
Als der Ritter aber angezogen von einer schönen Blume seine Hand nach dieser ausstreckt, wird er von einem groben Gesellen, der sich ihm als *Ekel,* der Gärtner, vorstellt, daran gehindert und aus dem Garten geworfen. Zwischendurch macht eine andere Gestalt, die *Vernunft*, dem Ritter arge Vorwür-

fe, weil er sich so leicht dem Herren *Amor* unterworfen habe. Doch freundliche Wesen, *Mitleid* und *Offenherzigkeit*, kommen dem Ritter zur Hilfe und schließlich lässt der kauzige Ekel ihn wieder in den Garten, nötigt ihm aber das Versprechen ab, die Blume nicht zu pflücken.

Die Liebesgöttin *Venus* selbst setzt sich dann für den Ritter ein, und erreicht bei der Herrin der Blume, der schönen *Gastfreundschaft*, dass er die Blume zumindest küssen darf. Leider aber haben *Eifersucht* und *Keuschheit* die Unholde *Angst, Scham* und die *böse Nachrede* geschickt, die Blume zu bewachen, so dass der Ritter sich des Nachts heimlich heranschleichen muss. Als Durante dann endlich die Blume küsst, wird er von der bösen Nachrede erwischt und des Gartens verwiesen, seine Helferin, die schöne Gastfreundschaft, sperrt man in eine Burg.

Eine Miniatur in leuchtenden Farben zeigte sie betend in einem Turm sitzen, sich von dem zinnoberrotem Hintergrund hell abhebend. Doch war der Turm seinerseits noch von einer quadratischen Mauer umgeben, diese bewachten die vier grimmigen Wesen: Ekel, Scham, Angst und böse Nachrede. Im nächsten Bild dagegen sah man die Vernunft, die vor Durante kniete. Der Text erzählte, wie sie ihn anflehte, doch vom Streben nach der Blume abzulassen und statt dessen sie selbst – die Vernunft – zur Herzensdame zu erwählen. Doch Durante weist sie schweren Herzens zurück.

Es ist schließlich Amor, der dem schmachtenden Durante zur Hilfe kommt, indem er ein Heer zur Einnahme der Burg der Eifersucht aufstellt. Jeweils zwei seiner Krieger überwältigen einen der Wächter; den schlausten und kühnsten von ihnen, Angst, besiegen Kühnheit und Sicherheit. Es entsteht ein Gemetzel, und als Durante gerade nach der Blume greifen will, ist Ekel plötzlich wieder zur Stelle. Angst und Scham werfen den armen Durante nieder und schlagen ihn auf grausamste Weise. Doch endlich greift Amor selbst ein; er handelt einen Waffenstillstand von zwanzig Tagen aus, damit Zeit sei, die Göttin Venus zu suchen. Venus lässt schließlich die Burg anzünden, so dass die Bösewichte Ekel, Scham und Angst fliehen müssen, und Höflichkeit, Mitleid und Offenherzigkeit die schöne Gastfreundschaft aus der brennenden Burg befreien können.

Das letzte Bild zeigte Durante, die gepflückte Blume in der Hand auf einem Thron sitzend, wie er seinem Heer dankt.

„Was für eine schöne Geschichte!", schwärmte Federica.

„Warum haben die nur alle so seltsame Namen?", fragte Chiara, „wie Angst und Scham und Höflichkeit und ..."

Federica erklärte: „Ja, verstehst du das denn nicht? Das sind doch keine wirklichen Wesen, sondern das sind die Seelenkräfte. Die Geschichte erzählt, was in unserer Seele vorgeht, wenn wir verliebt sind!"

Plötzlich hörten sie eine Stimme von draußen: „Nah ist der große Tag seines Zorns!"

Chiara erschrak, aber Federica lächelte.

„Torsolo!", hörten sie Messer Bonaventuras Stimme, „komm rein, aber mäßige dein Gedonner ein wenig, du erschreckst unsere Gäste. Ihr kennt doch wohl unseren Torsolo?", wandte er sich an Beatrice und Chiara. Chiara nickte, erleichtert, dass es sich nur um den Dorftrottel handelte.

Bonaventura geleitete Torsolo wie einen lang erwarteten Gast zum Tisch. Federica holte ihm bald darauf eine Schale mit dampfender Suppe, sowie Brot und Wein.

„Solange er am Essen ist, erzählt er wenigstens nichts vom Untergang der Welt", flüsterte sie daraufhin Beatrice zu, „er macht mir manchmal Angst mit seinen Geschichten."

Beatrice sah immer noch die Bilder in dem Buch mit ihren ungewöhnlich kräftigen Farben an und sagte: „Heißt das, es ist alles ein Kampf, wenn wir verliebt sind? Es brennt in uns so wie die Burg brennt, und wenn alle unsere Seelenkräfte sich ständig untereinander prügeln und sich nie einig sind, wie können wir dann irgendetwas beschließen oder denken?"

„Wenn du verliebt bist, kannst du das nicht. Du bist dann nur noch hin- und hergerissen, wie im Sturm einer Schlacht!"

„Warum weißt du das?", fragte Chiara, „warst du schon einmal verliebt?"

Doch Beatrice zog die Augenbrauen zusammen: „So, du fliegst also willenlos herum wie ein Blatt im Herbst. Aber nennen nicht die Menschen die Liebe das schönste und das beste, was uns im Leben passiert?"

„Das ist es sicher, aber Sturm und Kampf ist die Liebe für die Männer. Wir Frauen sind wie die Rose in der Geschichte. Wir müssen warten, bis der Ritter unseres Herzens sich durch den Sturm seiner Seele zu uns gekämpft hat. Wir müssen …"

* * *

Torsolo löffelte die letzten Tropfen der Suppe aus dem Napf.
„Bring unserem Gast noch etwas Wein, Federica", rief Messer Bonaventura, zu seiner Tochter geneigt fügte er leise hinzu: „Verdünne ihn diesmal mit weniger Wasser!"
„Was für ein köstliches Mahl du mir wieder serviertest, lieber Bonaventura, ein wahrer Genuss."
„Er wird immer ein Rätsel für mich bleiben", dachte Bonaventura, „einerseits kann er tagelang nichts essen und scheint dabei nicht mal Hunger zu verspüren, anderseits genießt er eine Speise, ohne diese gierig herunter zu schlingen, auch wenn er seit Tagen nichts gegessen hat. Er wird sich hinterher nicht geißeln oder seine Sünde des Genusses sonstwie büßen.
„Was glaubst du, wie lange ist es noch bis dahin?"
„Bis wohin?"
„Bis zum Tag Seines Zorns."
„Ach bis dahin, nicht mehr lange. Du fürchtest den Tag doch nicht etwa?"
Torsolo wischte sich mit einem der Fetzen, die um seinen Leib hingen, über den Mund.
„Wie könnte ich ihn nicht fürchten? Jeder fürchtet doch das Ende!"
„Ich nicht."

„Nein, du vielleicht nicht, aber das ist etwas anderes. Du hast ..."
„Ich habe nichts mehr zu verlieren, das meinst du. Ja, ich bin frei", unterbrach ihn Torsolo, „doch was hast du denn zu verlieren, oder jeder andere? Unser Leben auf der Welt ist doch irgendwann zu Ende, und wenn wir ein paar 1.000 Jahre ins Fegefeuer müssen, ist es dann nicht besser, wir fangen damit früher an, dann sind wir früher wieder draußen. Alles, was du hast, ist irgendwann weg, also gib es doch gleich her, dann kannst du es nicht mehr verlieren."

* * *

„Wir sollen mal wieder gar nichts machen!", ereiferte sich Beatrice, „wir sollen nie irgendetwas machen und doch sind die Männer ohne uns zu nichts in der Lage. Seht euch doch nur mal unseren Bruder an! Und was haben wir am Ende davon? Dieser Durante hätte doch das Angebot der Vernunft annehmen können, dann hätte er mit ihr an seiner Seite vielleicht ein glückliches Leben führen können. Aber er hat sie verstoßen, um diese Blume zu pflücken, die in seiner Hand schon anfängt zu verwelken. Seht ihr", sie zeigte auf die Miniatur, „sie lässt bereits ihren Kopf hängen. Nennst du das Liebe, das, was du liebst, langsam zu zerstören?"
Wirklich, als Federica das Bild noch einmal aufmerksam betrachtete, sah auch sie, dass die Blume ganz leicht und kaum merklich die roten Blütenblätter zu neigen begann.
Verwirrt sah sie Beatrice an und fragte leise: „Meinst du also, es ist besser, überhaupt nicht zu lieben?"

* * *

„Er nimmt mich auf den Arm!“, dachte Bonaventura, „noch immer nimmt er mich nicht ernst!“
„Wird jemand das Ende überleben?“
„Nun, Methusalem überlebte die Sintflut.“
„Er nimmt mich nicht ernst!“ Bonaventura zwang sich, ruhig zu bleiben „Das hängt davon ab, wie man die Jahre berechnet.“
„Belaste mich nicht mit Zahlen, lieber Bonaventura. Ich bin zu einfältig zum Rechnen.“
„Ja, du liebst deine Einfalt, so wie der Arme die Herrin Armut liebt!“
„Die Armut lieben nur die, die genug haben.“
„Du sprichst recht, lieber Torsolo. Auch die Einfalt lieben nur die, die eigentlich nicht einfältig sind.“
„Weil nur sie wissen, dass sie einfältig sind. Die wirklich Einfältigen halten sich zumeist für weise.“
„Wenn ein Mann also von sich selbst sagt: ‚Ich bin einfältig‘, dann ist das ebenso gut, als habe er gesagt: ‚Ich bin weise‘. Ist es das, was du sagen willst? Und hast du damit nicht gerade selbst von dir gesagt, weise zu sein?“
„Lieber Bonaventura, wenn alle Tauben Vögel sind, schließt daraus noch nicht das Gegenteil. Weiterhin führte ich lediglich meine Einfalt im Rechnen an, ich verfüge so wenig über die Kunst des Rechnens wie du wohl die Kunst des Singens beherrschen magst.“
Bonaventuras Lippen zuckten; beim Gedanken an seine öffentliche dargebotenen Gesänge fiel es ihm schwer, nicht zu lachen. Dieser Torsolo verschaukelte ihn nach Strich und Faden!
„Ja, mein Gesang hat nie die Qualität deiner Verse gehabt! Deine Verse! Manche bezeichnen sie als eitel und sinnlos, doch steckt Weisheit in ihnen …“
„Weil die meisten gar nicht von mir sind.“ Torsolo schien gelangweilt.
„… nicht in den Worten steckt die Weisheit, nicht in der wörtlichen Bedeutung der Dinge, sondern im doppelten, verborgenen Sinn. Das ist die eigentliche Weisheit der Worte!“
„Und somit, werter Bonaventura, ist nicht der weise, der die Worte ausspricht, als vielmehr der, der den verborgenen Sinn aus ihnen heraushört.“

„Einen Sinn, den der Verfasser hinein gelegt hat ...“
„Nein, einen Sinn, den der Leser finden will. Was sind denn Wörter? Es sind zusammengefügte Buchstaben. Nun gibt es aber eine begrenzte Zahl an Buchstaben, die jeweils miteinander verbunden werden können. Multiplizierst du nun die Anzahlt der Buchstaben so häufig mit sich selbst wie das jeweilige Wort Buchstaben hat, dann erhältst du die Anzahl der möglichen Wörter diese Länge. Ich werde das aber nicht ausrechnen. Doch in jeder, wirklich jeder Zusammenfügung von Buchstaben kannst du einen verborgenen Sinn erkennen, wenn du nur danach suchst. Daher frage ich dich: wer legt die Bedeutung in die Worte, der Schreiber oder der Leser? Schau her!“
Torsolo hatte nach dem Kohlestift gegriffen und zeichnete etwas auf die Tischfläche. Wieder konnte Bonaventura das Zucken seiner Mundwinkel schwer beherrschen. Er hatte es geschafft!

4. Kapitel

An einem Freitagabend im Februar, als die Tage schon länger und das Wetter wärmer war, klopfte jemand an die Tür des Hauses Bondone. Ein Kurier brachte eine Nachricht von Giotto und Ciuta. Die beiden hatten wegen des unwirtlichen Wetters ihre Reise unterbrechen müssen und sich einige Zeit in Arezzo aufgehalten. Doch das mildere Klima der letzten Tage hatte ihnen die Weiterreise erlaubt, so dass sie bereits in Perugia weilten. Beatrice, Chiara und Lucia wären am liebsten gleich in die Dunkelheit hinaus ihren Eltern entgegen gelaufen. Doch Francesco ordnete die Vorbereitungen für die Ankunft der beiden im Hause an. Und so wurde gescheuert, geputzt, Kapaune – wiedermal die letzten vor der Fastenzeit – und allerlei Früchte besorgt, die Vorräte überprüft, Speisepläne zusammengestellt, so dass alle Hausbewohner reichlich beschäftigt waren.
Am Sonntag nach der Frühmesse überredete Beatrice dann Niccolò und Bartolo mit ihr nach Cerreto di Porziuncle hinabzusteigen. Bartolo war sofort bereit, mitzugehen. Niccolò, der lieber auf der anderen Seite der Stadt den Hügel hinaufgestiegen wäre – zum Zeichnen und um vielleicht die Brüder vom Eremo mit ihren Kräutermixturen zu treffen – musste erst noch mit trefflichen Argumenten überzeugt werden. Er könne kaum ein Mädchen allein den Weg zurücklegen lassen, bei all den Halunken und Wegelagerern, die die Gegend unsicher machten, ganz abgesehen von den Hexen und Waldgeistern, gegen die nicht einmal Bartolo den notwendigen Schutz biete, war er mit seinen roten Haaren gar eine beliebte Beute für derartige Unholde. Und so verzichtete Niccolò schließlich auf seine gewohnte sonntägliche Bewusstseinserweiterung und zog mit den beiden den Hügel hinab.

Unterwegs redete Beatrice unaufhörlich. Sie erzählte vom Apotheker Bonaventura, schwärmte von dessen Gelehrsamkeit und seiner eigenen Bibliothek. Er besaß wirklich sechs Bücher! Sogar Niccolò musste zugeben, dass ihn das beeindruckte, und ein bisschen auch Bartolo, der Beatrice gespannt lauschte, wenngleich er nicht immer verstand, was sie eigentlich sagen wollte. Als sie dann an einer Wiese vorbeikamen, in die vereinzelte erste Märzveilchen purpurne Punkte sprenkelten, war Beatrice nicht mehr zu halten. Sie sprang davon, um ihren Eltern einen Strauss der Frühlingsboten zu pflücken. Dabei hüpfte sie so flink zwischen den verschiedenen Plätzen umher, jeweils nur die schönsten Exemplare der Veilchen in ihr Sträußchen aufnehmend, dass Niccolò und Bartolo ihr nur zögernd und mit immer größer werdenden Abstand nachgingen. Beatrice merkte nicht, dass sie bald allein inmitten der Wiese und den Blumen stand, als sie plötzlich von einer heiseren Stimme aufgeschreckt wurde:

„Mädchen, du bist Gottes würdig, und doch wirst du durch dein Ehelager nur irgendeinen gewöhnlichen Sterblichen glücklich machen!“

Beatrice zuckte zusammen. Ein Mann, rücklings auf der Wiese gelegen, stand langsam auf und kam auf sie zu. Er war nicht groß, nur wenig größer als sie selbst. Doch machte er ihr Angst, eine Angst so stark und lähmend wie Beatrice sie bis dahin höchsten als kleines Mädchen empfunden hatte, wenn sie in dunklen Nächten plötzlich aufgewacht war.

„Geh‘ in den Schatten der tiefen Wälder“, sprach der Mann weiter, „wenn du dich aber fürchtest, allein deinen Fuß in den Schlupfwinkel der wilden Tiere zu setzen, so wisse: du wirst die Abgeschiedenheit des Waldes unter dem Schutze Gottes betreten. Flieh nicht vor mir!“

Und bei diesen Worten packte er Beatrice am Arm. Erst als er versuchte, das Mädchen wegzuziehen, erwachte sie aus ihrer Versteinerung und wollte mit aller Kraft ihre Hand zurückziehen. Doch der Fremde umfasste ihr Handgelenk wie eine Zange.

„Komm mit mir!“, forderte er sie mit seiner hohen, heiseren Stimme auf, „du wirst es nicht bereuen. Fürchte dich nicht, denn der hier nach dir verlangt, trägt wahrhaftig das Zepter des Himmels in der Hand.“

„Nein!“, brachte Beatrice endlich heraus, „Herr, ich bitte Euch, lasst mich gehen! Versündigt Euch nicht!“

Der Mann stieß ein raues Lachen aus und zog Beatrice so dicht an sich, dass sie seine nach Schweiß und Erde riechenden Ausdünstungen vernahm. „Sünde! Sie sagen dir, es sei Sünde! Ja, Sünde ist es, wenn du dereinst mit irgendeinem Schuster oder Bäcker, dem sie dich geben werden, auf sein Lager wirfst, unter dem Dunst seiner unförmigen Masse seine Körpersäfte aufnimmst, und diese sich mit deinen vermischen. Dann wirst du für immer beschmutzt sein. Du wirst wie irgendein Lumpen sein, der zu nichts mehr gut ist, und in irgendeiner Ecke für den Notfall aufgehoben wird.“

Er redete dabei immer langsamer und leiser. Beatrice fühlte wie eisige und feurige Klauen sie zugleich in alle Richtungen zerrten. Der Mann flüsterte: „Ich aber, ich kann dich davor bewahren. Denn mein Geist ist längst über meinen Körper hinaus geschritten und in die Sphäre des Göttlichen vorgedrungen. Durch mich kannst auch du göttlich werden, ich kann ...“

Ein Faustschlag mitten in sein Gesicht unterbrach seine Rede. Er taumelte ein wenig, ließ Beatrice los, die sogleich davon sprang. Als er aber gleich darauf wieder zu sich kam und erkannte, wer ihn da niedergestreckt hatte, stieß er die fürchterlichsten Beschimpfungen aus:

„Du Teufel mit Feuerhaaren! Du hagerer, hässlicher Hurensohn!“

Bartolo aber rannte längst mit Beatrice und Niccolò davon und begriff selbst nicht, aus welcher furchtbaren Lage sein beherztes Eingreifen die Freundin gerettet hatte. Als Beatrice sich daher mit zitternder Stimme bei ihm bedankte, überkam ihn sogleich wieder seine übliche Verlegenheit. Er lief rot an, grinste verschämt und suchte vergebens nach Worten. Aus dem tapferen Ritter war wieder der alte Bartolo geworden.

Beatrice dagegen redete während des restlichen Weges nichts mehr. Sie lief immer schneller, sie konnte es nicht erwarten, ihre Eltern zu treffen. Und erst nachdem Giotto sie mit seinen dünnen, aber kräftigen Armen hochgehoben und durch die Luft gewirbelt hatte, nachdem Ciuta sie lange umarmt und geküsst hatte, nachdem beide Eltern konstatiert hatten, dass sie größer geworden war, seit sie sie zuletzt gesehen hatten, die Mutter außerdem besorgt gefragt hatte, ob sie denn auch genug esse, nachdem alle die Gastfreundschaft der Benediktiner von Cerreto di Porziuncle genossen hatten, legte sich langsam ein dünner Nebel um die schreckliche Figur des Mannes. Als sie dann, den Arm der Mutter um ihre Schulter gelegt, den Weg nach Assisi zurückging, schaute sie sich nach den verschiedenen Richtungen um und atmete erleichtert auf, wenn sie niemanden sah. Die Veilchen auf der Wiese hatten ihre Blüten bereits geschlossen, langsam verblasste ihre Purpurfarbe in der Abenddämmerung.

* * *

Die letzten Kapaune vor der Fastenzeit waren verzehrt. Anlässlich der Ankunft Giottos und Ciutas in Assisi, hatte man ein üppiges Abendessen genossen. Francesco war stolz auf seine Art, Gäste gebührend zu empfangen. Es hatte in allerlei Kräutern und Früchten gesottene Kapaune gegeben, dazu in Mandeln geröstete Hühnerleber und süße mit Safran bestreute Nudeln. Zu Trinken hatte er unverdünnten Wein kredenzt, seinem Vater gar in einem Glas anstelle des üblichen irdenen Bechers. Den Tisch hatte Lauretta aufs Feinste dekoriert, sogar ein bestichtes Leinentuch aus Perugia darüber gelegt. Eine moderne Sitte, die sich in den vornehmen Häusern verbreitete: man legte ein Tuch über den Tisch, so dass die Teilnehmer der Tischgesellschaft sich nicht mehr die Münder an ihrer Kleidung abwischen mussten.
Ciuta bemerkte die fein gedeckte Tafel auch sofort und sprach Lauretta ihr Lob aus. Giotto dagegen, kaum die Schwelle übertreten, nahm Lauretta die kleine Viola aus dem Arm, drückte sie an sich, tanzte mit ihr durch den ganzen Raum und rief dabei: „Was für ein schönes Enkelkind hast du mir geschenkt, Lauretta!“

Caterina und Ricco di Lapo sahen sich an. Stefano, ihr Sohn, saß unbeeindruckt in einem Winkel und spielte mir seinen hölzernen Tieren. Caterina stellte den Kleinen auf die Füße und schubste ihn an der Schulter seinem Großvater entgegen. „Sag dem Opa schön ‚Guten Abend'!" ermahnte sie ihn. Der Junge beantwortete die Aufforderung mit Geschrei und ließ sich auf den Boden fallen. Daraufhin nahm ihn Caterina an die Hand, flüsterte ihm ins Ohr: „Du bist der ältere und du bist ein Junge!" und ging mit ihm dem tanzenden Vater entgegen. „Babbo, dein Enkelsohn möchte dich begrüßen!" Giotto blickte in das verweinte Gesicht des Kleinen, tätschelte ihn auf den Kopf, sagte: „Oh Stef, in 100 Jahren ist alles wieder gut!" und tanzte weiter durchs Haus. Dabei warf er die kleine, vor Vergnügen kreichende Viola in die Höhe und sang: „... und die kleinen Vögelein, die aus voller Kehle schrei'n, sie soll'n mir willkommen sein1, und was für schöne Äugelein, ganz die Mamma, oh wie fein..."
Francesco nickte Lauretta zufrieden lächelnd zu. Ricco trat von hinten an ihn heran und sagte leise: „Schön nicht, wenn ein kleines Kind beim großen Meister mehr Aufmerksamkeit erregt als der eigene Sohn und Hausherr." Francesco Lächeln erfror. Er sah Ricco an. Er sah die giftige Schlange, die aus Riccos Mund trat. Giotto selbst hatte die Schlange gemalt, damals in Padua; die Schlange des Neides! Ja, Ricco, dachte er, weißt du nicht, dass sich die Schlange irgendwann umdrehen und ihr Gift in deine eigenen Augen sprühen wird?
Später während des Essens redete Giotto unaufhörlich. Die kleine Viola saß auf seinem Schoß – darauf hatte er bestanden – und er fütterte sie mit den verschiedensten Leckereien. Jede ihrer Bewegungen bedachte er dabei mit lauten Gejubel. Selbst als sie das Weinglas umstieß, die rote Flüssigkeit bizarre Figuren auf das kostbare Tischtuch zeichnete, war er begeistert: „Siehst du, was da entsteht? Ein Schaf! Dein Kind hat ein Schaf gezeichnet, Lauretta! Aus ihr wird noch eine große Malerin! Morgen besorgen wir einen schönen weichen Eichhörnchenschwanz und machen dir einen Pinsel!"
Die anderen aber drängten Giotto und Ciuta von den Angelegenheiten in Florenz zu berichten. Und Giotto erzählte, wie beruhigend es war, einen so

zuverlässigen Patensohn wie Taddeo Gaddi zu haben, dem er seine Werkstatt überlassen konnte. Nur allzu gerne hätte er Taddeo mitgenommen nach Assisi. Er hätte ihm einen großen Teil der Arbeiten übertragen können. Doch die Werkstatt in Florenz musste schließlich weiter arbeiten. Und wem könne er in dieser Angelegenheit schon vertrauen, wenn nicht Taddeo, der nicht nur ein begabter Maler sondern auch hervorragende Fähigkeiten in der Organisation einer Werkstatt und im Verhandeln mit den Auftraggebern hatte.
Doch auch sein ältester Sohn Bondone erfüllte ihn mit großem Stolz. Er war nicht nur ein von allen geachteter und gebildeter Mann. Er hatte sein Studium am Dominikanerkloster von Santa Maria Novella mit größter Leichtigkeit abgelegt und verstand sich in der Sprache der Alten ebenso gewandt auszudrücken wie in seiner Muttersprache. Als Prior sicherte er der Familie auch den notwendigen Kontakt zur Kirche. Und vor einiger Zeit hatte er sogar einen Brief von Papst Johannes selbst erhalten! Der Papst sicherte Bondone darin ein Einkommen von 50 Goldflorin im Jahr zu. 50 Goldflorin und das für den Rest seines Lebens! Sein Fürsprecher in dieser Angelegenheit war der Abt der Badia von Florenz. Ja, Bondone verstand es, die richtigen Leute zu kennen und diese zum Vorteil der Familie zu lenken!
Es war Francesco schwergefallen, sich zurückzuhalten und zu schweigen, aber er hatte Angst, die anderen könnten die Schlange, die aus seinem Mund kam, ebenso sehen wie er sie bei Ricco sehen konnte. Doch jetzt übernahm die gelbe Galle in ihm endgültig den Vorrang über die anderen Säfte: „Papst Johannes! Babbo, wie kannst du mit solchem Stolz von einer Pfründe dieses Mannes sprechen? Wo dieser Papst womöglich gar nicht rechtmäßig ist. Was ist, wenn er sich als der Antichrist herausstellt? Als einer, der wahre Christen verfolgen und auf den Scheiterhaufen bringen lässt. Was macht er denn mit den Franziskanern? Ich meine, mit denen, die wirklich leben wollen wie der heilige Franziskus, die wirklich arm sein wollen? Wie könnt ihr von so einem Tyrannen Geld annehmen?“
„Oh Francesco, mäßige deine Rede, du beleidigst deinen Bruder, verdiene du erst Mal 50 Goldflorin! Und außerdem“, gab Giotto zurück, „wann haben wir wohl die besseren Geschäfte gemacht, als ständig Kämpfe tobten oder seit

Frieden ist und die Papsttreuen regieren? Ob der Papst rechtmäßig ist oder nicht, das mögen die gebildeten Herren in Avignon entscheiden. Papst oder Kaiser – was macht das für uns für einen Unterschied? Wann haben wir wohl ruhiger geschlafen? Wann das angenehmere Leben gehabt? Und dann sieht es doch wirklich nicht so aus", dabei sah er sich in dem geschmückten Raum um, „dass du selbst ein großer Verächter des bequemen Lebens seist."

5. Kapitel

Da waren sie, die indischen Figuren!

Beatrice starrte fasziniert auf das kleine Stück Wollpapier mit Messer Bonaventuras Notizen. Sie kannte diese Figuren. Die Kaufleute in Florenz rechneten mit ihnen. Beatrice selbst hatte sie von einem Maestro d'abaco gelernt. Ihrem Vater war es sehr wichtig, dass alle seine Kinder rechnen lernten, auch die Töchter. Wer nicht rechnen kann, meinte Giotto, werde zu leicht über den Tisch gezogen. Es gäbe zu viele Schurken, die das versuchten. Außerdem müssen die Kinder eines Malers wie er, der in mehreren Ländern arbeitete, die verschiedenen Währungen und Maße umrechnen können. Das hatte er Beatrices Geschwistern immer wieder erklärt. Ihr selbst dagegen hatte er nichts erklären müssen. Beatrice liebte das Rechnen und die Zahlen so sehr, dass sie mit großer Freude auch dann rechnen gelernt hätte, wenn es zu gar nichts gut gewesen wäre. Und sie war stolz auf ihr Wissen. Stolz darauf, dass sie wusste, dass man zur florentinischen Elle 9/25 Unzen hinzuzählen musste, um die sienesische Elle zu erhalten, aber nur 7/50 einer Unze zur florentinischen Elle ergaben die lucchesische Elle. Im Herzogtum Spoleto gab es die kurze Elle, die ein wenig länger als die lucchesische aber kürzer als die sienesische war und aus einer florentiner Elle und 8/25 Unzen bestand, und die lange Elle, bei der man zur florentiner Elle eine und 3/20 einer Unze hinzufügen musste. Somit maß die florentiner Elle nicht ganz 10 1/2 lange Unzen des Herzogtums Spoleto. Verschieden davon waren die Ellen, die in Gubbio oder Orvieto verwendet wurden. All das musste man wissen, um etwa beim Tuchkauf dem Händler genau auf die Finger sehen zu können und am Ende auch den rechten Preis für die Ware zu bezahlen.

Auch beim Geld konnte Beatrice die verschiedenen Einheiten umrechnen. Zwölf Denier bildeten einen Soldo, 20 davon wiederum eine Lire, zwei Soldi waren ein Popolino, d.h. ein Silberflorin, 20 Popolini ein Goldflorin. Beatrices Geschwister stöhnten häufig über die Anstrengung der Umrechnung. Chiara sagte einmal sogar, es wäre doch besser, wenn alle Menschen die gleichen Maße, die gleichen Gewichte und das gleiche Geld benutzten. Giotto hatte über diesen Vorschlag sehr gelacht und gesagt: „Mein kleines Äffchen, siehst du nicht, dass schon allem das gleiche Maß zugrunde liegt? Sind nicht überall 12 Unzen eine Elle? Und wir Menschen? Wir sind doch alle achtmal die Länge unseres Gesichtes groß, auch wenn ich größer bin als du und der lange Bartolo größer als ich. So wie der Schöpfer uns alle nach dem gleichen Maß konstruiert hat, obgleich du viel hübscher bist als Bartolo, dieser aber lang nicht so hässlich wie ich. Nein, es liegt schon allem Maß und Zahl zugrunde, nur sehen wir es nicht immer gleich."
Unwillkürlich musste Beatrice lächeln.
„Was belustigt dich so, liebe Beatrice?", unterbrach Messer Bonaventura ihre Gedanken.
„Meister, es sind diese indischen Figuren, nein, eigentlich nicht die Figuren selbst, aber manchen Leuten machen sie Schwierigkeiten, manche mögen sie auch nicht, obgleich sie doch so komfortabel sind."
„Ja, die indischen Figuren. Es sollte mich wohl verwundern, dass sie einem Mädchen bekannt sind. Obendrein einem Mädchen aus Florenz."
„Aber Messer Bonaventura!", rief Beatrice aus, „es waren doch die florentiner Kaufleute, die sie von den Völker des Orients übernommen und zuerst mit ihnen gerechnet haben. Sind wir Florentiner dann nicht die ersten, die sie kennen sollten? Schon mein Großvater, der Schmied Bondone, rechnete mit den indischen Figuren, damals, als alle anderen noch die alten Zeichen verwendeten."
Beatrice erinnerte sich an einen Gesellen in der Werkstatt ihres Großvaters, der die indischen Figuren stets verfluchte und es vorzog, mit den alten Zeichen zu rechnen. Es sei so viel einfacher, meinte er, müsse er doch nur alle Striche, alle Vs und alle Xse zusammenzählen, wolle er die Summe mehre-

rer Zahlen gewinnen. Aber selbst dabei mache der Dummkopf noch Fehler, pflegte der Großvater dann zu sagen. Aber als Beatrice damals den Großvater nach den Figuren gefragt hatte, hatte dieser geantwortet, es seien Würmer, die an Bauchschmerzen litten, und sich deswegen in alle Richtungen krümmten. Und kleinen Mädchen, die sie zu lange betrachteten, erging es ebenso. Messer Bonaventura zog ein Buch vom Brett an der Wand. „Liebe Beatrice," sagte er, „ihr Florentiner glaubt wirklich, Gott habe die Welt eigens um eure erhabene Stadt herum geschaffen. Doch, was die indischen Figuren angeht, war es kein Florentiner, dem dieser Ruhm gebührt. Sie hier," er zeigte auf die erste Seite des Buches.
„Das Buch des Abakus nach der Meinung des Maestro Leonardo aus dem Hause der Bonacie von Pisa", las Beatrice, „wer ist dieser Meister Leonardo?"
„Ein weiser Mann war der Leonardo Pisano, filius Bonacci, der Sohn des Bonacci. Geboren in Pisa, hat er ferne Länder bereist, ist dabei Arabern und Indern und Angehörigen anderer Völker begegnet."
„Ein Pisaner!", rief Beatrice erstaunt. Sie dachte an die verächtliche Art, mit der man in Florenz von den Einwohnern Pisas sprach.

Messer Bonaventura musste lächeln: „Oh Beatrice, du glaubst doch nicht etwa alles, was die Leute so reden? Die Florentiner halten sich für das Volk, das allen anderen voransteht, fürwahr. Aber geh einmal nach Siena, nach Pisa oder gar nach Rom. Dort wird dir ebenso viel Überheblichkeit begegnen. Sieh dir bloß die Einwohner hier von Assisi an. Egal wie sündhaft und verderbt ihr eigenes Leben sein mag, halten sie sich doch alle für heilige Franziskuse und heilige Claras! Nein, Beatrice, es ist völlig unwichtig, wo ein Mensch geboren wird. Und schreiben wir nicht auch alle in der gleichen Sprache, der Sprache der Alten?
Und durch die indischen Figuren, die Messer Leonardo hier beschreibt, haben wir noch eine Sprache, die alle Völker verbindet: die Arithmetik. Die indischen Figuren sind also so etwas wie das Latein der Zahlen. Gelernt hat Leonardo sie von den Arabern, war er doch der Sohn eines Kaufmannes, der im Quartier der Italiener in Bugia in Magreb lebte.

Dieses Buch hier aber, das die Lehren Messer Leonardos wiedergibt, wurde am Hofe Friedrichs II. geschrieben. Als großer Geist hatte Friedrich die Vorteile dieser Figuren gegenüber den alten Zeichen erkannt. Anders übrigens als viele Florentiner. Denn es sind die Einwohner deiner Stadt, die sich noch heute gegen die indischen Figuren stellen. Die Zunft der Wechsler verbietet in ihren Statuten sogar das Rechnen im Sinne des Abakus, also im Sinne Messer Leonardos."

„Die Arte del Cambio, aber warum denn?"

„Ja, warum, das erklären sie in ihren Statuten natürlich nicht. Vielleicht, weil sich manche Leute gegen alles sperren, was neu ist, das Neue stets vom Teufel kommend vermuten. Vielleicht glauben die Herren der Hohen Zunft, die Methode, die von Handwerkern und Angehörigen der niederen Zünfte verwendet wird, könne ihrer Zunft zur Unehre gereichen. Wir wissen es nicht."

Giotto empfing den Generalminister des Franziskanerordens, Michele da Cesena, am Tag des heiligen Joseph in seinem Haus. Wegen der Fastenzeit hatte man auf einen großen Empfang verzichtet und nur ein wenig verdünnten Rotwein, getrockneten Fisch und Früchte dargereicht. Auch Francesco war bei dem Gespräch zugegen, konnte er doch kaum noch erwarten, endlich das Programm der Malereien im Gewölbe zu besprechen und mit den Arbeiten beginnen zu können. Michele begrüßte Giotto wie einen alten Freund, waren die beiden sich doch schon vor Jahren begegnet, als Michele noch ein einfacher Student in Paris war. Daher folgten der Begrüßung wortreiche Erzählungen, das Leben beider seit jener Zeit betreffend, die Francescos mit zunehmender Ungeduld ertragen musste.

Mithin hatte er sogar den Eindruck, Michele vermeide es, die Sache anzusprechen, deretwegen er eigentlich gekommen war. Endlich aber lenkte Giotto das Gespräch auf das eigentliche Thema.
„Verehrter Michele“, sagte er, „es ist mir eine Quelle der Freude, dass Ihr meine bescheidene Behausung aufsuchtet, um Euch nach meinem werten Befinden zu erkundigen. Allein, mir scheint, es gibt da noch weitere Gründe für Euren Besuch. Sollte die Ausmalung des Gewölbes über dem Grab Eures heiligen Ordensstifters, die aufgrund unseres Müßiggangs schon so lange Zeit brach liegt, einer dieser Gründe sein?“

„Lieber Freund, dein florentiner Witz erheitert mich, weißt du doch sehr wohl, dass der Grund der Verzögerung keinesfalls in dir oder deinem Sohn begründet ist. Es ist vielmehr ...“, hier zögerte Michele, „nun, der hochverehrte Kardinal Orsini und sein Kaplan – du kennst wohl Ubertino da Casale, er war als Magister im Franziskanerkonvent deiner Heimatstadt tätig – ihnen schwebt eine Art der Bilder vor, die, würden wir sie genau so malen, wie Ubertino uns das vorschlägt, von einigen Menschen nicht richtig verstanden werden könnte. Und du weißt sicher auch, dass dies ein empfindlicher Moment für unseren Orden ist; dass ich sogar gezwungen war, einige Konvente zu schließen, ein paar Brüder, die starrsinnig in ihrem Irrglauben verharrten, der heiligen Inquisition zu übergeben, die ihrerseits einige – glücklicherweise nur wenige – auf den Scheiterhaufen geschickt hat.
Ubertino selbst musste den Orden verlassen. Du weißt, dass auch hier im Konvent von Assisi einige Brüder mit den Irrlehren der Spiritualen liebäugeln, dass oben im Wald beim Eremo delle Carceri gar eine Gruppe lebt, die die Herrin Armut als ihre Braut ansieht und sie als solche auch verehrt, dass aber auch Fratizellen manchmal in unsere Stadt kommen, und ihre Reden von den Bürgern mit Zustimmung aufgenommen werden. Wir glauben mit Gottes Hilfe und hoffen, die Anhänger der Spiritualen, die Fratizellen, auf den Weg des rechten Glaubens zurückführen zu können. Besteht ihre Ketzerei doch darin, dass sie die Armut als Tugend Christi betrachten und deswegen als Pflicht eines jeden Nachfolgers Christi.

Auch die Brüder, die der Regel des heiligen Franziskus den Rang des Evangeliums einräumen, und die deswegen keinerlei Änderung, auch nicht durch die Autorität des Heiligen Vaters selbst, an ihr zuzulassen bereit sind, auch die hoffen wir, mit Hilfe des heiligen Geistes zur Umkehr bewegen zu können.

Aber es gibt noch eine andere Gruppe, deren Anhänger sich seit einiger Zeit auch hier in Assisi breit machen. Es sind Ketzer der schlimmsten Sorte, die nicht nur selbst bereits dem ewigen Höllenfeuer verfallen, auch viele unbedarfte Schafe mit in die Verdammung ziehen. Und das sind ...", wieder zögerte Michele, „es ist eine Gruppe, die sich die Brüder des freien Geistes nennt. Ihre Irrlehren sind zu verworren, als dass ich sie beschreiben könnte. Sie glauben, wenn sie erst eine bestimmte Stufe der Göttlichkeit erreicht haben, jede Sünde, auch die verwerflichste, begehen zu können ohne deren Folgen fürchten zu müssen. Wir bekämpfen diese Gruppe und ihre Freveltaten bereits mit all unseren Mitteln. Doch stehen uns natürlich nicht die Mittel der heiligen Inquisition zur Verfügung. Freilich könnten wir diese zur Hilfe rufen. Die heilige Inquisition würde zweifelsohne jede Form der Fäulnis ausrotten. Aber muss man eine Frucht, die an einer Stelle faul ist, wirklich verwerfen? Muss man einen Baum fällen, weil einer seiner Äste verdorrte? Kann er nicht noch Früchte tragen, wenn man nur den kranken Ast entfernte? Im Falle des Zweifels würde wohl jeder Gärtner zunächst versuchen, den Baum zu erhalten und nur den Ast zu entfernen. Ein Gärtner aber, der den ganzen Baum sofort dem Feuer übergäbe, müsste sich um alle seine Bäume sorgen und würde vielleicht sogar die benachbarten Bäume, obwohl gesund, ebenfalls den Flammen zuführen.

Nun, lieber Meister Giotto, wir möchten es zunächst wie der wohlwollende Gärtner halten und den anderen deshalb aus unserem Garten fernhalten. Deswegen dürfen wir mit unseren Malereien nicht die Neugier oder die Aufmerksamkeit der heiligen Inquisition erregen. Gleichzeitig musst du natürlich zur vollkommenen Zufriedenheit des Kardinals arbeiten, und deswegen werden wir seine Vorschläge übernehmen, aber doch so umändern, dass wir nicht in den Verdacht der Häresie geraten können."

Francesco war während der Rede des Generalministers unruhig geworden. Er spürte, wie sein Herz stärker schlug und allerlei Säfte aus seinem Körper entwichen. Er nahm sich vor, sofort nach diesem Gespräch mit dem Großmeister zu reden.
Giotto und Michele besprachen bereits die Einzelheiten der Malereien. Man einigte sich, Ubertinos Vorschlag vom Christus im Schlussstein zu übernehmen.
„Haltet euch aber zurück mit Hinweisen auf das Weltende", schlug Michele vor, „malt nicht die Apokalypse in die Apsis, sondern malt sie nur ganz klein, vielleicht in die Rippen des Gewölbes. Die vier Winde aber malt ganz nach unten auf die Rippen, dort, wo niemand mehr so genau hinsieht. Wir alle wissen, dass der Engel mit dem Siegel des lebendigen Gottes aufsteigen wird, wenn an allen vier Ecken der Welt die Engel die Winde festhalten. und dass dieser Engel unser heiliger Franziskus ist. Auch der Doctor Seraphicus nennt ihn schließlich so. Wenn du aber die Winde nicht so sichtbar malst, dann können wir dem Kardinal sagen, wir haben den heiligen Franziskus sehr wohl als den Engel des sechsten Siegels gezeigt, dem unbedarften Zuschauer aber fällt es nicht sofort auf."

„Und was malen wir dann in die Apsis?", fragte Giotto.
„Da wird uns noch etwas einfallen", gab Michele zur Antwort, „ich suche ein bisschen in den Schriften des verehrten Ubertino. Am besten eine Allegorie, die so kompliziert ist, dass nur gewiefte Theologen wie er sie verstehen. Damit gibt es die wenigsten Schwierigkeiten."
Weiter besprach man dann, die drei Tugenden – Gehorsam, Keuschheit und Armut – zu malen, wie es Ubertino bereits angeregt hatte. Allerdings sollte der Platz der Armut nicht im Gewölbefeld über der Apsis sein, vielmehr sollte sie auf dem Feld gemalt werden, das dem Langhaus zugewandt war. Denn auf ausdrücklichen Wunsch des Kardinals sollte die Armut als Braut Christi gezeigt werden, die sie ja auch wirklich war, wie Michele flüsternd bestätigte. Und so sei es besser, dieses Thema auf dem Feld zu malen, welches das am wenigsten sichtbare von allen war, um die Gemüter nicht in Aufruhr zu

bringen. Für den Laien, war sie damit gar nicht zu sehen. Auf dem sichtbaren Feld über der Apsis sollte dann der heilige Franziskus triumphierend in den Himmel auffahren.
„Dann ist er aber nicht mehr im Osten“, bemerkte Francesco, „die Apsis ist im Westen, muss nicht der Engel des sechsten Siegels dort aufsteigen, wo auch die Sonne aufsteigt?“
„Sehr gut, mein Sohn“, lobte Giotto, „so haben wir gleich noch einen Grund, dass wir den heilige Franziskus hier nicht als Engel des sechsten Siegels verstehen. Liegt doch der Altar und die Apsis wie bei fast allen Kirchen der Franziskaner im Westen.“
„Ja, genau wie das heilige Grab unseres Herrn Jesus Christus in Jerusalem!“, fügte Michele hinzu.

Man einigte sich noch über weitere Kleinigkeiten. So sollten im Triumphbogen, dem Bogen zwischen Langhaus und Gewölbe, keine Brüder der strengen Armutsbewegung gemalt werden, wie Ubertino es gerne gesehen hätte, sondern die ersten Nachfolger des heiligen Franziskus. Diese waren gerade zwölf wie die Apostel Christi und das zeige wiederum, dass Franziskus wirklich der neue Christus war. Alles fand seine Ordnung. Sie kamen überein, den Hintergrund der Fresken wirklich mit Blattgold auszulegen, handelte es sich doch um Allegorien, die in einem Raum jenseits der menschlichen Vorstellungswelt handelten.
„Sorge dich nicht um die Ausgaben, lieber Meister Giotto“, beschwichtigte Michele, „der Kardinal verfügt über die Mittel. Du kennst ihn. Kamen seine Zahlungen nicht immer pünktlich? Und was das Ultramarin angeht, du sagst, es sei noch teurer als Gold?“

Giotto bejahte.
„Dann scheint mir Gold doch die beste Lösung. Du sparst an Ausgaben, und die einfachen Gemüter lassen sich mit Gold viel stärker beeindrucken als durch Ultramarin, dessen Wert du zwar kennst, das aber ein schlichter Geist wahrscheinlich kaum von preisgünstigeren Blautönen unterscheiden kann.“

Bevor Michele sich aber verabschiedete, brannte ihn noch etwas auf der Seele: „Lieber Meister Giotto, bevor du mit den Arbeiten beginnst, gibt es noch eine Sache, die ich dir nahelegen möchte."
„Redet nur frei heraus, lieber Michele."
„Nun, ich weiß nicht recht, wie ich es ausdrücken soll ... Man rühmt dich allerorts für deine Kunst, besonders für dein Vermögen, die Natur abzubilden, in welchem du wohl alle anderen übertriffst. Ja, man nennt dich gar den Affen der Natur. Kurz, man sagt, das, was du malst, ist kein Bild mehr, es ist Natur, und von dieser nicht mehr zu unterscheiden. In Neapel erzählte man, dass du eine Fliege mit solcher Vorzüglichkeit auf eine Wand gemalt habest, dass der Herr des Hauses mehrfach mit der Klatsche darauf schlug, weil er sie für lebendig hielt."
„Worauf wollt Ihr hinaus, werter Michele?"

„Lieber Meister Giotto, verstehe mich recht, ich schätze und bewundere deine Fähigkeiten, aber es gibt Stimmen, die sagen, es sei nicht recht, danach zu trachten, die Natur abzubilden. Vor allem an deinen Verkürzungen der Körper, der Häuser und Gebäude, nimmt man Anstoß."
„Verkürzungen? Meint Ihr die räumliche Sicht? Sehen wir einen Körper aber nicht verkürzt, wenn seine Fläche zum Blick unserer Augen seitlich liegt?"
„Richtig, wir sehen die Dinge verkürzt. In unserem irdischen Raum sehen wir sie verkürzt. Und genau das erregt Unmut. Denn wie sieht das Auge des Schöpfers wohl die Dinge? Er sieht alles in jedem Moment, Gott hat keinen Blickpunkt, keine Perspektive und damit keine Verkürzungen!"
„Ihr meint, wir sollen wieder malen wie die Alten in der groben griechischen Manier? Satt verkürzter Seiten eines Hauses sollen wir alle vier Seiten gleich malen, so dass nicht erkennbar ist, von wo das Haus gesehen wird?"
„Ja, oder nein, nicht ganz so schlimm. Ich weiß, dass dein Herz an der Naturnachahmung hängt. Allein, ich bitte dich, mache es nicht so deutlich sichtbar. Male keine schräg stehenden Kruzifixe von hinten, keine verwinkelt gebauten Häuser. Das alles entspricht nicht der Sicht des Schöpfers, es ist die Sicht des Menschen."

„Lieber Michele, arbeiten wir für den Schöpfer, der unserer Arbeit wohl kaum bedarf, oder arbeiten wir für die Menschen, denen unsere Bilder Anleitung und Lehre sein sollen?“, ereiferte sich Giotto.
„Du hast recht, mein Freund“, beschwichtigte Michele, bereits im Gehen begriffen, „aber diesmal sind wir in einer heiklen Situation. Halte dich daher mit deinem Können etwas zurück. Deinem Ruhm wird das keinen Abbruch tun, aber uns erspart es womöglich einige Komplikationen, und manchen rettest du vielleicht sogar das Seelenheil, oder wenigstens das Leben.“
Mit diesen Worten zog der Generalminister davon.
„Ja, mein Sohn, sie sind kompliziert, die Herren der Kirche!“, sagte Giotto zu Francesco nachdem Michele gegangen war, „wieviel einfacher waren doch die Verhandlungen mit Messer Scrovegni damals in Padua, obschon auch er nur sein Seelenheil retten wollte!“

* * *

Im großen Saal der Casa di Bondone blieb ein Stuhl unbesetzt. Es war der Stuhl, der für den freundlichen alten Herrn, Salvestro de‘ Moriconi, bestimmt war. Sollte es wirklich wahr sein? War das der eisige Wind? Verschwand schon wieder einer von ihnen? Abgesehen von ein paar Gedichten, die er wohl geschrieben hatte, weil es dazu gehörte, war Salvestro zwar kein Künstler, aber doch ein Mann, der sein Vermögen in der Dienst der Künstler stellte. Niccolò stieß Bruder Onofrio an und zeigte auf den freien Sitz.
„Messer Salvestro hat sich wohl nicht gut gefühlt. Wegen seiner Krankheit leidet er manchmal starke Schmerzen, der Arme“, flüsterte dieser.
„Wir erwarten bald das Kommen dieses Merkurs“, berichtete Messer Bonaventura gerade und blickte in Francescos Richtung, „ich hoffe, wir sind soweit gerüstet, dass er uns erkennt.“

Francescos Stimme zitterte: „Wie soll ich soweit sein? Wir konnten doch nicht anfangen, bevor Michele mit uns gesprochen hat. Wie soll Merkur uns also erkennen? An den weißen Wänden?“
Wieder stieß Niccolò Onofrio in die Seite. „Was meinen die?“
„Das musst du als Novize noch gar nicht verstehen ...“
„Immer, wenn ich irgendetwas wissen will oder um eine Antwort frage, heißt es, das soll ich noch nicht verstehen. Gleichzeitig soll ich aber irgendwelche Schriften studieren, um zu verstehen. Warum macht ihr so ein Durcheinander? Und außerdem, glaube ich verstanden zu haben, geht es hier um unsere Fresken – was immer die mit irgendeinem Merkur zu tun haben – also werde ich wohl auch etwas verstehen dürfen! Was ist das für ein Merkur, der kommen soll?“
„Es geht um Lemmo da Gubbio, den Kurier Muzio di Francescos.“
„Und wer ist das?“
„Das wirst du noch zur gegebenen Zeit erfahren. Höre jetzt einfach zu!“
Nachdem Messer Bonaventura einen unwirschen Blick in Richtung der flüsternden Stimmen geworfen hatte, redete er weiter: „Du hast recht, Francesco. Doch jetzt könnt ihr ja endlich beginnen. Denke daran, dass Bilder nichts anderes sind, als gemalte Poesie. Und so wie wir die Gedichte als Schleier benutzen, so seien die Bilder ein Schleier für euch. Ein Schleier für Michele, für den Kardinal und für Ubertino, aber für die Diener der Dame macht den Schleier durchsichtig, so dass sie erkennen können, was darunter ist, genauso wie sie unter den Schleier unserer Gedichte sehen können.
Malt daher zuerst das Wichtige, was wichtig dafür ist, uns zu erkennen. Daran kann er uns erkennen. Er wird nach Zeichen suchen, sobald er in der Stadt ist. Dann muss er uns finden.“
„Warum fragt er nicht einfach am Tor nach uns?“ flüsterte Niccolò wieder.
Onofrio ließ das Gesicht in beide Hände sinken.

6. Kapitel

Sie begannen mit dem Ende, dem Ende der Welt.
In den Rippen des Gewölbes zwischen den Rahmen. Kleine Bilder, die doch alle zusammen eine Geschichte ergaben, die Geschichte des Endes. In der Mitte des ganzen Gewölbes, dem Schlussstein, dem Zentrum des Kosmos, hatten sie bereits den Menschen – den Gottessohn – vollendet. So wie er Johannes damals erschienen war, als dieser seine großartige Version vom Weltende hatte: mit dem breiten goldenen Gürtel, dem schneeweißen Haar, den feuerglühenden Augen. Das zweischneidige Schwert wuchs aus seinem Mund; statt der sieben Sterne aber hielt er das Buch Von der Weisheit der Welt in der Hand, aus dem die Sterne heraus leuchteten.
Nun waren sie also dabei, in den Gewölberippen mannigfaltige Motive des himmlischen Jerusalem zu malen, wie die sieben Leuchter der sieben Gemeinden, die von ihrem Platze gestoßen würden, wenn diese nicht umkehrten und sich auf den rechten Glauben besannen, die Throne, die Ältesten, die vier geflügelten Wesen, über und über mit Augen bedeckt, das Lamm mit den sieben Hörnern und eine riesige Schar von Engeln. Engel mit Schriftrollen, Posaunen, Schwertern, Schlüsseln, oder solche mit zwei Gesichtern und sogar den Engel, der gerade den Himmel aufrollte. Gleichsam den Thronsaal des himmlischen Jerusalems bildeten alle diese Bilder zusammen. Doch es gab auch Hinweise auf die schrecklichen Qualen, die die Menschen erwarteten: die toten Märtyrer unter dem Altar oder die vier Reiter, sie sollten übrigens aus den Bildern heraus geritten kommen, ihren Rahmen sprengen – eine Idee Bruder Onofrios – deswegen mussten sie später, wenn alles trocken war, mit Temperafarben vollendet und über den Rahmen hinaus gemalt werden.

Es war anstrengend, von morgens bis zum Sonnenuntergang auf dem Gerüst zu stehen, den Kopf in den Nacken zu legen und die Arme nach oben zu strecken; es verursachte Schmerzen in allen Gliedern. Die älteren Werkstattmitglieder schickten deswegen lieber die jungen auf das Gerüst und redeten sich mit allerlei dem Alter zuzuschreibenden körperlichen Unpässlichkeiten heraus. Auch wenn Niccolò zwar den Geruch des frischen Putzes liebte, wenn dieser sich geschmeidig auf die Wand auftragen ließ, selbst das quietschende Geräusch der Kelle beim Glattstreichen liebte er, das vielen seiner Kameraden in den Ohren schmerzte, besonders aber mochte er den Moment, an dem er die erste Farbe auf den frischen Putz auftrug, die – sofern dieser zuvor richtig behandelt worden war – von diesem aufgesogen wurde, so als trinke die Wand die Farben.
Die kleinen Dimensionen der Bilder in den Gewölberippen aber schränkten diese Freuden ein wenig ein. Nicht die ausholenden Bewegungen der Arme, um große Flächen mit Putz zu bestreichen, sondern nur kleine, verwinkelte. Man musste eine winzige Kelle benutzen, mit der die Wand nie so richtig glatt und eben wurde. Und auch das Malen selbst glich mehr der Arbeit eines Buchmalers. Es war keine Arbeit für den ganzen Körper, sondern nur für die Finger der rechten Hand. Und doch schmerzte am Abend der gesamte Körper!

Wenig wunderte es Niccolò dagegen, obgleich ihm das Verständnis dafür fehlte, dass Beatrice genau diesen Moment der Arbeit so liebte. Stundenlang, sogar tagelang konnte sie kleine Quadrate, Dreiecke und sonstige Formen malen, ohne dabei jemals über Schmerzen zu klagen. Sie vergaß sogar das Essen, und es schien fast, als ob sie es bedauerte, wenn die Abenddämmerung das Ende der Arbeit erzwang. Die Jungs machten sich zuweilen einen Spaß daraus, Beatrice, während sie in ihre Formen vertieft war, anzusprechen. Sie mussten sie stets drei bis vier Mal anrufen, bevor sie etwas hörte. „Bice, die Mäuse fressen gerade dein Frühstück!“ oder „Bice, dein Vater verhandelt gerade über deine Mitgift (sie wird nicht allzu groß sein) mit einem komischen Gesellen aus dem Orient!“

Diese und ähnliche dummen Sprüche jedoch perlten an Beatrice ab wie Regentropfen an den Blättern der Steineichen. Sie war glücklich in ihrer Arbeit, versunken in ihre Welt der geometrischen Formen und der sich ins Unendliche wiederholenden mathematischen Rhythmen.
Da stellte der tollpatschige Anselmo eines Tages die Frage, die alle, selbst diejenigen, die sonst weniger zum Denken geneigt waren, ins Grübeln brachte. Mit seinem drolligen Akzent fragte er ganz beiläufig, warum man eigentlich diesen Aufwand triebe, schwere Sandsäcke und Kalk anschleppte, um dann den Putz anzurühren und wieder wochenlang zu warten, dann das schwere Zeug auf das Gerüst tragen müsse, wenn man doch auch gleich auf die Wand malen könnte, wie bei der Tafelmalerei oder der Temperamalerei, mit der sowieso jedes Fresko schließlich vollendet würde.
Puccio Capanna hatte ihm bereits seinen Ellbogen in die Rippen gestoßen und gesagt: „Ei, du Depp! Wir haben doch schon immer im frischen Putz gemalt! Du weißt doch, dass nur, was wirklich ein echtes Fresko ist, auch ewig hält! Das werden noch in 700 Jahren, wenn dich schon längst die Würmer gefressen haben (vorausgesetzt, das die dich wenigstens wollen), die Menschen sehen!"
Doch mit der unerschrockenen Logik des Schlichten hatte Anselmo geantwortet: „Oh Puccio, wenn das Ende der Welt doch so nahe ist, dann gibt es doch in 700 Jahren niemanden mehr, der die Bilder sehen könnte, nicht einmal mehr in sieben Jahren. Du weißt doch, dass das Ende nahe ist, das sagen doch alle und alle Zeichen deuten darauf hin, und wir malen doch auch das Ende."
Puccio wusste darauf nur zu antworten: „Quatsch' nicht, arbeite! Überlass' das Denken den Magistern!"
Obgleich die Diskussion damit beendet war und die Arbeiten weitergingen, breitete sich eine ungewohnte Schweigsamkeit aus. Die üblichen Albernheiten und Scherze blieben aus. Es schien sogar beinahe als ob sich alle langsamer, fast wie im Traum, bewegten.

* * *

Seitdem man die Malereien wirklich begonnen hatte, hatten Niccolò und seine Freunde kaum noch Zeit, die Brüder am Monte Subasio mit ihren Kräuteraufgüssen zu besuchen. Bald merkten sie aber, dass auch Bernabò da Bevagna in allem, was Kräuter und ihre Wirkung betraf, durchaus bewandert war. Seine Methoden der Zubereitung waren denen der Brüder sogar noch überlegen.
Immer häufiger traf dieser sich mit Niccolò, Bartolo und Onofrio, um ihnen Kostproben seiner Zubereitungskunst anzubieten. Heute hatte er eine kleine Menge der Samen des Schwarzen Bilsenkrautes angezündet, als die Freunde zu ihm kamen. Ob es die Wirkung des Rauches war oder ob die drei einfach nach diesem bedrückenden Nachmittag gesprächiger als sonst waren, wusste niemand zu sagen. Jedenfalls plapperten sie bald alle drauflos. Natürlich wurde auch das angesprochen, was eigentlich alle seit der Frage Anselmos beschäftigte. Wann wird das Ende der Welt kommen und wie wird es sein? Die Zeichen deuteten unzweifelhaft darauf hin, dass es nicht mehr lange dauerte. Nicht nur die Erzählungen der Menschen aus dem Norden von den furchtbaren Hungersnöten und den Überschwemmungen in ihrer Heimat waren Zeichen. In einer Stadt namens Köln, die irgendwo dort oben liegen musste, hatte es im letzten Sommer am Tage des heiligen Otto geschneit! Sicher ist es im Norden sehr kalt, aber Schnee im Juli war wohl auch dort nicht alltäglich. Und dann, hat nicht erst vor wenigen Jahren die Erde gebebt und ausgerechnet die Stadt Kaiser Friedrichs zerstört, obendrein sogar die Kathedrale, die der heilige Pietro del Morrone selbst bauen ließ und in der er zum Papst gekrönt worden war? Das alles waren doch Zeichen, Hinweise darauf, dass diese Welt nicht mehr lange bestehen würde.
Und hieß es nicht, Gott kennzeichne die Seinen mit seinem Zeichen? Hatte er nicht genau den heiligen Franziskus gekennzeichnet? Und Chiara von Montefalco? Konnte es also noch irgendeinen Zweifel geben? Das Ende war nahe, das war sicher. Doch wie würde es aussehen? Wer würde gerettet werden? Wer verdammt?
Bartolo meinte, das Weltende sei wohl wie ein Erdbeben. So ein Beben, wie sie es alle schon erlebt haben, nur unermesslich viel schlimmer, weil zusätz-

lich noch ein feuriger, blutiger Hagel vom Himmel fiele und ein brennender Berg das Meer zum Kochen brachte.
Niccolò fröstelte beim Gedanken an die bevorstehende Feuersbrunst. Und plötzlich hörte er die Posaunen! Immer wieder bliesen die Engel in ihre Posaunen. Sterne stürzten auf die Erde, feurig und schrecklich. Er sah das Meer, dessen Wellen rot wie Blut waren und immer höher aufstiegen. Scharen von Heuschrecken kamen auf ihn zu.
Sie kamen so nah, dass er ihre Gesichter sehen konnte. Denn sie hatten Gesichter! Menschliche Gesichter, aber zu fürchterlichen Fratzen verzerrt. Mit den spitzen Zähnen von Raubtieren bissen sie ihn. Er schlug nach ihnen, doch es wurden immer mehr. Da kamen Reiter auf Pferden mit den Köpfen von Löwen, deren Mähne lodernde Feuerflammen bildeten.
Der weiße Reiter war da, ausgesandt, um zu siegen. Der Reiter des roten Pferdes, der den Krieg unter die Menschen brachte, der schwarze Reiter mit der Waage brachte Hunger und Elend.
Und dann das Pferd mit der grausigen Farbe von Leichen! Der Tod selbst ritt es. Die Hufe machten einen ohrenbetäubenden Lärm, übertönten selbst die Posaunen der Engel.
„Nein!“, schrie Niccolò, „nein! Gnade!“
Und da sprachen die Reiter auf den löwenköpfigen Pferden zu ihm. Aber ihre Stimmen tönten alle durcheinander, so dass er nichts verstehen konnte. Das frenetische Getöse drang in seinen Kopf, in seine Brust, wollte ihn zerreißen. Niccolò schrie nicht mehr. Er wurde von dem Getöse aufgesaugt, hin und her geschleudert als sei er nur eine Feder, mit der der Wind sein Spiel treibt. Zuletzt schleuderte es ihn in die Tiefe, in den Abgrund. Es war zu Ende. Er hatte keine Kraft mehr, wehrte sich nicht mehr.
Langsam, sehr langsam, ließ das Getöse nach. Er konnte jetzt die Worte des roten Reiters verstehen: „Was hast du nur? Beruhige dich doch!“, rief er mit erregter Stimme. Die Stimme des Reiters des leichenfarbenen Pferdes dagegen war ganz ruhig:
„Das war wohl zuviel für ihn, lieber Bruder, so starkes Kraut ist er nicht gewöhnt. Bartolo, du musst ihn nach Hause bringen!“

„Ja, er soll sich ausschlafen, und gib ihm recht viel frisches Quellwasser zu trinken!", bemerkte der weiße Reiter.
Und Niccolò merkte, dass er nur die Auge öffnen musste, und die Heuschrecken, die löwenköpfigen Pferde und der Feuerregen waren verschwunden. Die Welt sah noch genauso aus wie vor diesem schrecklichen Traum. Dieses Mal war er noch einmal davongekommen. Aber gleich morgen, nahm er sich vor, während er an Bartolo gestützt nach Hause stolperte, sobald die Sonne aufginge, würde er seine Sünden bereuen, ja, vielleicht würde er sogar dem Orden der Minderen Brüder beitreten. Und nie wieder würde er den Rauch dieser schrecklichen Kräuter inhalieren!

Teil 3 – fermentatio

1. Kapitel

Astrolabio hatte die Kutte eines Mitbruders übergestreift, und wie immer, wenn er das Gewand eines Anderen trug, war ihm, als wäre er selbst ein bisschen dieser Andere. Weniger energisch und aufrecht als gewöhnlich schritt er daher, sein Gang glich den bedachten Schritten Bruder Giacomos, die Füße nur wenig über dem Boden empor hebend, trennte er den hinteren Fuß erst dann völlig vom sicheren Boden , wenn der andere diesen mit ganzer Sohle berührte. So wurde der große Astrolabio ein wenig zu Bruder Giacomo, dem gebrechlichen, alten, kürzlich an seinem Siechtum gestorbenen. Niemand im Konvent würde die Kutte eines Toten suchen. So war für Astrolabio dieser zufällige Tod des Mitbruders ein passender Anlass, das Zerreißen und womöglich Schlimmeres seiner eigenen Kutte und die darauffolgenden Fragen seitens der Mitbrüder zu vermeiden.
Das Dornengestrüpp an beiden Seiten des Pfades setzte nicht nur dem Gewand zu, sondern auch seinen Beinen, war doch ihr unterer Teil ob der geringen Länge des Habits ungeschützt. Dennoch kam es ihm, der ohne Licht umher ging, willkommen, zeigte es ihm doch sicher an, dass er auf dem richtigen Weg war.
Endlich konnte er die Hütte ertasten, er spürte das raue Holz und, obgleich er sie nicht sehen konnte, schien es ihm fast euphemistisch, dies „Hütte“ zu nennen.

Sowenig man auch die Tür so nennen konnte, passierte Astrolabio diese. Ein kleines Feuer brannte in einer Art Kamin (eher einem aus vier Steinen zusammengesetzten Gebilde) und spendete gerade genug Licht, dass Astrolabio beide erkennen konnte. Den Lebendigen, wohlgeformten, der auf dem Boden kauerte, schwer atmend und mit hörbarem Herzschlag, und den leblosen, grotesk deformierten Körper, der sogar jetzt noch, wo er doch unbeseelt war, Schmerz und Leid ausstrahlte. Denn obschon man ihn rücklings gelagert hatte, berührte sein Kopf nicht den Boden. Er ähnelte mehr einem gerade aus einem Alptraum Erwachten, zwar noch wirr, sich doch schon zum Aufstehen Anschickenden, als einem Toten. Die Verformung des Körpers mit dem fehlenden Hals ließ nicht einmal der leblosen Larve ihren Frieden.
Astrolabio beeilte sich, den mitgebrachten Sack über den Toten zu streifen. Gemeinsam schleppten sie ihn heraus, den dornigen Weg wieder hinauf bis zu den Quellen von Moiano. Sie öffneten die kleine Pforte zum Hof des Hauses und schleppten den Sack einige Treppenstufen hinab, dann weiter durch mehrere finstere Kammern bis Astrolabio endlich eine Lampe anzündete und auf eines der Weinfässer stellte. Wie die Wächter einer Burg standen die Fässer um einen großen Tisch herum, auf den die beiden Ihre Fracht hievten.
„Damit hast du deine Aufgabe erfüllt", sagte Astrolabio, „du hast dir deinen Lohn verdient. Für diese Mal. Ich gebe dir mehr als vereinbart, damit auch die nächsten Male zu erfolgreichem Ende führen."
Der Jüngling streckte langsam die Hand dem kleinen Beutel entgegen, den der Benediktiner ihm reichte, zog sie einen Moment wieder zurück, griff aber schließlich doch danach. Zögernd sagte er: „Herr, ich glaube, es war das letzte Mal, wenigstens auf diese Weise. Es wird nicht mehr gehen."
„Warum soll es nicht mehr gehen? War diese Methode bislang nicht gut, sogar vollkommen? Niemand hat etwas bemerkt, niemand kann etwas bemerken. Ja, und noch nicht einmal die Toten selbst haben großes Leid ertragen müssen, wenngleich das doch kaum ein Maß ist, mit dem uns zu vermessen zusteht." Astrolabios Stimme klang ruhig, fast eintönig wie die Glocken einer Kirche bei ihrem täglichen Ruf zur Messe, in deren die Ewigkeit zeichnenden Melodie doch das Unheil einer Leid verheißenden Predigt mitschwang.

„Das ist es nicht …, versteht doch, Herr. Dieser war freundlich, selbstlos, jener aber ist es nicht, und deswegen wird die Vorgehensweise nicht dahin führen, wo Ihr es gerne hättet, dass sie führt."
„Was soll das heißen?"
„Es wird nicht gehen, nicht wie bei den anderen mit der Speise. Vielleicht, wenn ich ein Mädchen wäre, aber auch dann … Er war anders", er sah den seltsam geformten Sack an, „er dachte an mich, freute sich an meiner Freude, das war sein Wunsch. Er lud mich in sein Haus ein und besuchte mich sogar hier. Aber die anderen, die denken nur an ihre eigene Lust. Versteht Ihr …"
„Nein, aber wenn es auf die eine Weise nicht geht, so wirst du eine andere finden. Wichtig ist, dass der Weg zum Ziel führt, welchen Weg du gehst, steht dir an, zu entscheiden."

* * *

Endlich konnten sie die Vorzeichnungen anfertigen, diese dann auf die Kartons vergrößern und auf die Gewölbefelder übertragen, Sinopien auf den trockenen Putz aufmalen, und was dergleichen Vorarbeiten mehr waren. Francesco hielt seine Mitarbeiter gehörig in Atem, so als gelte es, die verbummelte Zeit des Winters wieder aufzuholen, als könne er die vergangene Zeit wiedergewinnen. Und so wurde in der Werkstatt gezeichnet, entworfen und vermessen. Ständig drängte Francesco die anderen zur Arbeit. Er wolle nun endlich fertige Zeichnungen sehen, zumindest des Gehorsams und der Keuschheit, war man sich bei diesen beiden doch weitgehend einig. Der Gehorsam, die heilige Oboedientia, sollte ein Joch auf ihren Schultern tragen und einem demütig vor ihr knienden Mönch ebenfalls ein Joch auflegen. Klugheit und Demut sollten ihre Begleiterinnen sein.

Die Keuschheit dagegen sollte im Turmstübchen einer Festung von allem weltlichen Geschehen abgeschieden sein. Die Festung aber – die feste Burg des Glaubens – würde von bewaffneten Männern bewacht. Nur durch das heilige Sakrament der Taufe sollte sie zugänglich sein. „Wie die Geliebte des Ritters Durante", flüsterte Chiara zu Beatrice und sah von ihrer Zeichnung eines Kentauren auf, „sitzt nicht auch sie in einem Turm und wird von allerlei Unwesen bewacht? Ekel, Scham, Angst ..."

Auch Beatrice musste zugeben, dass die Zeichnung des Turms der Keuschheit dem der Geliebten des Romans ähnelte. Doch war die Geliebte gegen ihren Willen gefangen genommen worden und wartete auf ihre Befreiung.

„Diese hier sitzt freiwillig in ihrem Turm, niemand wird sie befreien. Sie ist wie die Frauen auf der Ponte alle Grazie." Beatrice dachte an die kleinen Zellen auf der Brücke über dem Arno in Florenz, in denen sich fromme Frauen einmauern ließen, um ihr Leben in Gebet und Meditation zu verbringen.

Als kleines Mädchen hatte Beatrice einmal versucht, einen ganzen Tag unbeweglich zu knien wie diese Frauen. Sie hatte nicht aufgegeben, als ihre Beine schmerzten, sie wollte verstehen, was diese Frauen empfanden. Doch es war damals der eine Moment gekommen, als sie es nicht mehr ausgehalten hatte. Es war nur ein Augenblick, doch sie war wie durch eine stärkere Macht getrieben ohne Zutun des eigenen Willens aufgesprungen und, nachdem sie mit den Füßen, die kribbelten wie von tausend Ameisen durchwandert, mehrmals aufgestampft hatte, los gerannt war, hinaus aus ihrer Kammer und durch die Straßen und Gassen von San Pancrazio, ihrem Stadtteil, wo die Nachbarn sie für toll gehalten hatten.

„Aber warum wird sie dann bewacht", unterbrach Chiara ihre Gedanken, „die heiligen Frauen auf der Ponte alle Grazie bewacht doch auch keiner."

„Ja, wahrscheinlich ist die Keuschheit etwas, das viele erreichen wollen, aber nicht jeder wird zu ihr gelassen. Nur die, die wirklich ein reines Herz haben; deswegen ist da auch die Reinheit, die sich über die Mauer beugt und dem Getauften die weiße Fahne reicht. Die anderen dagegen fallen in den Höllenschlund."

Beatrice drängte es, sich wieder ihrer Arbeit zuzuwenden. Sie leitete gerade die Lehrlinge an, die Gewölbefelder zu vermessen. Mit Senkloten bestimmten sie die Vertikalen; die Horizontalen dagegen markierten sie mit in Farbpulver getauchten Schnüren, die von zwei Personen zu beiden Seiten auf gleicher Höhe gespannt wurden und von einer dritten wie die Saite einer Laute gezogen wurde und dann gegen die Mauer schlug. Und auch Chiara setzte sich wieder auf den Boden, um sich ihrer Zeichnung des Mischwesens aus Pferd und Mensch zuzuwenden. Um sie herum lagen mehrere Zeichnungen von Pferden in verschiedenen Zuständen der Bewegungen und aus unterschiedlichen Blickwinkeln.

Während diese beiden sich in ihre Arbeit vertieften, suchte Guido di Giacomo in der Werkstatt zwischen Tiegeln und Behältern. Er hatte seine Bemalung einer Hochzeitstruhe unterbrochen.

„Puccio, wo hast du unsere Farben schon wieder hin geräumt? Musst du immer unsere Farben verräumen, Maremma cane? Reicht es nicht, wenn du deine Sachen in Ordnung hältst?"

„Ich habe überhaupt nichts verräumt", gab Puccio Capanna zurück, „ich bin Freskomaler und keine Magd, die die Werkstatt aufräumt! Frag' doch den Kameraden Anselmo, sind es nicht die Deutschen, die die Ordnung so lieben! Was fehlt dir überhaupt?"

„Gestern habe ich in langer und schweißtreibender Arbeit das Rauschgelb gerieben. Ich habe auch Glasstaub dazugegeben. Du weißt wohl, dass es von allen Farben die am schwersten zu reibende ist?"

„Ich bin Freskomaler, ich benutze kein Rauschgelb", erwiderte Puccio Capanna brüskiert.

„Jedenfalls habe ich es in einen irdenen Behälter gegeben, den ich dann in die hintere Reihe auf dieses Brett gestellt habe. Jetzt ist er aber nicht mehr da, weder hier noch anderswo sehe ich ihn."

„Der Behälter wird schon irgendwo sein", schimpfte wiederum Puccio, „such' halt ein wenig. Wenn ihr Holz- und Stoffbemaler ein bisschen ordentlicher mit eurem Kram wäret, dann würdet ihr es auch finden. Porca miseria, unsere Arbeit ist schon schwer genug. Wir können uns nicht auch noch um eure

Ordnung und eure Farben kümmern, wie eine Amme um kleine Kinder!"
Guido aber suchte die Werkstatt ab, befragte weitere Mitglieder nach dem Verbleib des besagten Behälters, doch keiner wusste etwas davon.
„Oh Guido, warst du gestern etwa so betrunken, dass du dir nur einbildest, die Farbe gerieben zu haben?", stichelte schon wieder Puccio.
„Ich habe die Farbe gemahlen, bevor wir ins Wirtshaus gingen, das weißt du ganz genau!" Guido ballte die Fäuste.
Wahrscheinlich wäre es zwischen den beiden wirklich zu einer Schlägerei gekommen, hätte nicht Beatrice in diesem Moment den Kauf einer größeren Menge von Rauschgelb bestätigt, den sie zusammen mit ihrer Schwester selbst vorgenommen und auch in den Rechnungen verzeichnet hatte. Die beiden Streithähne beruhigten sich, doch die Farbe blieb verschwunden, was umso ärgerlicher war, da Guido am Tage zuvor wirklich große Mühe aufgewendet hatte, um das Rauschgelb möglichst fein zu reiben. Keine andere Farbe kam dem Gold so nahe wie diese, deswegen bearbeitete Guido sie auch stets mit größter Sorgfalt. Und nun war sie verschwunden. Eine Angelegenheit, die auch Francesco zu allgemeinen Unmutsäußerungen veranlasste.

Doch seine schlechte Laune wurde schlagartig von einem Neuankömmling erhellt.
„Sei gegrüßt, Meister Pietro! Wie laufen die Geschäfte? Wie es scheint, nur allzu gut, erwarten wir dich doch schon seit geraumer Zeit!" Francesco sprang vom Gerüst und begrüßte den gerade Angekommenen. Niccolò sah ihm nach. Das war also der berühmte Maler aus Siena!
Meister Pietro umarmte Francesco wie einen alten Freund. „Lieber Francesco, wenn es doch nur die Geschäfte gewesen wären, die mich abhielten, früher in diese schöne und ruhige Stadt zu kommen! Aber sag, wie geht es deinem viel gerühmten Vater Giotto? Selbst bei uns in Siena redet man ständig von ihm, wo es uns doch an großen Meistern nicht mangelt und der Geist des großen Duccio di Buoninsegna immer noch alles überstrahlt."
„Vater kann es kaum erwarten, dich zu begrüßen. Doch ich glaube, du täuschst dich, in dem, was du über Assisi sagst. Hier ist es lange nicht so ru-

hig, wie es aussieht", und etwas leiser fügte er hinzu: „weit entfernt sind wir hier von der wunderbaren kommunalen Ordnung, der Herrschaft des Volkes, deren deine Stadt sich rühmt und deren Licht noch heller zu strahlen scheint als das der Sonne."

Endlich verstand Niccolò, was Francesco wollte. Das Volk sollte regieren. Warum verbrachte er dann aber seine Zeit mit Männern, die so taten, als seien sie Dichter, statt sich einfach in die Signoria wählen zu lassen? Als Mitglied einer Zunft war ihm das doch möglich. Niccolò dachte an die Regierung in Florenz. Regierte dort nicht das Volk? Und die Ordinamenti della giustizia hatte man dereinst ohne solch seltsames Getue durchgesetzt.

„Deine Rede gefällt mir wohl, lieber Francesco", und nun senkte auch Meister Pietro seine Stimme, „nur die Regierung kann gerecht sein, in der das Volk regiert, das ganze Volk. Jeder, der durch seine Arbeit Gott und der Kommune dient, muss an der Regierung beteiligt sein. Doch leider sieht die Wirklichkeit in diesen schlechten Zeiten ganz anders aus, auch in meiner Stadt, lieber Francesco, die sich doch so ihrer guten Regierung rühmt."

„Was sagst du? Herrscht in Siena nicht der Rat der Neun, die vortrefflichste alle Regierungen?"

„Nun, einige Zünfte wurden von der Regierung der Neun schon lange schlechter behandelt als andere, mit höheren Abgaben belegt oder gar von der Regierung ausgeschlossen. Und das nicht etwa, wie damals, als sie die Magnaten ausschlossen, die mit ihrem Geld die Dinge beeinflussten und damit mehr Macht an sich rissen als ihnen zustand. Du weißt sicher, dass zeitweise sogar unsere Zunft, die Zunft der Ärzte und Apotheker, ausgeschlossen wurde, nur weil sie in Verdacht stand, sich an den schmutzigen Geschäften jener zu beteiligen. Und doch wurden jene zu Recht von der Regierung entfernt.

Nein, ich rede von der Zunft der Metzger und Schlachter, denn mit ihr liegt die Regierung der Neun seit einiger Zeit in Streit. Es ist seit langem das gleiche Spiel: in Zeiten, in denen das Volk ihres Dienstes besonders bedurfte, wie an Weihnachten oder Ostern, wurden sie von der Regierung mit höheren Abgaben belegt. Du weißt ja, dass in unserer Stadt mit dem Handel von Fleisch ein gutes Geschäft zu machen ist, besitzen wir doch die sumpfige Maremma, wo die Tiere auf das Beste gedeihen. Die Zunft reagierte auf die erhöhten Abgaben allerdings mit Streiks; die Regierung gab nach, man einigte sich zumeist auf halbem Wege, und die Gemüter beruhigten sich leidlich bis zum nächsten Aufstand.

Aber heute sind vielleicht neun Räte nicht mehr genug für eine Stadt wie die unsere. In der Stadt tobten die Kämpfe der Parteien, der Tolomei und der Salimbeni, und draußen im Umland bekriegten sich die Orte der Maremma, belagerten und zerstörten sich gegenseitig. Gleichzeitig ließ sich zu unserer großen Freude und Ehre auch unser geschätzter Kaiser Heinrich in unserer Stadt nieder und bedurfte für seine heilige Mission des Schutzes und des Friedens.

Kurz und gut, die Neun hatten alles versucht, damals vor vier Jahren. Dicke eiserne Ketten schützten die Piazza del Campo vor den wild gewordenen Horden der Tolomei und Salimbeni.

Dann ging plötzlich das Gerücht in der Stadt um, Truppen aus Arezzo rückten an, um die Tolomei zu unterstützen. Und die Regierung versperrte die Stadttore. Wer sich nicht an die Sperre hielt, dem sollte sogar der Fuß amputiert werden!

Und trotzdem wurden sechs Männer aus dem Umland festgenommen. Doch als ihnen noch im Palazzo Pubblico der Prozess gemacht wurde, hatte sich bereits das Volk, Handwerker und Ladenbesitzer – ich selbst war auch dabei – auf der Piazza versammelt. Große Steine auf den Palazzo werfend schrien wir: ‚Lasst sie frei, lasst sie frei!‘

So gelang es uns auch, fünf der Männer zu befreien. Aber dem sechsten erging es arg. Während wir noch auf der Piazza versammelt waren, sahen wir plötzlich etwas aus dem Fenster des Palazzo fliegen und wenige Fuß vor mir in der Menge landen. Ich kämpfte mich durch das Gewühl und – da sah ich das furchtbare Relikt: es war der Kopf des Mannes! Frisches Blut lief heraus, er war gerade erst vom Körper abgetrennt worden. Der Aufruhr auf der Piazza war enorm. Und bald war auch die ganze Stadt bewaffnet. Es fehlte nicht viel, und die Regierung wäre gestürzt worden!

Unsere Regierung hingegen, statt die Gemüter auszugleichen, statt für mehr Gerechtigkeit zu sorgen, schloss die Zunft der Metzger erneut aus und legte ihnen gleichzeitig noch höhere Steuern auf. Vor einigen Wochen kam es daher zum Aufstand der Metzger. Nun weißt du vielleicht, dass die Läden der Metzger wohl über die ganze Stadt verteilt sind, besonders aber in der Nähe der Piazza del Campo. Unter den Metzgern aber, durch ihr tägliches Handwerk an Blutvergießen gewöhnt, außerdem mit allerlei Waffen ausgestattet, machte sich immer größere Wut breit. ‚Sorgen wir nicht durch unsere Arbeit mit für den Reichtum unserer Stadt? Gehören wir nicht auch zur Mezza Gente?', fragten sie.
Als nun im letzten Sommer der Krieg gegen Massa Marittima im Gange war, und die Truppen unserer Stadt in der Maremma und wir in Siena damit ohne eine richtige Verteidigung waren, kam es erneut zur Belagerung. Eine Gruppe von Verschwörern, Metzger, Notare und Schmiede besetzten den Palazzo Pubblico, versperrten die Wege, die zum Campo führten, und konnten dabei beinahe ungestört vorgehen. Manch einer glaubte gar, der Krieg gegen Massa Marittima sei nur ein Vorwand gewesen, um die Truppen aus der Stadt zu entfernen. Und wirklich, so schnell dieser Krieg begonnen hatte, so schnell war er auch wieder vorbei. Die Soldaten kehrten in die Stadt zurück, die Stimmung war schlecht, war doch die Kriegsbeute längst nicht in der erwarteten Höhe ausgefallen, und so war es nicht schwer, auch die Soldaten zum Aufstand gegen die Neun anzustacheln.
Wie glaubt Ihr nun aber, lieber Francesco, war die Reaktion der Neun auf diesen Aufstand?"

„Nun", sagte Francesco ein wenig zögerlich, „ich vermute, sie reagierten mit einiger Härte ..."

Pietro Lorenzetti fiel ihm ins Wort: „Genau das taten sie nicht! Alle haben wir Verurteilungen der Rädelsführer erwartet, zumal ihre Namen allen Bürgern und erst recht den Neun bekannt waren. Doch nichts geschah! Der Capitano del Popolo zog sich zurück und verschloss seine Tore. Niemand wurde be-

straft. Man ließ die aufständischen Metzger in den Palazzo Pubblico, man ließ sie sogar an der Regierung teilhaben. Die Richter und Notare aber, die schloss man aus."
„Ausgerechnet Richter und Notare!", rief Francesco entsetzt, „hängt nicht die Wahrung des Friedens genau von ihnen ab?"
„So ist es. Die Metzger schienen den Neun so schwach, dass sie nichts von ihnen befürchteten. Die Richter und Notare aber ... Jedenfalls kam es im letzten Herbst schon wieder zum Kampf. Doch diesmal kamen verschiedene Familien der Adeligen der Regierung zur Hilfe, die natürlich selbst wieder an die Macht wollten. Nun am Ende, was soll ich sagen, einige Aufständische wurden vor aller Augen verurteilt, die anderen machten sich des Nachts still und leise davon. Der Aufstand aber war endgültig gescheitert."
„Und jetzt, wie sieht es heute aus in Siena?"
„Nun, es fehlt an allem, wir haben keine Richter – nur noch solche, die die Regierung selbst einsetzt – du kannst dir vielleicht vorstellen, wie die Einstellung zur Gerechtigkeit dieser Herren aussieht; wir haben kein Fleisch. Die Leute glauben, wir lebten in Frieden, aber es sieht nur so aus. Der Frieden mit seinem sanften Gesicht ruht eigentlich auf Waffen; Waffen, die jederzeit wieder hervorgeholt werden können. Ich sage dir, ohne Gerechtigkeit ist der Frieden nur ein falscher Frieden, wie ein junges Mädchen mit goldenen Locken und von lichtem Antlitz, wenn du aber nach unten schaust, dann siehst du, dass es Teufelskrallen hat."

Niccolò lauschte dem Gespräch mit steigendem Erstaunen. Warum gibt es keine Gerechtigkeit? Wenn die Regierung gerecht ist, die die Richter einsetzt, dann müssen diese doch auch gerecht sein? Oder war es doch komplizierter?
„Der eisige Wind hat also auch Siena ergriffen, die Stadt, die uns immer ein Vorbild war! Doch hier ..." Francesco zögerte und senkte seine Stimme noch mehr, so dass Niccolò kaum noch lauschen konnte, „hier ist er schon zu einem heftigen Sturm angewachsen. Einige Ritter haben auch schon im Kampf ihr Leben gelassen."
„Was sagst du da, Francesco?"

„Zwei – bis jetzt – sind zu Stein erstarrt. Beide besaßen einen Teil ..."
Die weiteren Worte flüsterte Francesco, und Niccolò konnte sie nicht mehr verstehen. Schließlich ergriff wieder Pietro das Wort:
„Nun aber genug davon, ich habe etwas mitgebracht, das eurem Großmeister sicher gefallen wird. Ein Maler, der mit unserem Kollegen Simone gearbeitet hat, kam direkt aus Neapel und brachte dieses Werk mit. Er sagte, es sei sehr erhellend."
Francesco sah das Pergament an, das Pietro ihm reichte. „Was ist das für eine Sprache?"
„Es ist eine Übersetzung von irgendeinem Briten, gemacht von einem Anderen, der in Paris studiert. Also unverständlich für unsereins."

* * *

Einmal begrüßte Giotto auch den Bischof Tebaldo da Pontano und seinen Begleiter Astrolabio da Salerno in der Werkstatt. Er führte sie zu den teilweise schon fertiggestellten Fresken seines Schwiegersohns im Querhaus und erbot sich, ihnen die Entwürfe zu erläutern, die freilich zunächst nur in kleinem Maßstabe und auf Papier vorlägen. Der Bischof zeigte sich geneigt und begab sich sofort mitten in die arbeitende Schar, wo er sich von den Gesellen ihre Tätigkeit erklären ließ, alles mit den Händen berührte, einen Napf mit roter Erde aus Siena umstieß und es nicht an Beifall mangeln ließ.

Astrolabio da Salerno sah dem Treiben von weitem zu, richtete seine Augen mehrfach auf Niccolò, und wandte sich schließlich an den Meister selbst, um ihn für die gute Organisation seiner Werkstatt und das zügige Voranschreiten der Arbeiten zu loben. Nicht gutheißen könne er jedoch, als Mann der Wissenschaft und als Mann der Kirche, dass es den Anschein haben, in des Meisters Werkstatt führten auch Weibsbilder Arbeiten aus, die der Schöpfer nicht für sie bestimmt habe. Er sähe, des Meisters Töchter beim Zeichnen und sogar auf dem Gerüst. Wenn er sich recht erinnere, habe der Meister Giotto selbst dereinst die Äußerung getan, die Malerei sei keine mechanische Kunst, sondern gehöre zu den freien Künsten, denn ihr Ziel sei keineswegs nur das Produkt, das sie herstelle. Vielmehr sei das Ziel der Malerei aber die Vervollkommnung des Menschen. Er, Astrolabio, frage sich aber nun, wie kann eine Arbeit, an der Frauen direkt beteiligt sind, an der sie gleichsam ihren Anteil haben, statt sich ihrer Bestimmung nach dahinein zu bemühen, den Männern die Arbeit so erträglich wie es nur möglich sei, zu gestalten, zur Vervollkommnung des Menschen beitragen? Aber sicherlich sei das nur eine Ausnahme, weil es dem Meister an männlicher Arbeitskraft fehle.
Obgleich selbst nicht Gegenstand der Kritik fühlte Niccolò Astrolabios Blick wie einen kalten Pfeil in seinen Körper dringen und seine Hand begann zu zittern. Er hielt den Blick auf seine Zeichnung gesenkt, als könne er sich darin verstecken.
Giotto indes lobte das rhetorische Vermögen des Benediktiners und entgegnete dann:
„Was sagt Ihr, lieber Freund, es gefalle Gott nicht, dass meine Töchter zeichnen und malen wie meine Söhne? Ist es nicht genau Euer Landsmann, der Doctor Angelicus, der sagt: ‚Je näher ein Werk seiner Vollkommenheit ist, desto größer ist das Vergnügen des Handwerkers‘? Die Aufgabe unserer Kunst ist die Nachahmung der Natur, weil die Natur direkt der Vernunft Gottes entstammt. Meine Tochter Beatrice vermag aber die Natur und die Welt, die Gott geschaffen hat, besser darzustellen als viele meiner Lehrlinge. Und meine Chiara, wenngleich noch arm an Erfahrung ob ihrer jungen Jahre, zeichnet schon Tiere, die direkt dem Leben entsprungen scheinen. Wäre es daher

nicht vielmehr Sünde, die beiden zu Hausarbeit zu verdonnern wie sie Eurer Ansicht nach den Frauen ansteht? Beide empfinden Freude bei ihrer Arbeit. Und das zeigt doch, dass ihre Arbeit gottgefällig ist. Die Freude, die aus der Arbeit folgt, und ihre große Kunstfertigkeit sind die Antwort Gottes auf ihre Werke.
Ich selbst bin als Sohn eines Schmiedes aufgewachsen. Hätte mein Vater so gedacht wie Ihr, lieber Bruder Astrolabio, dann wäre ich heute als Schmied in Florenz tätig, und die Geschichten des heiligen Franziskus, die Ihr hier über uns sehen könnt, gäbe es eben sowenig wie Enrico Scrovegnis Kapelle in Padua. Nein, Ihr seid reich an Wissen und Lehre. Aber glaubt einem alten Mann, der Euch an Lebenserfahrung um einige Jahre voraus ist. Die Freude an der Arbeit und ihr Gelingen bei allen Schwierigkeiten, die deine Arbeit mit sich bringt, sind Gottes Lohn und zeigen dir, dass deine Arbeit Gott gefällt."

Vom Laster der Neugier getrieben, blickte Niccolò zaghaft nach oben bis die farblosen Pfeile des Blicks Astrolabios ihn wieder in seine Deckung zwangen.
„Meister Giotto, du bist ein großer Maler", entgegnete Astrolabio, „du bist der erste in deiner Kunst. Doch das Auslegen der Werke der Philosophen sowie der Heiligen Schrift obliegt den Gelehrten Gottes, den Männern der Kirche. Die Frau ist der Grund, warum der Mensch sich von Gott entfernt hat. Sie war es, die den Mann verführte, von der verbotenen Frucht zu essen. Die Strafe aber für diese erste Sünde des Ungehorsams bestand in der Arbeit mit ihren Mühen. Arbeit soll keine Freude machen, Arbeit ist Mühe! Sie soll uns ständig unserer Sündhaftigkeit erinnern. Die Arbeit des Weibes ist deshalb auch mühevoller und freudloser, weil sie die größere Schuld an der Strafe trägt!"
„Geschätzter Magister, mir scheint, Ihr vergesst den großen Augustinus. Nur die Mühe der Arbeit ist die Strafe für den Ungehorsam des Menschen, nicht die Arbeit selbst. Arbeit gab es bereits im Paradies, allein sie war noch frei von Mühsal. War es nicht Gottes Auftrag an den Menschen im Paradies, selbiges zu bebauen und zu bewahren? Auch nach dem Abfall von Gott sollen wir mit unserer Arbeit Gottes Schöpfung schöner und herrlicher machen. Deswegen

gab er uns die Vernunft und die Fähigkeit zum Schaffen in unseren in Sünde verhangenen Körper.
Und was die Verführung durch das Weib angeht, lieber Bruder Astrolabio, liegt nicht die Schuld ebenso beim Verführten wie beim Verführer? Ich selbst, obschon der Schöpfer mir nicht Eure wohlgefällige Gestalt gegeben hat, war im Laufe meines langen Lebens doch mehrmals das Ziel weiblicher Verführungsversuche. Denn nicht nur die schöne Gestalt des Körpers, auch Kunstfertigkeit und vor allem der aus ihr hervorgehende Ruhm reizen das Weibsvolk. Allein der Gedanke an meine Frau, der ich von ganzem Herzen zugetan bin und der ich kein Leid zufügen möchte, machte mich stark genug, diesen Versuchen zu widerstehen. Und Ihr? Seid ihr nicht auch ständig ähnlichen Angriffen ausgesetzt? Die schlechten Frauenzimmer lassen sich nicht vom geistlichen Gewand abschrecken, sie sehen nur den wohlgeformten Körper darunter. Und dann sind da auch noch andere Verführungen des Fleisches wie gute, aber zu üppige Mahlzeiten, Wein und andere Genüsse, deren Verführungskraft Ihr wohl kennt. Trotzdem zweifelt niemand an Eurer Festigkeit. Wenn nun aber wir Sünder in der Lage sind, Verführungen zu widerstehen, wäre es nicht auch unser Urvater im irdischen Paradies gewesen? Wenn doch obendrein die Standhaftigkeit des Mannes, wie Ihr sagt, der des wankelmütigen Weibes um so vieles überlegen ist, muss dann nicht seine Schuld sogar die der Frau übersteigen?“
„Meister Giotto,“ versetzte Astrolabio mit kühler Stimme und seine Oberlippe bildete einen rechten Winkel, „ich werde Fragen der Theologie nicht mit einem Handwerker erörtern.“
Mit einem letzten Blick auf Niccolò verließ er die Werkstatt.
Niccolò verharrte in seiner Position. Er richtete seine Augen auf die Zeichnung der Unwesen, die nach dem gescheiterten Versuch, die Festung der Keuschheit zu erobern, in den Abgrund stürzten. Doch er fühlte sich wie in Eis fest gefroren. Warum aber fürchtete er diesen Astrolabio so? Was sollte dieser ihm antun? Er selbst war doch nur ein Maler in der Werkstatt Giottos, und auch wenn die Ansichten des Meisters nicht auf das Wohlgefallen irgendeines Mönches stießen, was hatte er damit zu tun? Betraf es ihn nicht

ebenso wenig wie Bartolo oder Guido oder Puccio oder all die anderen Maler? „Aber warum schaute er ständig nach mir?“ fragte sich Niccolò, „was will er von mir? Was will er überhaupt? Warum kommt er in unsere Werkstatt, schaut sich Bilder an, die weder er noch sein Bischof bezahlen und meckert dann auch noch an unserer Arbeitsweise herum? Ist es denn die Kunst, die ihn stört? Die Kunst an sich, die Kunst, deren Herstellung dem Künstler Arbeit und Mühsal, aber am Ende doch Freude bedeutet?“ Niccolòs Hände zitterten jetzt weniger vor Angst als vielmehr vor Zorn. Warum konnte dieser Mann der Kirche ihn und seine Kollegen nicht einfach ihre Arbeit verrichten lassen? Jedoch, hatte Meister Giotto ihn nicht auf intelligente Weise zum Schweigen gebracht, diesen gelehrten Herrn? Sogar Augustinus hatte Giotto erwähnt! Woher kannte er wohl die Werke eines Theologen? Ohne die Lippen zu bewegen, musste Niccolò lächeln. Er griff nach seinem Stift. Eine seiner Figuren harrte noch ihrer Vollendung. Ein Mischwesen mit Bärentatzen und dem Oberkörper eines Menschen, aus dessen Körper Flammen züngelten, stürzte mit den anderen in den Höllenschlund. Niccolò zeichnete das Gesicht des Unwesens, weit aufgerissene Augen blickten entsetzt zurück, die Oberlippe rechtwinklig verformt stand der Mund halboffen, als sei gerade ein Schrei des Entsetzens aus ihm ertönt.

2. Kapitel

Niccolò hockte in der Ruine der alten Festung auf einem Stein. Zwei Miniaturen waren diesmal in der Rolle, die Bruder Onofrio ihm vor einigen Tagen überreicht hatte. *Patientia*, die Geduld, betete ruhig in einem Stübchen, wo *Iniuria*, die Schmähung, mit den Fäusten auf sie einschlug. Wie schrecklich verwachsen war die Figur der Iniuria! Ihre Füße zeigten nach vorne aus dem Bild heraus, ebenso wie das Gesäß, die Schultern vollzogen eine weitere Drehung, der zu groß geratene Kopf seinerseits wandte sich ins Bild hinein. Der Hörner hätte es gar nicht bedurft, um sie als eine Anfechtung darzustellen. Wie harmonisch nahm sich dagegen Patentia aus! Ihr Gesicht entsprach allen Regeln der Proportion, auch die Faltung ihres Schleiers und ihres Gewandes zeigte eine kalligrafische Schönlinigkeit.
Spes dagegen, die Hoffnung, stand auf den Mauern einer Festung. Quadratisch und mit fünf Türmen ähnelte der massige Bau der Festung der Keuschheit. Am Mauerwerk eines jeden Turmes aber war an einem eisernen Ring ein Seil angebunden. Die geflügelte Gestalt der Hoffnung bündelte alle fünf Seile in der Mitte zusammen, während die anderen Enden von der Festung herunter hingen und von Gläubigen flehend ergriffen wurden.
„Niccò! Kommst du mit uns?“ Bartolo erschien plötzlich neben den Resten einer Mauer, gleich daneben das Kugelgesicht Bruder Onofrios.
„Du weißt doch, dass ich lernen muss!“ Niccolò bemühte sich, Gleichgültigkeit in seine Stimme zu legen, doch insgeheim hoffte er, den Neid des Freundes zu erregen.

„Du mit deinen komischen Figuren, die du dir immer anschaust! Was hast du denn heute, wieder irgendwelche moppeligen Frauen, die Taschen nähen?"
„Sicher nicht so moppelig wie du, das geht ja kaum noch! Der Mond ist nicht so rund wie du!"
„Denn Weisheit wird in dein Herz eingehen, auf dass du gerne lernst. Ich sehe, der Scholar ist fleißig."

Niccolò blickte in das schelmische Grinsen Bruder Onofrios. „Was soll das, Bruder Onofrio, warum muss ich das alles lernen? Sag mir doch einfach, was darin steht und vor allem, was dieses seltsame Bild mit der Frau und der Festung soll, und ich habe wieder Zeit für andere Dinge ..."
„Oh nein, lieber Freund, da verkennst du den Sinn der heiligen *Discretio* und *Spes,* der Tugenden der Novizen und Scholaren. Du musst selbst lernen, du musst dich anstrengen, nur dann wird deine Arbeit Früchte tragen."
„Meine Arbeit!" entgegnete Niccolò, „meine Arbeit ist das Malen, ich bin kein Dichter, was soll ich also in eurem Dichterkreis? Ihr redet seltsame Worte; seit ich hier in Assisi bin, höre ich lauter Reden, die ich nicht verstehe. Ich bin aber Maler, kein Poet, und schon gar kein Magister. Warum lasst ihr mich nicht einfach meine Arbeit machen?"
„Siehst du", antwortete Bruder Onofrio und sein Grinsen wurde breiter, „du hast noch nichts verstanden, noch gar nichts! Meister Francesco will dich in die Gruppe aufnehmen, und du, du hast noch nicht einmal verstanden, worum es geht. Die Cavalieri, sind nicht einfach ein Dichterkreis, auch wenn wir uns manchmal mit Worten ausdrücken, die nicht sofort jeder versteht, die nicht jeder verstehen soll. Lerne du nur fleißig, dann wirst du es eines Tages auch verstehen. Meister Francesco jedenfalls vertraut darauf. Lerne erst einmal emsig die Regeln des Fleißes, dann wird diese Tugend irgendwann ein Teil deiner Seele und dich keine Anstrengung mehr kosten. Dann hört sie auch auf, Tugend zu sein. Denn Dinge, die wir nicht durch Anstrengung erwerben, sondern die uns von unserer Natur her leicht fallen, sind kaum besonders zu loben. Deswegen wird deine Seele auch erst wirklich befreit sein, wenn du dich von den Tugenden verabschiedet haben wirst."

„Ich soll lernen, um das, was ich gelernt habe, wenn ich es erst kann, wieder zu vergessen?"
„Ja, wenn du die Tugend an sich zu der Deinen gemacht hast, gleich so, als wäre sie deine Geliebte, dann wird sie zu deiner Ehefrau. Du besitzt sie und musst dich nicht mehr darum kümmern, sie zu erobern."
„Ein trefflicher Vergleich für einen Minderen Bruder", dachte Niccolò, laut aber sagte er: „und du, Bruder Onofrio, bist wohl schon auf dieser Stufe? Dich kostet das Einhalten der Tugenden wohl keinerlei Anstrengung mehr?"
„Sorge dich nicht, irgendwann wirst auch du das Licht sehen. Die Liebe wird dich befreien von den Tugenden. Dann wirst du nur noch für deine Geliebte leben, du wirst keine Angst mehr haben, weil deine Liebe dir alles gibt. Deine Seele wird in ihrer Ruhe erstrahlen, du wirst ..."
„Bruder Onofrio!" Bartolo unterbrach seinen Redefluss, „wollten wir nicht den Brüdern im Eremo zum Abendessen Gesellschaft leisten?"
Niccolò spürte einen brennenden Geschmack auf der Zunge. Er sprang auf. „So, das soll also die höhere Stufe sein? Sich mit irgendwelchen Dämpfen zu berauschen und dann philosophische Reden zu halten, denen ohnehin keiner zuhört? Und dich, Bartolo, sah ich heute Morgen aus der Vorratskammer kommen. Du kautest sogar noch, und auf deinem Gewand waren Krümel. Ich glaube kaum, dass die spärlichen Mahlzeiten, die die Brüder bereiten, dich sättigen könnten. Mit jedem Tag wird dein Teller voller und du immer runder. Ihr beiden seid wahrhaftig die wahren Liebhaber der Herrin Armut!"
„Siehst du, wie sie toben, die kleinen Wesen in seiner Seele, Zorn und Neid", Onofrio drehte sich dem verlegen grinsenden Bartolo zu, „diese Teufelchen bohren ihren Spieß in sein Herz und werfen mit Giftpfeilen um sich. Lieber Bruder, widme du dich erst einmal deinem Studium, dann wirst du lernen, dass es andere Mahlzeiten gibt als die leiblichen. Komm, Bartolo, lassen wir den Herrn Magister studieren."
Mit diesen Worten schob er Bartolo davon. Niccolò sah ihnen nach wie sie den Berg hinauf stiegen, Bruder Onofrio voran. „Er sieht aus wie eine watschelnde Ente", dachte Niccolò, „und hinter der Ente stakst ein Storch." Denn obwohl der lange Bartolo mit einem Schritt etwa die Strecke zurückzulegen

vermochte, für die der Franziskaner seine Watschelfüße dreimal in Schwung setzen musste, hatte er dennoch Mühe, mit jenem mitzuhalten.

„O rocca de fortezza, – en la qual è gran tesoro,
de fore si pare aspreza – e dentro è mèl savoro;
non se ce vol pigreza – a guardare a tutt'ore."

Niccolò beugte sich über den Rest der alte Festungsmauer. Doch die Stimme kam aus der anderen Richtung. Torsolo kroch hinter einem Haufen Steinen hervor.
„Sei gegrüßt, Torsolo! Welches Vorhaben treibt dich hierher?"
Niccolò atmete hörbar, er sollte wohl keinen Moment der Ruhe mehr haben!
„Ich wohne hier, willkommen in meiner Burg! Ein Greis wie ich hat keine ‚Vorhaben' mehr. Doch sag, was fesselt dich hier, wo doch die Mauern der Festung unseres Friedenskaisers schon lange in Trümmern liegen und du doch frei wärst, mit deinen Freunden zu gehen?"

Die Aufforderung, das zu tun, was er eigentlich gerne wollte, brachte Niccolò vollends in Rage. „Was soll ich? Warum soll ich meine Zeit mit diesen Taugenichtsen verbringen, die am Abend nichts hervorgebracht haben werden?"
„Was wirst du hervorgebracht haben?"
„Ich ..., ich befasse mich mit dem Studium, es wird meinen Geist auf eine höhere Stufe erheben, ich werde dann frei sein ..."
„Du sperrst dich in einer Festung ein, aus der du leicht heraus könntest, um irgendwann einmal die Freiheit zu haben, die du dir jetzt einfach nehmen könntest?"
„Nein, es geht um die Freiheit von, von ..."
„Von was?"
Niccolò schaute verlegen zu Boden. Eine Eidechse kroch über einen Stein, blieb am einzigen Punkt, der vom Sonnenlicht erhellt war, stehen und reckte das Köpfchen in die Höhe.
„Von allem, das heißt von allen Dingen ..., die Armut ..."

„Armut also, die suchst du. Warum verkaufst du dann nicht alles, was du hast, und gibst das Geld den Bettlern?“
„Ich habe nichts.“
„Bist du dann nicht schon arm?“
„Ja, vielleicht, aber … bist du nicht noch ärmer? Oder die Brüder des heiligen Franziskus, ich meine, die, die wirklich die Armut des heiligen Franziskus leben?“
„So wie eure Freunde oben im Eremo?“
„Ja.“
„Was ist mit Bruder Onofrio, können wir ihn trotz seines wohlgenährten Leibes zu den Armen zählen?“
„Nun, er ist ein Minderer Bruder, er liebt die Herrin Armut wie seine Braut …“
„Entbehrt er irgendetwas?“ Torsolo streckte den Arm aus und wies hinunter ins Tal, „hast du dir je die Bauern angesehen. Sie arbeiten Tag und Nacht, sie liefern das, womit Bruder Onofrio seinen Teller füllt. Ja, er mag sich sein Essen erbetteln wie alle Franziskaner; der Teller, von dem er isst, mag vielleicht nicht ihm gehören, dennoch ist er gut gefüllt. Denn wer ist es denn, der ihnen, den Onofrios und den anderen heiligen Bettlern, zu essen gibt? Es sind die Reichen hier in der Stadt, die, die Handel treiben oder ein Handwerk beherrschen, wie dein Meister, die, die – schlimmer noch – Geld gegen Zins verleihen, oder die, die überhaupt nichts dergleichen tun, weil sie entweder Vorfahren haben, die schon Berge von Geld zusammen gerafft haben, oder weil sie in eine Familie eingeheiratet haben, in der bereits alles vorhanden war.
Aber die Bauern dort unten, die können nichts anhäufen. Sie rackern und je mehr sie rackern, desto mehr wird ihnen wieder weggenommen. Sie zeugen fünfzehn Kinder in der Hoffnung, dass eines davon die Kindheit überlebt und für sie sorgen kann, wenn ihr Körper völlig verbraucht nicht mehr zur Arbeit fähig ist. Stirbt aber auch dieses eine Kind, dann kommen sie hier herauf, um ihr Leben als Bettler zu beschließen. Nicht als Bettler etwa, der mit den Wohlhabenden an der Tafel sitzt, wie Bruder Onofrio. Fragst du sie freilich, ob sie die Herrin Armut lieben, werden sie dich nur dumm anschauen. Sie

sind die wahren Knechte der Herrin Armut! Sie fragen nicht nach Liebe, sie dienen ihr einfach, weil sie nicht anders können."

„Ja, aber ist nicht die Armut nur dann eine Tugend, wenn sie geliebt und ersehnt wird und nur dann, wenn man freiwillig auf alles verzichtet, um die Armut zu lieben?"

„Oh ja, das lehren sie! Und was sagen sie uns damit? Nur der Reiche kann wirklich arm sein, der Arme ist einfach arm. Sogar den Schatz im Himmel, den der erhält, der um der Armut willen auf seinen Reichtum verzichtet, kann nur erstreben, wer unter einem sehr günstigen Stern geboren ist. Bernardus, Aegidius und wie sie alle heißen, alle waren reich geboren. All die Jünglinge und Jungfrauen, die ihre Elternhäuser verlassen haben, um den Franziskanern zu folgen, was glaubst du, passierte mit denen, die nach einiger Zeit merkten, dass ein Leben in Armut anstrengend und unbequem ist? Die eines Tages an des Vaters Tür klopften, weil ihr Magen knurrte, sie froren oder die Knochen schmerzten? Glaubst du, ein Vater schlägt seinem Kind einfach die Tür vor der Nase zu? Nein, viele sind wieder in ihren Vaterhäusern aufgenommen worden, es gab Feste zur Freude über die Rückkehr eines verlorenen Sohnes. Nur über diese wird nicht geredet, ihnen eilt kein Ruhm voran. Doch jeder kennt mindestens einen solchen. Und auch denen, die geblieben sind, wurde das Leben immer bequemer gemacht. Schliefen Franziskus und seine Brüder noch auf dem Boden, liegt man heute in den Konventen auf weichen Matratzen.

Nennst du das Armut? Und noch mehr: nennst du es Freiheit? Du sagst, wer wirklich arm ist, der muss die Armut lieben? Aber was ist denn Liebe? Ist Liebe nicht das Gegenteil von Freiheit?"

Niccolò grübelte. „Was sagst du, Torsolo? Liebe ist Unfreiheit? Ist denn nicht die Liebe die größte Freiheit? Und macht denn die Liebe zur Armut nicht frei von allem anderen, allem Begehren, allem Wollen, aller Gier?"

„Oh du jugendliche Einfalt! Man kann doch immer nur das lieben und begehren, was man nicht hat! Hast du noch nie ein Mädchen begehrt? Haben dich noch nie körperliche Wohlgestalt, strahlende Augen, süße Worte nachts wach liegen lassen? Doch begehrst du sie immer nur so lange sie nicht dein ist. Wenn du wirklich die Frau gewinnst, nach der du dich so lange verzehrst, dann wirst du bald merken, dass die Wohlgestalt ihres Körpers von ihrer Kleidung vorgegeben war, das Strahlen ihrer Augen nur das Sonnenlicht reflektierte und selbst die Süße ihre Reden nur aus nachgeplapperten Phrasen besteht, ebenso reflektiert wie das Licht ihrer Augen. Kein Weib strahlt von sich aus, auch wenn du, solange du sie begehrst, ihre Strahlen, ihr Licht zu spüren vermeinst. Sie ist nur der Spiegel des fremden Lichts. Glaube mir, Junge, nichts, was du besitzt, ist es wert geliebt zu werden, also kannst du genauso gut nichts besitzen. Erst, wenn du das wirklich verstanden hast, dann bist du frei."

„Aber die Herrin Armut …".

„Auch die ist nur ein Spiegel, niemand liebt die Armut. Alle lieben nur ein Bild; ein Bild, das sie selbst malen. Natürlich ist sie schön, anmutig und edel, weil sie sie so malen; genauso wie sie irgendeine Giovanna oder Francesca schön malen würden, weil sie das Bild lieben wollen. Lass ab davon, von allem Wollen, von allem Begehren, wenn du frei sein willst!"

Während er diese letzten Worte sprach, stieg Torsolo bereits den Hügel hinunter. Niccolò sah ihm nach, wie er einem Wiesel gleich flink hüpfte, dann wieder stehen blieb und den Kopf lauschend zur Seite legte, als müsse er fürchten, die Beute eines größeren Raubtiers zu werde. War Torsolo frei?

* * *

Wie ging es weiter?
Astrolabio hatte Vitriolöl mit verschiedenen Salzen vermischt und destilliert. Aqua regis und Aqua ardens, Seele und Geist, die beiden Zwillige hatte er geboren. Die Schwärze wurde jeden Tag stärker. Je dunkler sie wurde, desto heller würde das Licht erstrahlen. Doch wie konnte er das Licht hervorbringen? Wie er geahnt hatte, besaß er nur einen Teil der Schrift. Ein weiterer Teil musste bei Salvestro sein. Wann würde Ranieri diesen endlich bringen? Doch auch diese Teil würde nicht der letzte sein. Er musste weitermachen.
Er hatte keine andere Wahl, er musste den nächsten Kopf des Drachen abschlagen, den Kopf des Tiers, der so nahe war.

3. Kapitel

Wie alle Florentiner, Pisaner und noch ein paar andere bereiteten sich die Mitglieder der Familie Giotto di Bondones auf das Neujahrsfest am Tag von Christi Verkündigung vor. Beatrice grübelte über der Seltsamkeit der Jahreszahlen. Denn während für die Florentiner das Jahr 1319 seit der Fleischwerdung Christi begann, war für die Pisaner dagegen bereits 1320, während für die Venezianer das Jahr 1319 etwa drei Wochen zuvor angebrochen war. Wann ist Christus den eigentlich geboren, wenn es so viele verschiedene Daten gab, an denen seine Verkündigung gefeiert wurde? Freilich feierten die Florentiner den Tag, an dem die Sonne den Mond und die Nacht einholte, von nun an würde das Licht regieren bis es am Tag des heiligen Johannes den Thron besteigen würde, um dann langsam wieder dem Mond das Zepter zu überlassen, der am herbstlichen Äquinoktium seinerseits die Vorherrschaft übernahm und am Tag der heiligen Lucia den Thron bestieg. Musste also die Ankunft Christi, des Lichts, nicht an diesem Tage verkündet worden sein, damit seine Geburt selbst dann in der dunkelsten Zeit des Jahres geschehen konnte?

Beatrices Schwägerin Lauretta hingegen war mir praktischeren Dingen beschäftigt. Die Vorbereitung eines Festessens in der vorosterlichen Fastenzeit verlangte ein sorgfältiges Abwägen der Speisen.

„In Florenz haben wir an diesem Tag immer Huhn gegessen", sagte sie, „sind doch die Hühner am gleichen Tag geschaffen worden wie die Fische und daher während der Fastenzeit erlaubt. Aber hier ist alles anders. Wird es Vater recht sein, wenn es nur Fisch gibt?"

„Dem Babbo ist das wahrscheinlich egal“, antwortete Beatrice, „wenn es nur schmeckt und satt macht.“
Und so einigte man sich schließlich auf eine Blasmangiere aus Fisch, die keine verbotenen Zutaten enthielt, der man aber, wenn man den Anteil an Mandeln, Gewürzen und Pinienkernen gegenüber dem Üblichen erhöhte, doch den Charakter eines Festessens verleihen konnte.
Als an jenem Abend dann die Speisen aufgetragen wurden, war die Stimmung schon bald so ausgelassen, dass schnell vergessen war, dass eigentlich der Verkündigung Christi zu gedenken geboten war. Alle sahen zuversichtlich dem neuen Jahr entgegen, stießen mit den Bechern verdünnten Weines an und sagten sich gute Wünsche und sonstige Trinksprüche zumeist vom Inhalte, dass es nur besser werden könne. Einzig Francesco fehlte. Doch außer Lauretta, die zusehends unruhiger wurde, bemerkte niemand seine Abwesenheit. Niccolò hatte in Erinnerung an seine schreckliche Vision sich im Essen und Trinken zurückgehalten und sich in eine Fensternische gesetzt, um das Treiben der anderen zu beobachten. Giotto, wie er von seinen Erlebnissen in Arezzo und vom dortigen Bischof erzählte, dabei wild gestikulierte, den Bischof auch zuweilen nachahmte und bei den Zuhörern damit unbändiges Gelächter hervorrief. Lauretta, die bei der Erwähnung des Bischofs Tarlati kurz aufhorchte, ansonsten aber ständig zur Tür blickte. Onofrio, wie er sein Brot immer wieder in die Schüssel tauchte, als gäbe es für ihn keine Fastenzeit. Bartolo, wie er öfter verschämt zu Beatrice blickte, sobald er aber meinte, dass jemand seinen Blick bemerke, so tat, als fixiere er irgendeinen Punkt, der zufällig in ihrer Richtung lag.
„Armer Bartolo! Du wirst nie frei sein, du wirst dich immer nach etwas sehnen und doch nie bekommen, wonach du dich verzehrst“, dachte Niccolò. Doch waren Bartolos Leiden nicht unwesentlich im Vergleich zu dem, was kommen würde? Welchen Sinn hatte es, so ausgelassen zu feiern, so fröhlich zu sein, welchen Sinn hatte es gar, zu lieben, die Freiheit oder die Armut oder ein Mädchen, wenn doch bald alles zu Ende ginge?
Bei aller Furcht vor dem Ende war Niccolò doch um eine Sache froh. „Wenigstens hängt mein Herz an keinem Mädchen“, dachte er.

Bruder Onofrio hielt gerade dem Bildhauer Aloisio eine Laute hin: „Sing uns doch bitte ein Lied, lieber Aloisio, gerne auch in deiner Sprache, die in einer so eigenen Melodie schwingt. Wir wissen, dass du ein geborener Barde bist." Aloisio ließ zwar die von der Höflichkeit gebotenen Widersprüche vermelden, griff aber sogleich nach der Laute und begann, sanft deren Saiten zu streicheln.

„Ich vernahm, dass Leute sterben,
Und, welch Wunder ist's, verderben,
Weil die Minne sie versehre:
Gott bewahr mir Leib und Ehre!
Wo ich bin, wohin ich kehre,
Werb ich um die Einzighehre.
Will sie eine Frau denn sein?
Wahrlich ja, bei Gott! und mein!"

Aloisio machte eine Pause, die anderen applaudierten und forderten ihn auf, weiter zu singen, aber er schien sie nicht zu bemerken. Seine Augen blickten auf etwas, das nur er sah.

„Eines wohnt mir tief im Herzen,
Dadurch leid ich Sehnsuchtsschmerzen,
Die von außen und von innen
Mich bedrängen in den Sinnen:
Alles dies bewirkt das Minnen;
Warum muss ich's auch beginnen?
Schilt und schmäh' nicht so verstockt:
Iss, was du dir eingebrockt!"

Überrascht horchte Niccolò auf und sah den Sänger an. Er hatte Aloisio wohl ein paar Mal bei den Versammlungen der Cavalieri gesehen, ihm aber nie Aufmerksamkeit geschenkt. Niccolò hatte angenommen, Aloisio müsse ähnlich tollpatschig und einfältig wie sein Sohn Anselmo sein. Nun aber bemerkte er zum ersten Mal diese Stimme, sie war wie ein tiefblaues Gewölbe mit glitzernden goldenen Sternen. War Aloisio mehr als nur ein Bildhauer? War auch er ein Künstler? Niccolò wollte plötzlich wissen, was Aloisio da in dieser für ihn selbst unverständlichen Sprache gesungen hatte. Er winkte Anselmo zu sich.

„Einige sind aus Liebe zu einer Frau gestorben", fasste Anselmo zusammen, „Liebe ist gefährlich, aber man muss trotzdem lieben man kann nicht anders, und am Ende muss man leiden. ‚Iss, was du dir eingebrockt!'"

„Wenn er von der Liebe zu einer Frau singt, dann ist das einzig Sichere, dass es nicht um die Liebe zu einer Frau geht", erwiderte Niccolò.

Anselmo sah ihn verständnislos an.

Als es an der Tür klopfte, sprang Lauretta sogleich auf. Doch statt ihres erwarteten Ehemannes trat Bruder Alberto herein, den Blick verlegen zu Boden gerichtet.

„Man schickt mich, Bruder Onofrio abzuholen", flüsterte er, „im Konvent machen sie sich schon Sorgen ..."

„Ach was?", rief da Giotto, „ihr wisst doch, dass Onofrio bei uns in guten Händen ist. Setz' dich zu uns, lieber Bruder, und trinke etwas; der Wein ist verdünnt, den darfst du trinken!"

Bruder Alberto schaute Onofrio bittend an: „Komm doch bitte, sie sorgen sich wirklich!"

Onofrio grinste verlegen, aber Giotto sagte: „Sorgen sie sich wirklich um ihren Mitbruder oder fürchten sie nur, Onofrio könne Freude empfinden, während sie selbst in ihren dunklen Zellen sitzen? In diesem Falle, frage ich dich aber, was ändert sich an ihrer traurigen Lage, wenn sich Onofrio ebenfalls in seine Zelle kniete, um vor sich hin zu leiden?"

„Nein, nein", stotterte Alberto, „es geht doch um das Seelenheil Bruder Onofrios, er hat doch die Tugenden geschworen ..., Gehorsam ..., und vor allem Armut ..."

Da unterbrach ihn Bruder Onofrio: „Armut! Du wirst mich sicher nicht belehren wollen, was Armut ist! Ihr Brüder im Konvent, die ihr alles habt! Jede Bequemlichkeit! Ich aber, ich habe nichts, ich bin so arm wie Christus und die Apostel! Wenn ich hier esse und trinke, dann verdanke ich das der Gast-

freundschaft des Meisters Giotto; nichts von dem, was ich esse oder trinke, gehört mir, genauso wenig wie die Kleider, die ich auf dem Leib trage, mir gehören. Ihr aber, ihr habt eure Kutte, eure Zelle, euer Bett. Du kannst mich gar nicht nach Hause holen, weil ich kein Zuhause habe. Ich bin arm! Ich lebe nur von Almosen! Eure Armut, die sieht nur aus wie Armut, in Wahrheit ist sie aber nur Schein!“
Giotto dagegen griff nach der Laute und begann zu singen:
„Di quella povertà che heletta pare,
si può veder per chiara sperienza,
che sanza usar fallenza,
s‘osserva o no, sicchome si conta:
E l‘osservanzia non è da lodare,
perchè discretion ne chognioscienza
o alcuna valenza
di costumi o di virtute le s‘afronta.
Certo, parmi grand‘onta
chiamar virtute quel che spegnie ‚l bene;
e molto mal s‘avene,
cosa bestial preporre alle virtute,
le qua‘ donan salute,
a ogni savio intendimento accietta:
e chi più vale, in ciò più si diletta.

Bruder Alberto blickte immer noch verlegen zu Boden. Giotto legte den Arm um seine Schulter. „Gefällt dir mein Lied? Ich habe es selbst geschrieben, doch ich habe dabei gemerkt, dass der Schöpfer mich zum Maler bestimmt hat, nicht zum Dichter. Und doch, wem tut es denn weh, wenn ich auch manchmal dichte? Lass Bruder Onofrio noch ein bisschen hier bleiben, lieber Bruder. Wenn du mein Geschenk nicht annehmen und mit uns speisen und trinken möchtest, dann kehre nun zu den Brüder zurück und sage ihnen, Bruder Onofrio tut genau das, wozu unser Vater ihn bestimmt hat. Er kann gar nicht sündigen, solange er hier bei uns ist.“

* * *

R E X
E X P
R E X

Was konnte er damit gemeint haben? Der Tag dämmerte, aber Messer Bonaventura saß immer noch an seinem Schreibpult, den Kopf auf beide Hände gelegte, die Ellbogen auf der Tischoberfläche. Er fixierte die Tischfläche, es konnte doch nicht sein, dass er es nicht verstand! Waren es gar nur Buchstaben, einzig um des Quadrates Willen angeordnet? Nur eine Figur, eine zufällige Anordnung, nur ihrer Form wegen gewählt, eine Zeichnung eher als ein Text?
Er hatte Francesco nichts von dem Quadrat gesagt. Dieser Jüngling mit seinem ungeduldigen Wesen! Beinahe die ganze Nacht war er hier gewesen. Auch nicht als Messer Bonaventura ihm angeraten hatte, doch an seine Eltern, seine Frau zu denken, die doch sein Fehlen beunruhigen müsse, war er zum Aufbruch zu bewegen.
„Was ich mache, das ist denen vollkommen egal!" hatte Francesco lediglich mit einem Ton bemerkt, der Messer Bonaventura nicht von seiner Besonnenheit überzeugte.
Der eisige Wind setzte auch das ruhigste Gemüt in Aufruhr. Messer Salvestro war seit Tagen nicht mehr gesehen worden. Sein Schwiegersohn erzählte zwar, er habe sich einige Tage auf seine Besitztümer auf dem Land zurückgezogen, doch seine Tochter hatte Bruder Onofrio – ihrem persönlichen Beichtvater – berichtet, dass ihr Vater nie abgereist wäre, ohne ihr auch nur eine Nachricht zu hinterlassen.
„Sollen wir nicht sein Kapitel der Schrift suchen, solange Ranieri noch glaubt, er sei am Leben?" fragte Francesco.
„Ja, lieber Francesco, wir müssen froh sein, wenn Ranieri die Schrift noch nicht an sich gerissen hat!"
„Aber, hätte er sie nicht uns, den Cavalieri, gegeben?"
„Du traust doch nicht etwa Ranieri! Es soll mich nicht wundern, wenn er zwei Damen dient. Nein, Bruder Onofrio als Vertrauter von Salvestros Toch-

ter soll nach der Schrift suchen. Wie ich Salvestro kenne, hat er sie eher seiner Tochter anvertraut als seinem windigen Schwiegersohn."
„Aber wird Ranieri dann nicht danach suchen und uns keine Ruhe lassen, bis er sie gefunden hat?"
„Dann gebt ihm etwas anderes", Messer Bonaventura zog ein kleines gebundenes Bändchen vom Wandbrett hervor. „Gebt ihm das, dann hat er etwas. Ranieri fühlt sich wichtig und der Inhalt dieses Buches ist so vollkommen unsinnig, dass niemand damit etwas Übles anstellen kann, auch der Dümmste nicht."
Francesco war darauf endlich nach Hause gegangen, doch er selbst war keinen Schritt weiter.
„REX EX PREX - Der König aus dem Gebet", was sollte das? Was für ein König? Was für ein Gebet? Aber vielleicht ..., da war noch der andere Satz! Ein Satz, der ihm bis dahin ebenfalls wie ein Aufreihen einzelner Wörter ohne Zusammenhang vorgekommen war: Sinus vultum bifrontis sub eo cathedra cuculi parvi. Pervenis ad eum per portam quattuor praecationis.1
Messer Bonaventura griff nach der Lampe und verließ das Haus.

* * *

In der Werkstatt von San Francesco war man dem seltsamen Verschwinden des Rauschgelb nachgegangen, dabei jedoch zu keinem Ergebnis gekommen, und so hatte die Tätigkeit wieder ihren gewohnten Verlauf genommen. Guido di Giacomo hatte murrend seine Arbeit an der Hochzeitstruhe wieder aufgenommen. Jeder Ausspruch, den er in den nächsten Tagen tat, begann mit einem Fluch auf den unbekannten Farbdieb. (Da die anderen aber bald vermieden, ihn anzusprechen, tat er an jenen Tagen nur noch wenige Aussprüche.) Francesco seinerseits war sehr ungehalten über das Verschwinden von Farbe, die er bereits bezahlt hatte.

Schwager Ricco schlug vor, die verschwundene Farbe dem Kardinal Orsini in Rechnung zu stellen, worauf Francesco ihn belehrte, dass diese Farbe, die sich nicht für die Malerei an der Wand eignete, mit dem Auftrag des Kardinals überhaupt nichts zu tun habe.
„Das weiß doch der Kardinal nicht!“, entgegnete Ricco seelenruhig, „ein Mann der Bücher und des Studiums der göttlichen Weisheit! Glaubst du, der kennt sich mit Dingen aus, die uns Handwerker betreffen? Es würde jedenfalls keinen Armen treffen, überlege es dir, lieber Schwager.“
Francesco verspürte den Drang, seinen Schwager zu prügeln, verschob das aber auf einen zukünftigen Moment, in welchem er mit ihm allein sein würde, und ohrfeigte statt seiner den ungeschickten Anselmo, der gerade einen anderen irdenen Behälter mit Farbe – zum Glück nur Ocker – zu Boden fallen gelassen hatte.

Ricco di Lapo war in der Tat mit der Aufstellung seiner pekuniären Angelegenheiten weit weniger skrupulös als sein Schwager. Die Abrechnung, die die endgültigen Ausgaben seines Lebens der heiligen Magdalena betrafen, war so verworren, dass Giotto, bevor er sie unterzeichnen konnte, sie fast gänzlich neu abfassen musste. Beatrice war ihrem Vater dabei behilflich, und beide wunderten sich immer wieder, wie jemand so wenig Sinn für Zahlen haben konnte wie Ricco. Er schrieb auch noch die alten römischen Ziffern. Doch endlich schien die Rechnung korrekt zu sein; Beatrice schrieb sie neu mit zierlichen Lettern auf zwei saubere Bögen Hanfpapier, um der Würde des Hauses Bondone den angemessenen Ausdruck zu verleihen.
Beim Bischof Tebaldo da Pontano erzielte man auch die gewünschte Wirkung. Er lobte die ordentliche Aufstellung, die korrekten Berechnungen, die saubere Schrift. Nicht jeder Handwerker arbeitete mit einer solchen Genauigkeit, das wusste der Bischof. Zufrieden zeigte er die Bögen sogleich seinem Sekretär, als erfreuliches Beispiel eines Produkts braven Handwerks. Astrolabio da Salerno zog beinahe unmerklich die Oberlippe zu einem Winkel in die Höhe. Er sagte nichts, aber der Bischof bemerkte dennoch seine Missbilligung.

„Redet nur, lieber Astrolabio“, forderte er ihn daher auf, „Ihr wisst sehr wohl, dass Ihr mir nichts vormachen könnt. Ich bemerke jede Eurer Gemütsbewegungen auch ohne Worte.“
„Nun, ich war lediglich ein wenig konsterniert“, begann Astrolabio, und tat, als suche er, der in Wahrheit nie um Worte verlegen war, nach denselben, „ein wenig irritiert war ich, ob der Verwendung der indischen Figuren in diesem Dokument.“
„Aber guter Astrolabio, die indischen Figuren sind keine Sache für uns alte Männer“, der Bischof blinzelte dem Benediktiner zu,“ aber den jungen Leuten erleichtern sie die Arbeit. Wie mir verschiedentlich die Magister bestätigten, geht das Multiplizieren und das Dividieren mit diesen neuen Figuren, den indischen, wie sie sie nennen, viel einfacher und unkomplizierter von der Hand. Ich verstehe ja von diesen Dingen nichts, aber ich habe es mir sagen lassen.“
„Verehrter Bischof“, stimmte Giotto bei, „genau so ist es. Die indischen Figuren stellen für uns eine Erleichterung dar, so wie das Spindelspinnrad die Arbeit der Tuchmacher erleichtert. Wie Ihr selbst sagtet, sind wir keine Magister, wir sind nur Handwerker. Unsere Aufgabe ist das Malen und das Abbilden der Natur. Sollten wir uns deswegen über Gebühr mit unnötig schwierigen Rechnereien aufhalten, Aufgaben, die auch einfacher zu bewältigen sind?“

In Astrolabios Augen blitzte bereits der unterdrückte Zorn auf:
„Meister Giotto, Ihr seid für wahr kein Gelehrter. Wäret Ihr nämlich nur ein wenig in der Kunst der Dialektik bewandert, dann würdet Ihr verstehen, dass der Vergleich mit dem Spindelspinnrad, den Ihr selbst zu Euren Gunsten anführt, eigentlich gegen Euch spricht. Denn wo konnte je die Wolle, die mit besagtem Spinnrad gesponnen wurde, die Qualität der Wolle erreichen, die die Arbeit mit der Handspindel hervorbringt? Neuerungen bringen also selten Verbesserungen mit sich. Ihr als Florentiner müsstet die indischen Figuren sogar noch ablehnender als alle anderen betrachten, sind es doch genau Eure Zünfte in Florenz, die sie verbieten.“

„Bei allem Respekt, verehrter Herr, Ihr irrt in diesem Punkt“, erwiderte Giotto, „nicht alle Zünfte meiner Stadt verbieten in ihren Statuten die indischen Figuren. Die Zunft der Wechsler, wiewohl die Zunft, deren vorrangigste Aufgabe das Rechnen mit Zahlen ist, verbietet sie. Meine Zunft dagegen – wir Ihr wisst, bin ich als Maler der Zunft der Ärzte und Apotheker eingeschrieben – meine Zunft begrüßte die Verwendung der indischen Figuren aus bereits erwähnten Gründen.“

„Anmaßung und Hybris“, ereiferte sich Astrolabio erneut, „was sind denn Ärzte, wenn nicht Handwerker, Handwerker, deren Aufgabe das Heil des Körpers ist, des Körpers! Noch tiefer steht der Apotheker, liefert er doch nur dem Arzt das medizinische Rohmaterial. Beide aber sind Handwerker! Der Körper ist ihr Werkstoff, so wie das Holz der Werkstoff des Tischlers oder die Farben Euer Werkstoff sind. Ihr glaubt, Ihr könntet selbst beurteilen, was Eurer Arbeit zuträglich ist? Das mag für Eure Farben durchaus gelten. Doch gibt es Dinge, bei deren Beurteilung Ihr euch auf uns, die Männer der Kirche und des Geistes verlassen solltet. Und so fällt es nicht in das Gebiet Eures Verständnisses, die Angemessenheit der indischen oder der römischen Zahlen zu erkennen.

Ich sage Euch nur so viel, (und nur, weil ich Euren scharfen Geist kenne, der Dinge durchdringt, die es besser wäre nicht zu durchdringen): die indischen Figuren sind einer der vielen Idiome des Teufels! Ihr sagt, sie erleichtern das Rechnen. Ja, ist das nicht das wesentliche Merkmal eines Teufelspaktes? ‚Alle Macht und Herrlichkeit dieser Welt ist mir übergeben und ich will sie Dir geben, wenn Du mich anbetest‘, verspricht der Teufel. Doch was nützen Macht und Herrlichkeit dieser Welt, wenn diese Welt nicht von ewiger Dauer ist! War nicht auch der Vicedominus Theophilus ein Mann von großer Weisheit und Demut. Dennoch ließ er sich auf den Pakt mit dem Teufel ein. Wenn aber die fallen können, die so fest in ihrer Tugend und Demut sind, um wie viel mehr in Gefahr sind dann die einfachen Sünder.

Die indischen Figuren aber sind ohne Substanz und das ist das dämonische an ihnen. Sie sind nur Relation, keine Form ist in ihnen, außer der, die wir ihnen geben. Erhält nicht jede Figur ihre Bedeutung nur durch die Position,

an der sie gerade steht? Damit verliert sie jedes Wesen. Sie sind Worte ohne Inhalt, Geschwätz ohne Bedeutung, gleich dem Geschwätz der Weiber! Wie der Prediger sagt: ‚Des Narren Lippen verschlingen ihn selbst!' Deswegen hütet euch vor dem Pakt mit dem Teufel, hütet euch vor allem neuen!"
Astrolabio redete auch weiter, während er dem Bischof aus der Werkstatt folgte, seine Rede dabei ständig mit Zitaten der heiligen Schrift unterlegend.
Als die beiden gegangen waren, fragte Beatrice verunsichert:
„Babbo, ist das wirklich wahr, dass die indischen Figuren vom Teufel kommen?"
„Aber Kind, der Teufel hat keinen Grund, sich zu verstecken. Wenn er einen Pakt mit uns schließen will, dann sagt er uns ganz deutlich, wer er ist. Hat sich dir aber jemals eine von den indischen Figuren als Teufel vorgestellt, vielleicht die Neun: ‚Salve Bice, ich bin der Teufel. Deswegen kringel ich mich auch wie eine Schlange.'"
Bei diesen Worten rollte er seinen dünnen Oberkörper rund auf, so dass er durch seine Beine durchschaute und wirklich der Zahl Neun glich. Beatrice musste lachen, dennoch lies die Frage nach dem Teufel sie nicht los.
„Aber warum verbietet die Wechslerzunft dann die indischen Figuren?"
„Ach weißt du, mein Kind, es gibt viele Leute, die davon leben, dass andere nicht rechnen können. All die Magister des Abakus würden sich einer beachtlichen Einnahmequelle berauben, wenn alle Menschen selbst rechnen könnten. Glaubst du, dann würde noch jemand einen solchen Magister für seine Dienste bezahlen? Zu viele Menschen machen gute Geschäfte mit der Dummheit anderer Menschen."

4. Kapitel

Etwas Seltsames ist im Gange", bemerkte Niccolò, während er am nächsten Tag nach der Arbeit mit Beatrice und Bruder Onofrio nach Hause ging.

„Was meinst du?" fragte Beatrice.

„Nun, ich habe gestern solche Andeutungen von Francesco gehört; er sprach mit dem Maler aus Siena ..."

„Mein Bruder drückt sich nur noch in rätselhaften Andeutungen aus. Ging es wieder um irgendwelche Frauen und Rosen und eisige Winde?"

„Nein, Bice, nicht das übliche Gelaber; es scheint, dass der Tod des Lehrers und das Verschwinden Messer Salvestros zusammen hängen."

„Weil die beide zu dem komischen Verein gehörten?"

„Ja, weil sie beide dazu gehörten. Die Cavalieri haben etwas, was ein Anderer sucht, und um das zu kriegen, tötet er sogar. Und irgendetwas hat auch die Regierung damit zu tun."

„Du meinst ..." Beatrice war stehengeblieben, ihre Augen leuchteten, „du meinst, das sind doch nicht nur Dichter? Aber was können sie haben, was für jemand anderen so wichtig ist?"

„Nichts!" rief plötzlich Bruder Onofrio, „was redet ihr da für einen Mist? Erstmal ist nur einer tot, und der hat sich wahrscheinlich selbst tot gegeißelt. Messer Salvestro aber, der ist lediglich aufs Land gefahren!"

„Aber Onofrio, du hast doch selbst gesagt …“
„Was wisst ihr denn, was ich gesagt habe? Zu euch habe ich sicher nichts gesagt, das von irgendeiner Wichtigkeit gewesen wäre! Glaubt ihr, ich erzähle euch irgendetwas? Einem Novizen und einem Mädchen!“
„Onofrio!“
„Macht am besten das, was eurem Stand zukommt: haltet die Klappe!“
Statt seinen Weg zusammen mit den beiden fortzusetzen, bog Onofrio in eine der seitliche Gassen ein und ging schnurstracks davon.
„Was war das?“ fragte Niccolò, „war nicht immer er einer von denen, die vom eisigen Wind und von der Gefahr geredet haben?“
„Das war einfach das Zeichen, dass du recht hast“, antwortete Beatrice, „aber Niccò, wenn das wirklich so ist, wie du sagst, dann heißt das ja, dass alle in Gefahr sind, Francesco, Messer Bonaventura und auch Onofrio selbst …“
„Wahrscheinlich schon, wenn auch die wissen, wo das Ding ist, das der Mörder sucht.“
„Sollten wir nicht herausfinden, was das ist, dieses Ding. Ich meine, es geht doch schließlich um das Leben meiner Familie! Wir könnten doch mal zum Haus des Lehrers gehen und nach Spuren suchen, vielleicht sogar – jetzt gleich?“
„Bice, es sind fünf Monate vergangen! Glaubst du vielleicht, wenn der Mörder damals Spuren hinterlassen hat, dann sind die heute noch da? Vielleicht hat er seinen Umhang dort hängen lassen und er liegt noch dort, oder aber seine Trippen stehen noch vor der Tür …“
„Das Haus ist doch nie untersucht worden, weil der Podestà und alle anderen sicher waren dass Maestro Leone an seinen Geißelungen gestorben sei. Warum sollten sie also nach Spuren eines Mörders suchen, wenn es ihrer Ansicht nach keinen Mörder gibt? Gehen wir doch einfach mal gucken!“
Niccolò verdrehte die Augen, folgte aber Beatrice zum Haus, in dem einst der Lehrer Leone gewohnt hatte. Zu ihrem Erstaunen fanden sie die Haustür offen vor. Als sie herein lugten, erkannten sie den Raum, in dem der Lehrer seinen Unterricht abgehalten hatte. Doch die Schemel und Holzkisten waren ordentlich an einer Wand aufgereiht. Nur noch zwei Hocker standen an

einer größeren Kiste, auf dieser stand hölzernes Geschirr. Ein Huhn rannte gackernd davon. Alles sah danach aus, als sei das Haus wieder bewohnt. Das Brennholz neben dem Kamin, die Töpfe, das Geschirr, der gefegte Boden, sogar die Tongefäße auf dem Wandbrett waren frei von Staub.
„Die hatte es schon gegeben, als Meister Leone noch hier war", bemerkte Beatrice, „Chiara sagt, er habe dort Honig aufbewahrt. ‚Für die Kinder, die ihre Aufgaben gut machen', habe er immer gesagt. Leider waren die Kinder alle zu faul oder zu dumm. Nie hat ein Kind von dem Honig bekommen ..."
„Was macht ihr da an meinem Haus, ihr Lumpengesindel?" unterbrach sie eine laute Stimme. Sie gehörte einem Mann, der sich mit einer Axt über der Schulter näherte. Da rannte Beatrice los und Niccolò folgte ihr.
„Ihr wollt wohl klauen! Vermaledeite Pfaffenfurze! Vermaledeit auch die Hure, die euch geboren hat ..." seine weiteren Segnungen hörten sie nicht mehr.

* * *

Hatte sich die schwarze Galle in Bruder Onofrios Körper schon erhitzt durch das Gerede Niccolòs und Beatrices, so schlug nun auch noch sein Herz kräftiger, als er den Mann aus dem Portal des Palazzo Moriconi treten sah. Er lief hinter ihm her und packte ihn an einer Falte seiner weiten Heuke, die in seltsamen Kontrast zu seinen nackten Beinen und Füßen stand.
„So, hat sie dich neu eingekleidet! Hab' ich dir nicht verboten, hierher zu kommen! Was hast du hier zu suchen?"
Der Mann grinste Onofrio ins Gesicht.
„Was kannst du mir wohl verbieten, einem freien Mann. Nichts! Ich schwebe vom hohen Olymp hinab und ziehe in Menschengestalt durch die Lande, obwohl ich ein Gott bin."

„Zur Sünde willst du sie verführen!"
„Werter Bruder, was ist schon Sünde?" sagte der andere leise mit seiner heiseren Stimme, „lehrt ihr nicht euer Augustinus und noch ein paar andere, dass der Mensch nichts ist, nichts kann, ohne die Gnade Gottes?"
„Ja, aber ..."
„Wenn es also keinen Willen gibt, alles von der göttlichen Gnade abhängt, dann kommt doch auch alles, was wir Menschen machen, von der göttlichen Gnade, oder? Wenn aber alles, was wir tun, von Gott kommt, dann können wir doch gar nicht mehr sündigen. Auch was aussieht wie Sünde, ist in Wahrheit keine."
Bruder Onofrio holte Luft, er wollte widersprechen, doch der Andere redete schon weiter:
„Ist das nicht wie bei dir mit der Armut? Du bist arm, weil du nichts besitzt, dennoch ist dein Bauch rund, du isst und trinkst wie ein König. Und wie du es erst mit den Weibern hältst, das weiß nur Gott allein!"
„Ich habe Keuschheit gelobt!", schrie Bruder Onofrio.
„Ja, genauso wie Armut. Und was machst du dann hier?"
„Monna Ginevra ist mein Beichtkind, ich muss in dieser schweren Stunde, da sie sich um ihren Vater sorgt, nach ihr sehen!"
„Hättest du es auch so eilig, wenn dein Beichtkind alt und hässlich wäre? Doch nur zu, lass deine Kräfte austoben! So muss es sein. Öffne deine Pforten, beseitige deine Dämme und lass deinen Strömen ganz und gar die Zügel schießen!"
„Du hast sie zur Sünde verführt! Das wird ihr das Seelenheil verwehren!"
„Oh, lieber Bruder, ich kann dir versichern, zu dem, was ihr Heuchler Sünde nennt, kann sie keiner mehr verführen. Das hat sie schon ganz alleine geschafft. Ihre Almosen an die Armen bestehen schon lange nicht mehr nur in Speise und Kleidung."
„Du Verworfener, reicht es nicht, dass es für dich keine Hoffnung mehr gibt, musst du auch noch andere in deinen Schmutz mit hinein ziehen?"
Onofrio packte den Mann an seinem eleganten Gewand, er atmete seinen Geruch nach Schweiß und Erde ein.

„Sollte das etwa Eifersucht sein, bei dem kleinen Mönch?“ Das Grinsen wurde immer breiter, „du würdest sie wohl lieber selbst in deinen Schmutz ziehen?“ Onofrio schlug ihm eine Faust ins Gesicht. Als jener nur weiter grinste, holte Onofrio erneut aus und schlug mehrmals zu. Ohne sagen zu können, wie es dazu gekommen war, lag der Andere plötzlich am Boden, Onofrio saß auf seinem Körper und schlug unaufhörlich auf ihn ein. Erst als sich ihnen einige Bürger näherten, ihre Belustigung über ein solches Verhalten seitens eines Minderen Bruders ausdrückend, kam Onofrio wieder zu sich. Er stieg von dem Anderen herunter, blickte ein paar Mal verlegen in die Gruppe lachender Menschen und verdrückte sich verschämt.

5. Kapitel

Mit dem Frühling zogen Scharen von Pilgern nach Assisi. Wieder konnte man alle Sprachen der Welt auf den Straßen der Stadt hören. Kirchen und Wirtshäuser waren voll. Die Stadt erwachte erneut zum Leben. Niccolò und Beatrice gefiel es, die Pilgerscharen zu beobachten und sich dann vorzustellen, wer da wohl im Pilgergewand unterwegs war. Wanderten denn nicht auch Fürsten und Könige im schlichten Gewand unerkannt als Pilger umher? Hätte Beatrice, als sie sich mit diesen Spielen der Phantasie die Zeit vertrieb, gewusst, dass sich auch der Mann unter ihnen befand, der den Roman, der ihr und ihrer Freundin solchen Anlass zum Disput war, in ihre Sprache übertragen und ihr damit überhaupt erst zugänglich gemacht hatte, sie wäre sofort zu Federica gelaufen, um ihr und ihrem Vater davon zu berichten. Hätte sie außerdem geahnt, dass dieser Mann eigens nach Assisi gekommen war, um seinen Landsmann Giotto, ihren Vater, hier aufzusuchen, dass er mit Giotto, Francesco, Ricco und den anderen im Salon des Palazzo di Bondone versammelt war und geheime Dinge besprach, sie wäre sofort zu ihrem Lauschposten unter dem Saal gesprungen. Vielleicht wäre sie sogar allen väterlichen und brüderlichen Verboten zum Trotz in den Saal gelaufen, die darauffolgende Strafe freudig hinnehmend. Doch da sie nichts davon ahnte, schlief sie ruhig in ihrer Kammer, ohne einer Spur des illustren Gastes gewahr zu werden.

Vielleicht war sie ihm sogar bei Tage auf den Straßen von Assisi begegnet, diesem gebeugten Mann, mit der nach Adlerart gebogenen Nase, den großen Augen mit dem durchdringenden Blick, dem nachdenklichen und melancholischen Gesichtsausdruck. Doch hätte sie ihn auch dann nicht erkannt, nicht geahnt, dass dieser Mann – bereits wie ein Schatten aus dem Reich der Toten – schon bald ihren Namen Beatrice, der doch Seligkeit verhieß, für immer mit seiner Person verbunden, unsterblich machen würde.

* * *

Am Abend der Vigilie des Passionssonntags, als die Mönche von S. Francesco nach der Vesper die Hungertücher aus der Sakristei geholt hatten, um mit ihnen am nächsten Tag Bilder und Kruzifixe zu verhüllen, klopfte ein Pilger an die Pforten des Konvents und erbat Einlass. Er selbst trug das Habit der Franziskaner und stellte sich als Bruder Stefano aus dem Konvent von Nocera vor. Nachdem die Brüder von S. Francesco ihn der Fastenzeit und ihrem Armutsgelöbnis entsprechend mit Speise und Trank versorgt hatten, berichtete er vom Grund seines Kommens:

In Nocera haben sich vor wenigen Tagen, genau gesagt am Tag des heiligen Rupert die Kanoniker und der Bischof im feierlichen Kapitel versammelt. Die Notwendigkeit des Anlasses habe alle vereint. Man sei einstimmig der Ansicht, dass der Zehnte, den man seit sechs Jahren im Namen des heiligen Vaters gesammelt und im Konvent des heiligen Franziskus aufbewahrt hatte, dort nicht mehr sicher sei.

Zu viele Nachrichten erreichten Nocera von den Truppen des unseligen Muzio di ser Francesco, die das Herzogtum durchzogen. Dieser Muzio war der Sohn von Francesco dei Brancaleoni und verwandt mit Guido da Montefeltro. Man erinnere sich in Assisi doch sicher an Guido da Montefeltro? Natürlich erinnerte man sich in Assisi an den Feldherren der Ghibellinen. Nicht nur in Assisi sondern wahrscheinlich auf der gesamten italienischen Halbinsel war er bekannt.
Mehr als 30 Schlachten hatte er geschlagen, die meisten siegreich, man nannte ihn den dux bellorum. In seinem Hass auf den Papst hatte Guido vor keiner Grausamkeit zurückgeschreckt; allein in der Schlacht von Forlì soll er über 2.000 Franzosen getötet haben. Seit Clemens IV. gab es wohl keinen Papst, der Guido nicht mit dem Bann belegt hatte.
Doch man erinnerte sich auch seiner treuen Liebe zum heiligen Franziskus. Als greiser Mann, müde vom Krieg und vom Töten, war Guido dem Orden beigetreten. Am heiligen Abend des Jahres 1296 hatte er das Habit des Ordens aus der Hand des Generalministers Giovanni da Murrovalle selbst empfangen, gleichzeitig mit dem sanftmütigen Fürsten von Salerno, Ludwig von Anjou, so dass die Prophetie des Jesaja erfüllt war: „der Wolf wird bei dem Lamm wohnen".
Ja, man erinnerte sich der Besucher aus aller Welt, die den berühmten Ordensbruder sehen wollten. Man erinnerte sich auch, dass Guido, als er beinahe 80 Jahre zählte, einen Kreuzzug in den Orient geplant hatte. Bei den Vorbereitungen aber war er am Tage des heiligen Michael des Jahres 1298 gestorben.

Muzio di ser Francesco, sein Nepos, soll Guido an Grausamkeit in nichts nachstehen. Ihm fehlte nur dessen Frömmigkeit. Papst Johannes schleuderte die Blitze der Exkommunikation auf ihn, der Gefahr seiner Häresie für die anderen Tiere der Herde gewahr. Den Gebannten selbst störe das indes wenig. Er erklärte, Papst Johannes sei nicht der rechtmäßige Papst, nicht der Kopf der Christenheit, Sentenzen der Exkommunikation daher nicht zu fürchten. Längst habe Muzio sich mit den dunkelsten Mächten verbrüdert,

so erzählte man. Vertraut solle er sein mit den Dämonen, die die Wälder der Gegend bevölkerten. Hexen, teuflische Feenwesen und sonstige Unholde seien seine Verbündeten. Wen wundere es bei einer solchen Allianz noch, dass seine Truppen einen Ort nach dem anderen einnahmen, plünderten und brandschatzten?
So habe man in Nocera beratschlagt, was zu tun sei, die verschiedenen Vorschläge abgewägt, mehr oder weniger heftig disputiert, doch schließlich sei man zu dem Ergebnis gekommen, dass es keinen sichereren Ort für einen solchen Schatz geben könne als den Konvent von S. Francesco in Assisi. Werde hier doch auch das Vermögen des Kardinals Napoleone Orsini aufbewahrt?
Der Generalminister stimmte dem zu, und man beschloss, den Schatz von Nocera in den Konvent von S. Francesco in Assisi zu überführen, wo der Schutz des heiligen Franziskus jeder Art von Hexerei oder schwarzer Magie trotzte. Bruder Stefano zog also gen Nocera, um seinen Mitbrüdern die freudige Nachricht zu überbringen.

* * *

In der Grabeskirche von S. Francesco sah Niccolò Anselmo zu wie er den Kalkputz auf das Gewölbe auftrug. Wo hatte Anselmo das Anbringen des Putzes nur gelernt? Nicht wie er selbst, Niccolò, oder alle anderen Maler ging Anselmo dabei vor, die Kardätsche mit dem Putz in einer Hand haltend, den Putz mit der Kelle in der anderen Hand stückchenweise gegen die Wand drückend und glattstreichend. Vielmehr nahm Anselmo ein größeres Stück des Putzes als üblich auf eine Kelle, strich dies grob über die Wand, um dann mit einer zweiten Kelle den Putz sofort wieder in die andere Richtung zu streichen. Ja, Anselmo hielt wirklich zwei Kellen, eine in jeder Hand, und glättete

den Putz abwechselnd in beide Richtungen. Die Kardätsche mit dem weitere Vorrat an Putz legte er dazwischen stets auf dem Gerüst zu seinen Füßen ab, wobei er sich im Verlauf der Arbeit zunehmend verhaspelte, statt ihrer eine der Kellen ablegte und den gesamten Putz gleichzeitig gegen die Mauer drückte, von wo dieser sogleich wieder herunter bröckelte.
„Wie dumm aber auch, dass du keine drei Hände hast", bemerkte Niccolò.
Anselmo überlegte einen Moment, dann sagte er: „Das gibt es doch gar nicht!"
„Was?"
„Menschen mit drei Armen. Aber die Sechsarmigen, die wären sicher gute Maler, sie wären schneller."
„War das ein Sechsarmiger, der dich gelehrt hat, den Putz so aufzutragen?"
„Glaubst du wirklich, ich bin so weit herum gekommen, dass ich die Menschen mit den sechs Armen getroffen haben könnte?"
„Leben die denn nicht bei euch da oben im Norden?"
„Bei uns? Nein, das glaube ich nicht, ich bin wenigstens nie einem begegnet."
„Aber irgendwo da oben leben doch auch Hundsköpfige und solche mit einem Auge auf der Brust und Nasenlose ..."
„Die habe ich nie getroffen."
Schließlich hatte Anselmo in seiner umständlichen Art doch den Putz aufgetragen, den Niccolò zum Malen benötigte. Er malte das Gesicht einer Frau, einer betagten und gewichtigen Frau, die dem vor ihr knienden Mönch ein Joch auf die Schultern legen sollte. Einstweilen war der obere Teil des Feldes fertiggestellt: der heilige Franziskus, der, selbst ein Joch auf den Schultern tragend, auf dem Dach eines Kreuzgangs stand, die Hände zur Seite haltend und damit deren Wundmale präsentierend. Beatrice hatte die Architektur des Bildes sorgfältig konstruiert und vermessen, damit alle gewünschten Personen, darin Platz finden konnten. Die Frau, die Niccolò gerade zu malen begann, saß in der Mitte des Kreuzganges. Hinter ihr war die Kreuzigung Christi dargestellt, auf der Wand des gemalten Kreuzganges war sie noch im Stadium der Sinopie dargestellt, ein ungewöhnlicher Einfall, die Niccolò vor einigen Tagen in den Sinn gekommen war.

„Wenn wir das Leben so abbilden wollen, wie es ist, dann kann doch eine Sinopie im Kreuzgang sein. Die Maler könnten es nicht mehr geschafft haben, das Fresko fertig zu malen oder der Auftraggeber könnte gestorben sein, oder ihm könnte das Geld ausgegangen sein, weil er sich auf unsichere Geschäfte eingelassen hat, oder ...", hatte er erklärt, als Puccio Capanna ihm mit einem schroffen „Blödsinn, das hat es doch noch nie gegeben!" ins Wort gefallen war. Somit verwarf Niccolò seinen Einfall und hätte ihn wahrscheinlich vollends vergessen, wenn Francesco nicht einige Stunden später zu ihm gesagt hätte: „Oh Niccolò, deine Gedanken sind gut. Male nur eine Sinopie auf die Wand des Kreuzgangs. Eine Sinopie im Fresko, oder ein Fresko, das aussieht wie eine Sinopie, also etwas vollendetes, das den Anschein erweckt, nicht vollendet zu sein, das hat es noch nie gegeben! Das ist gut, man wird von uns reden."
Und so wurde Niccolò zum Schöpfer einer neuen Idee.

* * *

Dem Gehorsam zur Rechten saß die Klugheit, S. Prudentia. Niccolò übertrug die Zeichnung vom Karton auf den frischen Putz. Er hatte bereits den Kopf mit den zwei Gesichtern fertiggestellt. Schon Giotto hatte in Padua die Klugheit mit einem alten und einem jungen Gesicht gemalt, durchschaut die Klugheit doch das Vergangene und das Zukünftige. Niccolò aber hatte das alte Gesicht nach oben blicken lassen, zu einem der Cherubim im Rahmen. In einer Hand hielt sie einen Zirkel, das Gerät zum Ermessen des Mittelpunktes zweier Extreme, mit der anderen dagegen richtete sie einen Hohlspiegel in Form einer Halbkugel auf den knienden Mönch. Die Zeichnung

hierzu stammte von Bruder Onofrio. Niccolò fand diese Motiv zuerst sehr seltsam, konnte doch der Mönch den Spiegel nicht sehen, weil er den Blick demütig zu Boden gerichtet hielt. Aber Onofrio erklärte: „Das ist die Halbkugel, die andere Hälfte hat der Mönch im Kopf. Siehst du, wie schön kugelig sein Schädel ist? Das Licht der Weisheit wird in der Hohlkugel gebündelt und fließt von dort in den Spiegel unseres Innensinns. Dort, im Schädel des Mönchs, kommt alle Weisheit zusammen, auch das Licht, das er nicht sieht."
„Glaubst du, das verstehen alle, die das sehen?" fragte Niccolò.
„Das schreiben wir auch nochmal darunter. Dort in der Inschrift wird stehen: ‚per virtutis speculum obedientie frenulat'. Damit ist es doch klar, oder?"
„Das verstehen dann ganz sicher alle." Niccolò schien nicht überzeugt.
„Oh Niccò, das müssen doch gar nicht alle verstehen. Wer nicht lesen kann oder die alte Sprache nicht versteht und auch das Bild nicht, der ist doch genau wie der Mönch. Er blickt zu Boden, er studiert nicht, er rackert sich nicht ab, aber dennoch erleuchtet ihn das Licht der Weisheit. Das ist es doch genau, was wir sagen wollen! Die Inschriften übrigens, die brauchen wir eigentlich gar nicht, denn sie sagen das Gleiche wie die Bilder. Aber Meister Francesco meint, das gehört dazu. Ohne irgend etwas Geschriebenes wird man von den Gelehrten doch immer nur als Handwerker betrachtet, als einer, der nur ausführt, was andere sich erdacht haben, als einer ohne eigenen Geist."
Doch nicht nur Francesco, auch Kardinal Orsini und vor allem Ubertino da Casale hatten den Inschriften große Wichtigkeit beigemessen. Und da keiner der Maler in der alten Sprache gebildet genug war, sich allein den poetischen Höhen nähern zu können, hatte Ubertino ihnen einige Texte überreicht. Sie mussten daher nur noch den Text dem verfügbaren Raum anpassen, und das konnte doch nicht schwer sein, meinte wenigstens Ubertino.
Zu Lösung dieser einfachen Aufgabe hatte Francesco aber Messer Bonaventura um Hilfe gebeten. Dieser hatte Ubertinos Texte und Francescos Entwürfe betrachtet, einige Unstimmigkeiten verbessert, andere gelassen. („Es müsste ‚Oboedientiae' heißen, lieber Francesco, nicht ‚Obedientie"; aber ich verstehe, euch fehlt der Raum für derartige Spitzfindigkeiten. Nun, ein A und ein O wird man verschmerzen können.")

Doch auch Bonaventura reizte Onofrios Dialektik zum Widerspruch. „Glaubst du wirklich, werter Bruder, man gelangt allein durch Demut zum Licht? Oder wollt ihr nicht vielmehr sagen, dass Gelehrsamkeit nur einigen Wenigen zusteht, die anderen aber besser einfältig bleiben? Was ist das für ein Gerät, das auf dem Pult der Prudentia steht?"

„Aber Bonaventura, erkennst du das denn nicht?" Onofrio war empört, „es ist doch eine Himmelsscheibe, ein Astrolabium!"

„Ein Astrolabium, das in einem Rahmen aufgehängt ist? Wie soll man damit in den Himmel schauen?"

„Du sollst nicht zu den Sternen sehen oder nach diesen greifen", ereiferte sich Bruder Onofrio, „der Gehorsam lässt uns nach unten blicken in aller Demut. Nicht die Sterne, nicht das Neue, das vor uns noch keiner geschaut hat, sollen wir suchen."

„Wir sollen immer nur das betrachten, das schon andere gesehen haben? Ich sage dir aber, lieber Onofrio, wenn auch Aristoteles dieser Ansicht gewesen wäre, was wüssten wir dann heute? Wenn auch er und die anderen Großen ihren Drang nach Wissen eingesperrt hätten, wie ihr euer Astrolabium! Sie hätten nicht viel zu tun gehabt, damals, und wir heute ebenso wenig!"

„Lieber Bonaventura", lenkte nun Francesco ein, „ereifere dich nicht. Das ist doch gar kein Astrolabium. Das ist ein Gong. ‚Wenn ich mit Menschen- und Engelszungen redete und hätte der Liebe nicht, so wäre ich ein klingender Gong.' Wir wollen damit sagen, dass das allein nicht reicht. Klugheit ohne Liebe ist nur eine schöne Melodie ohne Inhalt. Und steht das nicht auch in der Inschrift, irgendwas mit ‚*circulum*'?"

„Oh ja, und das ist fast noch besser" ereiferte sich Messer Bonaventura „da steht wirklich ‚*quasi per sexti circulum*'! Das hat Ubertino geschrieben, nicht etwa ‚*circinum*', wie man glauben könnte, hält die Klugheit doch auch den Zirkel in der Hand?"

„Ubertino meint, das sei schon richtig so. Das merkt auch keiner, ‚circulum' oder ‚circinum', was ist schon der Unterschied?"

„Lieber Onofrio, da ist ein großer Unterschied! ‚Quasi per sexti circulum'. Was glaubst du wohl, ist damit gemeint?"

„Der sechste Kreis, also das sechste Siegel. Du weißt wohl, was geschieht, wenn das sechste Siegel geöffnet wird? Die vier Engel stehen an den Enden der Welt und halten die Winde, auf das kein Wind mehr über die Erde bläst, noch über das Meer oder in den Bäumen. Von Osten her aber wird ein anderer Engel aufsteigen, der mit lauter Stimme zu den vier Engeln rufen wird: ‚Beschädigt die Erde nicht, noch das Meer, noch die Bäume, bis wir versiegeln die Knechte unseres Gottes an ihren Stirnen!' Und dann werden 144.000 der Kinder Israels versiegelt. Und alle, die ihre Kleider im Blut des Lammes gewaschen haben, werden erstrahlen und vor seinem Thron stehen, sie werden nicht mehr hungern und dürsten. Das Lamm aber wird sie leiten zu dem lebendigen Brunnen und Gott wird alle Tränen von ihren Augen abwischen!"
„Brav, lieber Onofrio, brav, aber warum schreibt er dann nicht ‚circulum sextum' sondern ‚sexti circulum', der Kreis des Sechsten? Glaubst du denn, dass ein Gelehrter wie Ubertino, der ein so umfangreiches Werk wie den *arbor vitae crucifixae* geschrieben hat, sich in deinem Küchenlatein ausdrückt? Wenn Ubertino ‚sexti' und nicht ‚sextum' schreibt, dann weiß er sehr wohl, was er damit sagen will."
„Und was will er damit sagen?"
„Oh Onofrio, stell dich nicht einfältiger als du bist! Er meint natürlich das sechste Zeitalter, die Zeit vor dem Ende, die Zeit der letzten Verfolgungen. Schon der sechste Ort ist der Ort, an dem die Christen im Exil unter der Herrschaft der Gallier leben. Und du wirst kaum abstreiten, dass wir in dieser Zeit leben. Der Kreis aber kann nur der der Herrschaft des Heiligen Geistes sein, in den das sechste Zeitalter ja fällt – immer im Sinne Ubertinos natürlich."

* * *

Während hier über das letzte Zeitalter disputiert wurde, geschah nicht wenige Schritte von San Francesco entfernt ein Unglück. Einer der Männer, die gerade an der Fassade der Kirche von San Pietro arbeiteten, war vom Gerüst gestürzt. Es war Aloisio, der Bildhauer und Vater Anselmos. Er war ganz allein auf das Gerüst gestiegen, um die Säulen der großen Rosette zu untersuchen, von denen er seit einiger Zeit den Eindruck hatte, dass Staub herunter rieselte. Noch bevor er jedoch auf der gewünschten Höhe angekommen war, – so scheint es – war eines der oberen Bretter der Leiter zerbrochen. Nun war aber Aloisio keineswegs von schwerer Statur, er war eher klein und schmal gebaut. Seinen Mitarbeitern, zu denen auch Aloisios älterer Sohn Tobia gehörten, stand jedoch nicht der Sinn, über diese Seltsamkeit nachzugrübeln. Zu sehr waren sie damit beschäftigt, den Verunglückten ins Hospital des Konvents zu tragen, wo sie, von den Brüdern unterstützt, seine Verletzungen behandelten, Umschläge mit gekochtem Tausengüldenkraut auf die Brüche legten und seine blutende Kopfwunde mit einer Mischung aus Weingeist, Olivenöl und Rosenöl reinigten. Doch schon als sie ihm in Wein aufgelöste pulverisierte Schafgarbe zu trinken geben wollten, schloss er die geöffneten Lippen nicht mehr. Als der Trank ungeschluckt über seine Wangen rann, erkannten sie, dass die Seele des Bildhauers Aloisio ihr sterbliches Gefäß verlassen hatte.

6. Kapitel

Wie es die Tradition verlangte, gaben die Meister aller Werkstätten am Gründonnerstag ein Essen für alle ihre Mitarbeiter, um an das letzte Mahl Christi mit seinen Aposteln zu erinnern. Die Schar von Giottos Mitarbeitern überstieg aber die der Apostel bei weitem, so dass der Platz in der Küche nicht ausreichte und man eine große Tafel im Saal aufbauen musste. Nicht nur die Werkstätten Francescos und Riccos, auch die verschiedenen anderen Gruppen, die im Namen Giottos in Assisi tätig waren, wie die Maler des Oratorium der Bruderschaft von S. Maria, erschien zu diesem Anlass so vollzählig wie selten.
Seit den frühen Morgenstunden wurden deswegen riesige Mengen von Ribollita und Zwiebelsuppe gekocht. Der Duft des Pane di ramerino, des Rosmarinbrotes, das sobald es den Ofen des Bäckers verlassen hatte, von einem Priester gesegnet worden war, erfüllte das ganze Haus mit seinem Duft und versetzte seine Einwohner in das freudige Erwarten des sich ankündigenden Frühlings.
Am Nachmittag kam dann ein Regen nieder, der in Kürze die Straßen der Stadt in Schlammlöcher verwandelte. All die von Giotto eingeladenen Gäste, die an jenem Abend im Dom S. Rufino an der Messe teilgenommen, dabei die lebensgroße Christusfigur, die die Herren der Bruderschaft von S. Stefano eigens vom Kreuz genommen und in den mit schwarzem Samt ausgelegten Sarg gelegt hatten, geküsst hatten, brachten sie solche Mengen von Schmutz und Schlamm mit, dass man das Haus nachher tagelang hätte putzen müssen, hätten nicht die heiligsten Feiertage des Jahres eine übermäßige körperliche Arbeit verboten.

Auch während des gesamten Karfreitags regnete es. Die Brüder von S. Stefano trugen den Sarg Christi vom Dom nach S. Francesco und versanken bei jedem Schritt bis zu den Knöcheln im Morast. Die weißen Säcke und die farbigen Umhänge der Brüder waren mit Schlamm gesprenkelt. Aus dem schwarzen Samttuch, das den Sarg bedeckte, tropfte das Wasser. Die schwarzen Mäntel der Brüder von S. Antonio, die denen von S. Stefano folgten, schleiften durch de Schmutz. Alle sangen die Reime der Passion:
„Quando i Giudei Cristo pigliaro,
d'ogni parte lo circondaro;
le sue mani strette legaro,
come ladro, villanamente."

Niccolò und die anderen Bewohner von Assisi, antworteten:
"Da la crudel morte di Cristo
ogni uom pianga amaramente."

Singend zog die gesamte Schar durch Schlamm und Regen.
"Trenta denari fu il mercato
che fece Giuda e fu pagato;
meglio sarebbe non esser nato
che aver peccato sì duramente."
"Da la crudel morte di Cristo
ogni uom pianga amaramente."

Der barfüßige Cireneo rutschte mit dem schweren, wurmstichigen Kreuz im nassen Schlamm aus. Seine Dornenkrone fiel vom Kopf.
"Alla colonna fu spogliato,
per tutto il corpo flagellato,
d'ogni parte insanguinato,
come falso, amaramente."
"Da la crudel morte di Cristo
ogni uom pianga amaramente."

Es zogen noch viele vorbei: auf die Bruderschaft von S. Antonio folgte die Bruderschaft von S. Crispino, dann die Bruderschaft von S. Rufino mit roten Überhängen und den Emblemen des Martyrium, Rad und Palme, die Bruderschaften von S. Pietro und von S. Lorenzo, von S. Francesco und S. Chiara, mit rosa Überhängen, zuletzt folgten die franziskanischen Terziäre. Es gab niemanden in Assisi, der dem Zug nicht beiwohnte. Auch die Kranken waren gekommen und sangen im Regen. Wer nicht laufen konnte, hatte sich tragen lassen. Niemand wollte am heiligsten aller Festtage die Prozession versäumen.

Den Sarg Christi trug man in die Unterkirche von S. Francesco zum Grab des heiligen Franziskus. Als Niccolò eintrat, sah er nur noch das Licht der Fackeln, das die Gottesmutter beleuchtete. Die sieben Klingen im Leib Marias funkelten wie Scharen von Glühwürmchen in ihrem taumelnden Tanz. Der Gesang der Gläubigen gab die Melodie zu diesem Tanz.

„Stabat mater dolorosa
Iuxta crucem lacrimosa,
Dum pendebat filius;
Cuius animam gementem,
Contristantem et dolentem
Pertransivit gladius.“

Wenn viele Menschen sangen und dabei Christus im Herzen hatten, sangen auch die Engel mit ihnen. Heute konnte Niccolò das Lied der Engel hören. Zusammen mit den Menschen, aber doch über ihnen erschallen die himmlischen Harmonien. Die Töne lösten die Grenze zwischen Himmel und Erde auf.

* * *

Am Ostermontag hörte der Regen endlich auf, und die ersten frühlingshaften Sonnenstrahlen kamen zögerlich wie scheue Hasen hervor, um den Schlamm und den Schmutz der vorausgegangenen Tage in ihren lichtgrünen Schleier zu hüllen. Als Niccolò nach der Messe aus der Kirche trat, vertrieb die Leichtigkeit und Heiterkeit der Atmosphäre seine Schwermut, als sei er selbst einer der Jünglinge, die auf dem Weg nach Emmaus dem Herrn begegnet sind. „Die Güte des Herrn entspringt seiner Liebe," hatte der Generalminister gepredigt, und Niccolò glaubte gerade, seine Worte zu verstehen. Mit leichter Seele ging er durch die Straßen von Assisi, in denen noch das Wasser stand. Die Schlammspritzer zeichneten immer noch ihre bizarren Muster auf die Häuserwände, auf ihre Türen und Fenster. Erst am nächsten Tag, wenn die Feiertage vorüber waren, würden die Bewohner anfangen, sie zu reinigen. Niccolò beobachtete das Spiel der Lichtstrahlen auf den spiegelnden Oberflächen der Pfützen, bewunderte die vielen Farbe, die auf einmal da waren, so als habe die Natur ihre Vorzeichnung in Verdaccio beendet und malte nun alles in bunten Farben aus.
In einer größeren Pfütze betrachtete er sein Spiegelbild und ihm gefiel, was er sah. Es gefiel ihm so gut, dass er sein Holztäfelchen und den Griffel herauszog und zu zeichnen begann. Schon früher hatte er manchmal sein eigenes Gesicht gezeichnet. Er hatte es lange in Gläsern oder auf Wasseroberflächen studiert, um jede Einzelheit festhalten zu können. Vielleicht würden es manche eine Sünde nennen, doch Niccolò strebte danach, genau das festzuhalten, was er war, was das Gesicht zu seinem eigenen, ganz besonderen machte. Er wollte herausfinden, warum jedes Gesicht anders war, seinen ganz eigenen Ausdruck hatte, obschon doch alle Gesichter aus den gleichen Elementen zusammengesetzt waren. Manchmal, wenn er mit seiner Arbeit im großen ganzen zufrieden war, hatte er sich weiter beobachtet, hatte in seinem Spiegelbild noch weitere Merkmale, eine leichte Falte am Auge, ein kleines Grübchen oder ähnliches, entdeckt und dieses sogleich gezeichnet. Doch es geschah dann zuweilen, dass die Zeichnung an Naturtreue wieder einbüßte, dass sie gleichsam schlechter wurde, je mehr er hinzufügte. So als habe jede Darstellung ihren ganz eigenen Höhepunkt, über den hinauszugehen ihr

nicht mehr zum Guten gereichte. Aber wie wenig war wohl notwendig, um den Charakter einer Person abzubilden? Wenn manche Einzelheiten unnötig, ja sogar störend waren, wie viel konnte er dann weglassen, damit es noch als Portrait seiner selbst erkennbar war? So überlegte Niccolò jeden Strich sehr bedacht und gründlich. Er vergaß die anderen Menschen, die auf den Straßen umher gingen, er vergaß sich selbst.

Er war noch nicht zufrieden, der Moment, der eine vollkommene Moment, an dem jeder weitere Strich zu viel wäre, war noch nicht erreicht, und Niccolò kamen plötzlich Zweifel, ob er auf dem richtigen Weg dahin war.

Da merkte er plötzlich, dass er nicht allein war, dass jemand ihn beobachtete. Er sah ein zweites Gesicht auf der Wasseroberfläche. Doch es war nicht einfach der Anblick eines Gesichts, es war etwas höheres! Noch nie hatte Niccolò etwas derart vollkommenes gesehen! Ein Gesicht, von Sanftmut weich gefärbt, mit Augen, so dunkel wie der nächtliche Himmel, ein Licht heller als das der Sterne ausstrahlend, umgeben von goldenem Haar, dessen weichen Welle ihre Anmut durch die Atmosphäre verbreiteten wie die Sonne ihre Strahlen. Es war eine himmlische Erscheinung! Dieser eine Augenblick, als die beiden dunklen Sternenaugen ihr Licht auf Niccolò richteten, dann auf seine Zeichnung und wieder auf ihn, dieser eine Moment, als ihm war, als spräche die Stimme eines Engels zu ihm Worte, deren Sinn er nicht verstand, deren Klang ihn aber mit einer nie gefühlten Süße erfüllten, entzündeten das Feuer in Niccolòs Seele. Als er jener Erscheinung nachsah, wie sie mit ihren beiden Gefährtinnen davonging, vielmehr über den schlammigen Straßen der Stadt schwebte, fühlte er, dass er von diesem Augenblick an nicht mehr der war, der er bisher gewesen ist. Wie im Traum griff er nach seinen Zeichenutensilien und ging davon.

Während des Weges nach Hause ging das Gesehene ständig durch seinen Kopf, die Begegnung fand in seinem Geiste immer wieder statt, und jedes Mal entdeckte er darin weitere Details, die ihm zuvor entgangen waren. Niccolò hörte auch nicht die Stimme Torsolos, die rief: „Niccolò, wohin des Weges?" Er sah ihn nicht einmal, als dieser hinter ihm herlief, dabei aber in seiner gewohnten Manier nach rechts und links hüpfte wie der Schwanz eines glücklichen Hundes. Torsolo seinerseits hatte die Erfahrung gelehrt, die Aufmerksamkeit seiner Zuhörer nicht als notwendig zu erachten. Was waren schon Worte? Waren Worte nicht wie Wassertropfen, die auf eine Festungsmauer regneten? Oder Blumen, die auf Eis rieselten? Worte waren sinnlos und überflüssig, dennoch drängten sie danach, ausgesprochen zu werden. Und so sprang der Bizzocco, von Niccolò unbeachtet, von anderen belächelt und verlacht, hinter dem Jüngling her und sang:

„D'april vi dono la gentil campagna
tutta fiorita di bell'erba fresca;
fontane d'acqua, che non vi rincresca;
donn' e donzelle per vostra compagna;"

7. Kapitel

Niemand wusste, warum Monna Ginevra gerade Onofrio di San Clemente zu ihrem persönlichen Beichtvater erwählt hatte, wahrscheinlich war nicht einmal sie selbst sich des eigentlichen Grundes bewusst. Vielleicht gefiel ihr die Unbekümmertheit des Franziskaners, die Leichtigkeit, mit der er auf das Leben blickte und sein Talent, diese unbeschwerte Sicht auch andere einnehmen zu lassen. Vielleicht hoffte die edle Dame auch, ein Beichtvater ihres gleichen Alters, wenngleich sein tägliches Leben sich zwar von ihrem unterschied, mochte ihr und ihren Anliegen mehr Verständnis entgegenbringen als ein älterer Priester, die von ihm verhängten Bußübungen daher milder ausfallen. Jedenfalls pflegte sie seit langem ein besonderes Vertrauen zu Bruder Onofrio und suchte ihn deswegen in dieser schweren Stunde auf. Nachdem sie ihm ihre Sünden – alles lässliche Vergehen – gebeichtet hatte, berichtete sie vom eigentlichen Grund ihres Kommens, von den Sorgen, den schlaflosen Nächten, der Sorgen um ihren Vater und der seltsamen Gleichgültigkeit ihres Gatten.
Bruder Onofrio staunte insgeheim ein wenig darüber, dass, obwohl Messer Salvestro nun bereits seit vielen Tagen von niemandem gesehen worden war, noch eine Nachricht hinterlassen hatte, Ranieri das Verschwinden seines Schwiegervaters noch nicht dem Podestà gemeldet hatte.

„Weißt du, lieber Bruder Onofrio", erklärte Monna Ginevra, „ich erinnere ihn jeden Tag daran, mehrmals am Tag. Er sagt mir dann zuweilen, er würde gleich nach der Erledigung seiner heutigen Geschäfte den Podestà aufsuchen, und kommt am Abend nach Hause, ohne auch nur beim Podestà gewesen zu sein. Andere Male will er mich beruhigen und sagt mir, Vater habe sicher nur seine Ruhe haben wollen und sich in unser Landhaus zurückgezogen. Allein es fehlt keines der Pferde, und Vater wird kaum zu Fuß gelaufen sein. Aber es scheint, als ob es Messer Ranieri überhaupt nicht interessiert, was aus Vater geworden ist! Ich glaube, ich sollte nicht länger warten, ich werde selbst zum Podestà gehen."

„Haltet Euch zurück, liebe Monna Ginevra", rief Bruder Onofrio, „Messer Ranieri ist sicher ein vielbeschäftigter Mann und muss während des Tagesgeschäftes an viele Dinge denken. Auch weiß er wohl, dass der Podestá auf diese Nachricht mit nichts reagieren wird. Wir kennen doch seine Arbeitsweise. Er wird alles von seinen Schreibern aufschreiben lassen, das dann von anderen Schreibern mehrfach kopieren, um am Ende doch nur alles mit Schnüren zusammenzubinden und seiner Sammlung von unerledigten Akten zuzufügen. Es geht hier um eine zu ernste Sache, den eisigen Wind, und wer weiß, ob der Podestà nicht selbst eine Böe desselben ist. Und außerdem ...", Bruder Onofrio sprach jetzt sehr leise, „es kann sein, dass sie dann hier alles durchsuchen werden. Deswegen bitte, verbrenne die Briefe, die ich dir in der Vergangenheit geschickt habe! Du weißt, wenn sie einer findet von denen, dann könnten die glauben ... Vernichte sie, bitte!" Weiter in gewohnter Lautstärke: „Deshalb kann ich Euch nur raten, Euch in Geduld zu üben und Eurem Ehemann zu vertrauen. Aber es gibt noch etwas, was ich Euch sagen will ..."

Onofrio zögerte.
„Rede frei heraus, lieber Bruder Onofrio", ermunterte ihn Monna Ginevra. „Nun, ich sah vor wenigen Tagen ein verworfenes Subjekt aus Eurem Haus kommen, den liederlichen Francesco di Vanne. Ich bin sicher, er kam nur, um die üblichen Almosen zu erbetteln, die Ihr ihm ja auch gabt."

„Ja, ist das nicht die Pflicht eines jeden Menschen? Sagt doch Christus selbst: ‚Was ihr einem der Geringsten unter euch getan habt, das habt ihr mir getan'?"
„Sicher, aber es gibt Geringe, durch die spricht Christus, und es gibt Geringe, durch die spricht der Teufel. Und zu diesen gehört Francesco di Vanne."
„Wie kannst du da so sicher sein, lehrtest du selbst mich nicht, dass dieses Urteil allein Gott zusteht?"
„Er verbreitet ketzerische Lehren, die jeden, der sie anhört, ins Verderben führen! Er gehört der schlimmsten aller Ketzergruppen an, den Brüdern des freien Geistes! Nicht Söhne Christi sind sie sondern Söhne Epikurs; sie lehren, dass ein Mensch, der eine bestimmte Stufe erreicht hat, nicht mehr sündigen kann, auch wenn seine Taten Sünden sind. Und Francesco di Vanne selbst wandelt natürlich längst auf dieser Stufe. Nicht genug damit, will er auch noch andere verführen und begeht daher allerlei Freveltaten wie Ehebruch ..."
Monna Ginevra blickte Onofrio an:
„Ist es das, was du von mir wissen willst, ob er mich zum Ehebruch verführte."
„Es ist die Erlösung Eurer Seele, um die ich mich sorge!"
„Erlösung, was heißt das? Ist Erlösung nicht Freiheit von allen Fesseln des irdischen Daseins? Auch das sind deine Worte."
„Ja, die Freiheit, die wir nur durch Verzicht und Liebe erlangen, Liebe zum Verzicht, Liebe zur Armut!"
„Liebe! Da sagst etwas Wichtiges, lieber Bruder Onofio. Was ist denn aber Liebe, wenn sie nicht frei ist? Hat es irgendetwas mit Liebe zu tun, dem Manne beizuliegen, den sie dir gegeben haben, ohne deinen eigenen Wunsch auch nur zu achten? Ist es Liebe, wenn du das vollziehst, was sie die ‚Pflicht der Ehefrau' nennen und du dabei gar nichts empfindest, außer vielleicht dem Wunsch, es möge schnell vorbeigehen? Nennt man es nicht eher Hurerei? Sind das nicht gerade die irdischen Fesseln, von denen wir uns lösen sollen? Ist Liebe nicht vielmehr das, was du dir selbst in Freiheit erwählst? Erwähltest du nicht auch die Armut als deine Geliebte in völliger Freiheit? Was

wäre deine Armut wert, wenn du sie nicht freiwillig gewählt hättest? Etwas, das jeder Bauer besitzt. Nur weil du sie freiwillig wähltest, dich nach ihr verzehrst, nach ihr verlangst, ist es wirklich Liebe. Du kann kaum etwas lieben, was dir einfach so zustößt."

Onofrio spürte die Wärme in seinem Kopf.

„Was sagt Ihr da, edle Dame? Ihr habt Euren Gatten nicht freiwillig erwählt? Kann man denn einer jungen Frau, eigentlich einem Kind, eine solche Wahl zumuten? Euer Vater hat entschieden, wie es üblich ist. Seine Wahl ist sicher von großer Liebe zu Euch bestimmt und von größerer Weisheit, als die Wahl, die ein Mädchen treffen könnte, das doch falsche Gefühle nicht von wahren unterscheiden kann, weil ihm aufgrund der jungen Jahre und des angeborenen Unvermögens des Weibes die Weisheit dazu fehlt. Ihr aber konntet in Freiheit entscheiden. Viele Jungfern aus den besten Familien waren schon verlobt und haben sich doch für Christus entschieden."

„Heute bin ich kein Kind mehr; die Weisheit, dass ich dem, dem ich angetraut bin, nie ein liebendes Weib sein kann, hat sich längst bei mir eingenistet und wohnt in meiner Seele, so wie die Armut in deiner wohnt. Aber sag, lieber Bruder Onofrio, wie verspürst du diese Liebe zur Armut? Wie weißt du sicher, mit ihr die richtige Braut gewählt zu haben?"

Onofrio spürte jetzt alle Säfte seines Körpers in den Kopf steigen.

„Ich, ich weiß es eben. Es ist ein Gefühl der Liebe!"

„Hast du stets dieses Gefühl, immer in der gleichen Weise?"

„Nein, ich liebe die Herrin Armut immer, aber es gibt Momente, in denen ich diese Liebe verstärkt verspüre, in denen ich tiefes Glück empfinde über meine Braut, es kommt plötzlich, es ist eine Heimsuchung, sie und mit ihr der geliebte Bräutigam, der vor mir war, reicht mir ihre Hand durch die Öffnung, bei ihrem Anblick durchströmt mich süßester Balsamduft, mein Herz erbebt von der Kraft des Geistes, der seine Gnade in mich ergießt ..."

„Es beginnt mit der Wärme, die du in deinem Kopf spürst, das ist der Vorgeschmack, dann erbebt dein ganzer Leib, du möchtest sie in innigem Jubel stets anschauen, du vergisst alles andere, dich selbst, deine Zukunft, es gibt nur noch den einen Moment?"

„Ja."
„Würdest du es als Entrückung bezeichnen, Bruder Onofrio?"
„Ja, du bist entrückt, die Seele ist nicht mehr im Körper, sondern verlässt diesen und schmeckt eine Kostprobe des Paradieses!"
„Du hältst es also für eine Entrückung der Seele?"
„Natürlich der Seele, Gott wohnt doch in der Seele, die selbst im Körper wohnt …"
„Du redest wohl, lieber Bruder, Gott wohnt in der Seele. Wohnt er dann nicht genauso im Körper? Das, was du beschreibst, die Entrückung der Seele, empfinde ich – manchmal – bei der körperlichen Vereinigung. Meine Seele verlässt den Körper und genießt einen Vorgeschmack des himmlischen Vergnügens! Es muss doch von Gott kommen, wenn Gott in der Seele ist, dann muss er doch auch im Körper sein!"

„Das ist falsch!" schrie Onofrio aufgebracht, „das hat nichts mit der Entrückung der Seele zu tun! Du versündigst dich, wenn du beides zusammen nennst! Fleischeslust und Verzückung der Seele!"
„Ist es nicht die Seele selbst, die beides zusammenfügt? Das gleiche Gefühl, hervorgerufen durch die Liebe?"
„Es ist keine Liebe, es ist Wollust! Du kannst …, Ihr könnt das nicht verstehen, ich meine …, als Weib, geht gleich in die Kirche, betet für Euer Seelenheil, bittet Gott, Euch wieder in seine Gemeinschaft aufzunehmen, euch von diesen ketzerischen Ideen zu reinigen! Tut Buße, sogleich! Es bleibt nicht mehr viel Zeit! Geht!" Onofrio wollte die Dame schon zur Tür schieben, doch sie sagte:
„Halt, lieber Bruder, für mein Seelenheil und vor allem das meines Vaters, etwas soll ich dir noch geben!" Sie zog eine kleine Schrift unter ihrem Umhang hervor. „Vater sagte mir, dass, falls ihm etwas zustößt …, nun er wollte nicht, dass mein Gatte es bekommt …" Ihre Augen füllten sich mit Tränen, und Onofrios Stimme wurde sanfter:
„Vielen Dank, liebe Monna Ginevra. Ihr seid noch nicht verloren, aber geht bitte sogleich Abbitte leisten. Es ist nicht mehr viel Zeit!"

Ein wenig perplex ob des ungewohnten Verhaltens ihres Beichtvaters ging Monna Ginevra tatsächlich in die Kirche des heiligen Franziskus und betete. Sie blieb dort sehr lange, vertiefte sich ins Gebet, bat Gott darum, wieder aufgenommen zu werden, auch wenn ihr nie bewusst war, verstoßen zu sein. Mehr und mehr aber wurden die Gebete um ihre Tugend von den Gedanken an ihren verschwundenen Vater verdrängt, und plötzlich kamen ihr weitere Merkwürdigkeiten der Rede Bruder Onofrios in den Sinn. Warum schien es, als wolle Onofrio Salvestros Verschwinden anscheinend am liebsten geheim halten? Was ging in diesem Franziskaner vor?
Onofrio dagegen blieb allein in der Sakristei zurück. Er bewegte sich mehrmals in verschiedene Richtungen, um sich gleich darauf wieder umzudrehen und die gegenläufige Richtung einzuschlagen. Erst als er nach einem Kelch gegriffen und diesen gegen die Wand geworfen hatte, zog sich die schwarzen Galle zurück. Sich der Freveltat der Schändung bewusst werdend hob Onofrio den Kelch auf, streichelte ihn zärtlich und stellte ihn an seinen Ort zurück. Er schlich sich aus dem Konvent hinaus ins Freie, lief zuerst etwas zögerlich, dann aber zügig durch die Stadt. Irgendwann – er wusste selbst nicht mehr wie lang er durch die Straßen gelaufen war – stand er vor dem Haus Giotto di Bondones.

* * *

Ranieri hatte endlich eine Schrift gefunden im Zimmer von Salvestro. Astrolabio brannte danach, sie gleich zu studieren. Doch leider enfilierte jener sein dummes Gerede:
„Was soll ich ihr aber erzählen? Sie fragt mich jeden Tag mehrmals, wann ich sein Verschwinden endlich dem Podestà melde."
„Meine Güte, ist sie etwa der Herr in deinem Haus? Erzähl ihr irgendetwas, dir wird schon was einfallen. Du wirst kaum von mir Ratschläge zur Bändigung der Neugier eines Weibes erwarten." Astrolabio atmete laut, wenngleich er fürchtete, dass die deutliche Bekundung seines Überdrusses den anderen wenig beeindruckte, dieser sie nicht einmal bemerkte.
„Reden wir nicht mehr von diesem Kinderkram, sag mir lieber, ob dir der Giftmischer etwas über seinen Meister berichtet hat."
„Was?" Ranieri verstand nicht.
„Hast du vom Apotheker, Buonaventura Guidotti, etwas über seinen ehemaligen Lehrer, Buoninsegna d'Assisi erfahren, insbesondere, wo letzterer sich gegenwärtig aufhält?"
„Ja, eh, Messer Bonaventura sagt, Buoninsegna lebe jetzt bei den Antipoden."
„Was?" Jetzt verstand Astrolabio nicht.
„Die Antipoden, das sind Menschen, oder besser Wesen, sagt Messer Bonaventura, die auf der anderen Seite der Erde leben und deswegen mit den Füßen nach oben laufen. So wie bei ihnen die Bäume und die Pflanzen nach unten wachsen, Schnee, Regen oder Hagel aber nach oben fällt. Wenn bei uns Tag ist, dann ist bei ihnen Nacht, unser Winter ist ihr Sommer ..."
„Ich weiß, was Antipoden sind, oder besser, was sie nicht sind, denn sie sind nicht!" Astrolabios Lippen zuckten. „Wie stellst du dir das vor, Regen, der nach oben fällt, und Gras, das nach unten wächst? Und die Antipoden selbst, hängen die etwa am Boden?"
„Bonaventura sagt, weil doch die Erde schwerer ist als das Wasser muss es auch unten Erde geben. Gäbe es unten nämlich keine Erde, dann müsste sich doch die ganze Erde umdrehen und dann würden wir mit den Füßen nach oben herumlaufen. Deswegen muss es die Terra australis incognita geben, sagt Messer Bonaventura, als Gegengewicht."

„Als Gegengewicht müssen dort wohl auch Menschen leben? Und natürlich müssen es genauso viele sein wie hier, denn sonst wäre die Welt aus dem Gleichgewicht?“
„Ja, so sagt Messer Bonaventura ...“
„Das bedeutet also, für jeden Menschen, der in den bekannten Teilen der Erde lebt, muss es einen Menschen auf er anderen Seite geben?“
„Ja, ich glaube schon.“
„Wenn also hier ein Mensch stirbt, muss auch auf der anderen Seite einer sterben? Wenn hier einer geboren wird, dann auch auf der anderen Seite?“
„Ja, das ist wohl so, oder?“
„Das muss wohl so sein, soll die Erde ihr Equilibrium bewahren. Aber lieber Magister, erkläre mir dann eine Sache: woher wissen die Antipoden, dass hier ein Mensch gestorben ist, sie also auch bei sich für den Tod eines ihrer Genossen sorgen müssen?“
„Ja, hm, ich weiß nicht ...“
„Waren nicht Noahs Söhne drei: Sem, der Stammvater der Völker Asiens, Ham, der Vater der Afrikaner, und Japhet, der Stammvater Europas. Dies sind die von Gott geschaffenen Völker, glaubst du wirklich, dass es daneben andere Völker geben kann? Wegen der großen Hitze, die weiter im Süden herrscht und die jedes menschliche Wesen sogleich verbrennen würde kann nie ein Nachkomme Noahs die südlichen Gebiete der Erde erreichen. Siehst du das ein?“
„Ja, doch ...“
„Gott hat uns außerdem aufgetragen, allen Völkern seine Botschaft zu bringen. Wie könnten wir aber Gottes Botschaft den Völkern bringen, die wir aus nämlichem Grunde nie erreichen können? Du bist dir also bewusst, dass es sich bei jeder Art der Mutmaßung über die Existenz von Antipoden um Unsinn handeln muss, wie schon Augustinus sagte?“
„Ja, aber wenn nun dieser Buoninsegna einen Weg gefunden hat, die heiße Zone zu durchqueren? Messer Bonaventura erzählt von Schiffen, die unter Wasser fahren können, und Wagen, die kein Pferd oder Esel mehr ziehen muss. Kann dieser Buoninsegna nicht mit irgend so einer Maschine die große

Hitze durchquert haben? Er hat doch so vieles erfunden, was unglaublich schien."

„Erfunden! Was soll dieser Buoninsegna denn erfunden haben? Du Dummkopf! Weißt du nicht, dass der Mensch nichts erfinden kann, weil alles, was möglich ist, bereits ist! Was ist denn unsere Welt, wenn nicht das Abbild der Ideen Gottes? Alles Forschen, Suchen, Finden ist doch nur ein Erinnern. Wie soll ein Mensch, geschaffene Kreatur, selbst etwas erschaffen? Kannst du mir das sagen?"

„Ja, nun ..."

„Kannst du nicht, weil es nicht möglich ist. Unser Geist ist begrenzt, und deiner ganz besonders. Also lass ab von diesen albernen Ideen und berichte mir erst wieder, wenn du wirklich etwas zu sagen hast!"

„Ja, also ... dann gehe ich jetzt?"

„Der schlauste deiner Gedanken!"

Verwirrt verließ Ranieri den Raum. Astrolabio stöhnte. „Herr, warum musst du mir solche Trottel zur Seite stellen?" Dieser Ranieri, gesegnet mit Geld und sonst mit nichts, genauso wie dieser andere, dieser Vitellozzo! Warum musste er, Astrolabio, das dümmste Heer aller Zeiten befehlen! Nun, wenigsten hatte er die Schrift gefunden.

Astrolabio öffnete das kleine Büchlein, das Ranieri ihm gebracht hatte. Aber was war das? Dieser Idiot! Er hatte wirklich ..., nein, das war unmöglich! Astrolabio warf das Buch an die Wand. Wie konnte diese Schrift zu Ranieri gelangen? Ranieri, sicher kein Liebhaber des geschriebenen Wortes, würde kaum einen Teil seines Geldes für ein Buch ausgeben. Es konnte daher keine Verwechslung sein. Das sollte der von Salvestro gehütete Teil des Geheimnisses sein? Das war unmöglich! Irgend jemand spielte ein Spiel mit ihm, irgend jemand wusste Bescheid!

* * *

Niccolò kniete in der Kirche, als sie hereinkam. Er war ins Gebet versunken, doch nicht so tief, dass er sie nicht bemerkt hätte. Was ihn selbst aber am meisten erstaunte war der Umstand, dass er sie bereits spürte, noch bevor er sie sehen konnte. Seit er hier war hatte sich die Tür der Kirche mehrmals geöffnet, Gläubige waren hereingekommen, andere wieder hinausgegangen. Doch diesmal war etwas anders. War es das Geräusch der Tür oder der Klang ihrer Schritte, so leicht und beinahe tonlos? War es der leichte Luftzug, der jeden Eintretenden begleitete, diesmal aber einen schwachen Duft nach Wacholder mitführte? Es war wohl ihre Aria, die Niccolò eine Veränderung in der Atmosphäre fühlen ließ. Eine Welle durchzog seinen Körper, brachte alle Körpersäfte in Wallung. Als sie dann an ihm vorbeiging – oder vielmehr schwebte – konnte er nicht anders, als den Kopf zu heben und ihr nachzusehen. Und wieder war es diese Erscheinung, so vollkommen, dass sie nur himmlisch sein konnte! Sie schwebte an ihm vorbei, ganz in ihren grünen Umhang gehüllt schritt sie bis zu einem Platz vor dem Altar am Lettner, wo sie sich niederkniete und sogleich ins Gebet vertiefte. Niccolò blickte von hinten auf ihre Form, durch den Mantel verhüllt, dennoch Vollkommenheit versprechend, dass es seinen ganzen Körper zittern ließ. Nicht mehr das Altarbild war nun der Gegenstand seiner Andacht, nicht mehr in das Bild der Heiligen vertiefte er sich, sondern dieser grüne Brokatstoff über und über bestickt mit einem Muster aus Tropfen – oder waren es Herzen? – saugte ihn jetzt auf. Dieses Grün, diese Herzen tanzten vor seinen Augen, schimmerten überall um ihn herum, so dass er nicht mehr entkommen konnte.

* * *

Bruder Onofrio ließ sich indes in der Küche des Hauses Bondone bewirten. Er hatte an die Tür geklopft, das dringende Bedürfnis vorgebracht, Meister Francesco zu sprechen, und, da dieser nicht zuhause war, darauf bestanden, auf ihn zu warten, egal, ob drinnen oder draußen, und so war er in die Küche gebeten worden, wo er sich an Brot, Früchten und Wein genüsslich hielt. Das vorherige Laufen durch die Stadt sowie das Essen hatten ihn ein wenig beruhigt. So plauderte er mit der alten Margherita.

„Glaube mir, mein Junge“, sagte diese, „was sie dir so über das Alter erzählen, es sei Vollkommenheit, Weisheit, das ist alles Unsinn. Nichts ist vollkommen an einem Körper, der schlaff und labberig wird, gleich einem Hefeteig, den man vergessen hat und der deshalb den Moment der Brauchbarkeit lange überschritten hat. Und, glaube mir, du riechst dann auch so ...“

„Wie?“, fragte Onofrio.

„Wie ein vergammelter Hefeteig. Und wie dieser, wenn du ihn an die Wand werfen würdest, zäh und träge nach unten liefe, so zieht es auch an deinem Körper alles nach unten. Es kommt der Tag, an dem du platt wie ein Kuhfladen am Boden liegst und dich nur noch mit der größten Anstrengung des Willens wieder auf die Füße stellen kannst.

Alles an dir strebt nach unten, dem Erdreich zu, sowohl die Haare, die erst ihre Farbe verlieren, dann ausfallen wie die Blätter im Herbst – du wirst es nicht glauben, aber auch ich hatte einst volle Locken von der Farbe reifer Kastanien – als auch die Zähne, diese bleichen nicht aus, sondern im Gegenteil, sie werden schwarz, schmerzen fürchterlich, nur, um am Ende doch auszufallen. Damit bleiben dir auch im Munde die Kastanien versagt. Aber das Schlimmste ist, erst wenn du alt bist wird dir bewusst, was für ein kurzer, unglaublich kurzer Moment doch die Jugend ist, und wie viel unendlich länger Alter und Siechtum weilen. Deswegen, mein Junge, beherzige meinen Ratschlag und genieße deine Jugend. Auch wenn du das Ordenshabit trägst, du hast noch dein gesamtes Alter, um irgendwelche Sünden zu bereuen.“

„Aber Margherita, Ihr vergesst, dass die körperlichen Leiden durch den tiefen Seelenfrieden des Alters ausgeglichen werden, oder etwa nicht?“, warf Onofrio ein.

„Seelenfrieden? Auch das ist so ein Unsinn. Es gibt keinen Seelenfrieden. Du hörst nur irgendwann auf, zu kämpfen, weil du einsiehst, dass deine Waffen ihre Schärfe verloren haben. Es ist der Frieden der Kapitulation! Du weißt, dass du nichts mehr versuchen musst, weil jede Anstrengung vergebens ist. Aber in dir drin, da brodelt es weiter. Alles, was sie dir erzählen von Frieden und Weisheit, das sind nur Lügen, glaube mir, Lügen, die sie vielleicht sogar selbst glauben, um sich die Zeit, die sie auf den Tod, den Erlöser, warten, zu verkürzen. Ist es nicht das Gleiche mit unserer Welt, die jetzt alt ist und dem Tode nahe? Haben wir deswegen etwa Frieden? Nein, wir haben mehr Kriege als jemals zuvor! Das ist das Alter der Welt! Wer weiß, vielleicht lässt sich das Alter nur mit Lügen aushalten? Die Lügen der Welt aber heißen Genuss und Vergnügen. Deswegen sage ich dir nochmal, genieße deine Jugend, denn genauso wie die Welt ist sie schon bald vorbei!“

* * *

Niccolò kam gerade von seinem Gebet zurück, als er die beiden Gestalten am Ende der Straße in der Abenddämmerung verschwinden sah. Schwermut hatte sein Herz ergriffen, die Erregung seines Körpers war einer enttäuschten Ruhe gewichen. Als ihr Ehemann erschienen und durch den Kirchenraum gegangen war, um schließlich den Platz neben ihr einzunehmen, da war es, als ob eine turbulente Brise sich plötzlich legte. Als sie dann aber langsam, sehr langsam die Hand ihres Mannes ergriffen und mit ihren beiden Händen umschlossen hatte, fühlte Niccolò eine eisige Hand sein bis dahin heftig pochendes Herz ergreifen und es zum Stillstand bringen.

Aus diesem Grund und aufgrund der Unfähigkeit, sich ins Gebet zu vertiefen, hatte er die Kirche verlassen. Er war Francesco und Onofrio ein Stück gefolgt, mehr aus Gewohnheit als aus Interesse, verlor aber ihre Spur und wandelte dann ziellos durch die Straßen von Assisi. Nach einiger Zeit setzte er sich auf einen Stapel Holzbretter und folgte dem Disput in seiner Seele. Die ruhige Stimme der Vernunft versuchte ihn zu überzeugen, all die Dinge, die ihn seit einiger Zeit aufwühlten, seien doch nur Illusionen. Eigentlich sei doch alles noch wie zuvor, er habe lediglich ein hübsches Antlitz gesehen, dessen Schönheit ebenso zu bewundern war, wie die der Fresken des Simone Martini. Das Antlitz einer Frau, die selbst noch nicht einmal wusste, dass es ihn gab. „Was willst du also?" fragte die Vernunft, „dein Leben ist doch angenehm. Warum kannst du den früheren Vergnügungen, wie den Treffen mit den Freunden, den Gesprächen, den Kräuterextrakten nicht mehr die Freude abgewinnen, die sie dir einst bereiteten? Nicht einmal mehr die Malerei und das Zeichnen, nehmen deine Gedanken jetzt über das Notwendige hinaus gefangen." Niccolò musste zugeben, dass die Vernunft recht sprach. Vorbei waren die Zeiten, als er aufrichtigen Herzens in die Natur zog, um sich im Zeichnen zu üben, Tage vorher seine Zeichenutensilien sorgfältig vorbereitend. Dabei war doch nichts geschehen. Seine Freunde hatten noch nicht einmal eine Veränderung bemerkt. Warum konnte er sich nur nicht so leicht fühlen wie zuvor? Warum konnte er nicht einfach den Sternenhimmel betrachten und es sich an der Schönheit der Schöpfung genügen lassen? Niccolò lehnte sich zurück und sah in den Himmel. Der Mond hatte die Form einer Saubohne, doch leuchtete er mit ganzer Kraft. Erst nach dem Erklingen der vierten Posaune würde er ein Drittel seiner Leuchtkraft verlieren. Aber vorher müsste ein Drittel der Erde verbrennen, Hagel, Feuer und Blut auf die Erde fallen, ein brennender Berg ins Wasser stürzen und ein Drittel alles Lebens im Wasser vernichten, außerdem müsste ein Drittel der Menschen sterben, weil das Wasser durch einen herabstürzenden Stern vergiftet wäre. Erst dann würde der Adler dreimal „Wehe" rufen. Das alles war noch nicht passiert, könnte aber jeden Moment passieren. Würde Niccolò dann noch an die Verwirrungen seiner Seele denken?

Niccolòs Hände stützten sich auf das obere Brett des Holzstapels, auf dem er saß. Er strich mit den Händen den Rand des Brettes entlang. Seine kurze Seite fühlte sich glatt an, doch sobald Niccolò seine Finger ein wenig hinuntergleiten ließ, fühlte er raue Holzsplitter. Das Brett war wohl an der einen Seite angesägt worden und dann durchgebrochen. Auch am zweiten Brett des Stapels, länger als das obere, konnte er einen solchen Rand ertasten, währen die anderen Bretter doppelt so lang waren und glatte Ränder hatten. Erst jetzt merkte Niccolò, wo er sich niedergesetzt hatte, wozu die Mauer aus roten und weißen Ziegeln hinter ihm gehörte. Zu seiner Linken sah er die glatte graue Mauer der Chorapsis von San Pietro. Entlang der Mauer lagen weitere Stapel Holz, größtenteils morsche Bretter und Scheite. Anscheinend lagerten die Benediktiner hier das Brennholz. Die Bretter, auf denen Niccolò saß jedoch waren nicht brüchig oder wurmstichig. Entsetzen packte ihn, als er gewahr wurde, wozu diese Bretter bis vor kurzem gedient hatten.

* * *

Zuerst war Francesco überrascht, seinen Mitarbeiter zuhause anzutreffen. Jedoch verstand er schnell, dass Bruder Onofrio nicht gekommen war, um sich von Margherita über die Widrigkeiten des Alters belehren zu lassen und zog sich daher sogleich mit ihm in sein Schlafzimmer zurück. Onofrio berichtete von seinem Gespräch mit Monna Ginevra. Francesco ging unruhig im Zimmer auf und ab.

„Du meinst also, es sei wieder der kalte Wind der Eifersucht? Bist du sicher?" Er schaute Onofrio ratlos an.

„Oh Francesco, wer soll es sonst gewesen sein? Und warum redest du verschleiert, hier hört uns doch keiner? Überleg‘ doch mal. Wenn es irgendein Räuber gewesen wäre, der Messer Salvestro vielleicht um seine Börse hätte erleichtern wollen, der ihn überfallen hätte und ihn dabei – absichtlich oder nicht – getötet hätte, es gäbe eine Leiche, und wenn nicht, dann doch wenigstens eine Spur. Und wer hätte Messer Salvestro töten oder entführen sollen, wenn nicht ein Räuber? Er hatte niemanden zum Feinde, außer ...“

„... außer ihnen“, ergänzte Francesco immer noch etwas zögernd.

„Bedenke auch das Verhalten Messer Ranieris! Er versucht, das Verschwinden seines Schwiegervaters geheim zu halten. Er erzählt sogar herum, Messer Salvestro sei in sein Landgut geritten und halte sich nun dort auf. Das kann nur bedeuten, dass er einer ihrer Soldaten ist, ein Hauch des eisigen Windes.“

„Ranieri? Ich sah ihn, als ich die Werkstatt verließ. Er ging in die Kirche zu seiner Frau. Ich glaubte, er wolle für seinen Schwiegervater beten, aber es sieht so aus ... Es sieht aus, als wolle er weinen.“

„Ja, Tränen der Freude vielleicht!“, brauste Onofrio auf, „er ist ein Narr, ein Spitzel! Doch wenn er wüsste, wie sehr seine Frau mir vertraut, was sie mir alles erzählt und was sie mir gegeben hat ...“ Er zeigte Francesco eine kleine Schrift.

„Du hast vielleicht recht“, gab Francesco zögerlich zu, „und sie, die ungehobelten Gesellen haben den Schatzmeister dem Kreis der Ritter entrissen wie zuvor schon den Maestro d‘abbacco. Vielleicht hat der Krieg nun begonnen? Was aber ist dann mit Aloisio? Ist es dann nicht ein seltsamer Zufall, dass er gerade jetzt vom Gerüst stürzt?“

„Das würde mich sehr wundern, wenn es ein Zufall wäre!“

„Er war allein auf dem Gerüst.“

„Das war der Donner! Der Kampf ist längst eingeläutet! Wir müssen uns vorsehen, lieber Compagno! Wir müssen vor allem die anderen warnen, besonders vor dem falschen Ranieri!“

„Du hast recht, lass uns gleich zum Großmeister gehen! Er muss eine Generalversammlung am Minnehof einberufen!“

Onofrio zögerte noch einen Moment. „Eine Sache aber musst du mir versprechen, lieber Francesco ..."
Francesco horchte auf, Onofrio kaute auf seiner Zunge herum. „Rede schon! Was ist?" drängte Francesco.
„Ginevra ..., ich meine Monna Ginevra, Salvestros Tochter ...; sie darf nichts erfahren vom Tod ihres Vaters, sie ..., sie soll glauben, er sei noch am Leben, sie grämt sich sonst zu sehr, sie ist so zart, sie ..."
Wenngleich Francesco nicht verstand, worauf Onofrio hinauswollte, stimmte er ihm zu. Beide verließen eilig das Haus.

* * *

Niccolò traf Beatrice, als diese gerade die Apotheke verließ. Lange hatte er überlegt, wem er von seiner Entdeckung berichten sollte. Der Gehorsam hatte ihm aufgetragen, gleich Francesco oder Onofrio aufzusuchen. Doch Niccolò hatte das Joch des Gehorsams abgelegt und ins Licht der Vernunft geblickt. Den Gedanken, Francesco oder Onofrio aufzusuchen, hatte er bald verworfen. Die beiden glaubten ohnehin schon an den eisigen Wind. Niccolòs Neuigkeit würde nichts ändern. Er sehnte sich nach einer vernünftigen und unvoreingenommenen Stimme. Nachdem er alle Personen abgewogen hatte, kam er zur Erkenntnis, dass die einzige vernünftige und unvoreingenommene Person, mit der er reden konnte, eben Beatrice war, auch wenn ihr vielleicht wieder alberne Ideen kamen und sie irgendwelche Häuser durchsuchen wollte. Da Beatrice aber ihre Freundin Federica besucht hatte, womit sie ihre Besuche bei Messer Bonaventura und dessen Bibliothek gerne erklärte, wartete Niccolò auf der Straße vor dessen Haus.

„Du auch?“ fragte sie überrascht, als sie Niccolò erblickte.
„Wie? Ich auch? Wer denn noch?“
„Die zwei sind schon da, seit geraumer Zeit. Sie haben sich mit Messer Bonaventura in seinem Offizin eingeschlossen. Federica und ich haben den Laden weiter geführt.“
„Welche zwei denn?“
„Bruder Onofrio und mein werter Bruder.“

„Ach so“, Niccolò überlegte, wie er beginnen sollte. „Bice, ich habe heute etwas entdeckt.“
„Was? Dass die Tugend des Gehorsams dich lehrt, deine Verdienste zu verstecken?“
„Ich habe die Bretter gefunden, die Bretter von der Leiter, von der Aloisio gestürzt ist.“
„Ja, und weiter?“
„Eines dieser Bretter ist auf einer Seite angesägt worden. Verstehst du, was das bedeutet? Dass es stimmt, das mit dem eisigen Wind! Dass Leone, Salvestro und Aloisio umgebracht wurden und dass die anderen auch noch ermordet werden sollen!“

Beatrice sah Niccolò ruhig an. „Nein, das heißt doch erst einmal, dass Aloisio wahrscheinlich ermordet wurde, mehr nicht.“
„Warum sollte jemand Aloisio ermorden wollen, wenn nicht aus dem Grund, dass er zu den Cavalieri gehört?“
„Weiß ich nicht, aber es könnte einen Grund geben. Messer Bonaventura sagt, nur das als Beweis zu nehmen, was du wirklich sicher weißt. Und viel wichtiger sind doch andere Fragen: wer konnte wissen, dass Aloisio genau zu dem Zeitpunkt, an dem es passierte, auf das Gerüst steigen würde? Und dass es genau Aloisio sein würde, der auf das Gerüst steigt und nicht einer der anderen, die dort arbeiten?“
„Nur jemand, der die Gewohnheiten der Bildhauer von San Pietro gut kennt“, überlegte Niccolò.

„Und jemand, der Aloisio gut kannte“, wandte Beatrice ein, „war er nicht auf eigene Faust noch einmal hinauf geklettert, als die Arbeit an der Fassade eigentlich schon beendet war, weil er glaubte, dass irgendetwas an der Rosette nicht in Ordnung war? Er war ein sehr sorgfältiger Charakter und das muss der Mörder gewusst haben.“
„Also muss es einer der Bildhauer gewesen sein, die mit ihm arbeiten“ folgerte Niccolò.
„Oder? Wer kannte ihn noch gut?“ fragte Beatrice.
„Seine Söhne?“ Niccolò klang ungläubig.
„Oder wer noch?“
„Die Mönche von S. Pietro! Seit einigen Wochen arbeiten die Bildhauer und Steinmetze nun schon an der Kirche. Die Mönche hatten also genug Zeit, die Gepflogenheiten der Steinmetze kennenzulernen. Aber ...“, Niccolò zögerte, „ein Bruder des heiligen Benedikt soll einen Mord begangen haben?“
„Das wissen wir nicht, aber wir können es nicht ausschließen. Wir sollten aber erst einmal Aloisios Söhne genauer untersuchen. Hat Anselmo irgend etwas Ungewöhnliches gesagt oder gemacht in letzter Zeit?“
Niccolò überlegte. „Dieser einfältige Tropf ist doch gar nicht in der Lage, ein Verbrechen zu begehen, und wenn doch, würde er sich in seiner Schusseligkeit sofort verraten. Und warum sollte er seinem Vater nach dem Leben trachten?“
„Das ist die zweite Frage. Messer Bonaventura sagt, wenn du die Lösung eines Problems finden willst musst du einen Schritt nach dem anderen gehen. Wir sollten eine Liste machen aller Namen von Personen, die in Frage kommen. Hast du etwas zum Schreiben?“
Niccolò zog ein Stück Wollpapier hervor. Er begann, die Namen der Verdächtigen aufzuschreiben, angefangen bei Aloisios Söhnen Tobia und Anselmo, über die Mitarbeiter seiner Werkstatt, deren Namen er nicht alle kannte und die er daher mit Namen wie ‚jüngerer blonder Steinmetz‘, ‚älterer blonder Steinmetz‘, ‚pummeliger Steinmetz‘, ‚schielender Steinmetz‘ und so weiter bedachte, bis hin zu den Mönchen von San Pietro, von denen er nicht nur die Namen nicht kannte, sondern noch nicht einmal wusste, wie viele es eigent-

lich waren. Als Niccolò nun beinahe das ganze Blatt vollgeschrieben hatte, sagte Beatrice etwas Überraschendes:
„Kann es nicht einer von euch gewesen sein, einer aus eurer Gruppe?"
„Einer der Cavalieri? Warum sollten die sich selbst beseitigen?"
„Oh Niccò, wenn es wahr ist, dass die irgendetwas besitzen, das ein anderer haben will, also wenn du hinter irgendeiner Sache her wärst und wüsstest, dass irgendeine Gruppe diese Sache hat, würdest du dann nicht versuchen, von der Gruppe aufgenommen zu werden? Die Cavalieri kennen sich doch untereinander besser als alle anderen. Sie wussten, wo Aloisio arbeiten würde, sie kennen die Gewohnheiten Messer Salvestros. Sie wussten wahrscheinlich auch, dass der Lehrer sich heimlich in seinem Keller geißelte, auch wenn sie hinterher alle so taten, als sei ihnen das neu."
„Aber wer von den Cavalieri sollte ein Mörder sein?"
„Wer verhält sich seltsam?"
Niccolò überlegte, die meisten verhielten sich wie immer, der einzige, dessen Verhalten ihn in den letzten Tagen überrascht hatte, war – Bruder Onofrio!
„Du glaubst doch nicht etwa ...! Bice, nur weil du Bruder Onofrio nicht besonders magst, heißt das doch nicht ..."
„Ich habe nicht gesagt, dass er ein Mörder ist. Aber er verhält sich in letzter Zeit schon etwas merkwürdig. Warum regte er sich letzthin so auf, als wir überlegten, ob Meister Leones Tod und das Verschwinden Messer Salvestros zusammenhängen könnten? Warum bestand er sogar auf einmal wieder darauf, der Lehrer sei gar nicht ermordet worden, und Messer Salvestro sei sogar noch am Leben, wo er doch zuvor immer betont hatte, dass gerade das nicht sein könne, dass Messer Salvestro nie länger fernblieb, ohne seiner Tochter wenigstens eine Nachricht zu hinterlassen? Und wenn er doch ihr Beichtvater ist, warum bringt er sie dann nicht dazu, die Sache endlich dem Podestà zu melden? Warum versucht er, geheim zu halten, dass es Morde waren, gerade er, der doch immer vom eisigen Wind und irgendwelchen feindlichen Ritter, die uns angreifen, sprach? Jetzt, wo wir wirklich angegriffen werden, leugnet er, dass es überhaupt einen Angreifer gibt. Und warum trachtet er danach, die Freundschaft zwischen dir und Bartolo zu zerstören?"

„Er zerstört unsere Freundschaft?"
„Sag bloß, du hast nichts gemerkt? Dass Onofrio dich ständig zum Lernen ermahnt, selbst aber mit Bartolo im Wald umherstreift und müßig geht?"
„Nun, sie spazieren nicht einfach im Wald umher, und ich …, ich soll eben lernen, weil Bartolo vielleicht etwas zu einfältig dafür ist und weil die Cavalieri meinen …"
„Oh nein, Bruder Onofrio meint, nicht die Cavalieri! Mein Bruder weiß gar nicht, was die da im Wald machen. Er glaubt wirklich, sie zeichnen. Der dicke Onofrio ist es, der Bartolo ständig zum Faulenzen auffordert. Und zum Essen! Hast du nicht gemerkt, wie rund Bartolo geworden ist, und welche Mengen an Essen er verschlingt!"
Auch Niccolò gab zu, das mit Verwunderung bemerkt zu haben.
„Aber warum sollte Onofrio, ich meine, was kann es ihm nützen?"
„Das eben müssen wir herausfinden. Wir sollten Onofrio genauer beobachten! Noch etwas anderes ist nämlich seltsam an seinem Verhalten. Er schleicht dauernd um den Palazzo Moricone herum, gerade jetzt, wo Messer Salvestro verschwunden ist."
„Er besucht Ranieri, die Cavalieri hängen doch dauernd zusammen."
„Ich glaube nicht, dass er wegen Ranieri dorthin geht. Ich habe zufällig beobachtet, dass Onofrio häufig Ranieris Haus zu den Zeiten besucht, wenn Ranieri mit Ricco ins Badehaus oder sonstwohin geht. Ist das nicht seltsam? Sicher, er ist der persönlicher Beichtvater seiner Frau, aber dennoch …"
„Bice, was meinst du? Onofrio ist ein Minderer Bruder! Er mag nicht frei von Sünden sein, aber, aber …"
Niccolò fielen keine Worte ein; in seiner Seele lächelte Diffidentia triumphierend.

Teil 4 – coagulatio

1. Kapitel

Die Sonne trat ins Sternbild des Stieres. Aus dessen erglühten Hörnern strömte eine frische Kraft und kleidete die Welt mit neuen Farben. Als ob der allmächtige Vater Äther sich erneut mit der jubelnden Gattin Erde im Liebesrausch vereinte. Das Dunkel der Natur, dort wo nie ein Licht hinkam, erhellte sich und verband sich mit dem irdischen Saft, so dass Felder und Hügel sich mit Blumen schmückten. Zephyr, der Westwind, war wieder da und hauchte seinen sanften Odem über das Land.

Auch die Herzen der jungen Menschen erhellten die Strahlen der Sonne. Die Kinder des Malers legten die feuchten, grauen Sackgewänder des Winters ab und kleideten sich in feinere bunte Tuche. Wie anders fühlte man sich in diesen Gewändern! Der Gang wurde leichter, man hielt den Kopf höher, man fühlte sich wie die Edelleute. Auch wenn die eigenen Gewänder nicht die Farbigkeit deren kostbarer Seiden- und Brokatgewänder besaßen, schritt man nicht weniger stolz als diese durch die Straßen. Die klappernden Geräusche der Holzschuhe auf dem Boden, nicht mehr gedämpft durch allerlei Wollstrümpfe und aufgeweichte, schlammige Straßen, waren die Begleitmusik.

Man trug zwar keine Lederschuhe wie die Reichen, aber man ging auch nicht barfuß wie die Armen und die Bauern. Giottos Kinder konnten stolz sein. Stolz auf die täglichen Bequemlichkeiten, die sie sich erlauben konnten, dank der Kunstfertigkeit ihres Vaters und ihres eigenen Fleißes.
Doch nicht nur sie fühlten das Aufleben der Natur. Die ganze Stadt erwachte zu neuem Leben. Assisi bereite das Fest der Calendimaggio vor. An den Häusern und Palazzi hingen die ersten Banner in den Farben der Contraden. Gruppen von Jünglingen zogen singend durch die Gassen oder jonglierten kunstvoll mit den Fahnen ihrer Bruderschaft.
Auch in Niccolòs Herz waren die Sonnenstrahlen eingedrungen. Doch war dieser Frühling anders als alle, die er bisher erlebt hatte. Nicht der Frühling der Freude und der Leichtigkeit, an den er sich so gerne erinnerte. Es war vielmehr ein Frühling, in dem sich süßeste Sonnentage mit tosenden Unwettern abwechselten. Er las Gedichte – Beatrice schrieb sie ab aus einem Buch bei Messer Bonaventura, der Dichter soll vor langer Zeit hier in Assisi gelebt haben – und Niccolòs Herz schlug im Takt ihrer Metrik. (Obgleich er nicht alles verstand, waren sie doch in der Sprache der Alten geschrieben.) War es diesem Dichter doch wenigstens ähnlich wie ihm selbst ergangen!

„Cynthia prima suis miserum me cepit ocellis,
contactum nullis ante cupidinibus.“

Auch das Joch hatte der Dichter schon gespürt:
„criminaque ignavi capitis mihi turpia fingis,
quod nequeam fracto rumpere vincla iugo? “

Das war es, was auch Niccolò fühlte! Dem Joch, süß und bitter zur gleichen Zeit, konnte er nicht entfliehen. Er war nicht wie der Mönch im Fresko des Gehorsams, der das Joch freiwillig ergriff, sich wohl gar danach sehnte, weil er unter dem Joch den ersehnten Frieden fand. Ihm, Niccolò, war das Joch auferlegt worden in einem Moment, in dem er nicht damit gerechnet hatte, nicht einmal wusste, dass es ein solches Joch gab. Doch hätte er, wenn er gekonnt hätte, dem Joch entfliehen wollen? Wäre es ihm wirklich lieber, er wäre ihr nie begegnet? Wenn auch das Gefühl weit mehr Bitterkeit als Süße bot, wollte er doch um der Süße willen nicht darauf verzichten. Auch er nahm sein Joch bereitwillig an.

* * *

„B sive N“ In Gedanken versunken schrieb Messer Boanventura diese Buchstaben auf ein Stück Pergament. *Bunchum sive nihil.* Er wusste jetzt, was Bunchum ist. Er hatte Buoninsegnas Rätsel gelöst. Keiner konnte besser verschleiern als Buoninsegna! Ihm fielen all die Spiele der Verschleierung ein, die Buoninsegna damals die Studenten hatte lösen lassen. Die vielen Möglichkeiten, einen Text allein durch Zahlen zu verschlüsseln. Auch mehrere Spuren konnte man legen, den Suchenden mehr als eine Aufgabe lösen lassen. Sollte er nicht eine Spur legen? Einen Hinweis auf die Lösung des Rätsels, auf Bunchum?
Messer Bonaventura schrieb: „sub basi gemellorum viam:“, die erste Spur. Den zweiten Hinweis verschleierte er durch eine Reihe von Zahlen. Er lächelte und dachte an seine Zeit an der Universität zurück. Spiele, alles Spiele. Es war nicht wert, das teure Pergament dafür zu verschwenden. Bonaventura schabte das Blatt wieder ab.

* * *

Als nun in der Nacht vor dem ersten Tag im Mai die Gruppen junger Männer durch die Straßen zogen, um unter den Häusern ihrer Angebeteten Lieder vom Frühling und von der Liebe zu singen, da zog auch Niccolò, eingehüllt in einen Mantel mit einer tief ins Gesicht hängenden Kapuze zu ihrem Haus. Er sah die vielen Fenster des Palazzo, aus einigen strahlte das Licht der Öllampen, wusste nicht, welches wohl zu ihrem Gemach gehörte, traute sich auch nicht, sich mitten vor die Fassade zu stellen, aus Angst, ihr Ehemann oder einer der Diener könne einen Kübel Küchenabfälle über ihm entleeren, (wie es ihm in früheren Jahren, als er derartige Ausflüge zusammen mit anderen Kameraden unternommen hatte, passiert war – damals hatten derartige Vorgänge jedes Mal große Heiterkeit und ausgiebiges Gelächter hervorgerufen). So suchte er die Dunkelheit einer kleinen gemauerten Treppe, dem Palazzo gegenüber gelegen, auf einer Seite von der hohen Mauer eines Gartens begrenzt, auf der anderen von der fensterlosen Wand einer Scheune. Nur hier wagte er, ihr sein Lied vorzutragen.

Das Lied, das er in den letzten Tagen für sie verfasst hatte. Niemandem hatte er sein Lied bisher gezeigt, noch überhaupt jemandem von seinem Vorhaben am heutigen Abend erzählt. Er, dessen Werkzeuge Pinsel und Farben, nie aber Worte, gewesen waren, sang das Lied von der Schönheit der Dame, von ihren schwarzen Augen, deren Strahlen ihn wie die Pfeile Amors verwundet hatten, von ihrem goldenen Haar, das wie die Sonnenstrahlen die Welt erleuchtete, ihn aber zugleich im Schatten stehen ließ. Von ihrem Gruß, auf den er seither inständig hoffte, obschon gewahr, kein Anrecht auf diesen zu haben.

War er doch wie der Holzwurm, dem das Holz des Wacholders unzugänglich war. Er, der Maler, sang wie ein Poet. Und hätte ihn nur jemand hören können an jenem Abend, jemand, der über einen freien Geist und ein wenig Seelenadel verfügte, er wäre vielleicht gerührt, vielleicht entzückt gewesen von diesen Versen, die mit ihrer wackeligen Metrik, ihren holprigen Reimen, einem Pferd glichen, das sich nicht zwischen Trab und Galopp entscheiden konnte, die aber doch ohne jede Zier aus dem Innern des Herzens ihres Sängers kamen.

Aber Niccolò wusste nicht einmal, ob die Adressatin der Verse ihn hörte. Ja, er wusste nicht einmal, ob es ihm gefallen würde, wenn sie seine Worte gehört hätte. Er starrte zu den Fenstern des Palazzo, gleichzeitig hoffend und fürchtend, sie möge dort erscheinen. Und als sich dann wirklich an einem der Fenster etwas bewegte, als eine Gestalt an diesem erschien, und er kurz darauf erkannte, dass es ihre Gestalt war, da fuhr ein Blitz durch seine Glieder. Sie stand am Fenster! War sie erschienen, weil sie seine Worte vernommen hatte? Für einen Moment schwebte er in der Luft wie ein Papierdrache im Wind. Es war ein sehr kurzer Moment, denn vor dem Palazzo zog ein kleines Grüppchen junger Männer auf, und sang, nein grölte, Worte, die von jeder Poesie so frei waren, dass es Niccolò schauerte.

„Ginevra, Ginepro – noch holder als der Wacholder,
und hältst uns wacher als Wacholder!“

Und in diesem Stile ging es weiter. Die Stimmen der Gesellen, durch den Weingenuss entstellt, dröhnten dumpfer als die Schläge eines Hammers auf dem Amboss und quietschten gleichzeitig wie eine eiserne Spachtel auf der Wand, wenn ein ungeschickter Lehrling den Kalkputz auftrug. Nur zu viert waren sie, und doch ließen sie eine Sinfonie von derartiger Disharmonie erschallen, dass die Klagen der Verdammten in der Hölle nicht schlimmer sein konnten!

Und was machte Monna Ginevra? Niccolò erwartete, eine Dame ihres Seelenadels würde sich ins Innere des Hauses zurückziehen, indigniert ob der Scheußlichkeit des Dargebotenen. Doch sie lehnte sich aus dem Fenster, stützte die Ellbogen auf den Fenstersims und – lachte! Hell und silbern war ihr Lachen, wie das Plätschern einer Quelle, wie der Gesang des Pirols am Morgen. Und trotz seiner Süße schmerzte dieses Lachen Niccolò mehr als das unverschämte Gekrächze der Weinseeligen. Warum belohnte Ginevra dieses unhehre Spektakel mit ihrem Lachen? Sie, die doch obendrein die Trauer um ihren Vater im Herzen tragen musste. Musste denn nicht ihr Gemüt seinem eigenen verwandt sein und damit zur Melancholie neigen? So musste es sein! Dieses Lachen war wohl nur eine übergroße Form der Höflichkeit, der

Großherzigkeit diesen unsensiblen Gestalten gegenüber. Es konnte nicht von Herzen kommen!
Und so war Niccolò aufrichtig erleichtert, als Messer Ranieri am Fenster erschien und mit Worten, die kaum vornehmer als die der Krawallburschen waren, dem Spaß ein Ende bereitete. Die vier zogen lachend und grölend von dannen, auf der Suche nach einem anderen Haus, in dem eine ebenso vornehme Dame an ihren Gesängen Gefallen fände.

* * *

„The second multiplicatione is an augmentum quantitatis lapidis cum its former vi, in such a way that it neque loses any of its vi, neque gains any, but in such a manner that pondus suum crescit et keeps on crescens ever more, so that a unica unzia grows et crescit to multas unziis."
Bonaventura sah das Pergament mit der schwer zu lesenden Handschrift an. Er musste sein dickstes Glas nehmen, um die Buchstaben zu entziffern.
Es war eine Abschrift, eine Übersetzung. Irgendein Mönch aus dem Franziskanerkonvent von Paris, ein Mitbruder und Landsmann des Autors, hatte den Text in seine Sprache übertragen. Warum ausgerechnet die Sprache der Angelsachsen? Konnte er es nicht ins Griechische oder Arabische übertragen? Der Autor wollte wohl sicher gehen, dass der Text in Paris von niemandem verstanden wurde. Aber musste er ausgerechnet das schreckliche Idiom dieser Inselbewohner wählen? Bonaventura erinnerte sich an die Zeit, die er selbst in Oxford verbracht hatte, an seine Gespräche mit dem damals noch jungen Doctor Subtilis, (der allerdings bestens Latein sprach).

Der Übersetzer dieses Textes dagegen schien selbst unsicher in Latein zu sein und hatte deswegen Ausdrücke, die er nicht kannte einfach in dieser Sprache belassen. Jedenfalls konnte er damit sicher sein, dass kein Franzose den Text je verstehen werde. Und vielleicht musste eine Schrift, die quer durch die bewohnte Welt gereist ist, vielleicht alle Sprachen dieser Welt enthalten?

Was aber meinte der Autor? Suchte er nicht nach dem Stein, dem Elixier, genauso wie Buoninsegna und alle Anderen? Dem Stein, der aus sich heraus wächst, der – einmal vorhanden – keiner weiteren Vermehrung mehr bedarf, weil er sich von selbst vermehrt. Durch sich selbst muss der Körper in Hitze gebracht werden, denn der Urheb sitzt in ihm selbst. Der lebendige Merkur wird dann aus ihm hervorsteigen.
Wenn man die Worte nicht verstehen konnte, dann vielleicht die Bilder? Die Schrift des Briten war ohne Bilder, sie bestand nur aus diesen schrecklichen kleinen Buchstaben. Bonaventuras innerer Sinn dagegen sah die Frau mit dem Faden genau vor sich. Sie spinnt den Faden, die Verbindung zwischen dem Ewigen, Göttlichen und seinem Abbild in uns, den Faden, der unseren Verstand mit der Weisheit Gottes koppelt. Das Licht, das wir in unserem inneren Spiegel erkennen können.

Der graue Wolf strahlte dann in vielen Farben: gelb, rot, blau. Auch der Brite sprach von diesen Farben. Doch benannte er die Substanz direkt mit ihrem Namen: Antimon, zu feinem Pulver vermahlen zeigt es farbige Adern. Antimon, die Substanz, die einst Mönche vergiftet und daher ihren Namen erhalten hatte. Und dieser britische Franziskaner nannte sie einfach beim Namen! Ohne Schleier sprach er, er nannte die Dinge einfach bei ihrem wahren Namen. Kein Bunchum, keine Rätsel! Trotz der wirren Sprache des Übersetzers war seine Schrift klarer als andere Schriften!

Und sein Elixier? Sein Stein der Weisen? Was war das Elixier? War es wirklich die Tinktur, die unsterblich machte, oder ging es um etwas ganz anderes?

2. Kapitel

Am ersten Donnerstag im Mai begann das Fest der Calendimaggio. Niccolò und Bartolo gingen zusammen mit der Familie ihres Meisters in die Kirche San Pietro, um der feierlichen Segnung der Standarte des Stadtteils beizuwohnen. Als Florentiner kannten sie natürlich derartige Feste, denn auch in ihrer Heimat wurde die Ankunft des Frühlings gefeiert. Sie glaubten kaum, dass Assisi die florentiner Feierlichkeiten an Großartigkeit übertreffen konnte.

Als sie dann aber in ihren Feiertagsgewändern durch die geschmückten Straßen schlenderten, da zog das farbenfrohe Treiben auch sie in seinen Bann. An allen Fenstern, auch den bescheidensten, hingen die Fahnen der Confraternità di San Francesco. Jeder, der laufen konnte, war bereits auf den Straßen. Nur die Alten, deren körperliche Schwäche es ihnen nicht mehr erlaubte, dem Treiben selbst beizuwohnen, saßen an den Fenstern, schwenkten ihre Fahnen und grüßten die Vorüberziehenden. Man konnte nur langsam bummeln, so voll waren die Straßen.

Niccolò, Bartolo und Beatrice versuchten immer wieder, sich an den anderen vorbei zu drängen, doch sie kamen kaum schneller voran. Wenn es nämlich einem der drei gelungen war, sich an einer Gruppe singender Jünglinge oder Kandelaber tragender Frauen vorbei zuschieben, dann wartete er auf die anderen und der gewonnene Vorsprung war dahin. Doch endlich gelang es den dreien, vor der Kirche San Pietro einen Platz in der ersten Reihe zu erobern und von dort dem feierlichen Einzug der Bruderschaft beizuwohnen.

Als nun die Prozession der Männer einzog, allen voran der Prior der Bruderschaft mit der Standarte, und die Männer ihre Laude sangen, da antworteten die drei auf die Verse zusammen mit den Einwohnern, so als sei die Parte di San Francesco ihr ureigenster Stadtteil.
Nach der Messe, dem erneuten Festzug durch die Stadt, feierten sie bis spät in der Nacht auf den Straßen und Plätzen. Die Musik endete nicht. Während der ganzen Nacht hörte man den Gesang der Chöre, den Klang der Lauten, Flöten und Tamburine.
Und auch der nächste Tag begann mit Musik. An diesem zweiten Tag gab es wieder festliche Umzüge, doch diesmal zogen alle Stadtteile und alle Bruderschaften zur Piazza del Comune. Vor dem Tempel der Minerva – früher Hort der Weisheit, jetzt Gefängnis – stand eine hölzerne Bühne. Hier sollte heute die Madonna Primavera gewählt werden. Jeder Stadtteil hatte die schönsten, anmutigsten und tugendhaftesten Jungfräulein gesandt; diese thronten bereits auf den Rängen über der Bühne und begrüßten ihre unten vorbeiziehenden Ritter. Die jungen Reiter, Kämpfer und Bogenschützen, das Gefolge der Kandidatinnen, würden heute während des ganzen Tages die verschiedensten Turniere austragen, um so ihrer Dame den Gewinn, den Palio der Madonna Primavera, zu erobern.

* * *

Auf der Piazza del Comune wurde dem Frühling gehuldigt, der Liebe und der Schönheit. Unter der Piazza aber, ungesehen von allen anderen, hatte sich ebenfalls eine Gruppe von Männern versammelt. Die Tribuna war feierlich geschmückt. Blüten von Pfingstrosen bedeckten sie und verströmten ihren Duft. Kerzen und Öllampen erleuchteten den dunklen Raum feierlich. Der Mann, der vorne stand – sein Gesicht war verhüllt – sang:
„Ich bin eine Blume zu Saron und eine Rose im Tal."
Die anderen Männer antworteten:
„Wie eine Rose unter den Dornen, so ist meine Freundin unter den Töchtern."
Der Priester sang erneut:
„Wie ein Apfelbaum unter den wilden Bäumen, so ist mein Freund unter den Söhnen. Ich sitze unter dem Schatten, des ich begehre, und seine Frucht ist meiner Kehle süß."
Und die Gemeinde respondierte:
„Der Winter ist vergangen, der Regen ist weg und dahin; die Blumen sind hervorgekommen im Lande, der Lenz ist herbeigekommen, und die Turteltaube lässt sich hören in unserm Lande; der Feigenbaum hat Knoten gewonnen, die Weinstöcke haben Blüten gewonnen und geben ihren Geruch. Stehe auf, meine Freundin, und komm, meine Schöne, komm her! Meine Taube in den Felsklüften, in den Steinritzen, zeige mir deine Gestalt, lass mich hören deine Stimme; denn die Stimme ist süß, und deine Gestalt ist lieblich."

* * *

Niccolò, Bartolo und Beatrice stürzten sich wieder in das lustige Treiben. Doch hielt es die drei nicht lange auf der Piazza del Comune, wo es kaum mehr möglich war, einen Platz zu ergattern, von dem aus man das Spektakel hätte verfolgen können. Um einen solchen einnehmen zu können, musste man sich entweder bereits vor Sonnenaufgang auf der Piazza einfinden oder zu den einflussreichen Familien Assisis gehören, denen die Plätze auf der Tribüne reserviert waren. (Auf einem dieser Plätze erspähte Niccolò Monna Ginevra. Er dachte an den Gesang, den er vor einigen Tagen vor ihrem Hause vorgetragen hatte, spürte, wie die Wärme ihm ins Gesicht stieg, und drängte seine beiden Gefährten weiter, denn es gäbe sicher noch andere interessante Darbietungen zu sehen.)

Und wirklich gab es noch viele andere Schauspiele in den Gassen und auf den kleineren Plätzen. Allerlei Gaukler, Artisten und Marktschreier hatten sich zu dieser Gelegenheit in Assisi eingefunden und boten ihre Kunststücke dar. Sie sahen einen Seiltänzer, der quer über die Straße zwischen zwei Palazzi ein Seil gespannt hatte und dort oben die halsbrecherischsten Übungen ausführte – was umso beeindruckender war, da er offensichtlich schon zum Frühstück dem Wein kräftig zugesprochen hatte und auf dem Boden schon kaum noch in der Lage war, eine gerade Strecke zurückzulegen. Ein anderer jonglierte mit drei, vier dann sogar fünf Bällen, wobei er um das eine Bein auch noch drei Ringe kreisen ließ. Und ihm gelang es, dabei noch aus einem Becher zu trinken.

Wieder ein anderer sang Lieder, bei denen es auch meistens ums Trinken ging. Doch er besaß ein ungewöhnliches Tier: ein kleines Äffchen. Gekleidet in Brokat und Seide wie ein Edelmann, sprang es durch die Reihen der Zuhörenden und brachte sie – da seine Vorführung die seines Besitzers an Komik weit übertraf – zum Lachen.

„Wenn Chiara den sieht, dann kriegen wir sie hier nie wieder weg“, bemerkte Beatrice. Kaum hatte sie diese Worte ausgesprochen, kam das kleine Äffchen auf ihren Arm gesprungen, so als habe es in ihr eine alte, lange vermisste Freundin entdeckt. Beatrice streichelte es über das Köpfchen und wollte es wieder auf den Boden setzen. Doch der kleine Kerl klammerte sich an ihrem

Gewand fest. Seine winzigen Händchen – und Beatrice bemerkte auf einmal, wie sehr sie den Händen eines Menschen glichen – wollten sie nicht mehr loslassen.
Die Umstehenden lachten und spotteten: „Sieh nur, er hat seine Dame gefunden!" „Einen schönen Verehrer hast du dir da erobert, Mädchen!" „Die Madonna Primavera der Affen!"
Beatrice versuchte weiter, die Umklammerung zu lösen, doch kaum hatte sie eines der kleinen Händchen geöffnet, schloss sich das andere gleich umso fester an einer anderen Stelle. „Du niedlicher kleiner Kerl", sagte sie, „gerne würde ich dich mitnehmen, aber du gehörst doch zu deinem Papà!" Sie sah dem kleinen Tier in die dunklen Augen und plötzlich erkannte sie darin eine unendliche Traurigkeit, so als flehe das Äffchen sie an, es doch mitzunehmen. Noch nie hatte Beatrice das Gesicht eines Tieres mit einem so menschlichen und verzweifelten Ausdruck gesehen. Sie merkte, dass sie gegen die Tränen in ihren Augen kämpfen musste.
Doch da riss der Sänger den kleinen Affen von ihr. „Willst du wohl deine Arbeit tun!", schrie er, „statt junge Damen zu belästigen. Entschuldigt, meine Verehrte!", sagte er mit schleimiger Freundlichkeit zu Beatrice und schüttelte das arme Äffchen kräftig durch. Beatrice spürte einen Zorn auf diesen grausamen und gefühllosen Kerl, dass sie ihn am liebsten geohrfeigt hätte. Doch sie stieß ihre beiden Kameraden an und deutete ihnen, von hier weg zu gehen.
So zogen die drei von einer Straße zur anderen, von einer Piazza zur nächsten, doch die ausgelassene Stimmung vom Morgen wollte sich nicht wieder einstellen.

„Habt ihr eigentlich bemerkt", fragte endlich Beatrice, „dass von den Cavalieri niemand bei den Feiern war? Sind nicht alle Bruderschaften, die Vorsteher aller Handwerkszünfte mit ihren Fahnen eingezogen? Wo war Francesco, wo war Bruder Onofrio? Nicht einmal Ricco oder Guido war zu sehen. Was kann das bedeuten?"
„Bruder Onofrio war heute morgen kurz bei uns", antwortete Bartolo, „wir haben zusammen in der Küche eine Kleinigkeit gegessen. Meister Francesco

war da aber schon weg. Und wo er und die anderen sind, muss doch unser Magister besser wissen, will er doch selbst bald einer von ihnen werden."
„Nein, ich weiß von nichts!" rief Niccolò, „nicht mal Onofrio habe ich heute gesehen. Ich muss mir aber auch nicht vor Sonnenaufgang schon den Bauch vollstopfen ..."
„Nein, dir genügt die Kost des Geistes ..."
Beatrice unterbrach die beiden Streitenden: „So, Onofrio ist also schon früh unterwegs gewesen. Und wo wollte er hin, hat er irgendetwas gesagt?"
Bartolo überlegte: „Wenn ich jetzt darüber nachdenke ..."
„... etwas ganz Neues!" stichelte Niccolò, doch Beatrice stieß ihm ihren Arm in die Seite.
„... ich habe mich schon ein bisschen gewundert, weil Bruder Onofrio es dann plötzlich so eilig hatte, denn eigentlich hat er ja beim Essen immer Zeit. Er wollte aber plötzlich weg, nachdem er gehört hatte, dass Meister Francesco schon gegangen war. Er sagte irgendwas, dass er die Messe nicht versäumen wollte, und ich fragte ihn, ob denn nicht die Messe bei ihm im Konvent schon in aller Frühe stattgefunden habe, aber er hörte gar nicht mehr zu, sprang auf und ging. Nicht einmal seinen Wein hatte er ausgetrunken."
„Wein am Morgen!" Niccolò schüttelte den Kopf, „kein Wunder ..."
„Wir verdünnen ihn doch mit Wasser!"
„Streitet nicht, überlegt lieber, wo euer Freund hingegangen sein könnte!"
„Warum ist das so wichtig, wo er steckt?"
„Weil es sonst heute vielleicht wieder einen Toten gibt!"
„Du glaubst doch nicht wirklich, dass Onofrio ein Mörder ist!" Niccolò konnte es nicht fassen.
„Nun, dass er auf diese seltsame Weise verschwindet, ist doch verdächtig, oder?"

Ohne über ihren Weg nachzudenken gingen sie weiter diskutierend durch die Straßen; bei der kleinen Kirche Santa Maria delle Rose waren die Klänge des Spektakels nur noch leise zu hören. Den Gesang aber, der jetzt erklang und immer deutlicher wurde, kannten sie nur zu gut.

„O Castitate, fiore. che te sostene amore.
O fior de castitate, odorifero giglio,
con molta soavitate, sei de color vermiglio
ed a la trenetate tu representi odore."

„Torsolo! Wir haben dich schon vermisst", rief Bartolo, „bist du nicht beim Turnier auf dem Platz?"

„Oh, vielleicht schon, dann würde ich dir dank der Wunderkraft Gottes sichtbar erscheinen, wie einst der Poverello in Arles. Aber warum seid ihr nicht beim Turnier und huldigt der Madonna Primavera? Der Liebesdienst der Jugend soll doch der des Frühlings und der Sonne sein, nicht das Hinabsteigen in die dunklen Gefilden zu den Stätten, die die Sonne schon seit Jahrhunderten nicht mehr erhellt. Seit der Zeit des Todes der Weisheit und Gerechtigkeit ..."

„Torsolo, was sagst du da?" unterbrach ihn Niccolò, „wer steigt in welche dunkle Gefilde?"

„Sucht ihr nicht euren Freund, den runden Franziskaner? Gerade eben war er noch hier!"

„Bruder Onofrio? Du weißt, wo er steckt?"

„O castitate fiore ..." begann Torsolo wieder zu singen, „sucht nur nach der Blume der Keuschheit. Die Blume, die in der Mitte aller drei Zeiten steht, wie das Alpha und das Omega, ohne Anfang, ohne Ende. War nicht der heilige Geist schon vor dem Vater und wird nach dem Sohn ebenso sein?"

Die verwirrten Gesichter schienen Torsolo zu belustigen. „Welche Farbe hat die Keuschheit? Lernt den zweifachen Sinn zu verstehen, der allegorische Sinn ist der Zwillingsbruder des literarischen Sinns!"

Und der Bizocco sprang singend davon, die drei ratlos zurücklassend.

* * *

Jedes Mal wenn Francesco Bonaventuras Offizin betrat, stockte ihm der Atem. Er hatte noch nie solch ein Offizin gesehen mit einer so reichen Ausstattung! Am liebsten hätte er sich gleich zwischen den Tiegeln, Trichtern, Phiolen, Muffeln und restlichem Gerät umgesehen. Doch Bonaventura drängte ihn in einen kleinen fensterlosen Nebenraum. Erst hier nahmen sie ihre Kapuzen ab.

„Er wird mich nicht daran hindern", sagte Messer Bonaventura, „auch wenn er Leones und Aloisios Teil besitzt und vielleicht sogar noch weitere. Doch wer immer sie genommen hat, er wird mich nicht daran hindern, ich bin auf dem richtigen Weg, dem großen Werk. Ich bin ihm voraus. Er wird Buoninsegnas Schrift nicht sofort verstehen. Und selbst wenn er sie entschleiert, sie allein reicht nicht aus. Ich aber werde die siebte Stufe erreichen. Und ich werde es vollenden!"

„Du meinst, du weißt, wie man es herstellt? Das Elixier?", fragte Francesco ungläubig.

„Es gibt noch eine andere Schrift. Die Schrift, die Meister Pietro Lorenzetti aus Siena mitgebracht hat. Es ist zwar eine sehr unverständliche Übersetzung von irgendeinem Mönch aus Paris. Entziffern kann sie nur, wer neben Französisch und Latein auch die seltsame Sprache der Briten versteht. Es ist ein wahres Kuddelmuddel ..."

Doch Francesco war weniger an philologischen Details interessiert: „Du kannst wirklich das Elixier herstellen? Du meinst ..., du meinst wirklich das Elixier?"

„Das Elixier, genau das meine ich, lieber Francesco; wahrlich das aurum potatile. Es wird ein großes Glück für die Menschen bedeuten, wenn ich es erst habe. Es wird den Menschen die Lasten des Alltags erträglich machen. Nur wer nicht ständig um sein Leben fürchten muss, nicht den ganzen Tag schwere Arbeit verrichten muss, kann sich den Tätigkeiten der Vernunft widmen. Deswegen ist das Panazee – ich nenne es nicht Elixier – ein Schritt zur Heilung von Krankheiten und Erleichterung des Leidens."

Und er redete noch weiter von den Benefizien des Panazees. Francesco aber sah den klaren Himmel in seinem Kopf, der Nebel zog davon.

Das Elixier! Die Erlösung!
„Wann wirst du fertig sein?", fragte er.
„Es wird nicht mehr lange dauern, lange nicht so lange, wie ich bereits danach suche."
„Meines Wissens suchst du schon dein halbes Leben danach."
„Ich bin auf dem Gipfel, dem Moment der Hochzeit der Vernunft mit der Ewigkeit. Die Seele, bis jetzt bekleidet mit den Tugenden, entkleidet sich und verlässt alles, was sie besitzt. Doch sie hat nicht etwa Angst, denn ihr Freund ist reich. Nur noch eine Kraft wirkt in ihr, doch die ist stärker als alle anderen Tugenden: die Vernunft."
Francesco sah ihn fragend an: „Was heißt das? Geht es nicht um das Elixier, das im Körper wirkt, nicht in der Seele?"
„Warum sollten wir den Körper pflegen, wenn nicht als Wohnung der Seele? Die Seele ist die Jungfrau, die sich im Tanz dreht, den Leuchter der Vernunft erhoben. Bekleidet ist sie aber nur mit einem leichten Tuch, fast durchscheinend, und doch bekleidet es sie ..."
Schon wieder schwirrten Wolken um Francescos Geist. „Wird es das Elixier je geben?"
„Glaube mir, lieber Bruder, es wird. Doch mir fehlt noch eine wesentliche Zutat, doch ich weiß inzwischen, worum es sich handelt. Es ist eine Pflanze, die im Orient beheimatet ist."
„Und die ist notwendig für das Elixier?"
„Wenn Buoninsegna Recht hat, schon."
„Zweifelst du etwa an Buoninsegna?"
„Ich zweifle am Elixier."
„Am Elixier! An unserer Erlösung! Was hat dich zu diesem Zweifel geführt?"
„Roger Bacon, der britische Franziskaner, Verfasser der Schrift, die Meister Pietro mitbrachte ..."
„Das komische französisch-britisch-lateinische Gefasel?"
„Du hast es gelesen?" Bonaventuras Lippen kräuselten sich als müsse er lachen, „ja, die Übersetzung verlangt eine gewisse Bereitschaft zur Spurensuche. Doch der Text redet ohne Schleier, er ist wie Meister Pietros Malerei.

Du hast sicher seinen Judas gesehen? Auch Meister Pietro nennt die Dinge bei ihrem Namen, genau wie Roger Bacon. Er fürchtet nicht, dass irgendein Nichteingeweihter an das Geheimnis kommen könnte."

Meister Pietros Judas! Dunkler Nebel verhüllte Francescos Gedanken. Ein Bild dieses Pietro und seine eigene Arbeit drohte bedeutungslos zu werden! Genauso wie das Werk dieses Roger Bacon der Arbeit Buoninsegnas jede Bedeutung zu nehmen drohte.

„Aber beschreibt er die Herstellung des Elixiers?", fragte Francesco daher leise.

„In gewisser Weise schon; doch ist es nicht das Elixier, das wir suchen. Das gibt es gar nicht, meint Bacon."

„Aber Buoninsegna? Hat er es nicht geschluckt?"

„Das sagte er."

* * *

„Santa Maria delle Rose!" rief Beatrice plötzlich in das Schweigen hinein.

Niccolò drehte sich zu Bartolo und verdrehte die Augen.

„Versteht ihr denn nicht? Was hat Torsolo gesagt? Die Blume! Santa Maria delle Rose, das ist die Blume!"

Bartolos Gesicht erhellte sich. „Du meinst, Onofrio ist in der Kirche dort?"

Niccolò verlor jetzt endgültig die Geduld. „Glaubt ihr beiden wirklich, unser Onofrio schließt sich in irgendein Kirchlein ein, während draußen gefeiert wird und es Essen und Trinken gibt? Und außerdem, was hat Torsolo noch alles geredet? Vom heiligen Geist, von der Farbe der Keuschheit? Und warum soll gerade er wissen, wo Onofrio steckt? Merkt ihr nicht, dass er sich einfach lustig über uns macht?"

„Er wusste ja auch, dass wir Onofrio suchen. Torsolo weiß doch immer alles“, bekräftigte Bartolo.
Beatrice aber forderte die anderen auf: „Lasst uns doch einfach nachsehen, entweder wir finden Onofrio und kommen einem Geheimnis auf die Spur, oder wir finden ihn nicht, dann sind wir genauso schlau wie jetzt.“

Das Licht in der Kirche Santa Maria delle Rose reichte gerade, um zu erkennen, dass niemand hier war.
„Onofrio muss doch nicht in der Kirche sein, vielleicht müssen wir Alpha und Omega finden, wie Torsolo gesagt hat“, überlegte Beatrice beim Herausgehen. Neben der Kirche stand der aus massigen Steinen errichtete Campanile, unter diesen führte eine von einem Bogen überwölbte Gasse zu einer Mauer. Die drei sahen sich in dem düsteren Torbogen um. Eine kleine Tür musste in die Kirche führen, sie war von riesigen und reich verzierten Steinblöcken eingerahmt; über der Tür konnten sie ein Fresko im griechischen Stil erkennen. Doch die Tür war verschlossen. Wo konnte Onofrio entwichen sein? An der gegenüber liegenden Seite etwas über dem Bodenniveau gelegen gab es eine noch schmale Tür, ebenfalls von einem Rahmen umgeben, auf dem man noch Reste von Malereien im alten Stil erkennen konnte. Drei hölzerne Treppenstufen führten hinauf zu der Tür. Doch die Tür war ebenso verschlossen. Niccolò ließ sich auf eine der Stufen sinken. Beatrice dagegen betrachtete den Türrahmen:
„Ist das nicht seltsam, seht mal, diese Ornamente, Kreise mit Sternen, Kreise mit Quadraten ...“
„Das übliche Zeug“, moserte Niccolò, „die ganze Kirche San Francesco ist mit diesen altmodischen Mustern voll.“
„Ja, aber seht doch mal nach unten. Da sind drei Kreise und die Farben sind noch frisch, und in der Mitte ist ein Stein eingesetzt.“
Wirklich, drei Ringe waren dort so übereinander gezeichnet, dass sie sich an genau einer Stelle berührten. Am Berührungspunkt war ein kleiner roter Stein sorgfältig in die Wand eingelegt.
„Was bedeutet das?“ fragte Bartolo, „so etwas habe ich noch nie gesehen?“

„Das ist es, das Alpha und das Omega! Ein runder Stein, und das Rund ist es doch, das keinen Anfang und kein Ende hat! Und dann die Farbe der Keuschheit, hat er das nicht selbst gesungen, dieser Torsolo?", rief Beatrice.
„Ja!" stimmte Bartolo zu, „die Farbe der Keuschheit, das ist Rot! ‚Se de color vermiglio' hat er gesungen!"
Beatrice tastete die Figur ab, zeichnete die Kreise mit dem Finger nach, als sie plötzlich bemerkte, dass der rote Stein sich in die Wand hinein drücken ließ. Sie drückte mehrfach auf den Stein, als sie ihn schließlich mit größerer Kraft in die Wand stieß, war ein metallisches Geräusch zu hören. Es klang wie ein rostiger Schlüssel, den man im Schloss dreht. Die obere Stufe der hölzernen Treppe von der Breite einer florentiner Elle bewegte sich und Beatrice hob die Stufe nach oben. Darunter war es schwarz.
„Fein, ein Loch!" Niccolòs schlechte Laune erhellte sich keineswegs.
„Oh Niccò, denk doch mal nach", rief dagegen Beatrice, „da unten muss irgendetwas sein. Das ist nicht einfach ein Loch! Da muss er hinein verschwunden sein, unser lieber Onofrio!"
„Ihr glaubt doch nicht, dass ich in ein finsteres Loch rein hüpfe! Wer weiß, wo das endet, vielleicht führt es direkt zur Hölle!" Bartolo sprang einen Schritt zurück.
„Das werden wir gleich sehen", antwortete Beatrice, „ihr Jungs führt doch immer allerlei Krimskrams in euren Taschen mit euch. Hat nicht einer von euch einen kleinen Stein oder etwas in der Art dabei?"
Niccolò trug wirklich einen Stein bei sich, den er einst wegen der Schönheit seiner Oberfläche aufgesammelt hatte. Beatrice warf den Stein in das Loch, kurz darauf hörte man den Aufprall.
„Hört ihr, das Loch kann nicht viel tiefer sein als Bartolo lang ist. Wenn das der Schlund zur Hölle wäre, dann wäre der Stein immer noch unterwegs. Wer will zuerst?"
Wenig überzeugend schlug Niccolò vor: „Am besten du, Tolo, weil du der längste bist." Beatrice stimmte ihm zu und lächelte Bartolo dabei so honigsüß an, dass dieser eine Gänsehaut bekam. Er wurde rot wie der kleine Stein in dem Zeichen der Ringe und stammelte:

„Ja, meint ihr ..., Bice, wenn du sagst ...“
„Ovvia!“, rief Beatrice, „was kann schon passieren? Auch Onofrio hat doch keine Flügel!“
Und so ließ sich Bartolo, die Füße voran, langsam durch die Öffnung gleiten, schob seinen langen Körper Stück für Stück weiter, zögerte ein wenig, sprang aber zuletzt todesmutig – wie er glaubte – hinunter. Unten ging er ein wenig in die Knie, landete aber sicher auf den Füßen. Wie Beatrice berechnet hatte, war das Loch nicht sehr tief.
Niccolò ließ sich, von unten assistiert von Bartolo, als nächstes in die Dunkelheit gleiten, Beatrice folgte den beiden. Mehr als zu springen, kletterte sie an Bartolos Körper herab, so dass dieser die warmen Säfte in seinen Kopf steigen spürte und der Dunkelheit dankte.
Wenige Schritte vor ihnen entdeckten sie ein Licht! Und erst jetzt fiel ihnen auf, dass sie in einer Art unterirdischen Gang standen, auf einer Seite war rauer Fels, auf der anderen aber eine glatte, gemauerte Wand; und dort vorne flackerte dieses Licht. Es war wirklich eine Lampe! Jemand hatte eine Lampe in diesem Gang abgestellt.

„Das muss Onofrio gewesen sein“, meinte Beatrice sofort, „die Lampe kann noch nicht lange hier stehen. Also kann auch er nicht weit sein!“
Während sie nun diesen Gang entlang gingen, sich dabei mal an der Felswand, mal an der glatten Wand abstützend, spürten sie, dass auch der Boden plötzlich glatt und bequem zu begehen war. Dieser Gang musste von Menschen angelegt sein. Auch die Steine der gemauerten Wand zeugten von sorgfältiger Bearbeitung. Nicht allein waren sie umsichtig geglättet, in einigen konnten sie auch geritzte Inschriften ertasten. Über der Lampe befand sich sogar ein Stein mit einem Relief. Es war eine menschliche Figur mit ausgebreiteten Armen und den Flügel eines Vogels daran. Die beiden Beine der Figur waren in den Knien abgeknickt und bildeten die Form eines halben Sonnenrades, so als renne sie sehr schnell.
„Was ist das, ein Mensch mit Vogelflügeln?“, fragte Bartolo und Beatrice antwortete:

„Das muss die Maschine sein, von der Messer Bonaventura gesprochen hat. Er erzählte einmal von einem Mann, einem sehr gelehrten Mann, der in Britannien lebe, Roger Bacon heißt er. Er ist übrigens auch ein minderer Bruder …"

„Und der kann fliegen?"

„Nein, natürlich nicht. Aber er sagt, es sei möglich, Flugmaschinen zu bauen, in denen ein Mensch sitzt, der irgendwelche Apparate bedient, und dann fliegen kann wie ein Vogel."

„Meint er denn, wir können irgendwann alle fliegen?", Bartolo starrte Beatrice ungläubig an.

„Messer Bonaventura glaubt, ja. Er sagt, wenn wir erst richtig verstehen, was in der Natur vorgeht, dann können wir die erstaunlichsten Maschinen bauen, wie Wagen, die nicht mehr von Tieren gezogen werden, aber mit unberechenbarer Geschwindigkeit fahren, Schiffe, die von einem einzigen Mann gesteuert werden, oder eben auch Flugmaschinen …"

Während Bartolo Beatrice bewundernd ansah, fiel Niccolò ihr ins Wort: „Oh Bice, lässt du dich jetzt schon von Tolos Dummheit anstecken? Wie kann irgendein Engländer diese Figur geschaffen haben? Wisst ihr, was ich glaube? Ich glaube, wir sind hier in der Stadt der Alten. Ich glaube, es waren die Alten, die das hier geschaffen haben. Ich meine, sie haben ja auch das Gefängnis, oder was das ist, auf der Piazza gebaut, und das heißt doch, sie hatten wirklich begabte Handwerker …"

„Die Heiden, meinst du, die Barbaren?" Bartolo stutzte ein wenig.

„Tolo, du Dummkopf! Sie waren vielleicht Heiden, aber war es ihre Schuld, dass sie vor der Zeit der Erlösung geboren waren? Und Barbaren waren sie sicher nicht. Hast du denn nie zugehört, wenn die Priester uns etwas gelehrt haben? Sogar Aristoteles gehörte zu den Heiden. Und auch Propertius, der Dichter! Und Barbaren gab es auf dieser Seite des großen Gebirges gar nicht, die kommen doch alle aus dem Norden. Aber vielleicht ist das ein Teil der Stadt, durch die Propertius gegangen ist, vielleicht hat er hier Cynthia getroffen oder seine Gedichte geschrieben …"

„Wer ist das denn?“, fragte Bartolo verständnislos, doch Beatrice war schon für die Idee entflammt:
„Du meinst, wir sind hier in der Stadt der Alten! Messer Bonaventura nennt sie die Riesen, auf deren Schultern wir, die Zwerge, stehen. Er sagt ...“
„Genau“, fuhr Niccolò seine Rede fort, „und meinst du etwa, dass, wäre es möglich, dass die Menschen fliegen könnten wie Vögel, es den Alten dann nicht gelungen wäre? Waren sie nicht an Weisheit und an Wissen über die Natur und an allem anderen uns (und ganz bestimmt den Briten) weit überlegen? Das sagt übrigens auch Messer Bonaventura. Flugmaschinen, was für ein Unsinn! Habt ihr denn beide im Unterricht geschlafen! Das ist doch Ikarus, oder vielleicht auch Daedalus. Kennt ihr nicht mehr die Geschichte? Daedalus, der Vater, wollte die Natur neu erschaffen, so wie euer Engländer, und fertigte Flügel aus Federn und Wachs an. Er wollte zusammen mit seinem Sohn von einer Insel flüchten, auf der er gefangen gehalten worden war. Dem Sohn Ikarus brachte er deshalb bei, genau hinter ihm zu fliegen, nicht zu tief und nicht zu hoch. Doch nachdem sie einige Zeit geflogen sind und das Ziel schon beinahe erreicht haben, wird der Knabe übermütig und fliegt viel zu hoch. Und was ist dann wohl passiert?“
„Ist er abgestürzt?“
„Natürlich! Die Wärme der Sonne ließ das Wachs schmelzen, so dass er bald mit nackten Armen ruderte und keine Luft mehr zu fassen bekam. Den Namen des Vater herausschreiend stürzte er zur Erde und starb.“
„Der Arme!“
„Aber wisst ihr denn nicht mehr, warum man uns diese Geschichte erzählt hat? Jede Tugend ist doch immer die Mitte zwischen zwei Extremen. Also muss man immer diesen Mittelweg finden. Deswegen haben die Alten diese Geschichte aufgeschrieben. Vielleicht war das auch ein Traum, denn im Traum kann man ja manchmal fliegen. Wenn es aber wahr wäre und die beiden wirklich geflogen wären, glaubt ihr, dann wäre nicht inzwischen auch ein anderer in der richtigen Höhe geflogen? Nicht einmal große Geister wie Aristoteles oder Augustinus haben das vollbracht. Also ist es doch unmöglich!“

„Ich weiß nicht recht“, lenkte Beatrice zögernd ein, „wenn sie es nun einfach nicht versucht haben, weil sie glaubten, sicher zu wissen glaubten, aber doch eben nur glaubten, dass es unmöglich sei?“
„Soll denn wirklich irgendein britischer Franziskaner klüger sein, als die großen Denker der vergangenen Zeit? Soll der heilige Augustinus verblendet gewesen sein, und jener da hingegen im Besitz der Wahrheit?“
Auch Beatrice musste zugeben, dass das kaum sein könne. Sie gingen daher weiter durch den Gang bis sie plötzlich zu einem großen Raum kamen. An einer Stelle stand eine Art Altar, reich mit Pfingstrosen geschmückt, eine Öllampe brannte und verbreitete spärliches Licht. Genug Licht, dass sie die Figur auf den Treppenstufen erkennen konnten. Es war Bruder Onofrio, der entmutigt den Kopf auf den Arm stützte.

* * *

Nur wenige Fuß über ihren Köpfen fand der letzte Wettkampf für diesen Tag statt. Die fünf Bogenschützen, gekleidet in den Farben ihrer jeweiligen Contrade, betraten gerade den Turnierplatz, begrüßten ihre Damen, nahmen deren Pfand entgegen und ließen sich von der Masse bejubeln. Einer von ihnen, Puzzarello di Manfredi aus der Contrada di Porta Perlici, stolzierte wie ein Gockel über den Platz. In den letzten Jahren hatte er mehrmals das Turnier gewonnen und war sich auch diesmal seines Sieges durchaus sicher. Seine Dame jedoch, die blutjunge Agnese di Scescio, nahm zum ersten Mal an den Feierlichkeiten teil. Ihre feinfühlige Natur vernahm das Lächerliche im Verhalten ihres Ritters. Sie senkte den Blick herab, als sie ihm ihr Pfand übergab, und wünschte sich weit weg von diesem Ort.

Die Zuschauer dagegen merkten nichts von Agneses Verlegenheit. Sie jubelten den Schützen zu, und am lautesten bejubelten sie den, der ihnen das größte Spektakel bot.
Jetzt war die Reihe an Puzzarello. Begleitet vom Beifall des Publikums schritt er mit vorgeschobener Brust zum Startpunkt, legte den Bogen an, um ihn gleich darauf wieder herunter zu lassen, wiederholte diese Prozedur mehrmals, bis er endlich den Pfeil ansetzte und schoss. Der Schuss traf genau, die Fahne flog in hohem Bogen davon. Die Umstehenden tobten, Agnese errötete. Die zweite Runde wurde begonnen. Einer nach dem anderen nahm die Position ein, schoss. Dann war die Runde wieder an Puzzarello. Das gleiche Getue, das gleiche Geschrei der Zuschauer. Wieder traf er, wieder flog die Fahne weg.

* * *

„Ich habe sie verpasst“, jammerte Onofrio.
„Wen hast du verpasst? Was war denn hier eigentlich los?“
Unwirsch blickte Onofrio seine Freunde an: „Die Messe, die einzige wichtige Messe im Jahr! Und ich habe sie verpasst!“
„Warst du denn heute Morgen nicht in der Messe?“, Bartolo verstand gar nichts mehr, „und außerdem, du wohnst doch im Konvent. Kannst du nicht, wann immer du willst, die Messen besuchen?“
Onofrio sprang plötzlich auf: „Ja, ich wohne im Konvent, und genau die waren es, die mich abgehalten haben, rechtzeitig hier zu sein. Die mit ihrem Weinen! Auch ich habe heute morgen geweint! Vor dem eisigen Wind habe ich geweint, und damit den Liebesdienst an der Dame verpasst! Sie sind schuld, mit ihrer falschen Kirche und ihrer Irrlehre! Und dabei wollte ich immer frei sein!“

„Liebesdienst an der Dame?“, auch Niccolò war verwirrt, „bist du etwa verliebt? Darfst du das überhaupt?“
Onofrio ballte die Fäuste unter seiner Kutte. „Ihr seid alle so dumm! Wenn uns irgendetwas zur Erlösung führt, dann doch nur der Liebesdienst! Was glaubt ihr denn? Ihr schlaft doch immer noch! Und du“, er blickte Niccolò zornig an, „du glaubst wohl, unser Liebesdienst sei so ein Kinderkram wie deiner! Du glaubst, wir himmeln irgendeine Dame an, die wir nie, niemals erreichen werden, um uns dann in unserem eigenen Seelenleid zu suhlen wie Schweine in ihrem Schlamm. Nein, diesen Blödsinn macht nur ihr!“
Diese Worte trafen Niccolò wie eine unerwartete Ohrfeige. Woher wusste Onofrio von seinem heimlich empfangenen Seelenleid? Verlegen schaute Niccolò zu Boden, während Onofrio weiter tobte: „Du bist zwar ein Novize, aber verstanden hast du überhaupt nichts. Und dann, was machst du hier überhaupt? Als Novize darfst du noch gar nicht hier her, und schon überhaupt niemanden mitbringen! Weißt du, was passieren kann, wenn Uneingeweihte hier her kommen?“
„Was denn?“, fragte Bartolo arglos.

Mit einem maliziöses Lächeln sah Onofrio ihn an: „Wisst ihr denn nicht, was ihr getan habt? Ihr seid nicht wert, das neue Leben zu erlangen. Ihr gehört zu denen, die weiter heucheln. Ihr seht nur, was an der Oberfläche ist, weil ihr nicht bereit seid für das eigentliche Leben, das darunter liegt. Es ist ein anstrengender, steiniger Weg. Schlafen ist sicher bequemer! Es geht dem Fluss entgegen bis zur Quelle. Aber am Ende, wenn du erst die siebte Stufe erklommen und die Quelle gefunden hast, dann hast du das Leben gefunden. Das neue Leben, versteht ihr? Ein Leben, in dem ihr nicht mehr weinen müsst. Wir müssen uns dann nicht mehr anstrengen, sondern können alles Falsche ablegen. Wir müssen nicht mehr heucheln, uns nicht mehr schmücken, auch nicht mit Tugenden. Wie hat denn die Leukippide Hilaira den Kastor verführt, wie ihre Schwester Phoebe den Pollux, seinen Zwillingsbruder? Ohne Schmuck, bar jeder Pracht, und genau so liebten die Brüder sie. So liebt dich Venus, so gefällst du Minerva. *Taedia dum miserae sint tibi luxuriae!* Warum

verehren wir Kastor und Polux wohl hier, am Tempel der Weisheit? Ihr aber, ihr wisst nicht, was es heißt, wenn nichts mehr, kein Gebot, kein Verbot, nicht Himmel, nicht Hölle, mehr etwas bedeuten!"
Niemand sagte etwas. Als ob er die Stille fürchtete, redete Bruder Onofrio weiter: „Doch es ist eine lange Zeit bis dahin. Neun Jahre dauert es gewöhnlich, bis sie dich grüßt. Sie, die den Geist erregt, das Herz tötet und die Seele erzittern lässt. Ihre Liebe, ihre Sehnsucht war es, die sie aus dem göttlichen Lichtermeer fallen ließ. Du musst erst vollkommen rein werden, deine Seele muss erst sterben und neu geboren werden in ihr. Dann ist sie die Sonne, die in dir erstrahlt. Das ist die wahre Lehre! Augustinus lehrte sie uns noch, bevor die Kirche den falschen Weg einschlug, auf dem sie jetzt wandelt. Uneingeweihte aber, also Personen, die nicht die Weihen empfangen haben, sind wie Ungetaufte, die sich die heilige Kommunion erschleichen. Ihr wisst, wer unwürdig isst und trinkt, der isst und trinkt sich selbst zum Gericht![3] Warte nur ab, die Strafe wird euch schon noch ereilen!"
Bartolo zitterte. „Was für eine Strafe, was wird passieren? Bruder Onofrio, bitte, sag uns doch, was wir falsch gemacht haben. Wir wussten doch nicht, dass es verboten ist, hierher zu kommen!"
„Was passiert, das werden euch die nächsten Tage schon zeigen", Onofrio war aufgestanden und auf den immer noch zu Boden starrenden Niccolò zugegangen, „du aber, du kannst dich nicht herausreden wie dein Freund. ‚Ich wusste von nichts!' Das geht bei dir nicht mehr! Du bist verantwortlich, wenn deinen Freunden etwas passiert! Dann hast du ein hübsches Leiden, in dem du dich lange suhlen kannst!"

Beatrice beherrschte das Zittern in ihrer Stimme besser als Bartolo: „Ich glaube, lieber Bruder Onofrio, du willst uns nur Angst machen. Wir haben nichts Schlechtes getan, auch Niccolò nicht. Wir haben dich gesucht; du hättest auch in Gefahr sein können, dann wärst du froh, dass wir dich gefunden haben. Wir haben gegen kein Gebot verstoßen, wenigstens gegen keines, das wir mit ein wenig Buße nicht wieder bereinigen könnten. Wir wissen zwar nicht, was hier passiert ist, warum du unbedingt hier herkommen wolltest und dann doch dein Ziel verfehlt hast. Aber wir haben dich gefunden und sehen, dass du der alte Schwätzer bist. Willst du jetzt hier im Dunkeln bleiben oder lieber mit uns hinauf ans Licht kommen?“

* * *

Agnese di Scescio wünschte sich eine Wolke herbei, die sie davontragen würde. Weit weg wünschte sie sich von dieser Bühne, auf der ihr gerade der Kranz der Madonna Primavera überreicht wurde. Weit weg von diesem gockelartigen Puzzarello, der seinen Bogen in die Höhe hielt, seine Brust soweit vorschob, dass man befürchten musste, er könne sogleich nach hinten umkippen, mehrere Kreise um die Bühne drehte und sich von der tobenden Menge feiern ließ. Weit weg von ihrem Vater, der ihr den Ellbogen in den Rücken stieß und sie ermahnte, doch ein wenig fröhlich zu sein, obwohl ihr bereits die Wangen schmerzten vom gezwungenen Lächeln. Weit weg von ihrer Freundin Francesca, die lächelnd einen Regen von Blüten über sie ergoss und immer wieder betonte, wie sehr sie sich doch für Agnese freue.
Agnese stellte sich ihre Wolke vor; die Wolke, die außer ihr niemand sehen konnte und die sogar sie selbst für die anderen unsichtbar machte. So grau und unscheinbar war diese Wolke wie sie selbst, wie ihre eigene Seele. Ihre Seele, die in dem Körper wohnte, der in farbenprächtigem Tuch steckte, die in dem Kopf saß, dessen Haar von bunten Bändern durchflochten über ihre Schultern floss. Ihre Seele, die sich nach grauem Sack sehnte. Und Agnese lächelte weiter.

3. Kapitel

Nun, Beatrice, fehlt dir noch etwas?", fragte Messer Bonaventura.
Beatrice stand zögernd an der Schwelle des Raumes. Der Apotheker hatte ihr alle Farben eingepackt, die sie besorgen sollte. Sie hatte dann einige Zeit mit Federica verplaudert. Doch gab es noch eine Frage, die Beatrice seit einiger Zeit beschäftigte.
„Messer Bonventura", begann sie daher verhalten, „vor einigen Tagen, genau genommen am Tage des Turniers der Calendimaggio habe ich, haben wir – Niccolò und Bartolo waren auch dabei – etwas Merkwürdiges entdeckt." Und sie erzählte Messer Bonaventura von ihrer Begegnung mit Bruder Onofrio in der unterirdischen Stadt, von dessen Reden und Drohungen.
Zu ihrer Überraschung schien Messer Bonaventura weder verärgert noch erstaunt. „Der liebe Bruder Onofrio", sagte er und musste beinahe lachen, „da hat er mal wieder mit Worten auf den Putz gehauen statt mit Farben. Aber er wollte euch wohl deutlich machen, dass es Dinge gibt, die versteckt werden müssen, solange die Zeit ihrer Enthüllung noch nicht da ist."
Als er Beatrices fragendes Gesicht sah, redete er weiter: „Nichts, liebe Beatrice, was Weisheit und Vernunft hervorbringen, wird den Menschen zum Schlechten gereichen, sondern stets zum Guten. Der Schöpfer hat uns die Vernunft aus diesem Grunde gegeben und es würde gleichsam ihrem Wesen widersprechen, würde sie Schlechtes oder Sündiges hervorbringen.

Dennoch gibt es Momente, in denen die Vernunft besser daran tut, sich verborgen zu halten. Denke nur an den Tempel auf der Piazza! Es ist immer noch der Tempel der Weisheit, doch tarnt er sich als Gefängnis. Seine Basis aber ist unten, in der Stadt der Weisen. Ist das nicht bezeichnend?
Aber zurück zum Verschleiern der Vernunft: in manchen Zeiten, und die unsere scheint eine solche zu sein, gibt es einfach zu viele Menschen, deren Vernunft noch nicht reif ist. Es ist wie mir Kindern. Auch das Feuer tut uns wohl, doch würdest du sicher niemals einem kleinen Kind einen glühenden Kienspan in die Hand geben?"
Beatrice nickte, verstand aber noch nicht.

„Nun, viele Menschen, auch solche, die als hochgelehrt gelten, fürchten sich vor den Erkenntnissen der Vernunft. Vor allem aber fürchten sie, dass diese Erkenntnisse zu vielen Menschen zukommen könnten. Wären aber zu viele Menschen so hochgelehrt wie die Hochgelehrten, dann würden diese vielleicht entdecken, dass unsere Hochgelehrten gar nicht so hochgelehrt sind, sondern dass sie ihre Gelehrsamkeit nur benutzen, um die anderen zu beherrschen. Sie werden daher alles tun, um die Menschen, die nach ebensolcher Erkenntnis streben, daran zu hindern. Und dazu haben sie verschiedene Methoden. Gerne lassen sie die anderen glauben, das Denken und das Urteilen sei nicht ihr Geschäft, sie müssen sich nicht anstrengen, sie werden ohnehin nur Irrtümern aufsitzen. Wenn das nicht überzeugt, dann setzen sie die Unwissenheit der anderen auch mit dem Schwert durch, sowohl mit dem weltlichen als auch mit dem geistlichen."
„Mit dem geistlichen Schwert, was heißt das?" fragte Beatrice.
„Sie sagen, alles Wissen, jede Entdeckung, die den Menschen das Leben leichter macht, sei teuflisch und führe direkt ins Verderben."
„Ja, das sagte mein Vater auch. Wisst Ihr, es gab vor einiger Zeit einen Disput zwischen meinem Vater und diesem hochgelehrten Benediktiner, dem Vertrauten des Bischofs."
„Astrolabio da Salerno? Es gibt in Assisi wohl kaum eine Angelegenheit, in die er sich nicht einmischt."

„Ihr wisst sicher, dass mein Schwager, der Maler Ricco di Lapo, der Bruder meiner Schwester Caterina, ein sehr fleißiger Maler im übrigen, im Dienste des Bischofs steht. Er malte für ihn eine Kapelle in der Kirche von San Francesco mit dem Leben der heiligen Büßerin Magdalena aus, und deswegen leistet der Bischof dem Konvent manchmal die Ehre seines Besuches, und mit ihm – gleichsam als sei er sein Schatten – kommt immer Bruder Astrolabio da Salerno. Und vielleicht habt Ihr, wenn Ihr ihn doch kennengelernt habt, auch bereits bemerkt, dass er kein Mann des Schweigens ist, also dass er zuerst nur alle beobachtet mit diesem Blick, der die Lehrlinge und auch mich immer schon vor Angst frösteln lässt, dann aber doch redet. Und wenn er redet, dann entspringen die Worte seinem Munde so gewichtig und bedeutend und wahrhaftig wie Wasser aus einer Quelle. Und jeder – beinahe jeder – glaubt ihm und zweifelt nicht an der Wahrheit seiner Rede.“

„So ist er, der brave Astrolabio“, gab Messer Bonaventura zu, „aber hat er denn etwas gesagt, das dir zu glauben schwerfällt?“

„Nun, wir sprachen mithin über die indischen Figuren. Aber während uns diese Figuren doch sehr nützlich und gut erscheinen, redete er etwas vom Teufelspakt und wer sie verwende, sei verloren, weil mit dem Leibhaftigen im Bunde. Mein Vater glaubt das zwar nicht, aber Astrolabio ist doch ein sehr gelehrter Mann. Was ist, wenn er doch recht hat?“

„Ja, du hast sicher recht. Astrolabio ist ein sehr gelehrter Mann. Auch sind seine Ansichten zweifelsohne nicht unbegründet. Aber jedes Mal, wenn ein Mensch eine Entdeckung macht, dann gibt es mindestens einen anderen, der sagt, diese Entdeckung sei des Teufels, wie hilfreich sie auch sein möge. Vielen Menschen ist daran gelegen, die Dinge so zu erhalten wie sie sind, was durchaus seine Richtigkeit hat, liebe Beatrice, denn das neue ist unbekannt und wir wissen nicht, wohin es uns führt. Und deswegen sagte ich, die Äußerungen Astrolabios seien durchaus begründet. Denn er fürchtet wohl um die Substanz.“

„Um die Substanz? Ich verstehe nicht …“, gab Beatrice zu.

„Ja, die Substanz der Figuren. Hat bei den römischen Figuren nicht jede ihren Wert, wobei es völlig egal ist, wo sie nun gerade steht?“

„Ja ...", antwortete Beatrice zögernd.
„Der Wert der indischen Figuren dagegen hängt allein von der Position ab, an der sie sich befinden. Die Eins kann eins sein, aber auch zehn oder hundert oder tausend, je nachdem, an welcher Stelle sie steht. Und wofür gibt es wohl die Null? Leonardo da Pisa nennt sie übrigens Zephyr. Welchen Nutzen hat eine Figur, die nichts ist? Die Null ist nichts, dennoch ändert sie den Wert der anderen Figuren.
Verstehst du, Beatrice, keine der Figuren hat mehr ihren Wert in sich, sondern erlangt ihn nur noch durch die anderen Figuren. Ja eigentlich sind es auch gar keine Figuren mehr, sondern es sind Abbilder. Abbilder von Ideen, aber diese Ideen sind keinesfalls seit jeher in unserer Seele, sondern unser Verstand erzeugt sie jedes Mal aufs Neue. Und was unser Verstand immer wieder neu erschafft, das ist auch etwas Neues, etwas, das vielleicht noch nie da war! Ich sage dir, liebe Beatrice, wir sind erst am Anfang. Wer weiß, was unser Verstand noch alles erzeugen wird, wenn er erst tiefer in die Substanz der Natur eindringt? Wir wissen es nicht.
Und davor haben die Menschen wie Astrolabio Angst. Sie geben zwar vor, zu glauben, die Menschen seien gut, ja sie müssen notwendig gut sein, sind sie doch Geschöpfe des Höchsten, des absoluten Guten. Sie sagen jedoch, der Verstand könne nichts hervorbringen. Denn sie fürchten, die an sich guten Menschen könnten Monster produzieren, wenn ihr Verstand und ihre Vernunft erst einmal befreit wären. Wie die Nymphe Chloris den Zephyr fürchtete und vor ihm floh, so fürchten sie den Wind des freien Verstandes. Und frei werden wir nur durch das Studium der Natur. Wer die Natur mit den eigenen Augen betrachtet, wer ihre Vorgehensweise beobachtet, kann Dinge erkennen, die zuvor noch niemand erkannt hat. Dann kann aus dem Wind ein Sturm werden, der alles andere davonträgt. Dann verwandelt sich die hübsche, aber etwas plumpe Chloris in die schöne blumenstreuende Flora, und der Frühling bricht an!
Sie lehren uns: alles hat in der Natur seine Ordnung, seinen festen Platz im Gefüge des Schöpfers. Von den Engeln, den reinen Geistern bis hinunter zu den Steinen ist alles vom Schöpfer an den Platz gestellt, an den es gehört. So

wie ein Baumeister eine große Kathedrale entwerfe, so habe der Schöpfer die Welt geschaffen. Kein Teil sei überflüssig, nichts fehle. Das bringen sie dir bei. Doch manch ein Schüler fragt sich, wofür wir dann unseren Verstand brauchen. Und was antworten sie ihm? Genau um das Gefüge Gottes zu erkennen in seiner Erhabenheit, seiner Größe seiner Allumfassendheit. Richtig. Du sollst aber nur das erkennen, was vor dir schon andere erkannt haben. Wenn nämlich die Gefahr besteht, dass du etwas Neues erkennen könntest, dann ist es besser, wenn du von deinem Verstand gar keinen Gebrauch machst. Hat sich nicht der gute Astrolabio auch darüber erzürnt, dass dein Vater dich und deine Schwestern das Lesen erlernen ließ?"
Beatrice nickte.
„Das dachte ich mir. Da siehst du wie jene Herren es mit der Erkenntnis halten! Es gibt für sie Wahrheiten, wie die, dass der Verstand des Weibes dem des Mannes unterlegen sei. Und damit diese Wahrheit sich nicht eines Tages als Falschheit erweist, hindert man das Weibsvolk einfach daran, seinen Verstand benutzen zu können. Fürwahr eine überzeugende Kausalität!"
Während die Rede Messer Bonaventuras zunehmend leidenschaftlicher wurde – als sei er in einem philosophischen Disput mit anderen Gelehrten schien er vergessen zu haben, dass er doch nur zu einem Mädchen redete – wurde Beatrice immer verwirrter. Sie versuchte, der Rede Messer Bonaventuras zu folgen, doch wusste sie nicht, ob sie richtig verstanden hatte. Stellte Messer Bonaventura etwa Gottes Schöpfung in Frage? Es konnte aber nicht sein, dass ein Mann wie Bonaventura, der so voller Herzensgüte war, der den Armen zu Essen gab, der sich Zeit für Kinder nahm, der dabei so gelehrt und weise war, falschen Lehren anhing, deren erste Ursache doch der Teufel war. Es konnte nicht sein! Und deswegen entschloss Beatrice sich, noch einmal nachzufragen.
„Messer Bonaventura, glaubt Ihr also", begann sie zögernd, „glaubt Ihr also nicht, dass Gott, unser Herr, die Welt geschaffen hat nach seinem Plan und uns nach seinem Abbild?"
„Oh Beatrice, gerade weil ich das glaube, studiere ich die Natur. Genau deswegen will ich verstehen, wie sie in ihrem Innern beschaffen ist.

Komm, ich will dir etwas zeigen. Ich habe etwas entdeckt. In einem der 15 Bücher, die der Gelehrte Pisaner Leonardo über den Abakus schrieb, stellt er etwas fest. Eher nebenbei stellt er es fest, er maß der Sache wohl wenig Wichtigkeit bei, genauso wie die, die ihn lasen, dem bisher keine Wichtigkeit zusprachen.
Messer Leonardo aber hatte beobachtet, wie Kaninchen sich vermehrten. Ein Mann hielt nämlich ein Paar Kaninchen an einem eingezäunten Ort. Er wollte sehen, wie viele Kaninchen in einem Jahr daraus würden. Du weißt vielleicht, liebe Beatrice, dass es in der Natur der Kaninchen liegt, dass sie im zweiten Monat nach ihrer Geburt zum ersten Male gebären und dann jeden Monat ein neues Paar zur Welt bringen. Jedenfalls verhielt es sich mit den Kaninchen besagten Mannes so. Das erste Paar gebiert nun also nach einem Monat wiederum ein Paar. Somit können wir die Zahl der Kaninchen verdoppeln."

Beatrice nickte, neugierig, worauf er hinaus wollte.
„Was glaubst du, wie viele Kaninchen haben wir aber nach einem weiteren Monat?"
„Nun", antwortete Beatrice, „das erste Paar gebiert ein weiteres Paar, so dass es dann drei Paare sind."
„Richtig! Im nächsten Monat bringen dann zwei dieser drei wieder ein Paar zur Welt, und es sind schon fünf. Drei dieser fünf gebären im folgenden Monat wieder jedes ein Paar, so dass wir dann acht Kaninchenpaare haben. Merkst du, dass sich hier ein Regelmaß ankündigt? Wenn wir wissen wollen, wie viele Paare wir in irgendeinem Monat haben, müssen wir nur die Zahl der Paare des Vormonats und des Monats vor diesem zusammenzählen. Wir kommen dann, wenn wir von den ersten Zahlen ausgehen und diese dann immer einander zusammenzählen auf eine Reihe: 1, 1, 2, 3, 5, 8, 13, 21 und immer so weiter. Aber", Messer Bonavenura machte eine Pause, um seiner Rede besonderen Nachdruck zu verleihen, „aber, das Geheimnis dieser Reihe ist ein anderes. Nach dieser Zahlenreihe hat der Schöpfer die Welt aufgebaut! Sie ist die Grundregel der Natur, die Harmonie der Schöpfung!"

Messer Bonaventura bemerkte die Verunsicherung des Mädchens und sprach deswegen die Frage aus, die Beatrice nicht stellte: „Du fragst dich natürlich, liebe Beatrice, wie das wohl sein könne. Wissen wir doch, dass Kaninchen mitnichten immer Paare zur Welt bringen. Fälle, in denen sich die Kaninchen nach solch schöner Regelmäßigkeit vermehren, kommen in der Natur wohl auch kaum vor oder nur sehr selten. Ganz abgesehen von den Kaninchen, deren Zahl abgezogen werden müsste, weil sie ihr Ende in unseren Kochtöpfen finden. Wozu dann also diese Kaninchengeschichte?"

Beatrice nickte.

„Es sind aber nicht die Kaninchen die Substanz dieser Frage", sprach Messer Bonaventura weiter, „Leonardo mag wohl irgendwo Kaninchen gesehen haben. Sicher hat er sie nicht über Monate hinweg beobachtet und gezählt. Die Kaninchen sind die Abbilder eines Gedankenganges, einer Idee, die Leonardo hier rekonstruiert hat, (und die keineswegs schon immer in seinem Kopfe war). So wie die indischen Figuren Abbilder der Idee der Zahlen sind. Alles ist Bild, Abbild, um uns die immense Wahrheit der Schöpfung entdecken zu lassen.

Und hier sind wir am Anfang, liebe Beatrice, wir sind nicht in das Licht gestellt, wie Leute wie der werte Astrolabio da Salerno uns gerne glauben lassen wollen. Nein, wir stehen nicht im Licht, aber wir sehen einen Lichtstrahl. In weiter Ferne sehen wir ihn, aber es ist unsere Aufgabe, ihm zu folgen, so dass eines Tages, in weiter Zukunft, die Menschen, unsere Nachkommen, wirklich im Licht stehen werden!

Aber zurück zu Leonardos Kaninchen und zu meiner Entdeckung: wir nehmen nun die Reihe der Zahlen, und stellen jede von ihnen nicht durch ihre indische Figur dar, sondern durch das Bild einer geometrischen Figur, eines Quadrates beispielsweise, so dass wir also die Eins zeigen als ein Quadrat, dessen Seiten einen Finger breit sind, die Zwei durch ein Quadrat mit Seiten von der Breite zweier Finger und immer so weiter ..."

Er griff nach einem Bogen Papier von seinem Pult, drehte die eine, bereits beschriebene Seite nach unten und zeichnete auf der anderen Seite die Quadrate, von denen er gerade geredet hatte. Dabei zeichnete er das nächste

Quadrat immer direkt an das vorhergehende, dessen Seitenlänge zusammen mit der Seitenlänge seines Vorgängers die Seitenlänge des neuen Quadrates ergab. Aus diesem Vorgehen ergab sich, dass die größeren Quadrate sich einer Spirale gleich um die kleineren anordneten und das kleinste im Zentrum der Zeichnung saß. Gebannt sah Beatrice dem Entstehen dieser Art quadratischer Schnecke zu, gespannt, ob die Einsicht in das Ziel dieser Erklärung im nächsten Moment ihren Geist erhellen würde.

Erst als die Quadrate so groß wurden, dass sie die Größe des Papierbogens überschritten hätten, hielt Messer Bonaventura inne. Der Stolz in seinem Blicke glich dem eines Kindes, das seiner Mutter eine vollkommen gelungen Zeichnung zeigt. Doch Beatrice kam sich vor wie eine Mutter, die nicht so recht verstand, was das Kind denn da gekritzelt hatte, aber den Stolz des Kindes auch nicht verletzen wollte, indem sie etwa sagte: „Oh, was für einen schönen Hund hast du da gezeichnet!“ und damit Gefahr lief, dass das Kind enttäuscht antwortete: „Nein, Mama, siehst du das denn nicht? Es ist doch ein Pferd!“ Beatrice sagte also nichts.

Doch so wenig wie ein Kind sich mit dieser Reaktion zufrieden gegeben hätte, gab sich Messer Bonaventura mit ihr zufrieden. „Was siehst du hier?“, wollte er wissen.

„Hm, es sieht aus wie, nun, wie eine quadratische Schnecke ...“, antwortete sie und erwartete als Reaktion Enttäuschung. Doch der Blick Messer Bonaventuras erhellte sich: „Ja richtig, eine Schnecke! Doch kann eine Schnecke quadratisch sein? Oder gehört nicht gerade die Rundung zu ihrem Wesen?“ Er griff nach einem anderen Stift, an den ein Bindfaden geknotet war. Ein Gerät zum Ziehen von Kreisen, das Beatrice wohl vertraut war. In jedes Quadrat zog Messer Bonaventura nun das Viertel eines Kreises, wobei er als Mittelpunkt stets den Eckpunkt des Quadrates verwendete, der der Mitte der gesamten Schnecke am nächsten lag. Und so entstand aus der quadratischen eine runde Schnecke.

„Eine Schnecke“, dachte Beatrice, „hat er nun diesen ganzen Aufwand getrieben, um am Ende eine Schnecke zu zeichnen? Das hätte ich schneller hinbekommen!“

„Das ist nicht einfach eine Schnecke, es ist die Idee der Schnecke, und es ist noch viel mehr als das! Woran aber kann man das erkennen, wirst du sicher fragen."
Kunstvolle Pause. Beatrice glaubte das er eine Reaktion ihrerseits erwarte und nickte unmerklich mit dem Kopf.
„Jede beliebige Schnecke dieser Erde ist nach diesem Bauplan geschaffen. Das, was alle Schnecken gemeinsam haben – die Idee – das ist ihre Proportion. Die Proportion – der Bauplan der Schöpfung!"
Langsam ordnete sich das Chaos in Beatrices Kopf. Von Proportion sprach der Vater auch immer. Proportion ist das, was die Schönheit einer Sache ausmacht. Die Baumeister der Kirchen und Kathedralen, die Maler, die Bildhauer, alle, die etwas erschufen, legten dabei den größten Wert auf die Proportionen der einzelnen Teile untereinander. Ob man eine kleine Miniatur malte oder ein großes Wandgemälde, wichtig für das richtige Gelingen und die Schönheit des Werkes waren die Proportionen. Die alten Maler waren sogar soweit gegangen, die Proportionen nach der Nähe der gemalten Figur zu Gott zu richten. So wurden Maria und die Heiligen größer als einfache Menschen gemalt, Christus aber am größten von allen. „Wir modernen Maler malen Christus nicht mehr als den Größten von allen", hatte Giotto erklärt, „aber wir malen ihn als den Schönsten, also als den am besten Proportionierten. Nie dürft ihr Christus mit einem zu kleinen Kopf, zu langen Beinen oder gar mit einem dicken Bauch malen. Sein Körper ist in seinen Proportionen vollkommen, weil auch seine Seele vollkommen ist, weil die einzelnen Teile der Seele in vollkommener Harmonie stehen." Und was für Christus galt, musste natürlich auch für Schnecken und für alle geschaffenen Wesen gelten!
„Ihr meint, Messer Bonaventura, das sei also der Bauplan für alle Schnecken der Welt?", fragte sie noch etwas zögerlich.
„Nicht nur für alle Schnecken, sondern für die gesamte Schöpfung! Die Zahlen der Reihe Leonardos kann man überall in der Natur finden. Sieh dir nur mal die Pflanzen an und wie ihre Blätter aus den Stängeln wachsen. Oder schau mal eine Distel an, oder nimm dieses neuartige Gemüse, das die Händler neuerdings aus dem Orient mitbringen und das sie Karfiol nennen, oder

nimm eine Ringelblume, auf ihrer Oberfläche siehst du ein Muster aus Spiralen. Es gibt Spiralen, die in beide Richtungen laufen. Wenn du aber zählst, wie viele Spiralen es gibt, dann wirst du feststellen, dass du als Ergebnis stets Zahlen aus der Reihe Leonardos erhalten wirst. Und ich sage dir noch mehr: zählst du sowohl die Spiralen, die in die eine Richtung verlaufen als auch die in die andere Richtung, wird ihre Zahl nie gleich sein, immer aber wird es sich um Zahlen aus Leonardos Reihe handeln, und zwar stets um zwei Zahlen, die in seiner Reihe nebeneinanderliegen. Versuche es, suche dir eine Ringelblume oder eine Distel und zähle nach! Du wirst verblüfft sein!“

Er redete noch lange weiter, von der Natur und ihrem Bauplan, der auf den Zahlen und der Mathematik beruht, und davon, was es noch alles zu entdecken gibt, und das das Studium der Natur deswegen unbedingt angeraten sei. Beatrice war erfüllt von dem, was sie gerade erkannt hatte. Sie drängte danach, es selbst zu untersuchen und dachte an die Ringelblumen, die auf dem Feld unterhalb der Porta San Pietro wuchsen. Zwar waren sie jetzt noch klein, doch wenn die Regel der Zahlen für die gesamte Schöpfung galt, dann musste sie auch an kleinen Ringelblumen zu sehen sein. Sie verabschiedete sich von Messer Bonaventura und ging, kehrte einen Augenblick später wieder zurück, um die Farben, die der eigentliche Grund ihres Kommens gewesen waren und die sie vergessen hatte, zu holen, verabschiedete sich erneut und ging erneut. Sie hätte sogar ihre Schwester übersehen, hätte diese nicht mehrmals laut ihren Namen gerufen. Chiara kehrte von einem Besuch bei Mariuccia, der Frau des Baders Vitellozzo, zurück und trug ein kleines kohlschwarzes Kätzchen auf dem Arm. Doch nicht einmal das erweckte Beatrice aus ihren Gedanken. Nach einer kurzen Bemerkung über die Farbe des Wesens – ganz und gar schwarz – und der Feststellung des Fehlens jedes Zahlenmaßes am Körper einer Katze setzte sie ihren Weg fort. Chiara war enttäuscht über so wenig Interesse. Mit Widerstand hatte sie gerechnet, damit dass sie ihren neuen Mitbewohner verteidigen müsse wegen seiner Farbe. Sogar eine Antwort hatte sie vorbereitet. Jedem, der irgendeine Bemerkung zur schwarzen Katze machen würde, würde sie mit dem Satz des Hoheliedes antworten: „Ich bin schwarz, aber gar lieblich, ihr Töchter Jerusalems, wie die Hütten Kedars,

wie die Teppiche Salomos." Allein ihre Schwester sagte nichts.
Als Beatrice die Farben in die Werkstatt brachte, traf sie dort Niccolò beim Aufräumen an. Ihn zu überzeugen, den Träumenden, dessen Gedanken ganz woanders waren, zu überreden, sie zu einem kleinen Spaziergang vor der Vesper zu begleiten, war nicht schwierig. Und so machten sich beide wenig später zur Porta San Pietro auf. Beatrice redete dabei unaufhörlich von dem, was sie gerade erfahren hatte. Doch diente die Rede mehr der Ordnung ihrer eigenen Gedanken und war somit ein in Worte gefasstes Denken, eine Mitteilung eher an sich selbst als an einen Zuhörer gerichtet. Es fiel ihr deswegen auch nicht auf, dass sie abgesehen von einigen verstreut eingefügten „Hmhms" kaum eine Antwort erhielt.

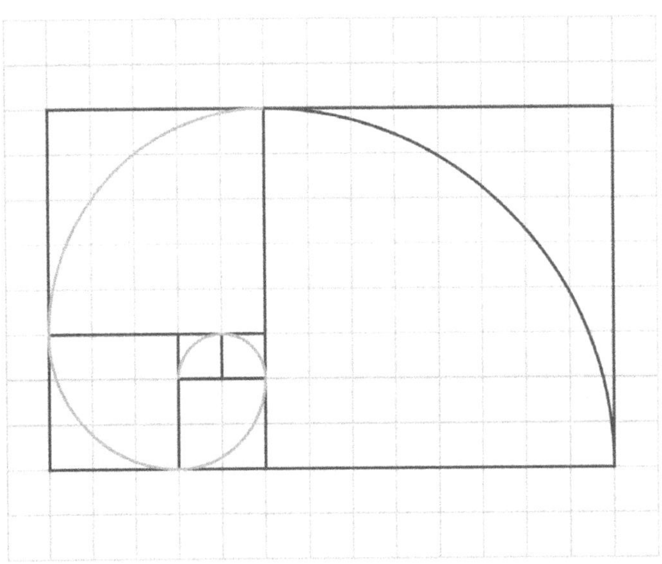

4. Kapitel

Eine der wenigen selbstbezogenen Regungen, die fra' Gentile manchmal überkamen, war der Stolz auf seine Ernte. Kaum hatten die ersten Pflänzchen des Lattichs die notwendige Größe erreicht, hatte er ihre Blütenknospen abgeknippst und den weißen Saft – jeweils nicht mehr als einen Tropfen – auf einem Blatt aufgefangen. Er hatte dann zugeschaut, wie diese weißen Perlen erst goldgelb, dann immer dunkler wurden, bis sie wie Bernstein in Schiffchen aus grünem Samt dunkel funkelte. Beinahe bedauerte er es, sie den Kameraden anzubieten. Doch drängte es ihn auch danach, sich für sein Werk bewundern zu lassen und ein wenig auch, sie selbst zu versuchen. Niccolò und Bartolo wussten zunächst nicht recht, worum es sich handelte. Aber Bruder Onofrio zeugte den Schmuckstücken die gebührende Bewunderung: „Lieber fra' Gentile, der Lenz ist da! Und strahlen sie nicht wie die Sonne in ihrer Schwärze? Gleich wie die schwarzen Augen der Liebesgöttin hell erstrahlen! Wie anders sind sie doch, als die ewigen im Wasser gekochten Blätter! Ich kann es kaum noch erwarten!"

Fra' Maso dagegen hatte Niccolòs Unruhe bemerkt: „Was hast du, Freund, du bist heute so zappelig?"

Selbst um eine Antwort verlegen, gefiel es Niccolò wenig, dass Onofrio an seiner statt antwortete: „Der Venus Strahlen haben sein Gemüt erhellt, doch sind ihre Strahlen manchmal begleitet vom Giftpfeil ihres kindlichen Gefährten. Doch mag deine vortreffliche Medizin, fra' Gentile, sein Leiden wohl lindern."

„Das sagt der Richtige!", dachte Niccolò verärgert und erwiderte grantig: „Ich bin nicht krank, ich brauche keine Medizin!"
„Du irrst, mein Freund, ich sehe doch, was dir fehlt. Glaub mir, seit einigen Tagen sehe ich dich im Delirium des Feuers. Und was ist es, das dieses Feuer verursacht? Es ist das Zuviel an schwarzer Galle. Jede Krankheit ist doch dadurch verursacht, dass die Körpersäfte aus ihrem Gleichmaß geraten. Und die schwarze Galle richtet wirklich böse Dinge an. Durch das Auge dringt er zuerst ein, der giftige Pfeil des perfiden kleinen Liebesgottes, dann setzt er die Phantasie in Wallung, die fortan nur noch um die Geliebte kreist. Dieses Gekreisel aber erhitzt den ganzen Organismus, und der schwarze Gallensaft beginnt, sich überall auszubreiten. Frage nur einen Gelehrten der Heilkunde, unseren werten Freund, Bruder Astrolabio zum Beispiel, er wird dir auch sagen können, was man dagegen tun kann: Aderlass, um die schwarze Galle abfließen zu lassen, kalte Bäder in eisigem Wasser, um den Organismus abzukühlen, vielleicht auch Fasten, sich selbst Geißeln und was er sonst noch alles an guten Ratschlägen parat haben wird, der gute Bruder des heiligen Benedikt.
Oder aber, du versuchst es mit unserer Medizin, die vertreibt das Übel zwar nicht, aber sie verschafft dir für einige Zeit Erleichterung."
Damit reichte er Niccolò eine der dunklen Perlen und schluckte auch selbst eine. Und auch die anderen steckten sich endlich eines der elastischen Kügelchen in den Mund. Und zu seinem großen Erstaunen stellte Niccolò fest, dass er sich nach einiger Zeit wirklich ruhiger fühlte und sogar sein Ärger über den schwatzhaften Onofrio dahinschwand, ebenso wie seine Verwunderung ob dessen Benehmen. Onofrio war fröhlich wie immer, so als habe es die seltsame Begegnung des anderen Tages nie gegeben. Nun, vielleicht war Onofrios Spott ein kleines bisschen spitzer geworden. Überhaupt fragte Niccolò sich manchmal selbst, ob er die Ereignisse jenes Tages vielleicht nur geträumt hatte. Denn auch mit Bartolo und Beatrice war er stillschweigend überein gekommen, zu niemanden von der seltsamen Begegnung zu reden.
Bald aber hörte Niccolò die Kameraden nur noch wie aus weiter Ferne schwatzen. Sie disputierten freilich immer noch über die Krankheit der Liebe,

über deren Auswirkungen Onofrio erstaunlich gut Bescheid wusste, darüber, ob jede Art von Liebe, auch die zur Madonna Povertà, eine Krankheit war, und welche Arten der Liebe zu suchen, welche aber zu meiden waren. Onofrio sezierte und analysierte jede Form der Liebe bis ins kleinste Detail, wusste auf alle Fragen eine Antwort und redete irgendwann auch völlig alleine. Ganz wie ein guter Dialektiker stellte er Fragen und beantwortete diese sogleich mit glasklarer Logik. Die anderen schliefen – wie Bartolo – oder hingen ihren eigenen Gedanken nach.

Niccolò schloss die Augen. Plötzlich schwebte er hoch in die Luft. Der Duft von Ginster und Wacholder umschloss ihn wie ein grüner Schleier, während der sanfte Hauch Zephyrs ihn davon trug. Und Niccolò genoss dieses Schweben. Er breite die Arme aus und ließ sich treiben. Bald sah er nichts mehr, nicht die Täler und grünrauschenden Wälder unten, nicht die Berge und sich gemütlich schlängelnden Flüsse und Bäche, nicht das Blau des Himmels, das ihn bald vollständig einsog. Er schwebte im Himmel, zog Kreise durch goldene Wolken, die ihn mit ihrem Rosenduft einhüllten. Große Kreise zog er langsam auf sanft geschwungenen Bahnen um die hellstrahlende Sonne herum, als ob es ihre Strahlen wären, die ihn sicher hielten, die ihn durch die Lüfte schweben ließen. Bald schwebten Scharen von Engel um ihn herum, tanzten, musizierten mit Zimbeln und Pfeifen, sangen mit klaren Stimmen Lieder zum Lobe der Freiheit, der Natur und der Unwichtigkeit jeder Anstrengung. Die Weisheit, das ist Licht, das goldene Licht der Sonne! Von diesem Licht getragen musste er nichts fürchten, nicht das Ende der Welt, nicht Onofrios Spott. Von himmlischen Chören begleitet schwebte er über Assisi, *procedit iam securus cum angelorum cetibus*. Ascesi, da, wo die Sonne aufgeht.

* * *

„Es ist eine interessante Schrift, ich danke dir."
Astrolabios Oberlippe zuckte, das war das Höchste an freundlicher Lüge, was er auszusprechen vermochte. Und selbst dabei war ihm nicht wohl. Wozu diese Falschheit? Warum sagte er ihm nicht einfach, dass es nicht das war, was er suchte, nicht ein Kapitel des Geheimnisses, als dessen Hüter die Cavalieri auftraten? Dass er die Schrift längst kannte und wusste, dass sie nichts wert war, dass sie ebenso gut nicht geschrieben hätte werden können? Dass er nicht verstand, warum Menschen ihre Zeit damit verbrachten, solche Schriften zu verfassen. Oder warum andere sie lasen. Weil die meisten einfältige Trottel waren?
Mussten aber die Einfältigen nicht umso mehr von jeder Hybris ablassen und den Weisen vertrauen? Doch gehörte gerade die fehlende Einsicht in die eigene Einfalt zum Wesen der Einfalt.
Wie stolz dieser dumme Tropf war! Er glaubte wohl, schon den Sieg über den Drachen erlangt zu haben. Wie er ihm selbst gegenüberstand, ihn ansah, lautes Lob für seine Rettungstat erwartend, die doch nur darin bestanden hatte, in seinem eigenen Haus ein Büchlein zu finden.
„Danke!", sagte Astrolabio noch einmal nachdrücklich. Verstand jener denn nicht, dass das „Geh!" bedeutete?
Nein, er verstand es nicht. Er schaute ihn an, von einem Fuß auf den anderen tretend.
„Was gibt es denn noch?" kapitulierte schließlich Astrolabio.
„Bruder Astrolabio, habt Ihr das Bild gesehen, das dieser Sienese, Meister Pietro, gemalt hat? Den Judas hat er gemalt. Nach seinem Verrat hat er ihn gemalt, wie er sich erhängt hat. Nicht an einem Baum, wie man uns immer erzählt hat, sondern in einem Torbogen, und dieser ist auch noch direkt neben der Tür zum Kreuzgang. Es ist, als habe sich der Verräter in der Kirche von S. Francesco erhängt!" Ranieris Stimme zitterte
„Ist das nicht sehr naheliegend, den Mönchen das schreckliche Ende eines Sünders zu zeigen?"
„Doch schon, aber wie er ihn gemalt hat! Der Leib ist aufgeplatzt und die Gedärme quellen heraus. Es ist fürchterlich!"

„Der Leib muss platzen, die Seele eines Erhängten kann kaum durch den Mund entweichen. Was kümmert dich aber der entseelte Körper eines Verdammten?"
„Judas ..., nun, er ist ein Verräter!"
„Ja, genau wie du."
„Ihr versteht also meine Angst! Die Strafe für den Verräter ist entsetzlich!"
„Für den wirklichen Verräter sicher, er verdient die höchste Strafe. Aber wird nicht auch Brutus von manchen als Verräter gesehen? Und Cassius? Und doch taten sie nichts anderes als die Menschen von einem Tyrannen zu befreien."
„Dafür werden sie auch bestraft. Man zeigt sie uns doch stets im tiefsten Teil der Hölle sitzend! Zusammen mit Judas Ischariot!"
„Ja, sie haben ihre Erlösung geopfert. Und du kannst dich jetzt desgleichen rühmen."
„Sagt Ihr, meine ewige Verdammnis ist sicher?"
Astrolabios rechtwinklige Lippen deuteten ein Lächeln an.

* * *

Auch als er wieder auf dem Boden saß, spürte Niccolò noch immer die Leichtigkeit des Fluges in seiner Seele. Und vielleicht war es diese Leichtigkeit, die ihm den Mut schenkte, die ihm die Worte eingab, die hier geboten waren.
Er schrieb einen Brief an Ginevra!
Während er mit den Freunden nach Hause ging, schrieb sich der Brief gleichsam von selbst in seinem Kopf. Ein kleiner geflügelter Genius mit einer Schreibfeder in der Hand stellte sich ans Schreibpult seiner Seele und ließ die Feder anmutig über das Pergament gleiten.

Als Niccolò dann in seiner Kammer war und das Wollpapier – Pergament hatte er nicht – hervorholte, da war der Brief schon fertig, die Worte schon aneinandergereiht, der Rhythmus schon komponiert.
Und dennoch fiel es ihm schwer! Die Worte, die richtigen, lang reflektierten Worte, tanzten in seinem Kopf einen Reigen. Die Sätze, die in seinem Geiste so elegant geklungen haben, sahen auf Papier geschrieben nur noch holprig aus. Kurz überlegte Niccolò, ob er ihr nicht einfach eine Zeichnung schicken könne, dann aber überzeugte ihn der kleine Genius (und er wurde immer kleiner), dass es doch Worte sein müssten, wenn er wirklich von ihr verstanden werden wollte. Und so machte er sich daran, mühsam jedes Wort mehrmals abwägend, das Geschriebene wieder ausstreichend, um sich neue passendere Formulierungen einfallen zu lassen.
Doch schließlich war der Brief vollendet. Niccolò schrieb ihn nochmal auf ein frisches Stück Papier ab, bemühte sich dabei, jeden Buchstaben so grazil er konnte zu zeichnen, faltete endlich das Blatt zusammen, suchte nach einem geeigneten Band, um es zu verschließen, und lief sogleich hinaus auf die Straße, nicht ohne zuvor aus der Vorratskammer zwei Äpfel stibitzt zu haben. Er traf auch gleich einen kleinen Jungen an, den er schon des Öfteren Botendienste für die Bürger hatte ausführen sehen, überreichte diesem die beiden Äpfel und das Schreiben und ermahnte ihn, ja vorsichtig mit letzterem umzugehen.
Zurück in der Kammer las er noch einmal seine Worte, die er auf dem ersten Blatt, sozusagen der Skizze zum eigentlichen Werk, geschrieben hatte. Er spürte die Hitze in seinen Kopf steigen, seine Hand zitterte. Niccolò di Ranuccio, der Sohn eines Schuhmachers aus Galuzzo, hatte Madonna Ginevra dei Moriconi, einer Verwandten des heiligen Franziskus von Assisi, seine Liebe gestanden!

* * *

Astrolabios Herz pochte heftig vor freudiger Erregung. Endlich hatte der Trottel ihn allein gelassen. Auch Vitellozzo war mit seiner Frau zur Abendmesse gegangen und so konnte er selbst endlich seine Neugier befriedigen. Es gab einen Leichnam, einen frisch verstorbenen, den man noch dazu verschwinden lassen musste. Warum also nicht an ihm den Aufbau des menschlichen Körpers studieren, den Makrokosmos im Mikrokosmos der Organe suchen?

Auch wenn es nicht der erste Schädel war, den er öffnete, so war es doch das erste Mal, dass dieser zur sterblichen Hülle eines Menschen gehörte. War es wirklich ein Unterschied, ob man den Knochen eines Hundes oder einer Katze oder den eines Menschen ringsum aufsägte, ob die Schädeldecke, die man mühevoll mit einem Keil und vorsichtigen Hammerschlägen öffnete, zuvor die Seele eines Tiers oder eines Menschen beherbergt hatte? Trotzdem ergriff ihn ein Schauer, als schiebe der Seraph ein Stück des irdischen Himmels beiseite, eigens, um ihn, Astrolabio da Salerno, ins jenseitige Reich blicken zu lassen!

Er musste das Messer beiseite legen, warten bis das Zittern seiner Hände sich beruhigte, bevor er die lederartige Haut – Rufus von Ephesos hatte sie prima tunica genannt, der Ketzer Averroës panniculus grossus, in Salerno hatten die Professoren sie meist als Dura mater bezeichnet – über dem Gehirn und zwischen den einzelnen Teilen entfernen, vorsichtig die Nervenstränge durchschneiden und den weichen gefurchten Körper aus seinem Bett entfernen konnte. 12 Nerven an jeder Seite verbanden die Organe mit dem Innensinn. 12 – die Zahl der Vollkommenheit! Selbst im deformierten Kopf war der Makrokosmos anwesend!

Langsam zog er die dünne Haut vom Gehirn ab. Wie leicht ließ es sich zerschneiden! Wie weich und nachgiebig war die Substanz! Er schnitt es in der Mitte durch. Wo sollte die Seele sitzen, wenn nicht hier! Im Herzen, wie Aristoteles vermutet hatte, sicher nicht. Astrolabio hatte verschiedene Herzen untersucht, von Menschen und Tieren. Nur in der Größe unterschieden sie sich. Wohnte die Seele im Herzen, dann wären Tiere und Menschen nicht wesentlich verschieden. Der göttliche Strahl aber, durch den der Mensch teil

hatte am unermesslichen Geheimnis Gottes, er musste hier reflektiert werden. Der Innensinn hatte die Form eines Tropfens.
Astrolabio betrachtete das Innere des Schädels, einen Hohlspiegel mit den verschiedenen Abteilungen, in die das Gehirn eingebettet gewesen war. Alles passte genau ineinander, jeder Form entsprach ihre Hülle. Er schrieb seine Beobachtungen auf, beschrieb akribisch jedes Detail. Und doch konnte er nicht alles beschreiben, die richtigen Worte fehlten ihm. Daher versuchte er, Zeichnungen anzufertigen. Bald schon erkannte er, dass seine Zeichnungen nicht nur für andere unerkennbar waren, auch er selbst würde sie bereits in einigen Wochen – wenn das Gehirn von Maden zerfressen sein würde – auf seinen Zeichnungen nichts mehr erkennen können. Es gehörte nicht zu seinen Talenten, die Dinge der Natur abzubilden. War es schon schwer, eine geformte Kugel auf einem Blatt Papier darzustellen, so war es unmöglich die Dura mater, die sich bei der kleinsten Erschütterung bewegte, zu zeichnen. Wieder und wieder versuchte er es. Er betrachtete genau, was er sah, stellte sich die Formen vor, als seien sie lediglich Linien, Linien, die man so wie sie waren auf dem Papier abbilden konnte. Doch jede neue Zeichnung entmutigte ihn, jede ähnelte weniger der Wirklichkeit. Was war das Geheimnis einer Zeichnung?
Wieder und wieder probierte Astrolabio das Gesehene zu zeichnen, doch er merkte, wie wenig Gelehrsamkeit nützte, wenn es um das reine Handwerk ging. Er brauchte einen Maler.

5. Kapitel

Noch immer erregt vom Gedanken an den Brief vom Vorabend kletterte Niccolò auf das Gerüst. Er trug den Putz auf das Gewölbe auf. Kein großes Stück wollte er heute malen. Die heilige Keuschheit, betend in einer winzigen Turmstube und nur durch ein kleines Fenster im Turm zu sehen. Den oberen Teil des Turmes mit dem kräftigen Wehrgang hatte Beatrice zuvor gemalt. Bartolo hatte dann über dem Fenster des Turmes in einem dreieckigen Tympanon ein geflügeltes Wesen gemalt, keinen Engel sondern eher dem Ikarus ähnlich, den sie zuletzt im unterirdischen Assisi entdeckt hatten. Niccolò hatte den Freund deswegen angeschnautzt, doch Beatrice hatte ihn verteidigt. Niemand würde das geflügelte Wesen bemerken, von unten sei es gar nicht zu sehen, und wenn doch, dann könne man immer noch sagen, es handele sich um einen Engel.

Auch der Blick in die Turmstube der heiligen Keuschheit war schon fertig; man sah einem Teil des aufklappbaren Altarbildes, vor dem die Tugend beten würde. Den größten Platz nahm aber der Heiligenschein der Tugend ein. Aus Gips und Kleister geformt hob er sich reliefartig von der Wand ab, sechseckig wie für Tugenden üblich strahlte er blütenweiß. Später sollte er vergoldet werden.

Niccolò strich den Putz glatt und sah, dass die Konsistenz gut war. Er würde bald die Farben aufnehmen wie ein Schwamm.Er begann mit einem dünnen Pinsel und dem Verdaccio, der braun-grünen Erdfarbe, Licht und Schatten des Kopfes der im Gebet verharrenden Tugend zu modellieren.

Während die Farbe trocknete, holte Niccolò das Inkarnat, das er einige Tage zuvor vorbereitet hatte. Er bestand stets darauf, es selbst zu mischen, statt das einem der Lehrjungen zu überlassen. Aus sehr feiner Sinopia, der roten Erde, die er eigens im Mörser noch feiner gemahlen hatte, und Sangiovanni hatte er kleine Brötchen von der Größe halber Nüsse geformt und diese trocknen lassen. Es war ein sehr helles Inkarnat, doch ähnelte es so sehr dem Zinnober, dass man es sogar den Farben der Gewänder beimischen konnte. Niccolò malte damit Gesicht und Hände der Tugend, mischte dann noch ein wenig Sangiovanni bei, um das Gewand und die sanften Falten des Schleiers um ihren Kopf zu gestalten. Dann löste er ein wenig Sangiovanni und noch weniger seines hellsten Inkarnats in klaren Wasser und malte mit einem dünnen Pinsel aus den Haaren eines Eichhörnchenschwanzes über das Gesicht. Er tauchte den Pinsel noch einmal ins Wasser, nahm dann einige Körnchen Sangiovanni auf, um das Weiß der Augen zu betonen, die Nasenspitze und die Wange des Gesichts aufzuhellen. Zuletzt dunkelte er einen anderen Teil der Farbe mit Sinopia ab und zeichnete nochmals die Linien der Nase, des Mundes und der Augen nach. Schließlich stieg er vom Gerüst, um sein Werk von unten zu betrachten. In diesem Moment war er zufrieden.

Um so mehr verwirrte ihn, dass Francesco, nachdem er der Keuschheit kaum Aufmerksamkeit gewidmet hatte, Niccolò auch schon zu einer anderen Arbeit anhielt. Zusammen mit Bartolo sollte er ein Memento mori malen, einen Hinweis auf den Tod. Es musste jetzt sofort gemalt werden, alle anderen Arbeiten sollten sie unterbrechen. An der Wand neben der Tür zur Sakristei war noch Platz frei, ein rechteckiges Feld, wie man es brauchte. Auf der anderen Seite hatte Meister Pietro aus Siena den erhängten Judas gemalt. Noch eine weitere Ermahnung für die Mönche – denn nur sie konnten diesen Teil der Kirche betreten – sollte die bildliche Darstellung des Todes sein. Von wem der Einfall stammte, dem Kardinal, seinem Kaplan oder dem Generalminister, wusste keiner. Vielleicht sogar von Francesco selbst, der ob der Aufmerksamkeit, die Pietro Lorenzetti mit seinem Judas erregt hatte, diesem nicht nachstehen wollte. Das einzig Sichere aber, das den Menschen in seinem

Leben erwartet, der Tod, sollte dem Schrecken des Verräters gegenübergestellt werden. Und daher musste es auch ein ganz spezielles franziskanisches Memento mori sein. Der Heilige Franziskus selbst würde als Warnender auftreten, den Gevatter Tod dem Betrachter vorstellen, ganz so als spräche er: „Gelobt seist du, mein Herr, durch unsere Schwester, den leiblichen Tod; ihr kann kein Mensch lebend entrinnen. Wehe jenen, die in schwerer Sünde sterben. Selig jene, die sich in deinem heiligsten Willen finden, denn der zweite Tod wird ihnen kein Leid antun."

Und weil Francesco derart zur Eile anmahnte, machten Bartolo und Niccolò sich auch sogleich an die Arbeit. Sie entwarfen, betrachteten, verwarfen. Keiner von beiden aber war mit dem Ergebnis zufrieden. Bartolo wählte schließlich eine der Zeichnungen aus, meinte, diese sei wohl noch die beste von allen, man solle also diese vergrößern und als Vorlage für das Fresko verwenden. Doch Niccolò runzelte die Stirn. „So geht das nicht, wir können nicht irgendeinen Mist malen, nur weil alles andere, was wir gezeichnet haben, noch schlimmer ist. Wir müssen weiter machen, bis wir eine gute Vorzeichnung zustande bringen!"

„Niccò, wie sollen wir denn ein gutes Skelett zeichnen können, wenn wir keins haben, das wir abzeichnen können? Draußen in der Natur finden wir vielleicht eine tote Maus, deren Fleisch die Würmer gefressen haben. Aber die Knochen eines Menschen, das ist unmöglich! Wir müssen also unsere Phantasie benutzen!"

„Ihr braucht ein Skelett?", Anselmo hatte die letzte Sätze des Disputs gehört, „da, wo mein Bruder arbeitet, bei den Benediktinern von San Pietro, gibt es doch ein Beinhaus. Ihr müsst dann nur noch die Knochen zusammensetzen."

Niccolò horchte auf, Bartolo fragte: „Darf man das?"

„Nein", gab Anselmo zu.

Niccolò verdrehte die Augen und stöhnte genervt: „Wir können sicher keinen Menschen aus den Knochen zusammenbauen, aber auf dem Papier, als Zeichnung, können wir die Knochen wohl zusammensetzen. Ich meine, das ist sicher besser, als eine verweste Maus als Modell zu nehmen. Wann können wir kommen, Anselmo?"

„Nun, eigentlich darf man gar nicht da rein. Aber mein Bruder, ihr wisst ja, dass er Bildhauer ist, war auch schon ein paar Mal da drin, um die Knochen zu zeichnen. Vor allem die Schädel, die er zeichnet, sind grandios! Sie haben ganz eigene Gesichtsausdrücke, obwohl es nur Knochen sind. Die müsstet ihr mal sehen. Tobia ist halt genial ...", Anselmo seufzte.
„Dann soll er uns doch reinlassen!", unterbrach Niccolò, „nur einmal, ein paar Knochen zeichnen, das muss doch möglich sein!"

* * *

Tobia sah Anselmo ähnlich, er war lediglich etwas größer gewachsen. Und gerade diese Ähnlichkeit stärkte Niccolòs Vertrauen in Tobias geistige Fähigkeiten nicht eben. Zusammen mit Bartolo hatte Niccolò die Vesper in San Pietro besucht und dann auf den Kollegen und dessen Bruder gewartet. Nachdem die anderen Gläubigen den Platz vor der Kirche verlassen hatten, führte Tobia sie zu einer seitlich gelegenen Tür in das Gebäude des Konvents. Sie gingen durch einige Flure, den Kreuzgang entlang, warteten eine Weile in einer finsteren Ecke, weil Tobia glaubte, ein Geräusch vernommen zu haben, verharrten erneut in einem kleinen Vorraum zur Sakristei, wo der Bruder Cellerar noch mit Aufräumen beschäftigt war. Endlich, als alles ruhig war, führte Tobia sie in die Sakristei, öffnete eine der vielen Schubladen und holte einen Schlüssel heraus. Durch weitere Gänge flankiert von Sarkophage mit seltsamen Verzierungen gelangten sie endlich ins Beinhaus.
Entlang der Wände des kleinen Raumes standen hölzerne Regale mit ordentlich aufgereihten und nach ihrer Größe sortierten Knochen. In der Mitte des Raumes aber lagen die noch ungeordneten Knochen, und auch zusammenhängende Teile menschlicher Gerippe konnte Niccolò erkennen.

Gebannt studierte Bartolo die an einer Seite aufgereihten Schädel, die ihm triumphierend angrinsten, als wollten sie sich über ihn lustig machen.
„Das ist noch besser als eine Schlachterei", bemerkte Tobia, „hier ist es wenigstens sauber. Nichts mehr da, was stinken könnte."
Niccolò untersuchte den unsortierten Haufen in der Mitte des Raumes. Er schob einige Knochen beiseite und entdeckte einen Arm, der selbst im spärlichen Licht so weiß wirkte, als sei er gerade in Kalk gebadet worden. Er schien noch an der Schulter zu hängen. Als Niccolò ihn weiter untersuchte, sah er, dass auch die Rippen und das Becken noch da waren. Beide Arme und Beine besaß das Gerippe, lediglich der Kopf fehlte. Niccolò hatte das ideale Modell für seine Studien gefunden! Sogleich zog er Stift und Papier hervor und begann zu zeichnen. Seine Augen sogen das Skelett auf, begierig, sich kein noch so geringes Detail entgehen zu lassen. Seine Hand eilte fast von selbst über das Papier, zeichnete den ganzen Bogen voll. So nahm das Gebilde auf dem Blatt mehr und mehr Form an. Niccolò zeichnete, was er sah.
Irgendwann bemerkte Bartolo: „So muss es in der Hölle sein."
Und Tobia entgegnete: „Das ist nicht die Hölle, die da tun uns sicher nichts mehr. Aber wir sollten wirklich allmählich gehen, bevor einer von den Lebenden etwas merkt. Niccolò, bist du fertig? Niccolò!"
„Jaja", murmelte Niccolò. Aber erst als Tobia ihm die Hand auf die Schulter legte und sagte: „Mach jetzt Schluss! Ich habe euch hier reingelassen, um meinem Bruder einen Gefallen zu tun; aber ich will mir keinen Ärger deswegen einhandeln.", packte Niccolò seine Sachen zusammen und schlich hinter Bartolo und Tobia aus dem Raum.
Später, als Bartolo schon schlief, holte Niccolò seine Zeichnung noch einmal hervor und sah sie sich im Licht der Öllampe an. Erst jetzt fiel ihm die gedrungene Gestalt des Gerippes auf und auch seine Asymmetrie. Er hatte die gebogene Wirbelsäule gezeichnet, die Rippen, die auf der einen Seite kürzer waren als auf der anderen, als ob es so sein müsse. Er hatte die beiden Beine von unterschiedlicher Länge gezeichnet. Mit zitternden Händen steckte Niccolò die Zeichnung in seine Mappe und verknotete die Lederbänder.

* * *

Francesco diskutierte gerade mit Astrolabio da Salerno über ein geplantes Bild für die Apsis, eine Allegorie des Kreuzes, als Bartolo seine Zeichnung stolz den anderen zeigte.
Kaum hatte Bartolo das Blatt entrollt, stockte Niccolò der Atem. Bartolo hatte den heiligen Franziskus gezeichnet, wie er streng den Betrachter anblickte. Die rechte Hand mit der Wunde hielt er erhoben. Aus einem Riss in der Kutte klaffte groß und blutig die Seitenwunde. Zur linken des Heiligen stand ein menschliches Skelett, dämonisch grinste es aus dem blütenweißen Schädel. Mit einer für Bartolo ungewöhnlichen Sorgfalt hatte er jede Rippe, jeden Knochen genau wiedergegeben. Man sah, dass er sich bemüht hatte, das Gerippe in gefälligen Proportionen zu zeichnen, allein es war ihm nicht ganz gelungen, die beiden Beine waren so gleich wie es manchmal vorkommt, wenn man eine Vorzeichnung einfach umdreht und ihr Spiegelbild verwendet, die Wirbelsäule darüber bog sich aber in einer ganz leichten Kurve, der Kopf schwebte in seltsamer Frontalität über allem.
Niccolò spürte, wie ihm das Blut in den Kopf lief. Er ballte die Hände hinter dem Rücken zu Fäusten.
„Bartolo", sagte er barsch, „roll das wieder zusammen und komm kurz mit nach draußen!"
„Warum?"
„Du hast meine ..., du hast ..., wie konntest du nur, erst den Ikarus und jetzt das!", ohne es selbst zu merken wurde Niccolò lauter.
„Deine Zeichnung, ja und?", gab Bartolo seelenruhig zurück, „du lässt sie einfach in der Kammer herumliegen."
„Aber verstehst du denn nicht ... Roll es wieder auf, ich bitte dich, bevor es jemand sieht!" Doch die anderen Gesellen und Lehrlinge kamen bereits neugierig herbei.
„Oh, aber das ist doch eine schöne Zeichnung! Bravo Tolo!", riefen sie. „Zeig sie gleich dem Meister! Es ist das Beste, was du je gezeichnet hast!"
Beatrice versuchte, sich zur Zeichnung vorzuschieben, einen Behälter mit gebranntem Ocker in der Hand. Mit einem theatralischen „Oddio!" stolperte sie und verstreute das Ocker wie zufällig über die Zeichnung.

„Das ist aber schade!“ rief sie, „Tolo, deine schöne Zeichnung, wie ärgerlich! Wie ungeschickt von mir!“
„Was sind das für Spielchen? Was soll das?“, fragte Francesco mit strenger Stimme und blickte auf die Teile der Zeichnung, die unter der Farbe hindurch schimmerten, „Bartolo, hast du das gezeichnet … Woher hast du …?“ Nervös drehte er den Kopf nach hinten. Doch sogleich atmete er erleichtert auf. Astrolabio stand bereits am Ausgang, die Hand zum Gruß erhoben ging er hinaus. Fast unmerklich formte seine Oberlippe einen Winkel.

* * *

Niccolò lief hinaus aus der Werkstatt, raus aus dem Konvent, am liebsten wäre er hinaus aus der Stadt gelaufen. An die Luft wollte er, niemanden sehen. Was war das gerade? Was hatte Bartolo getan, dieser Dummkopf! Dieser unbedachte Idiot! Womöglich hatte er sie alle verraten! Und dann wäre es wohl seine – Niccolòs – Schuld. Stammte doch die Zeichnung ursprünglich von ihm. Jeder würde sogleich erkennen, dass es seine Zeichnung war, die Bartolo kopiert hatte. Zu eindeutig war seine Art, die Striche zu ziehen, Licht und Schatten anzulegen. Und wo war sie überhaupt, seine Zeichnung? Lag sie noch oben in der Kammer? Hatte Bartolo sie? Wenn man sie fände, wäre er am Ende, des Mordes überführt, gehenkt oder für den Rest seines Lebens in irgendeinem schrecklichen Loch im ‚Tempel der Weisheit‘ eingesperrt! Hätte er sie doch gleich verbrannt! Er musste die Zeichnung verschwinden lassen! Wenn sie noch in der Kammer war, würde er sie verbrennen; ansonsten würde er Bartolo so lange prügeln, bis er sie herausrückte. Er rannte durch die Straßen.

„Niccolò di Ranuccio?“, hörte er plötzlich eine Stimme hinter sich. Er wollte weiter laufen, doch die Stimme rief ihn wieder. Sie klang wie die Stimme eines Kindes. Niccolò drehte sich um. Ein kleiner Junge war ihm nachgelaufen.

„Niccolò di Ranuccio? Das soll ich Euch geben“, sagte er schüchtern und streckte Niccolò einen zusammengefalteten Bogen Papier entgegen.

„Wer, wer schickt dich?“, fragte Niccolò atemlos. Doch der Junge war schon in einer der Gassen verschwunden.

Niccolò steckte das Papier in die Tasche seines Kittels und rannte weiter, er rannte nach Hause, durch den Hintereingang ins Haus, die Treppe hoch in seine Kammer. Von Bartolo nichts zu sehen. Auf Bartolos Strohsack befand sich das übliche Durcheinander von Stiften, Täfelchen und allerlei Krimskrams. Sein Nachtgewand knüllte in einer Ecke. Niccolò hob es auf, um zu sehen, ob die Zeichnung darunter sei. Er zog die Decke vom Strohsack, schob diesen von der Wand weg, doch die Zeichnung war nicht da. Dann sah er auf seinem eigenen Bett neben dem aufgerollten Nachthemd seine Mappe liegen, die Mappe, die er am Abend zuvor so sorgfältig verschnürt hatte. Doch jetzt waren die Bänder so gebunden, dass sie gleich wieder aufgingen, wenn die Mappe bewegt würde.

„Da war er also dran!“, dachte Niccolò, „er hat sie geklaut und dann alles einfach nachlässig liegengelassen!“ Niccolò wollte die Mappe wieder ordnen, die Blätter korrekt übereinander stapeln und dann die Bänder verschließen, als er oben auf dem Stapel von Zeichnungen die gesuchte Zeichnung fand. Bartolo hatte sie also nicht gestohlen, er hatte sie abgezeichnet und wieder zurückgelegt. Hatte er gar nicht verstanden, worum es ging?

* * *

Der Weg von San Francesco zu den Quellen von Moiano führte quer durch die Stadt. So hatte Astrolabio Zeit, mit sich selbst zu disputieren; die Stimme des Zweifels sprach in ihm, doch die andere Stimme, die der Beharrlichkeit, sprach lauter.
Diese jungen Maler hatten Salvestros Gerippe entdeckt und sicher würden sie weiter suchen, dem Geheimnis seines Todes auf den Grund zu kommen. Das Gerippe des armen Salvestro konnte ein Problem werden. Freilich wäre es das Beste, das Skelett einfach in seine Knochen zu zerlegen und diese dann ordentlich den anderen Knochen im Beinhaus zuzuordnen. Doch konnte Astrolabio selbst das nicht unbeobachtet vollbringen. Er konnte das Gerippe auch nicht wieder heraustragen, denn in seinem eigenen Konvent war es ihm kaum möglich, sich ins Beinhaus zu begeben, ohne dass irgendeiner der Mönche ihn nach Grund und Zweck seines Handelns gefragt hätte. Hätte er den Leichnam doch nur ins Hospital gebracht! Die Mönche hätten ihn irgendwann gefunden, ihn vielleicht zuerst für einen Pilger gehalten. Sicher, früher oder später hätte man Salvestro erkannt. Er war bekannt in Assisi. Doch auf Astrolabio wäre keinerlei Verdacht gefallen und an Mitwissern, an einfältigen Mitwissern, hätte es einen weniger gegeben.

Aber der Leichnam Salvestros hatte ihm gereizt. Ein ganzer Mensch und seine Organe, ihre Funktionen, ihren Aufbau! Die Knochen jedoch waren kaum der Untersuchung wert, einfache mechanische Verbindungen, wie sie jeder Puppenspieler kannte. Das hatte sein Vater ihn gelehrt. Vater! Astrolabio verzog die Lippe. Der einen verhängnisvollen Nacht würde er sich immer erinnern, als er den Vater bei genau der Freveltat überrascht hatte, deren er selbst sich jetzt schuldig gemacht hatte. Er fühlte immer noch die Anziehung, die der geöffnete Körper auf ihn ausgeübt hatte, noch nie war er von etwas so angezogen worden, nicht einmal von einem Mädchen (eine Kraft, die ihm, dem Jüngling von damals, wohl mehrfach begegnet war); seine Verwunderung darüber, dass kaum Blut oder andere Körpersäfte zu sehen waren, und des Geruchs, betäubend und betörend. Kein lebender Körper, auch nicht der des schönsten Mädchens hatte je eine solche Süße ausgestrahlt! Seine Anzie-

hung war so stark, dass er den Vater bald vergessen, dessen drohende Worte, seine Schläge gar nicht bemerkt, sich dem geöffneten Körper genähert hatte. Nur wenige Tage später hatte der Vater ihn zu den Benediktinern nach Montecassino gebracht, um der Errettung seiner Seele willen, wie er sagte. „Du Heuchler! Aber das hast du nun davon, jetzt habe ich das Gleiche getan, wie du damals!“ Astrolabio merkte, dass er diese Worte gerade laut ausgesprochen hatte. Doch niemand hörte ihn.
Ausgerechnet aber dieses unbeseelte Gerüst konnte ihn jetzt in Schwierigkeiten bringen! Warum haben die Brüder auch noch nicht aufgeräumt! Gerade jetzt mussten diese Maler kommen! Jedoch, wie die Lage sich jetzt darstellte, war es sicher das Beste, das Gerippe zu lassen, wo es war. Die Jungs würden nicht wieder kommen, und bevor sie es jemandem erzählten, würde Zeit vergehen, und in der Zeit würden irgendwelche fleißigen Mitbrüder das verformte Gerüst des armen Salvestro zerlegt und seine Teile nach ihrer äußeren Erscheinung sortiert haben!

Welch günstige Fügung andererseits, dass er, Astrolabio, gerade den Konvent von San Francesco besucht hatte und den Streit dieser Jungen miterleben konnte! Den Judas zu sehen, war er gekommen. Den Judas mit dem aufgeplatzten Leib und den herausquellenden Därmen. Einen solch erbärmlichen Anblick hatte dieser Sienese da gemalt, dass es selbst Astrolabio, der doch schon viele Leichen gesehen hatte, schauderte. Doch war es nicht der geschundene Leib, vielmehr war es das Verlassensein von allem, das ihm in seinen eigenen Abgrund blicken ließ. Wer war denn dieser Judas Ischariot, wenn nicht der, der sich aufopferte, um den göttlichen Plan zu erfüllen? Ohne Judas Verrat keine Passion. Judas hat das getan, was ihm aufgetragen wurde, und er bezahlte dafür nicht nur mit seinem Leben, das wäre kein Preis; er büßte sein ewiges Leben ein, nahm die Qualen der Hölle auf alle Ewigkeiten als Preis an! Judas Ischariot machte sich selbst zum Sünder, zum Verdammten, um Christi Willen! Er hatte den höchsten Gehorsam gezeigt, denn es war Christus selbst, der Judas zum Verrat aufforderte. Und auch das hatte diese Sienese gemalt! Im Gewölbe hatte er Christus und seine Jünger an einem runden Tisch gemalt. In der Küche nebenan wuschen Diener das Geschirr, während ein kleiner Hund die Reste von einem der Teller leckte und eine dicke Katze am Kamin schlief. Christus aber reichte Judas selbst das Brot, dem treusten und tapfersten seiner Gefährten.

Und war nicht er, Astrolabio, selbst dieser Judas? Das ewige Paradies hatte er schon eingebüßt. Es war das Opfer, das größte mögliche Opfer, das ein Mensch geben konnte. Und er hatte es gegeben. Doch er fürchtete sich vor der ewigen Verdammnis. Der großen Astrolabio hörte sein Herz schlagen wie eine Trommel beim Gedanken an seinen eigenen Tod und was danach käme. Er wurde wieder der kleine Junge, der sich unter dem Gewand seiner Mutter versteckte, hoffend, dass Gott (oder der Vater) ihn dort nicht sehen konnte. Schwindel und Übelkeit überkamen ihn. Er fühlte eine dunkle, kalte, entsetzliche Angst.

Und es gab nur ein Mittel, das ihn retten konnte, das wusste Astrolabio. Und so wollte er sich seinen Plan auch nicht von diesen Malern zerstören lassen. Lieber würde er auch sie beseitigen. Wenn er es nur geschickt anstellte, dann konnte er nicht nur mehrere dieser Dummköpfe gleichsam auf einen Schlag beseitigen, er konnte vielleicht sogar den einen oder anderen für seine Zwecke sinnvoll nutzen . Er klopfte an die Tür des Baders. Als Vitellozzo öffnete, sagte Astrolabio: „Heute Abend, jetzt sofort, kannst du ihn alleine antreffen.“

* * *

Erst jetzt, nachdem er seine Zeichnung mit einem Stück Kohle unkenntlich gemacht, sie dann in kleine Stücke gerissen, mit diesen hinunter ins Tal des Chiascio gelaufen war und zugeschaut hatte, wie sich das Papier langsam im Wasser auflöste; erst jetzt, als er den Bauersfrauen zusah, die am gegenüberliegenden Ufer ihre Wäsche wuschen, erst jetzt kehrten seine Körpersäfte langsam wieder in ihr Gleichgewicht zurück, der Überschuss der schwarzen Galle verflüchtigte sich, sein Herz schlug allmählich wieder im gewohnten Rhythmus. Nachdem er sich außerdem mit Hilfe der Vernunft selbst beruhigt hatte, indem er sich immer wieder sagte, dass die Zeichnung niemand außer Bartolo gesehen haben konnte, und dass sie zukünftig niemand mehr sehen würde, kehrte auch sein Gemüt wieder zur Ruhe zurück.

Als der milde Wind des Nachmittags, mit seinem sanften Geruch nach Ginster, dem Kurier des Sommers, um ihn strich, der Fluss in seiner Ewigkeit verheißenden Ruhe dahinfloss, fühlte Niccolò sich wieder einigermaßen sicher. Und jetzt fiel ihm wieder das Schreiben ein, das er zuvor so unbeachtet in die Tasche gesteckt hatte. Er zog es heraus. Es war nur ein kleines Blatt Papier, mehrfach gefaltet und mit einem schlichten braunen Band zusammengebunden. Niccolò öffnete den Verschluss und entfaltete das Schreiben. Sogleich schlug sein Herz so heftig wie zuvor. Der Brief war von Monna Ginevra.

„Niccolò“, schrieb sie, „bitte lege Deine Hoffnung nicht in derartige Dinge, die zu hoffen weder schicklich noch tugendsam wäre. Und schreibe mir bitte keine Briefe mehr. Du beleidigst mich, wenn du mich für eine solche Frau hältst. Aber mehr noch beleidigst du dich selbst. Scheinst du doch nicht zu denen zu gehören, die ihre Zeit mit derartigen Frauenzimmern verbringen, die sich zu solchen Handeln hergeben würden. Wisse du aber, dass ich deine Liebe nicht schätze und nicht wünsche und lasse deswegen von jedem weiteren Gedanken ab, mir derartige Botschaften zu senden.“

Eben noch erhitzt von der Aufregung, fühlte Niccolò jetzt wie eiskalter Schweiß sein Gewand am Körper fest leimte. Gleich dem Papier, das er zuvor dem Wasser anvertraut hatte, wollte er sich auflösen und mit dem Fluss davon treiben. Doch vermochte er nicht einmal, aufzustehen. Unbeweglich saß er da und sah dem Fließen des Wassers zu.

Die Frauen am gegenüberliegenden Ufer packten die gewaschene Wäsche in ihre Körbe. Von irgendwo aus der Ferne läutete eine Glocke, doch Niccolò zählte ihre Schläge nicht. Die Frauen zogen mit ihren Körben davon, das Glockenläuten, der sanfte Wind – alles kam ihm wie im Traum vor oder wie nach einer der Mahlzeiten bei den Brüdern aus dem Eremo. Es konnte nicht wahr sein, es war nur ein Alptraum! Ein Dämon hatte ihn quälen wollen und seinen Zustand nach dem Schreck mit Bartolos Zeichnung ausgenutzt.

Doch das Papier und das braune Band lagen neben ihm auf der Erde. Niccolò schluckte trocken und nahm den Brief erneut in die Hand.
„Niccolò", stand dort immer noch, „bitte lege Deine Hoffnung nicht in derartige Dinge ..." Wieder und wieder las Niccolò die Nachricht. Er starrte die runden Lettern an. Die Buchstaben waren ungewöhnlich breit und nahmen sehr viel Raum ein. Die os und cs seines Namens waren keine perfekten Kreise, sondern Ovale, jedoch in die Breite gezogene Ovale, so als seien die eleganten schmalen Buchstaben einer Buchschrift auf die Seite gelegt worden. Das i und das l neigte sich sogar ein wenig nach links als widerstrebe den Buchstaben selbst die Aussage, die zu machen sie hier gezwungen waren. Als sträubten sie sich heftig gegen einen Inhalt, den sie gar nicht ausdrücken wollen. Ging es Ginevra vielleicht ähnlich? Sie war eine verheiratete Frau, hätte sie anders reagieren können? Und wäre sie nicht in seinem eigenen Ansehen ins Bodenlose gesunken, wenn sie seinem Anliegen sogleich mit Enthusiasmus zugesagt hätte? Wie vertrüge sich das mit ihrem Seelenadel, den sie zweifelsohne besitzt?

Sie hatte seinen Namen geschrieben, den Brief sogar mit seinem Namen begonnen! „Niccolò" Sie wusste, wer er war, hatte ihn bemerkt, er lebte, er existierte in ihrem Geist! Sie hätte ihn auch ignorieren und seinen Brief unbeantwortet lassen können. Doch sie hat geantwortet und ihn sogar mit seinem Namen angesprochen! Drückte diese Nachricht nicht das Gegenteil dessen aus, was ihr Inhalt – der so banale, so allen geforderten Konventionen entsprechende Inhalt – sagte?

Niccolò faltete das Papier langsam zusammen und band auch das braune Band wieder darum, wobei er sich bemühte, möglichst alle Windungen und Knoten genau so wiederherzustellen wie sie vor der Öffnung des Schreibens gewesen waren.

* * *

Abends erschien Bartolo nicht zum Essen. Niccolò wäre selbst am liebsten ferngeblieben und bedauerte sein Fehlen nicht. Er wusste nicht, wo der Freund war, doch wunderte ihn dessen Fernbleiben kaum. Nach all den Erschütterungen dieses Tages konnte nichts mehr seine Verwunderung hervorrufen.

Und doch schien alles wie an jedem anderen Abend. Unter dem großen Topf, in dem die Ribollita brodelte, flackerten die Flammen des Herdfeuers so unruhig als wollten sie daraus ausbrechen. Zwei Motten schwirrten um die Flammen herum, näherten sich ihnen, um gleich darauf sich wieder weiter von ihnen zu entfernen. Jeden Abend würden die Flammen versuchen, von den Holzscheiten zu fliehen, ohne sich gewahr zu werden, dass es gerade das Holz war, das ihnen das Leben gab. Jeden Abend würden die Motten um das Feuer kreisen, sich dabei die Flügel verbrennen und doch weiter ihre Kreise um das Feuer ziehen, bis sie endlich entweder vollends verbrennen oder von Caterina oder Lauretta oder jemand anderem mit einem Lumpen erschlagen würden. Immer würde es so weiter gehen. Jeden Abend würden sich die Mitglieder der Familie um den Küchentisch versammeln, über die Mühen des Tages und das mal kargere, mal üppigere Essen reden, um am Ende, wenn der Himmel das Licht der Sterne entflammt haben wird, müde in ihre Betten und auf ihre Strohmatten zu fallen.

Nur er, Niccolò, war nicht wie die anderen Kreaturen, die die Erde beherbergt, die beim Licht der Sonne ihr Werk verrichteten, sich des Abends in ihrem Heim einnisteten und sich bis zum Morgengrauen im Schutz der Nacht geborgen erholten. Nur er würde, wenn der lichte Tag vom Abend verjagt würde, um einen anderen Teil der Welt zu erhellen, die grausamen Sterne betrachten, den Tag verfluchen, an dem er zuerst die Sonne erblickte, und für immer ausgestoßen sein aus dem Kreislauf von Licht und Dunkelheit, von Mühe und Ruhe.
Wie im Traum sah Niccolò den anderen am Tisch zu. Francesco löffelte schweigsamer als sonst sein Essen. Wenn er doch etwas sagte, dann kein Wort zu ihm, Niccolò, was diesen umso mehr verwirrte. Er hatte Fragen, Verhöre, Streit und Drohungen erwartet. Doch der Meister schwieg nur. Auch Beatrice stocherte lustlos in ihrem Essen herum. Niccolò hörte von ferne die Stimme Caterinas, die die Schwester ob ihrer Missachtung der Mahlzeit schalt, die Stimme der alten Margherita, die wie so oft Geschichten erzählte. Gerade beschrieb sie wiedermal einen Ritter, edel von Geblüt, hochherzig und alle anderen an Geist und Körper übertreffend. Doch die Worte drangen so wenig in Niccolò ein wie Farbe von einem zu trockenen Putz aufgesogen wurde.
„Er lebte in einem wilden und schönen Land, dem Balearischen Königreich", erzählte Margherita gerade, „schön von Angesicht soll Ramon gewesen sein, und so war er am Hofe des Königs, wo er gleichsam zu Hause war, weil er doch vom König zum Hauslehrer seines Sohnes ernannt worden war, bald der Liebling der Damen. Auch die Gedichte und Lieder, die stets der Liebe huldigten, trugen zur Beachtung bei, die er in jenen Kreisen genoss und die ihn den Genuss etlicher weicher Laken gebracht hatte.
Als er gar nicht mehr so jung an Jahren war, doch noch im vollen Besitz seiner Kräfte – er war bereits mit Blanca Picany verheiratet und hatte zwei Kinder – da traf der Pfeil der Liebe ihn aufs Neue. Am Tag des heiligen Johannes war es, als er im Bischofspalast die schöne Ambrosia de Castello erblickte, ein Anblick, der sogleich sein Herz entflammte. Von da an buhlte er um die edle Señora, wohin sie auch ging.

Eines Tages ging er sogar soweit, dass er auf dem Pferd in die Kathedrale Santa Eulalia eindrang, wo sie sich zum Gebet aufhielt. So bedrängt und dem Gespött der Menschen ausgesetzt, lud sie ihn endlich ein, sich an einem ruhigen Ort mit ihr zu treffen. Der Ritter Ramon sah nun mit großer Freude der Erfüllung seiner Sehnsüchte entgegen. Als er sie schließlich traf und sein Herz so kräftig schlug, dass er sie kaum zu begrüßen vermochte, da öffnete sie den Brustlatz ihres Gewandes. Und – statt der zwei wohlgeformten Äpfel, die er erwartet hatte, erblickte er eine von der Krankheit aufs fürchterlichste zerfressene Brust. Señora Ambrosia aber begrüßte ihn mit den Worten: ‚Ramon, du siehst, dein Hoffen ist vergebens, ich kann deine Geliebte nicht sein, denn ich bin die Geliebte des Todes!'
Ramon aber hatte in diesem Augenblick in die Hölle geblickt. Er verließ den Hof des Königs, zog sich in die Wüste zurück und tat Buße."

* * *

Später, als Niccolò allein in der Kammer auf seinem Bett lag, denn Bartolo war immer noch nicht zurückgekehrt, starrte er in die Dunkelheit. Schlafen konnte er nicht. Wie die Motten um das Feuer, tanzten seine Gedanken, sprangen in alle Richtungen. Die Flammen aber, um die sie schwirrten, züngelten wild in die Luft. Es waren zwei Flammen. Die eine, die kleinere verbreitete Wut und Enttäuschung um sich. Sie war feurig rot. Bartolo! Noch immer spürte Niccolò die Wut in sich, noch immer schlug sein Herz heftiger, wenn er an den Freund dachte. Doch die andere Flamme überstrahlte die erste mit ihrem schönen grausamen Goldton. Ginevra lehnte ihn und seine Liebe ab.

Hatte sie etwa ein schreckliches Geheimnis? Ähnlich der Dame in Margheritas Geschichte? Wenn es aber irgendetwas gab, irgendeinen Grund, warum sie ihm nicht näher kommen konnte? Einen Grund, der sich nicht überwinden ließ; oder war sie doch so tugendsam, dass allein ihr Ehemann einen solchen Grund darstellte? In diesem Falle gab es sicher Hoffnung. Niccolò tastete im Dunkeln nach dem Brief. Er war noch immer in seiner Tasche. Er hielt ihn in den Händen und ohne ihn in der Dunkelheit lesen zu können, sagte er seinen Text immer wieder auswendig vor sich hin. „Du beleidigst mich...", hatte sie geschrieben, doch auch „du beleidigst dich selbst ..." Sie, die Angegriffene machte sich Sorgen um seine, des Angreifers, Ehre. War er ihr also doch nicht ganz gleichgültig? War es vielleicht nur die Art, wie er seine Nachricht hatte überbringen lassen? War seine Vorgehensweise vielleicht zu plump, zu auffällig? Gab sie vielleicht sogar ihrem Ehemann Anlass zu unangebrachtem Verdacht? War es also nur seine Methode, die Ginevra beleidigte, nicht aber seine Liebe selbst? Seine Liebe, die doch so tief war und ihm so viel Leid brachte. Es schien ihm, als müsse ihn für dieses große Leid einen ebenso großen Lohn erwarten. Gab es denn nicht für jede große Anstrengung, für jedes Leid, einen Lohn?

* * *

Kaum hatten die allerersten Sonnenstrahlen die Kammer leidlich erleuchtet suchte Niccolò nach einem Stück Papier – es sollte ein frisches Stück Papier sein, keines, auf dem er bereits gezeichnet und die Zeichnungen wieder abgeschabt hatte. Schließlich fand er in seiner Mappe noch ein Blatt von geeigneter Größe und ansehnlicher, fast sogar weißer Farbe. Er schrieb den Brief nieder, dessen Worte er sich bereits während der Nacht überlegt hatte:

„Madonna Ginevra, mein Licht!

Ich bin untröstlich, weil Ihr glaubt, ich habe irgendetwas Unehrenhaftes von Euch erbeten. Wenn meine Worte diesen Eindruck auf Euch machten, dann ist das meiner Unerfahrenheit in derartigen Dingen zuzuschreiben. Ich habe doch bislang noch nie Liebe verspürt. Seit ich Euch sah, sehne ich mich nur noch nach einem einzigen Gespräch mit Euch. Bitte, stoßt meine Liebe nicht von Euch. Sagt mir, dass es nicht geht, dass ich nie mit Euch reden können werde, aber sagt mir nicht, dass Ihr nicht wollt. Ihr tötet mich sonst.

In tiefster Zerknirschung, Euer Diener."

Er faltete den Brief mit größter Sorgfalt und suchte nach einem Band. Als er keines fand, riss er eines der Lederbänder seiner Mappe ab, strich es glatt, wickelte es um das Schreiben und band es zu einer Schleife, achtsam Sorge tragend, das Papier nicht zu beschädigen.

Erst jetzt, als er nach seinem Gewand suchte, fiel ihm auf, dass auf Bartolos Schlafplatz noch die gleich Unordnung herrschte wie tags zuvor. Wo steckte Bartolo?

Teil 5 – fixatio

1. Kapitel

Bartolo war auch nicht in der Werkstatt.

Niccolò kletterte auf das Gerüst, um die Arbeit an der heiligen Keuschheit fortzusetzen. Einige Temperafarben trug er mit herauf, weil er auf dem trockenen Putz noch einige minuziöse Elemente zufügen wollte. Doch als er sein Werk vom Vortag erblickte, fuhr ihm der Schreck durch die Glieder. Etwas Unglaubliches war geschehen! Die heilige Keuschheit in ihrer Turmkammer war bereits vollendet! Jemand hatte ihr Gewand mit goldenen Borten verziert, die Falten ihres Schleiers mit Licht und Schatten modelliert. Was Niccolò aber am meisten erschütterte, war eine kleine Verzierung auf ihrem Gewand. Über der Brust der Figur waren drei Ringe gemalt, die so übereinander lagen, dass sie sich genau an einer Stelle berührten. An dieser Stelle hatte der Maler sogar einen kleinen roten Stein in den Putz eingelegt! Niccolòs Herz pochte wild. Er stand einige Zeit regungslos unter dem Bild. Wer konnte das Bild wohl fertiggestellt haben?

Schließlich entschloss er sich, Beatrice zu suchen. Vielleicht wusste sie eine Antwort auf die Frage, wer das Bild vollendet hatte. Als er aber von Gerüst heruntergestiegen war, stand Onofrio direkt darunter.
„Bruder Onofrio“, sagte Niccolò leise, „komm bitte einen Moment herauf. Ich muss dir etwas zeigen.“
Und kaum hatte der Franziskaner die Malereien gesehen, schwand Niccolòs Hoffnung auf eine Erklärung des seltsamen Zeichens. Onofrio hatte das Bild nicht gemalt, da war Niccolò sicher.
„Wer kann das gemalt haben?“, flüsterte Onofrio mit zitternder Stimme.
„Ich dachte, du könntest mir das sagen“, antwortete Niccolò, „du weißt doch mehr als ich! Was bedeuten diese Ringe? Diese Ringe waren an der Bank, durch die wir die Öffnung nach unten gefunden haben, wie du weißt. Wen hast du an dem Tag damals gesucht? Und was seid ihr wirklich? Es kann doch nicht nur um Liebesgedichte oder irgendwelche Tugenden gehen! Was hat das alles zu bedeuten?“
„Viele Frage, sehr viele Fragen, lieber Freund“, sagte Onofrio ernst, „ich werde sie dir alle zu gegebener Zeit beantworten. Doch vorerst ist es wichtig, dass du zu niemandem über das sprichst, was du entdeckt hast, du weißt, das Zeichen und all das. Und außerdem, wo steckt eigentlich Bartolo?“
Niccolò schämte sich, zugeben zu müssen, den Freund seit dem vorigen Tag nicht gesehen zu haben. Onofrio packte ihn am Kragen.
„Das sagst du erst jetzt! Was bist du für ein Freund! Hast du dir denn keine Sorgen gemacht?“
„Ich, ich dachte er bliebe aus Scham fern, hat er mir doch meine Zeichnung gestohlen…“, stotterte Niccolò.
„Du einfältiger Tropf! Hast du denn nicht verstanden, dass wir alle in großer Gefahr schweben? Der eisige Wind, Blitz und Donner, Erdbeben und Unwetter, sie schlagen jetzt zu!“
„Warum aber Bartolo, der gehört doch gar nicht zu eurer seltsamen Gruppe? Was soll das heißen?“, fragte Niccolò kleinlaut.
„Später“, sagte Onofrio unwirsch, „zuerst müssen wir Bartolo finden, wenn es noch nicht zu spät ist.“

„... zu spät ist?“, Niccolò erschrak.
„Bartolo hat unter den Schleier gesehen, womöglich ist er deswegen verschwunden. Aber du? Und Bice? Was habt ihr gesehen? Wo habt ihr das Skelett her?“
Niccolò zögerte. Er war sich nicht mehr sicher, ob er Onofrio vertrauen konnte: „Ja, weißt du ... im Beinhaus bei den Benediktinern ...“
„Ihr ward im Beinhaus! Du weißt, wie gefährlich das ist?“
Obschon er nicht verstand, was Onofrio meinte, nickte Niccolò mit dem Kopf. Doch Onofrio versuchte, das Gespräch wieder zu wenden:
„Überlege mal, wo Bartolo sein könnte. Du meinst, er scheute die Begegnung mit dir? Wo könnte er also hingegangen sein? Wo würdest du die Nacht verbringen, wenn du dich nicht hättest sehen wollen?“
„Ich glaubte ..., ich hoffte, er habe wohl die Nacht bei euch verbracht, im Konvent ...“
„Er war nicht bei uns. Wo kann er sonst sein?“
„Wer würde ihn sonst aufnehmen, hier in Assisi?“ Plötzlich fiel Niccolò etwas ein: „die Brüder vom Eremo delle Carceri! Er muss zu ihnen gegangen sein!“
„Gut, wir werden sie gegen Mittag besuchen, zuvor muss ich noch einiges erledigen. Du gehe weiter deiner Arbeit nach und lass dir nichts anmerken. Und ..., gib Acht, dass nichts weiter erzählt wird. Hörst du? Vor allem ...“ Onofrio war beinahe etwas verlegen, „du weißt, wie schwatzhaft das Weibsvolk zuweilen ist. Sorge dafür, dass ...“
„Meinst du Bice? Mach dir da keine Sorgen. Sie ist sehr vernünftig“, lenkte Niccolò ein.
Doch Onofrio, während er schon das Gerüst herunterkletterte, warnte:
„Verlasse dich nicht auf die Vernunft der Weiber, denn sie selbst ist ein Paradoxon!“

* * *

Niccolò zögerte, bevor er seine Arbeit fortsetzte. Er betrachtete die Keuschheit, die betend ihre Hände dem Altar entgegenstreckte, und grübelte. Konnte Bartolo das Bild vollendet haben, bevor er verschwand? Wollte er damit einen Hinweis geben? Die Enden der Ärmel des Gewandes der Tugend waren mit goldenen Borten versehen worden. Bartolo liebte die Malerei in Tempera. Gerne vollendete er Fresken mit derartigen Kleinigkeiten. Doch benutzte Bartolo nie ganz dünne Pinsel, selten gelang es ihm auch, wirklich runde Kurven zu malen. Seine Kurven hatten stets etwas Eckiges. Diese Goldborten dagegen waren mit einem sehr dünnen Pinsel in feinsten Linien und perfekten Rundungen ohne Ecken von leichter Hand geschwungen. Sie sahen wie eine elegante Handschrift aus. Auch die drei Ringe waren vollkommen rund. Das sah nicht nach Bartolo aus. Und wäre denn Bartolo je auf den Gedanken gekommen, einen roten Schmuckstein in den Putz zu drücken? Bartolo tat selten mehr als das Notwendige. Hier aber war viel mehr goldenes Zierrat angebracht worden, als es zuvor geplant war. Zeichnete sich denn die heilige Keuschheit nicht gerade durch die Schmucklosigkeit ihrer Gewänder aus? Jetzt aber waren nicht nur die Ärmel goldverbrämt, auch den Schleier, der ihren Kopf verhüllte, zierten goldene Stickereien. Und da erst bemerkte Niccolò, dass auch der Schleier verändert worden war. Die Falten waren an ihren hellen Stellen durch weiße Streifen von Sangiovanni hervorgehoben worden. Aber vor allem hatte der Maler den Schleier so über den Mund der Tugend gelegt, dass diese – wäre sie aus Fleisch und Blut – nicht mehr zu reden vermöge und also zur Stummheit verdammt wäre. Erneut erstarrten Niccolòs Glieder vor eisigem Schauer. Was hatte das zu bedeuten?

* * *

„Ich werde mitgehen, da kann sich Bruder Onofrio auf den Kopf stellen! Schließlich ist Bartolo beinahe so etwas wie mein Bruder", rief Beatrice aufgebracht. Hatte Niccolò sie bereits hinreichend beleidigt, als er sie nicht in das Beinhaus mitgenommen hatte, erwartete er jetzt auch noch, dass sie ihn mit Bruder Onofrio allein zum Eremo gehen ließe!
„Wenn ihr mich nicht mitnehmt, dann verhalte ich mich wirklich wie ein schwatzhaftes Weib und erzähle allen von euren Geschichten. Sag das deinem pausbäckigen Freund!"
Es war nichts zu machen. Onofrio war von der Aussicht, ein Mädchen in einen Teil seiner Geheimnisse einweihen zu müssen, nicht begeistert, aber Beatrice überzeugte auch ihn mit den Argumenten ihrer Logik und gab ihm zu verstehen, dass sie ohnehin schon eingeweiht war. Und so marschierten die drei in der warmen Mittagssonne hinauf zu den Brüdern des Eremo delle Carceri.
Doch leider war ihr Besuch vergebens. Die Brüder, nachdem sie die drei freudig empfangen und ihnen die üblichen Gaumenfreuden angeboten hatten, erklärten, Bartolo schon seit einiger Zeit nicht mehr gesehen zu haben; dass sie sogar hinlänglich verwundert waren, weil sich der treue Freund nicht mehr blicken ließ.
Die Ratlosigkeit der Drei beantworteten sie dann mit verschiedenen absurden Vorschlägen. So sagte etwa einer, Bartolo sei vielleicht der Madonna Povertà gefolgt und habe sich in eine ganz einsame Einsiedelei zurückgezogen, um dort weit entfernt von allen sich dem Dienste der holden Dame zu widmen. Ein anderer mutmaßte, Bartolo habe sich wohl einem der Züge von Flagellanten angeschlossen, die zuweilen durch die Städte zogen.
Doch die Drei verwarfen alle diese Vorschläge als unmöglich. Bartolo war weder ein Einsiedler noch ein Flagellant. Bartolo suchte stets den bequemsten Weg, um durchs Leben zu kommen, ohne dabei sich oder anderen Schmerzen zuzufügen.
Einig war man sich nur ob der merkwürdigen Veränderung in Bartolos Wesen, die man in letzter Zeit wahrgenommen habe. Er war wohl eifriger bei der Arbeit als zuvor, fleißiger, schlief weniger und aß mehr.

Ja, es war erstaunlich, welche Mengen an Speise Bartolo verdrücken konnte, gab auch Beatrice zu. Doch glaubte sie zunächst, er ahme einfach seinen guten Freund Onofrio nach. Man fragte sich also, ob diese Veränderung etwas mit seinem Verschwinden zu tun haben könne, kam aber auch hier zu keinem Ergebnis. Onofrio widerlegte alle Theorien, vom heiligen Geist bis zum Teufel, der den armen Bartolo in Besitz genommen haben könne, mit dem Hinweis auf den Verlauf der Natur, wonach ein Mann, der das Jünglingsalter hinter sich ließ, dessen Körpersäfte nach den Verwirrungen der Jünglingszeit das Gleichgewicht des Mannesalters anstrebten, einfach mehr essen müsse. Und habe Bartolo nicht frischer und gesünder ausgesehen als je vorher? Es sei aber nicht die Arbeit des Teufels, uns körperliche Gesundheit zu schenken. Genauso wenig verleihe der heilige Geist einen gesteigerten Appetit auf Speise und Trank, sondern bewirke eher das Gegenteil, wie sich doch bei allen Heiligen sehen ließe.

* * *

Viele Theorien wurden noch geäußert, als Bartolo auch in den nächsten Tagen nicht wieder auftauchte. Doch keine vermochte sein Verschwinden zu erklären.

Aus Verlegenheit über Bartolos Zeichnung hatte man noch nicht mit dem Malen des Memento mori begonnen. Doch stauchte Francesco eines Morgens seine Maler mit solcher Vehemenz zusammen, beinahe so, als habe er erwartet, das Bild über Nacht gleichsam durch ein Wunder vollendet zu finden, dass – nachdem der Meister die Werkstatt mit wütendem Geschrei verlassen hatte – alle eifrig miteinander diskutierten, wie sie dieses Memento mori wohl gestalten könnten. Ein Skelett musste her, darüber war man sich einig, doch Bartolos Zeichnung war verschwunden. Puccio Capanna hatte schließlich die Idee:

„Schaut euch doch draußen die Bettler an, diesen Torsolo zum Beispiel. Der ist so dünn, dass er schon fast ein Skelett ist. Und überhaupt, wer sagt denn, dass wir jeden Knochen einzeln malen müssen. Lasst es doch noch mit etwas Haut und etwas Fleisch verdeckt sein, das dahin gammelt. Dann hat der Meister wenigstens seinen Tod. Seht euch Torsolo an, denkt euch die Haut weg, Fleisch hat er eh keins. Da wo sein Körper mit Lumpen bedeckt ist, malt Reste von Haut und Fleisch. Und am Ende setzen wir dem Kerl noch eine goldene Krone aufs Haupt – am besten schief – und fertig!"
So machten sie es. Zwei der Lehrbuben suchten den Dorftrottel auf. Puccio Capanna zeichnete derweil den heiligen Franziskus an die Wand. Torsolo schien seine Rolle als Modell zu genießen, bot sie ihm doch eine neue Gelegenheit zum Rezitieren von Poesien: „Ja, freilich, die leben, welche aus den Fesseln des Körpers gleich wie aus seinem Kerker entflohen sind. - Euer sogenanntes Leben aber ist der Tod.2" Und wenn Francesco wieder in die Werkstatt zurückkehren würde, dann könnte er bereits die fertigen Vorzeichnungen des heiligen Franziskus mit dem Tod an der Wand sehen.

2. Kapitel

„Was hast du dir dabei gedacht, ohne vorher mit uns zu sprechen?" Onofrios Gesicht war rot wie sienesiche Erde. Er hatte Francesco in dessen Schlafzimmer gezogen, während die anderen Familienmitglieder sich wie jeden Abend langsam in der Küche versammelten.
Francescos Stimme zitterte: „Wir müssen vorsichtig sein, wir müssen schweigen und auch die anderen Diener der Dame vor der Gefahr warnen. Und wenn Amor kommt, dann muss der doch verstehen ..."
„Zum Schweigen willst du alle ermahnen! Die eine hat einen Schleier vor dem Mund, die andere legt sogar den Finger auf die Lippen. Wie lange sollen wir noch schweigen und weinen? Ich will nicht länger schweigen! Und überhaupt, müssen wir wirklich auf diesen Lemmo da Gubbio warten? Seit Monaten harren wir der Ankunft dieses angeblichen Amor. Seit ebenso langer Zeit lässt er auf sich warten. Wozu? Was kann uns dieser Lemmo berichten, was wir nicht schon wissen?"
„Er ist doch sein Kurier, nur er kann uns sagen, wann Muzio hier eintreffen wird! Wir müssen doch auf sein Kommen vorbereitet sein!"
„Wenn es nur mit diesem Muzio geht, wenn wir uns wirklich nur mit ihm befreien können vom eisigen Wind, von der Eifersucht, dann sollte er jetzt kommen, bevor der Feind uns besiegt. Der schweigt nämlich nicht, der eisige Wind tobt. Wenn wir nicht alle tot sein wollen, bevor Muzio hier ist, dann sollten wir auch endlich handeln statt auf den Erlöser zu warten!"

„Es geht nicht um Muzio", Francesco versuchte, Onofrio zu besänftigen, „du hast ganz recht, wir müssen selbst für unsere Erlösung sorgen. Und wir sind nicht mehr weit davon entfernt. Der Großmeister hat es mir selbst gesagt, er ist auf dem richtigen Weg. Wenn er das Werk erst vollendet hat, dann wird der Tod uns nichts mehr anhaben können. Deswegen lass uns dem Krieg noch eine Weile zuschauen, ehe wir selbst mitkämpfen. Unsere Festung ist nicht massiv wie seine, noch nicht, unser Heer hat weniger Ritter. Doch wenn das Werk vollendet ist, dann genügt einer unserer Ritter, um ein ganzes Heer von ihnen zu zerschlagen ..."
„Du predigst das Warten seit ich dich kenne, werter Meister. Jetzt sollen wir nicht nur auf Muzio warten, sondern auch noch darauf, dass dieser Apotheker ein Elixier erschafft. Was erhoffst du dir? Glaubst du, irgendein Trank wird den eisigen Wind besiegen? Was kann er schon bewirken?"
„Dass wir den Tod nicht mehr fürchten müssen, ist das etwa nichts?" Francesco war gekränkt.

„Den Trank braucht ihr nicht mehr zu suchen; meine Freunde und ich kennen viele solcher Tränke. Du fürchtest nicht den Tod noch den Teufel oder sonst etwas ..."
„Du beleidigst einen großen Meister der geheimen Kunst und du beleidigst uns! Willst du etwa sagen, es sei alles nur eine Spielerei? Die Schrift des großen Buoninsegna und sein Werk, das soll das gleiche sein wie das Geschwätz deiner abgerissenen Einsiedlerfreunde? Wenn du das denkst, warum bist du dann noch bei uns?"
„Eine Frage, die ich mir selbst auch schon stellte, glaube mir. Bisher konnte ich sie mir auch beantworten, sagte ich mir doch, dass wir irgendwann handeln werden."
„Handeln willst du, ja, dann sag, lieber Bruder, wie sieht dein Handeln aus, was willst du tun?"
Onofrio blickte zum Fenster. Er antwortete nicht. Er schwieg auch noch, als laute, fröhliche Stimmen aus der Küche drangen. Zögernd schlich er hinter Francesco in die Küche

Ricco di Lapo war gerade bester Laune nach Hause gekommen.
„Seht nur Kinder, was uns der gütige Bischof von Assisi schickt!“, rief er, „er ist so zufrieden mit meiner Arbeit, dass er mir dieses Rosinenbrot schenkte. ‚Gib aber den Kindern auch etwas ab, sie arbeiten so fleißig!‘ sagte er zu mir, als ob ich es sonst alleine gegessen hätte. Kommt her, Kinder, jetzt wird gevöllert!“
Er legte ein knuspriges Brot mit Rosinen und Mandeln darin auf den Tisch und begann mit seinem Messer, Scheiben davon anzuschneiden und an die anderen zu verteilen. Obschon noch immer seinen Gedanken nachhängend, war Bruder Onofrio der erste, der sich ein Stück ergriff und herzhaft hinein biss. Auch Guido di Giacomo hatte sich schon eine Scheibe gegriffen und kaute genüsslich.
„Sollten wir nicht zuerst die Suppe essen?“, sagte da die alte Margherita, „dann sind eure Mägen von der Suppe schon etwas gefüllt und ihr werdet das süße Brot umso mehr genießen.“
„Sie hat recht“, sagte Caterina, „legt das Rosinenbrot zur Seite. Wir werden es nach dem Essen verteilen. Und jetzt holt Schüsseln und Löffel für die Suppe, aber vorher fegt die Krümel vom Tisch!“
Brummelnd gehorchte Ricco und legte das Rosinenbrot auf den Rand des Kamins. Chiara fegte die Krümel des Brotes in ihre Hand.
„Pippistrelluccio!“, rief sie, „komm mein Kleiner, ich hab was Gutes für dich!“
Verstohlen lugte der kleine schwarze Kater hinter der Holzkiste hervor, blickte neugierig in Chiaras Hand und kam dann, Schritt für Schritt, näher zu ihr. Chiara streichelte sein Köpfchen.
„Du Armer, hast heute noch fast nichts bekommen!“, und hielt ihm die ganz besondere Köstlichkeit hin.
„Du verfütterst das gute Rosinenbrot an einen Kater!“, rief Ricco entsetzt.
„Lass sie nur!“, raunte seine Frau ihm zu, „es sind doch nur die Krümel. Wenn du das Rosinenbrot so verteilt hättest, wie du wolltest, dann wäre es jetzt bereits vollends verspeist. Unsere Gäste hätten wohl kaum etwas anderes als Krümel für uns übrig gelassen. Und außerdem muss der kleine Kater doch auch etwas essen!“

Und wirklich schien es dem Kleinen bestens zu schmecken. Er hatte alle Krümel in Chiaras Hand verzehrt und leckte diese nun genüsslich aus, so als fände er da noch etwas von dem köstlichen Geschmack. Chiara nahm ihn auf den Arm und drückte ihn zärtlich an sich.
„Katzen sollen Mäuse fangen, statt uns unsere Nahrung wegzufressen", murmelte Ricco missmutig.
„Oh Ricco, er ist doch selbst kaum größer als eine Maus. Lass ihn nur erst einmal groß werden, dann wird er schon nach Mäusen jagen", lenkte Caterina ein.
Da sprang das Kätzchen plötzlich von Chiaras Arm, lief schnurstracks zu dem Napf mit Wasser, der immer für ihn bereit stand und trank diesen, ohne einzuhalten, leer. Gleich darauf lief er aus der Küche in die benachbarte Kammer. Chiara wollte ihm nachgehen, doch Ciuta sagte:
„Er ist müde nach dem Essen, lass ihn schlafen und iss erst mal selbst etwas."
Und bald darauf konnte man das Klappern von Holzlöffeln, begleitet von lebhaftem Geschwätz hören. Guido di Giacomo hatte kaum von der Suppe gekostet, doch hatte er bereits mehrmals seinen Becher mit Wasser geleert und stets sofort wieder nachgegossen.
Plötzlich stand er vom Tisch auf und sagte:
„Verzeiht mir, ich schätze Eure Gastfreundschaft, und auch Eure köstlichen Mahlzeiten. Doch heute, bitte verzeiht, aber ich gehe jetzt besser …" Die Hand vor den Mund gepresst rannte er hinaus. Die anderen sahen sich an.
„Was hat er nur?", fragte Caterina, „meine Suppe ist doch nicht etwa schlecht? Und er hat ja auch kaum etwas davon gegessen."
Doch ihr Mann beruhigte sie sogleich, bestätigte ihr, dass die Suppe vorzüglich sein und dass Guido wohl auf dem Weg von San Francesco hierher einen kurzen Abstecher zum Weinhändler gemacht habe. Morgen sei er sicher in alter Frische wieder bei der Arbeit anzutreffen. Denn wäre die Suppe die Ursache seines Unwohlseins, dann müsse es ja den anderen am Tisch ähnlich ergehen. Sie erfreuten sich jedoch alle der besten Gesundheit. Die anderen stimmten zu und redeten wieder alle durcheinander, die verschiedensten möglichen Ursachen für Guidos Zustand mutmaßend.

Erst ein Schrei unterbrach das Gespräch. Der verzweifelte Schrei des Mädchens drang aus der Kammer. Chiara stand in der Kammer, zu ihren Füßen schimmerte ein kleines Häufchen, in dem man noch vereinzelt einige Rosinen erkennen konnte. Auf einem mit Mehl gefüllten Sack aber lag bewegungslos in spindelartiger Verkrümmung der kleine Körper des schwarzen Kätzchens.

* * *

Guido di Giacomo klopfte an die Tür seines Elternhauses; sein Körper bog sich gleich einer Weidenrute in der Mitte um. Er stürzte seiner besorgten Mutter in die Arme, riss diese dank seiner Körpergröße beinahe zu Boden und stolperte, begleitet vom beständigen Tadel der Mutter ob seines Weingenusses, seinem Lager zu, wo er sich fallenließ, beide Hände auf den Bauch presste und in immer kürzer werdenden Abständen schmerzerfüllt aufschrie. „Wasser! Bring mir Wasser!“, keuchte er. Signora Angeluzia, deren Ärger mehr und mehr Angst und Besorgnis wich, brachte ihm einen Becher, den sie mehrmals nachfüllen musste, weil Guido ihn stets in einem Zug leerte und sogleich nach mehr verlangte. Schließlich, als der große Krug Quellwassers, der Vorrat im Haus, geleert war, beschloss sie, zum Brunnen zu gehen. Mit zwei Zinkeimern verließ sie das Haus.

* * *

Im Hause Giottos herrschte Entsetzen. Guidos Übelkeit, der tote Kater – alle hatte verstanden, dass etwas Schreckliches dahinter stehen musste. Schnell war man zu dem Ergebnis gekommen, dass weder die Suppe, die alle gegessen hatten, noch das Wasser, von dem alle getrunken hatten, die Ursache gewesen sein konnten. Nur das Rosinenbrort, von dem sowohl Guido als auch der Kater gegessen hatten, konnte die Quelle des Übels sein. Doch auch Bruder Onofrio hatte ein großes Stück – das größte von allen – davon gegessen. Und Bruder Onofrio ging es bestens!

Francesco ging unwirsch in der Küche auf und ab:
„Was hat das zu bedeuten? Warum wollte man uns vergiften? Und kommt das Brot nicht vom Bischof Pontano? Warum aber der Bischof ...“
„Nun, genau genommen war es nicht der Bischof selbst, der es mir überreichte ...“ Alle sahen Ricco di Lapo an, der verlegen versuchte, den Blicken auszuweichen.
„Nicht der Bischof! Wer hat es dir denn gegeben? Du sagtest doch, es sei ein Geschenk des Bischofs!“
„Ja, nun, er sagte, es sei vom Bischof ... Er wolle sich bei mir bedanken, wegen meiner guten Arbeit, sagte er ...“
„Wer?“, rief Francesco energisch, aber zugleich erleichtert. Wenigstens nicht der Bischof!
„Der Jüngling, der es mit gab“, Ricco wusste nicht mehr, wo er hinschauen sollte. Es kam nicht häufig vor, dass er sich mickrig und dumm fühlte wie in diesem Moment.
„Du lässt dir von irgendjemandem irgendetwas geben und glaubst dann auch noch jeden Mist, den irgendjemand dir erzählt! Mit deiner Dummheit hättest du fast meine ganze Familie ausgelöscht, nur weil es dir so geschmeichelt hätte, dass der Bischof dir – dem einfältigsten Tor der bewohnten Welt – gerade dir soll er ein Geschenk geschickt haben! Der Bischof!“
Francesco schlug Ricco die Faust so heftig ins Gesicht, dass dieser niedersank. Caterina stellte sich vor ihren Mann, um die unvermeidliche Schlägerei zu verhindern. Doch Ricco schlug nicht zurück. Er stand noch nicht einmal auf.

Im Sitzen drehte er sich weg, wandte sein Gesicht der Wand zu. Sein Körper zuckte, in seinen Schoß tropfte eine Träne.
Ciutas praktischer Verstand beruhigte die Gemüter jedoch:
„Lass ab, lieber Sohn", drängte sie, „du kannst ihn nachher noch verhören. Zunächst aber sollten wir einen Arzt zu Guido di Giacomo schicken. Er weiß ja gar nicht, dass er Gift geschluckt hat, und braucht wohl Medizin. Ein Remedium ..."
„Messer Bonaventura!", fiel ihr da Beatrice ins Wort, „Messer Bonaventura hat mit Sicherheit etwas, das dem armen Kerl helfen kann. Er versteht sich besser als jeder Arzt auf die Heilwirkung der Substanzen."
„Ja, lauf gleich zu ihm, Bice! Nimm Niccolò mit, zum Schutz, und bringt ihn – den Apotheker – dann gleich zu Guido!", ordnete Ciuta an, und Beatrice und Niccolò liefen aus dem Haus.
„Kann ich nicht auch etwas tun?", meldete sich da Bruder Onofrio, und seine Stimme zitterte.
„Du geh in deine Kirche!", sagte Ciuta barsch, „und danke dem heiligen Franziskus, dass er gerade ein Wunder bewirkt hat und du noch am Leben bist!"

* * *

Nachdem Messer Bonaventura einige Behälter in seine Tasche gepackt hatte, eilte er mit Beatrice und Niccolò zum Haus Guido di Giacomos. Auf den Treppen des Vicolo Sant'Andrea aber trafen sie auf Guidos Mutter. Die kleine magere Frau schwebte wie ein Geist die Treppen herab. Messer Bonaventura rief sie an, und es schien, als erwache sie aus einem Traum:
„Signora Angeluzia, wohin geht Ihr? Wie geht es Eurem Sohn?"

„Er wollte Wasser, aber als ich von Brunnen zurückkam, trank er gar nichts mehr. Ich wollte Vitellozzo holen. Vielleicht kann er ihn zur Ader lassen ..."
Messer Bonaventura unterbrach sie:
„Lasst mich zu ihm, öffnet mir das Haus, danach mögt Ihr meinethalben zum Bader gehen!"
„Es ist offen, geht nur immer weiter. Ihr wisst wohl, wo wir wohnen?"

Und Signora Angeluzia schwebte an ihnen vorbei die Treppen hinunter. Bonaventura nahm mit seinen langen Beinen die Stufen so schnell, dass Niccolò und Beatrice ihm nur mit Mühe folgen konnten.
„Ich muss ihn sehen, bevor der alte Blutvergießer mit seiner Fliete kommt!", sagte er.
Die Tür zu Guidos Wohnung stand offen. Das Haus hatte nur drei Zimmer und so fanden sie Guidos Kammer sofort. Sein zusammengekrümmter Körper lag auf der Strohmatte.
„Guido!", rief Messer Bonaventura ihn an, „Guido di Giacomo! Hörst du mich?"
Nichts regte sich. Auch nicht, als Messer Bonaventura ihn zuerst sanft, dann immer heftiger schüttelte.
„Es ist zu spät. Wir können nur noch für seine Seele beten", sagte er leise und sank auf die Knie. Niccolò und Beatrice taten es ihm gleich. Und so verharrten die drei im stillen Gebet, bis Signora Angeluzia mit dem Bader Vitellozzo die Kammer betrat. Vitellozzo keuchte noch von der Anstrengung des Treppenaufstiegs, Signora Angeluzia dagegen ging wortlos zum Bett ihres Sohnes, streichelte den gekrümmten Körper und begann leise zu singen. Sie sang ein Wiegenlied, sanft und ruhig klangen die Worte, mit denen sie ihr Kind in den Schlaf sang. Messer Bonaventura schob die anderen aus der Kammer in den angrenzenden Raum, der als Küche genutzt wurde. Auf dem Tisch standen zwei Zinkeimer voller Wasser. Der Bader Vitellozzo keuchte immer noch, jede Pore seines fülligen Leibes vibrierte.
„Warum denn der ..." stotterte er, „der gehört doch gar nicht zu denen ..."
Messer Bonaventura horchte auf:

„Was soll das heißen? Was willst du sagen? Zu wem gehört er nicht?"
„Ich meine ..., nichts ..., er, er ist doch nur ein Maler, er war doch gar nicht gemeint ..."
„Was redest du da? Was weißt du?", Messer Bonaventura sprach jetzt lauter, er packte Vitellozzo an den Schultern und schüttelte ihn. Plötzlich straffte der Bader die Schultern und richtete sich auf, fast so, als wolle er über Bonaventura hinauswachsen. Er keuchte nicht mehr.
„Er war Maler", sagte er, „Ihr wisst selbst, dass die Maler mit allerlei giftigen Farben zu tun haben. Er ist nicht der Erste, der seine Pinsel in den Mund steckt. Das machen die alle. Und manchmal, da schlucken sie eben was."
Und mit diesen Worten ging er aus dem Haus.
Beatrice blickte fragend zu Messer Bonaventura: „Was meint er wohl? Er hat doch seltsame Andeutungen gemacht. Wer sind ‚die', zu denen Guido nicht gehört?"
Messer Bonaventura legte den Arm auf Beatrices Schulter. „Liebe Beatrice", sagte er sanft, „Vitellozzo war wohl nur etwas verwirrt. Denn er hatte ja recht. Oder ist es etwa nicht so, dass ihr Maler öfter mal den Pinsel in den Mund steckt?"
Niccolò nickte. „Ja schon, wenn man kleinere Teile malt. Nur so bekommt man ihn in die richtige Form ..."
„Na also", fuhr Bonaventura fort, „und ihr wisst natürlich auch, dass ihr mit verschiedenen giftigen Substanzen arbeitet, Rauschgelb zum Beispiel, Zinnober oder Bleiweiß, und dass sich also ein Maler durchaus bei der Arbeit vergiften kann?"
„Ja, schon", murmelte Niccolò, und Beatrice wollte gerade mit „Aber" den Satz fortsetzen, als Messer Bonaventura sie unterbrach:
„Ihr beiden geht jetzt besser nach Hause. Ich bleibe noch hier und kümmere mich um die arme Signora Angeluzia. Aber sag deinem Bruder, dass ich ihn bei Sonnenaufgang erwarte."

* * *

Beatrice ging einige Zeit schweigend neben Niccolò her. Dann platzte es aus ihr heraus:
„War das nicht seltsam? Erst das Geschwätz von dem kleinen Dicken, als ob er irgendwas sagen wollte, dass ein anderer vergiftet werden sollte, oder so etwas. Dann aber auch Messer Bonaventura. Warum schüttelt er diesen Bader zuerst, so als wollte er auf diese Weise etwas aus ihm heraus bringen, dann aber stimmt er ihm plötzlich zu und sagt, es sei nur ein Unfall gewesen. Und warum will er Francesco sprechen? Wie kommt dir das vor?"

Niccolò grübelte. Doch auch er musste zugeben, dass sie gerade einer sehr fraglichen Geschichte beigewohnt haben.
„Weißt du, was auch komisch ist?", sagte Beatrice nach einer Weile. „Woran hat Guido denn heute gearbeitet?"
„Er hat das gleiche gemalt wie ich", antwortete Niccolò, „die Keuschheit. Wir haben die Sünder angefangen, wie sie in den Abgrund stürzen."
„Und welche Farben habt ihr benutzt?"
„Die üblichen natürlich: Morellone, Ocker, die üblichen Erden, Sangiovanni."
„Und leckst du deine Pinsel ab?"
„Ja, sicher, du etwa nicht?"
„Ja merkst du denn nichts? Guido hat das gleiche gemacht wie du. Ihr habt beide die Pinsel in den Mund gesteckt. Dir geht es gut, er ist tot! Es waren nicht die Farben. Und übrigens, die Farben, die Messer Bonaventura aufgezählt hat, benutzen wir doch gar nicht. Bleiweiß, Rauschgelb, das verwenden doch nur die Tafelmaler und die Miniaturmaler. Jedenfalls kann Guido sich nicht mit Farben vergiftet haben."

Niccolò musste dem ebenfalls zustimmen. Es war richtig. Wären es die Farben gewesen, dann wäre auch er jetzt tot!
„Wenn es aber nicht die Farben waren", sagte er zögernd, „dann kann es ja nur noch das Rosinenbrot gewesen sein."
„Es muss das Rosinenbrot gewesen sein!", beharrte Beatrice, „und wer immer Ricco das vergiftete Brot gegeben hat, er wollte sicher nicht Guido vergiften."

„Sondern?“, fragte Niccolò.
„Jemanden aus meiner Familie, wenn nicht sogar uns alle! Vielleicht Francesco. Überleg‘ doch mal! Jemand will Francesco vergiften. Was ist das einfachste und das für seinen Plan sicherste, das er tun kann? Er sucht sich das einfältigste und vor allem das eitelste Mitglied unserer Familie – Ricco – und schmeichelt diesem, erzählt ihm irgendwas von einem Geschenk vom Bischof und weiß dabei ganz gut, dass der dumme Tropf ihm glauben wird. Genauso weiß er, dass Ricco es nicht heimlich und alleine essen wird, sondern es Francesco zeigen wird, denn er kennt Ricco gut genug, um zu wissen, dass seine Eitelkeit seine Habgier noch übersteigt. Also, er weiß, dass Ricco eine große Geschichte um das Rosinenbrot machen wird, wenn er nur überzeugt ist, dass es vom Bischof käme. Und so kann er, der Mörder, sicher sein, dass dieses Brot im Kreise unserer Familie gegessen werden wird.“
Beim Wort „Mörder“ zuckte Niccolò zusammen. Es war an diesem Abend das erste Mal, dass es ausgesprochen wurde.
„Warum aber Meister Francesco? Was kann er getan haben, was jemanden so aufgebracht hat, dass er ihn vergiften will?“
Darauf wusste auch Beatrice keine Antwort. Vielleicht andere Maler, die ihrem Bruder seinen Erfolg neideten. Doch wer könnte das gewesen sein? Meister Pietro, der Sienese? Meister Pietro aber stand längst seiner eigenen Werkstatt vor und war nicht, wie Francesco, noch von seinem Vater abhängig. Außerdem ließ das ganze Auftreten Meister Pietros schließen, dass seine Einkünfte die Francescos überstiegen. Er hatte keinerlei Grund zum Neid. Meister Pietro wird es kaum gewesen sein.
Puccio Capanna? Er nörgelte ständig an Francesco herum. Doch wäre Puccio Capanna nicht seiner sichersten Einnahmequelle beraubt, wenn es Francescos Werkstatt nicht mehr gäbe?
Der größte Neider Francescos aber war Ricco di Lapo selbst. Wenn Ricco nun selbst das Rosinenbrot vergiftet und dann Komödie gespielt hätte? Hätte er dann aber nicht wenigsten einen Weg gefunden, seine Frau und seinen kleinen Sohn von dem Spektakel fernzuhalten, um nicht zu riskieren, dass auch sie sich vergifteten?

„Nein, Ricco ist gar nicht schlau genug“, bemerkte Beatrice, „da steckt jemand dahinter, der seine Taten überlegt und abwägt. Das kann Ricco nicht. Vielleicht hängt es mit diesen seltsamen Versammlungen zusammen, die die …, die ihr immer veranstaltet.“
Sie blickte Niccolò direkt ins Gesicht.
„Die Treffen, bei denen ich war, sind nichts Seltsames; da geht es um die Vollendung der Seele. Aber es muss noch etwas anderes geben. Und Onofrio benimmt sich schon länger sehr seltsam“, rief Niccolò, „überhaupt, wenn es das Rosinenbrot war, warum ist Onofrio dann nichts passiert?“
„Vielleicht hat er wirklich den Schutz des heiligen Franziskus, wer weiß? Es muss doch einen Lohn geben für die, die auf alle weltlichen Genüsse verzichten.“
„Onofrio verzichtet auf weltliche Genüsse?“, Niccolò musste fast lachen.
Doch Beatrice beharrte: „Es kann nur das Rosinenbrot gewesen sein. Das einzige, das Guido und Chiaras Kater gegessen haben! Und dieser Vitellozzo, der steckt irgendwie da drin. Ich weiß nur noch nicht, wie …“
„Was meinst du?“, fragte Niccolò.
„Ich meine, wir sollten uns mal näher um ihn kümmern. Könnten wir ihn nicht mal besuchen gehen und uns dann ein bisschen bei ihm umschauen. Vielleicht finden wir ja etwas.“
„Glaubst du, der lässt uns rein und seine Giftsammlung durchstöbern? Er wird uns die Tür vor der Nase zuschlagen!“
„Nicht, wenn wir Chiara mitnehmen“, sagte Beatrice listig, „hatte sie das Kätzchen nicht von Vitellozzos Frau? Wir könnten sie besuchen, Chiara erzählt ihr tieftraurig etwas von dem tieftraurigen Ende des kleinen Katers, und wir sehen mal, ob wir etwas herausfinden.“

*   *   *

Am nächsten Morgen trafen sie Messer Bonaventura im Apothekergarten des Konvents von S. Francesco. Kaum hörte Beatrice seine Stimme, lief sie gleich hinaus jede Regel missachtend, die Mädchen den Aufenthalt in den Räumlichkeiten des Konvents verbot. Neugierig folgte Niccolò ihr. Bonaventura sprach gerade mit Bruder Bernabò über die Pflanzen in dessen Garten und ihre Wirkung auf den Menschen.

„Ihr habt recht, Messer Bonaventura", stimmte ihm Bruder Bernabò gerade bei, „viele unserer Pflanzen sind giftig. In der richtigen Weise angewandt und in der rechten Menge verabreicht können sie Menschen und Tiere heilen oder vor Krankheiten schützen. Aber genauso könne sie töten. Es ist immer eine Frage der Menge.

Hier, der Aronstab zum Beispiel, mit seinen süßen roten Früchten. So schön und verlockend, dass sie von Tieren und Menschen gerne gegessen werden, dann aber doch so giftig, dass sie den zum Tode führen, den es nach ihnen verlangt. Trotzdem ist die Pflanze nützlich, aufgrund ihrer sanften gleichmäßigen Wärme, wie die gerade aufgegangene Sonne, und ihrer Milde, gleich dem sommerlichen Morgentau. Der Aronstab kann zu den verschiedensten Zwecken nutzbar gemacht werden, ähnlich einem liebenswürdigen Menschen, der auch Gefahren bestehen kann. Droht ein Mensch zu sterben, weil aufgrund eines Übermaßes an Hitze oder an Kälte die Fäulnis in ihm zur schwarzen Blase wird, soll er die Wurzel oder die Blätter des Aronstabes essen. Die übergroße Hitze oder Kälte wird dadurch sanft abgemildert und geht zurück.

Auch gegen Melancholie, die ja bekanntlich durch ein Zuviel an schwarzer Galle verursacht ist, hilft es, häufig einen Wein zu trinken, in welchem man die Wurzel des Aronstabes gekocht hat. Zusammen mit der Wärme des Weines vertreibt er die Kälte der schwarzen Galle und erheitert das Gemüt."

Bruder Bernarbò genoss es, einen so geduldigen Zuhörer wie Messer Bonaventura zu haben, und zeigte auf eine andere Pflanze:

„Die Alraune dagegen, wie Ihr wisst, ist eine Pflanze, die dem Menschen ähnelt, weil sie sich von der Erde ausbreitet, aus der Adam geschaffen wurde. Deswegen ist sie aber auch den Einflüsterungen des Teufels stärker ausgesetzt als jede andere Pflanze. Doch bestärkt sie den Menschen in allen seinen Wünschen, den guten wie den schlechten. Sie tötet durch ihr Gift einen Menschen oder schadet ihm mit irgendwelchen magischen Zaubereien, doch genauso heilt sie auch vielerlei Krankheiten. Man muss sie nach dem Ausgraben sogleich in eine sprudelnde Quelle legen, damit der widrige Saft in ihr ausgebeizt wird. Und ebenso wie die Alraune dem Menschen ähnelt, so hilft sie auch gegen Krankheiten. Wer also Beschwerden am Kopf hat, der soll den Kopf der Pflanze essen, wer unter Halsschmerzen leidet, den Hals und so weiter. Weil es aber von der Alraune das männliche und das weibliche Abbild gibt, soll man zur Heilung das männliche vorziehen, ist doch der Mann stärker als das Weib. Das weiblich Abbild dagegen hilft gegen Begehrlichkeiten des Mannes. Ein Mann, dessen Körper in irgendeiner Art der unzulänglichen Begierde entflammt ist, der soll dem weiblichen Abbild der Alraune den Teil, der zwischen Brust und Nabel sich befindet herausschneiden, über seinen Nabel binden und dort drei Tage und drei Nächte tragen. Wenn er dann noch die linke Hand des Abbildes zu Pulver zerstößt, diesem etwas Kampfer hinzufügt und isst, dann wird seine Begierde gänzlich geheilt und nie mehr wiederkehren."

Niccolò nahm sich vor, sich dieses Rezept zu merken – für die Zukunft.
Die nächste Pflanze, an der Bruder Bernabò stehen blieb, kannte Niccolò sehr gut. „Das schwarze Bilsenkraut hat keine besondere Heilkraft. Man kann sogar sterben, wenn man davon isst. Dennoch ist sein Saft von heilender Wirkung gegen bestimmte Parasiten, die den Menschen befallen können. Auch hilft es gegen die Art der Trunkenheit, die von übermäßigem Weingenuss herrührt. Wird das Bilsenkraut in klares Wasser eingelegt verbindet sich seine eigene Kälte mit der Kälte des Wassers und beruhigt, wenn man die Stirn und die Schläfen des Betrunkenen damit einreibt, die Hitze des Weines."
„Man kann wirklich davon sterben?", fragte Niccolò erschrocken.
„Natürlich, alle Teile des Krautes sind giftig. Das Öl, das aus seinem Samen gemacht wird, ist wohl wirksam gegen das Brennen der Glieder, aber wenn man es essen würde ..."

„Kann es sein, dass Bartolo vielleicht davon – oder von einem der anderen tödlichen Kräutern – etwas gegessen hat?“, fragte Beatrice; Niccolòs zunehmende Verlegenheit ließ in ihr einen vagen Verdacht aufkommen.
„Das ist die Frage, der wir nachgehen müssen“, schaltete sich jetzt Messer Bonaventura ein, „ob es ein Kraut war oder ein anderes Gift, ob es überhaupt ein Gift war, das die vier getötet hat, und wenn es Gift war, ob es dann bei allen Vieren das gleiche Gift war ...“
„Nun, im Falle von Guido di Giacomo war es sicher Gift“, sagte Beatrice, „und sicher war das Gift in dem unseligen Rosinenbrot, denn auch Chiaras Katze hatte davon gegessen und starb. Während an Bruder Onofrio, der auch davon aß, wohl ein Wunder des heiligen Franziskus geschehen ist. Ob Bartolo getötet wurde, wissen wir nicht. Irgendwann war er einfach verschwunden. Der Lehrer Leone hat sich vielleicht zu Tode gegeißelt. Und Messer Salvestro, könnte er nicht auch an seinem hohen Alter gestorben sein?“
„Gut, wir wissen also nicht mehr, als dass es in einem der vier Fälle wahrscheinlich Gift war, und das dieses Gift wahrscheinlich aus einem Rosinenbrot kam. Wo kam dieses Rosinenbrot her?“
„Irgendein Jüngling gab es Ricco, leider erinnert er sich nicht mehr ...“
„Das hilft uns also nicht weiter“, resümierte Messer Bonaventura, „aber, gehen wir davon aus, dass wenigstens einer der vier vergiftet wurde, dann müssen wir uns doch fragen, woher das Gift kam. Wo wird Gift normalerweise aufbewahrt? Die Vorräte an giftigen Substanzen, die ich in meiner Apotheke aufbewahre – denn wie Ihr richtig sagt, Bruder Bernabò, ist Medizin immer auch Gift – habe ich bereits überprüft. Es fehlt nichts. Wie sieht es bei Euch aus, lieber Bruder Bernabò?“
„Auch bei mir fehlt nichts, ich habe alles, was ich in meiner Apotheke und im Garten habe, in einer Liste verzeichnet. Es ist noch alles da.“
„Aber die Pflanzen ..., die giftigen ..., meine ich, die wachsen doch auch draußen ...“ stotterte Niccolò.
„Was ist los, Niccolò?“, fragte Messer Bonaventura, „du spielst doch auf etwas an. Wusstest du vielleicht von irgendwelchen Pflanzen, die dein Freund zu sich genommen hat?“

Niccolò spürte, wie die ansteigenden Körpersäfte seinen Kopf erhitzten.
„Nun ja, wir, also Bartolo und ich und Bruder Onofrio, wir haben ja manchmal die Brüder im Eremo delle Carceri besucht. Und, wie Ihr sicher wisst, führen diese ja beinahe das Leben von Heiligen, wenigstens leben sie streng nach den Regeln des heiligen Franziskus, also in völliger Armut …"
„Komm zur Sache!", drängte Beatrice.
„Ja, weil sie doch weder Geld, noch Tiere, noch Äcker oder Gärten besitzen, essen sie das, was sie ihnen die Schwester Erde zur Verfügung stellt. Und das sind eben die verschiedenen Pflanzen, die im Wald so wachsen. Manchmal kochen sie sie auch und atmen dann deren Dampf ein. Und mir scheint, dass ich manches Kraut, das hier im Garten wächst, auch schon bei den Brüdern gesehen habe, also zum Beispiel das Kraut, das Ihr das schwarze Bilsenkraut nennt. Aber natürlich würden die Brüder niemanden vergiften, denn sie sind aus tiefster Seele gottesfürchtig."
„Das mag wohl so sein, aber der einfältige Tropf könnte sich unwissentlich vergiftet haben. Aber es erklärt nicht den Tod Guidos oder Leones oder Messer Salvestros."
„Wenn es nun aber kein Gift aus Pflanzen gewesen wäre", warf Bruder Bernabò ein, „ihr Maler benutzt in eurer Werkstatt doch auch allerlei giftige Substanzen, wie Blei oder Mercurius …"
„Eben nicht", rief Beatrice, „wir nicht, das sind die Tafelmaler und die Buchmaler, die solche Farben benutzen. Bleiweiß würde mit der Zeit dunkel werden und Zinnober ist ebenso wenig zur Freskomalerei geeignet."
„Rauschgelb!", rief Niccolò plötzlich, „gab es nicht vor einiger Zeit Streit in der Werkstatt, weil Rauschgelb verschwunden war? Es ist seither doch nicht wieder aufgetaucht?"
„Rauschgelb!", Messer Bonaventura horchte auf, „meinst du Auripigment, also – Arsenik?"

3. Kapitel

Der arme Pipistrelluccio, er war ganz verdreht! Er muss furchtbare Schmerzen gehabt haben!" In Chiaras Augen standen Tränen, als sie in Mariuccias Küche die Geschichte von ihrem Kätzchen erzählte. Sie sah auf das Stück Kastanienkuchen, von dem der Honig triefte, und in das sie zu gerne hinein gebissen hätte, wenn nicht der strenge Blick ihrer Schwester es ihr untersagt hätte. „Ich habe ihn gehört, er hat ganz kläglich miaut. Ich bin gleich aufgesprungen, um ihn zu suchen, aber als ich ihn gefunden habe, da war es schon zu spät."

Auch Mariuccia liefen die Tränen in die Augen. Der Schmerz des Mädchens rührte sie und ließ sie ihren eigenen Kummer vergessen.

„Habt Ihr schon mal so etwas erlebt, Signora Mariuccia?", fragte jetzt Beatrice, „ich meine, weil Ihr doch stets Katzen im Haus habt. Eine junge Katze, die sich einfach hinlegt und stirbt. Ist das nicht seltsam?"

„Ja sie verschwinden manchmal, die Tierchen", Mariuccia schien verwirrt, „immer, wenn ich eins besonders gerne mag, dann nimmt er's mir weg. Das ist eben so. Aber den schwarzen Kater, den habe ich der Kleinen deswegen geschenkt, damit er ihn nicht holt. Damit er weg ist, damit er ihn nicht kriegt."

„Wer?", fragte Beatrice.

Doch Mariuccia befasste sich schon wieder mit Chiara. Sie wollte ihr noch einige Tiere zeigen, sie habe ein Kaninchen, das habe einen Blick, genau wie Pipistrelluccio. Und sie zog Chiara aus dem Haus in den Hof.

Beatrice stieß Niccolò an, forderte ihn auf, sich jetzt umzusehen, eine andere Gelegenheit gäbe es wohl kaum. Niccolò wusste zwar nicht, wonach er suchen sollte, doch wollte er wenigstens so tun, als suche er. Und so inspizierte er die Vorratskammer neben der Küche. Sie war klein und längst nicht so gefüllt wie die im Hause Giottos. Einige Rüben, ein Sack, wohl mit Mehl, drei Äpfel und zwei kleine Gefäße mit Honig, mehr besaßen der Bader und seine Frau wohl nicht. Nicht einmal Wein gab es in dieser Kammer. Auch Beatrice fand in der Küche nur das übliche Küchengerät. Ihre Aufforderung, die kleine Treppe hinaufzusteigen, um die Kammer zu durchsuchen wurde von der Rückkehr Chiaras und Mariuccias zunichte gemacht. Chiara weinte immer noch, versprach Mariuccia bald wiederzukommen und sich besonders um ihre Kaninchen zu kümmern. Mariuccia schloss Chiara zum Abschied in ihre schwabbeligen Arme und küsste sie mehrmals.
„Sie redet ein bisschen wirr", bemerkte Beatrice, als sie draußen waren, „wer war wohl der ‚er', der die Tiere holt?"
„Ihr Mann, natürlich", fiel Chiara ein, „sie ist eine arme Frau. Habt ihr nicht gesehen, wir geschwollen ihr Auge war? Er schlägt sie immer und er nimmt ihr die Tiere weg, die sie besonders mag, nur, um sie zu quälen. Er ist wirklich ein furchtbarer Kerl!"
„Meinst du? Ist bei ihr nicht alles ein bisschen geschwollen, weil sie so alt ist?", fragte Beatrice.
„Alt?", rief Chiara aus, „sie ist kaum älter als Mamma!"

Beatrice blickte die Schwester erstaunt an. Wie konnte diese abgelebte Frau das gleiche Alter wie ihre Mutter haben? Jene stand in der Blüte ihre Weiblichkeit, wenn sie vielleicht auch nicht mehr jung war, diese aber glich eher einer verwelkten Blume, so verblüht, dass man sich nicht einmal mehr vorstellen konnte, dass sie einst ein frisches junges Mädchen gewesen sein soll.

Eine dumme Bemerkung Niccolòs riss Beatrice aus ihren Gedanken:
„Aber ein Mann muss seine Frau doch manchmal schlagen, der Mann ist doch verantwortlich für die Ordnung in der Familie, oder etwa nicht?"
„Oh Niccò, du redest jeden Unsinn nach, den sie uns beigebracht haben! Ich glaube nicht, dass ein Mann, um seine christliche Pflicht zu erfüllen, seine Frau ständig schlagen muss, solange bis sie überall anschwillt. Und schließlich haben die Pfarrer, die dir das erzählt haben, mit dem Eheleben genauso viel Erfahrung wie du!"
„Aber du, Bice, du hast Erfahrung im Eheleben?", konterte jetzt Niccolò.
„Nein, aber ich sehe meine Eltern. Der Babbo schlägt Mamma nicht, sie sind Partner. Aber die Frau, die du mal heiratest – wenn du überhaupt eine abkriegst – die tut mir leid!"
Während sie so stritten, gingen sie um das Haus des Baders herum. Die Fenster der Badestube standen offen und so konnten sie das Stimmengewirr und das Gelächter hören, das aus der Stube drang.
„Ich glaube, Mamma hätte es nicht so gerne, dass wir hier herumschleichen", sagte Chiara. Doch Beatrice hatte gerade etwas entdeckt.
„Seht mal hier", rief sie, „hier ist noch ein Eingang!"
„Ja, da geht es in den Hof, wo die Kaninchen sind", erklärte Chiara. Es war nur eine niedrige Pforte, die in den Hof führte, eine Pforte, über die man auch klettern konnte, wenn sie geschlossen war. Beatrice warf Niccolò einen triumphierenden Blick zu, dann wandte sie sich wieder an ihre Schwester:
„Chiara, kann es sein, dass wir deine Freundin Mariuccia manchmal in Riccos Kapelle gesehen haben?"
„Natürlich, die heilige Maria Magdalena ist Mariuccias Patronin. Sie betet oft in ihrer Kapelle."

* * *

„Sie sind des Nachts in das Beinhaus eingedrungen, nicht in irgendein Beinhaus, nein, ausgerechnet den Konvent von San Pietro! Den Konvent der Benediktiner mussten sie für ihre frevelhafte Tat auswählen!“ Gherardo di Guccio, von den Cavalieri kurz zuvor zum Ankläger auserkoren, redete sich in Rage.
Frevelhafte Tat! Niccolò spürte die schwarze Galle in seinem Körper ansteigen. „Wir sollten doch ein Gerippe malen!“, dachte er, „wo sollen wir ein Gerippe herbekommen, wenn nicht aus einem Beinhaus? Und dass es gerade das Beinhaus der Benediktiner war, lag doch nur daran, dass uns kein anderes offen stand. Eigentlich hätte Francesco als unser Meister uns ein Gerippe besorgen müssen. Er wollte, dass wir ein gutes Skelett malen, doch wenn wir schließlich alles tun, damit es gut wird, dann verteidigt er uns nicht einmal. Warum sagt er jetzt nichts?“
Wirklich, Francesco blickte unschlüssig in die Richtung Gherardos, äußerte sich aber mit keinem Wort der Verteidigung. Niccolòs Blick, erwartungsvoll auf ihn, seinen Meister gerichtet, stach wie ein Pfeil in seine Seele. Hatte er selbst noch kurz zuvor Niccolò bereits an der Haustür erwartet und als er ihn in Begleitung seiner Schwestern eintreffen sah, sogleich zur Versammlung gedrängt. Der Pfeil streifte ihn nur und doch schmerzte er als ob er in sein Fleisch eindränge, obgleich Francesco diesen Pfeil nicht zu spüren vorgab und den Blick fest auf Gherardos Schuhe richtete.
„Weißt du denn nicht, wohin solche Taten führen können?“ Gherardo bemühte sich weiter, seiner Rolle gerecht zu werden, „wenn nur einer der Mönche zufällig ins Beinhaus gekommen wäre und euch dort angetroffen hätte, er hätte euch dem Podestà melden können. Und dann hätten wir nicht nur die Armee des Eiswindes zum Feind sondern auch noch die weltliche Justiz!“
Niccolò sah Gherardo fragend an. Was meinte er?
Hilfe kam dagegen von einer anderen Seite. „Lieber Ritter Gherardo, mir scheint du exorbitierst. Was haben die Jungs denn so frevelhaftes getan, frage ich dich? Du sagst, sie haben gegen Gesetze verstoßen? Leichenschändung oder Grabschändung getrieben? Ein Verbrechen, das mit Exkommunizierung bestraft wird, fürwahr! Worin aber besteht diese Schändung? Willst du, ein

Cavaliere d'amore, dich wirklich auf eine Bulle Papst Bonifatius' stützen? Und selbst Papst Bonifatius bezog sich in seiner Bulle De sepulturis nur auf das Zerstückeln und Kochen von Toten, eine bis vor Kurzem durchaus übliche Praxis, wie ihr alle wisst. Und natürlich kennt ihr alle die Geschichte vom französischen König, dem schönen Philipp, der die Leiche seines Vaters, weil dieser fern von Saint-Denis verstarb, zerstückeln und kochen ließ, um die Knochen dann überführen zu können. Dem König wird heute an drei verschiedenen Grabstätten gedacht, liegen doch das Herz, die Eingeweide und die Knochen an jeweils unterschiedlichen Orten begraben. Nur diese pietätlose Praxis verbot Bonifatius.
Was aber haben Niccolò und Bartolo getan? Haben sie etwa eine Leiche zerstückelt? Haben sie die Grabstädte eines Toten geschändet? Mir scheint, nichts dergleichen haben sie sich schuldig gemacht."
„Sie haben die Totenruhe gestört, sie sind in das Beinhaus eingedrungen!" Gherardo fielen nur Wiederholungen ein.
„Glaubst du nicht, lieber Ritter, dass die Toten im Beinhaus bereits ausgeruht haben? Wann kommt ein Toter denn ins Beinhaus? Wenn seine Ruhe auf dem Friedhof beendet ist, wenn wir sicher sind, dass seine Seele den Körper verlassen hat, sein Tod solange zurückliegt, dass nicht einmal mehr das Gebet für ihn etwas zu bewirken vermag. Denn ist das nicht der eigentliche Grund, warum wir Grabstätten errichten? Damit die Lebenden der Toten gedenken und für ihr Seelenheil beten. Solange sich die Seele im Läuterungsort aufhält, ist das wichtig. Doch ist die Entscheidung erst getroffen, ist die Seele entweder erlöst oder verdammt, kann kein Gebet mehr etwas ändern.
Jetzt frage ich aber dich, Niccolò, was war eure Absicht, als ihr das Beinhaus aufsuchtet? Suchtet ihr nicht ein Modell für ein Bild, das ihr auch noch in möglichst kurzer Zeit vollenden solltet?"
Verwirrt ob dieser unerwarteten Wendung nickte Niccolò.
„Was hat euch aber daran gehindert, die Skizzenbücher zu verwenden, die es doch in jeder Werkstatt gibt?"
„Antworte!", raunte Gherardo.
„In den Skizzenbüchern fanden wir nichts."

„Warum fandet ihr nichts?“
Niccolò war ratlos, wie sollte er wissen, warum sich nie jemand die Mühe gemacht hatte, ein menschliches Gerippe zu skizzieren.
„Den Tod habt ihr doch auch zuvor schon gemalt“, sprach Bonaventura weiter, „da müsst ihr doch Vorlagen gehabt haben.“

„Ja, die hatten wir, aber ...“, Niccolò zögerte, „eine Zeichnung, wie wir sie gebraucht hätten, gab es da nicht. Es gab wohl Zeichnungen vom Tod, aber sollten diese den Menschen doch immer einen Schrecken einjagen. Also war der Tod meistens irgendein schwarzes Wesen mit dürren Beinen und dürren Armen, dem Gesicht eines Affen und wirren Haaren. Wir brauchten aber ein Gerippe, einen Tod als Gefährten des heiligen Franziskus. Und ein Gerippe mit Haaren, das geht doch gar nicht!“
Bonaventuras Lippen zuckten als müsse er ein Lächeln unterdrücken. „Du meinst, ihr brauchtet ein wirkliches Gerippe, eines, das die Natur, nicht die Phantasie eines Malers, geschaffen hat?“
Niccolò nickte.

„Liebe Brüder“, wandte Bonaventura sich wieder an die Versammelten, „worin besteht also Niccolòs Freveltat? Darin, dass er den Auftrag seines Meister möglichst vollkommen ausführen wollte? Darin, dass er sich dazu die geeigneten Mittel suchte, dass er gegen ein sehr vage ausgesprochenes Verbot verstoßen musste? Wie vage, das seht ihr schon daran, dass niemand die genaue Formulierung des angeblichen Verbotes der Leichenschändung kennt. Dass darüber hinaus dieses Gesetz von einem Papst erlassen wurde, der den päpstlichen Stuhl unrechtmäßig besetzte, ist ein anderes Thema. Denn selbst wenn wir das Gesetz anerkennen, hat doch Niccolò keinen einzigen Leichnam, kein einziges Grab verändert. Er hat die sterblichen, unbeseelten Überreste gezeichnet dessen, das vor langer Zeit die Behausung der Seele eines Menschen war. Sein Wunsch war eine möglichst vollkommene Arbeit zu schaffen, um dem Werk seines Meisters zur Ehre zu gereichen. Nichts weiter. Ist das frevelhaft oder ist es nicht sogar tugendsam?“

Ein langes Schweigen, ein ewiges Schweigen, meinte Niccolò, bis er endlich ein leises „Nun, ja“, vernahm und zu seinem Erstaunen kam es von Francesco. „Es verhält sich nicht ganz so, wie du sagst, verehrter Großmeister; nicht in jedem Punkt trifft deine Rede zu“, Francesco zögerte, als fragte er sich selbst, ob es nicht besser sei zu schweigen. Doch nun war es zu spät. „Es ist sicher richtig, dass in den Beinhäusern die Knochen der Entseelten liegen, die zuvor lange in ihren Gräbern gelegen, ihre Seelen aber die Fürbitten der Lebenden erfleht haben. Das Gerippe aber, das Niccolò gezeichnet hat, jedoch war noch nicht entseelt. Oder wenigstens wissen wir es nicht. Es waren jedenfalls die Knochen eines Mannes, dessen Seele den Körper noch nicht lange verlassen haben kann, wenn überhaupt ...“

Unterdrücktes Geflüster ging durch die Versammlung.

„Es waren die Knochen eines Mannes, der ...“

„Es waren Knochen, saubere weiße Knochen!“ Mit lauter Stimme fiel Bruder Onofrio Francesco ins Wort, und Niccolò fragte sich zum wiederholten Male, ob er sich in einem seltsamen Traum befände. Noch nie hatte er Bruder Onofrio so laut und schrill reden hören. Was war hier los?

Francesco dagegen schien das Reden schwer zu fallen. „Aber Bruder Onofrio, sagtest du nicht selbst ...“

„Es waren Knochen!“ Onofrios Stimme füllte den Raum so vollständig aus, dass keine andere mehr gehört werden konnte. „Nur die Zeit vermag Knochen so vollständig vom Fleisch zu befreien, dass sie strahlend weiß werden. Erst wenn die Seele den Körper endgültig verlassen hat, zieht sich auch das sündige Fleisch zurück, erst dann pflegt man den Leichnam - und man kann ihn nun nicht mehr ‚Mensch‘ nennen - aus seinem Grab zu holen und ins Beinhaus zu überführen. Es ist also kein Mensch mehr, deshalb gibt es auch keine Leichenschändung, denn nur die sterblichen Überreste eines Menschen nennen wir ‚Leichnam‘.“ Onofrio redete weiter, dozierte über Bedeutung und Bedeutungslosigkeit von Knochen, wiederholte gleiche Syllogismen mit veränderten Worten, und führte schließlich die Versammelten in einen philosophischen Disput, den Moment des Entweichens der Seele zu ihrer eigentlichen Bestimmung betreffend.

Immer noch enttäuscht ob der ausgebliebenen Verteidigung blickte Niccolò zu Francesco. Was ging in seinem Meister vor? Sicher fragte sich Francesco ebenso wie er selbst nach dem Ziel, das Onofrio mit seinem Verhalten verfolgte. Genau wie Francesco hatte auch Onofrio verstanden, wessen Gerippe Niccolò gezeichnet hatte. Das war sicher. Warum aber verschleierte der Franziskaner die Wahrheit, die Francesco gerade offen zu legen trachtete? Wie der Anführer einer Schauspieltruppe verstand Onofrio andere zu leiten. Doch warum setzte er seine Gabe zu diesem Ziel ein? War das nicht vielmehr die Vorgehensweise derer, die sie den ‚eisigen Wind' nannten? Denn obschon Niccolò immer noch nicht wusste, wer dieser Feind eigentlich war, musste es doch jemand sein, der aus dem Verborgenen handelte, der sich selbst dabei versteckte und die Wahrheit verhüllte. Sie aber, die Cavalieri, waren doch gerade die Ritter der Wahrheit, wenigstens hatten sie das Niccolò bisher gelehrt. Auch wenn sie sich vielleicht in seltsamen Bildern mit doppelter Bedeutung ausdrückten, sollte es ihnen doch immer um die Wahrheit gehen. Sowie die Maler die Wirklichkeit in ihren Bildern darzustellen trachteten, wie Bonaventura nach der Wahrheit seiner Transformationen suchte, so verfolgte Bruder Onofrio seine wahre Liebe zur Armut. Freilich musste man manchmal vorgeben, etwas anderes für wahr zu halten, das hatte Niccolò inzwischen verstanden. Die Wahrheit immer direkt auszusprechen, das konnte sich nur jemand wie Torsolo erlauben, die anderen mussten manchmal weinen, wie sie es nannten in ihrer Sprache, der Sprache der zweifachen Bedeutung. Aber was Onofrio gerade machte, das war kein Weinen, es war Lüge. Und nicht den Feind belog er, sondern die Cavalieri! Unter den Cavalieri gab es kein Weinen, es diente nur dem Schutz gegen äußere Feinde. Durfte es dann nicht noch weniger die Lüge geben?
Niccolòs Gedanken wurden plötzlich von einem heftigen Hämmern an der Tür unterbrochen. Als die schwere Tür sich langsam öffnete, verstummte auch der Disput der Anderen. Wenn noch etwas Niccolòs Verwunderung vergrößern konnte, dann vielleicht diese Tür, die sich öffnete, ohne dass sie von einem Menschen bewegt wurde. Doch sogleich gewahrte er, dass das eine Illusion war.

Es handelte sich bei dem, der gerade den Raum betrat, nämlich um ein Männlein von solch niedrigem Wuchs, dass an der Stelle, zu der Niccolò seinen Blick gerichtet hatte, den Kopf des Eintretenden vermutend, nichts zu sehen war. Erst als er den Blick senkte, wurde er der bizarren Gestalt gewahr. Nicht nur klein war der Mann, seine ganze Gestalt zeigte eine Unschönheit, die den Betrachter ebenso in ihren Bann ziehen konnte, wie es vollkommene Schönheit vermochte. Nichts an diesem Manne entsprach den Regeln der Proportion.
Seine gebückte Haltung erinnerte an eine Taube. Und wie diese bei jedem Schritt den Kopf zuerst ihrem Ziel entgegen reckt, so oszillierte auch der Hals dieses Mannes in ständiger Bewegung. Unter den kleinen rotumrandeten Augen ragte eine riesige Nase hervor, deren Ähnlichkeit mit der Nase Torsolos Niccolò sogleich auffiel; jedoch zeigte Torsolos Gesicht trotz der Unverhältnismäßigkeit seiner Teile eine adelige Würde, die diesem gänzliche fehlte. Und obgleich dieser Mann in sauberer, gediegener Kleidung daher ging, keinerlei widerliche Gerüche aussonderte und seinem Körper sicher eine gewisse Pflege zukommen ließ, kam er Niccolò so schmutzig vor, als habe man einen Trog mit Abfall über ihm ausgekippt. Schmutziger als Torsolo, obschon jener bekanntlich auf jede Reinigung des Körpers verzichtete.

„Cavalieri, ich stelle euch Lemmo da Gubbio vor“, Bonaventuras Worte klangen wie die auswendig gelernte Rezitation eines Elementarschülers.
Das war also Lemmo da Gubbio, der vielgepriesene Amor! Ein hässlicher Zwerg mit dem stechenden Blick einer Taube! Das sollte der Vorbote des erwarteten Erlösers sein? Verstohlen sah Niccolò sich um, auch die anderen Cavalieri schienen eine abweichende Vorstellung von Amor zu haben. Doch was bedeutete schon der äußere Schein, wenn seine Worte nur schön waren?
„Ein ‚Seid gegrüßt‘ in die Runde“, begann der Wicht seine Rede, und Niccolò bemerkte, dass Messer Bonaventura den Blick zum Boden wandte. „Ei, da sind sie ja alle versammelt, wie schön!“
Francesco, sich plötzlich seiner Rolle als Hausherr bewusst, begrüßte ihn: „Es ist uns, den Cavalieri d'amore, eine Freude Euch, lieber Lemmo, bei uns

begrüßen zu dürfen. Einen Ritter der edlen Dame zu empfangen, gereicht jedem Liebeshof zur Ehre, insbesondere wo es sich doch bei Euch gleichsam um Amor selbst handelt!"

„Du bist also der Sohnemann von dem Maler da, oder?", er schlug Francesco so heftig in den Rücken, dass dieser kurz schwankte, „das ist ja schön, mein Bub. Ich habe gehört, das Essen ist gut bei euch?"

Niccolò freute sich beinahe über den empörten Ausdruck in Francescos Gesicht. Das hatte er jetzt davon! Aber der Gnom, redete der verschleiert oder hatte er wirklich nur Hunger?

„Ja, selbstverständlich seid Ihr unser Gast, nachher an der Tafel", sagte Francesco, „jedoch wollt Ihr uns nicht zuvor über den Minnedienst Eures Herrn berichten?"

„He?", machte der Gnom.

„Der verehrte Muzio Brancaleone, wie weit ist er?", erklärte Messer Bonaventura.

„Ach so, wann's endlich losgeht, willste wissen. Bub, sag des doch gleich! Eija, wir sind soweit, wenn ihr uns dann die Türen aufmachen tätet, wenn wir da sind, dann kommen wir rein und bringen da bei euch alles in Ordnung. Es gibt doch bisschen was hier, was wir in Ordnung bringen müssen, oder? Der Muzio freut sich schon ..." Ein Grinsen wie Niccolò es nie zuvor gesehen hatte - die Mundwinkel senkten sich herab, die wulstige Unterlippe verschwand komplett im Mund - fuhr über sein Gesicht und hätte es vollständig entstellt, wäre eine Steigerung seiner Hässlichkeit noch möglich gewesen.

Doch Messer Bonaventura entgegnete: „Es freut uns, werter Lemmo, dass wir unserem Ziele nun so nahe scheinen. Aber sagt bitte, was wird hinterher sein, wie werdet Ihr ‚alles in Ordnung' bringen?"

„Eija, wie immer halt. Ist doch nicht das erste Kaff, wo wir einnehmen, oder?"

„Verehrter Lemmo, wie es unser Ansinnen ist, den eisigen Wind zu bekämpfen, ja ihn wo es geht ganz zu verdrängen und durch die Wärme und das Licht des Frühlings zu ersetzen, so strebt doch auch Ihr danach. Ich frage jetzt, wie nach Eurer Vorstellung, bzw. der Eures Herrn Muzio dieser Frühling aussehen wird?"

„Den Frühling können wir nicht machen, das kann nur der Herrgott“, Lemmo bekreuzigte sich, „wir wollen doch nur einen kleinen Umsturz.“

Messer Bonaventura atmete tief. „Wer soll nach diesem Umsturz regieren?“

„Ei, der Muzio, und ein paar andere, die wo‘s können.“

„Soll auch jemand von den Cavalieri, also von uns, einer oder mehre, an dieser Regierung mitwirken?“

„Da müsst ihr den Muzio fragen, aber, wenn ihr gut seid, warum nicht?“

Francesco dagegen gab zu bedenken: „Messer Bonaventura, wer sind wir schon, dass wir eine gerechte Regierung errichten könnten? Nicht das Regieren ist unser Geschäft.“

„Es ist nicht das Geschäft der Eifersucht mit ihrem eisigen Wind! ‚Regiert jemand, so sei er sorgfältig.‘[1] Wenn jemand aber schlecht regiert, oder gar nicht, sondern nur nach seinem eigenen Vorteil trachtet, geht er dann nicht gegen die göttliche Ordnung? Eignet er sich dann nicht eine Position an, die nicht seinen Gaben entspricht? Einer soll des anderen Glied sein, wie in einem Leib. Wenn aber der Leib von einem krankhaften Geschwür befallen ist, müssen wir es dann nicht entfernen?

Deswegen, lieber Francesco, sage ich dir, wenn ein Mensch an einer Verletzung litt, aber kein Arzt da wäre, der ihn heilen könnte, würdest du dann nicht alles versuchen, um diesem Menschen das Leben wenigstens so lange zu erhalten, bis der Arzt gekommen ist? Und ich sage dir noch mehr: wenn der Arzt endlich da ist, und du siehst, dass er in Wirklichkeit kein Arzt ist, sondern nur ein Gaukler, würdest du dann nicht lieber selbst den Verwundeten versorgen, als jenen heran zu lassen, auch wenn die Heilkunde nicht dein Geschäft ist? Denn wer möchte bezweifeln, dass es sie gibt, Männer, die vorgeben, sich auf die Heilkunde zu verstehen, in Wahrheit aber weniger davon wissen als die, die nie die Heilkunde gelernt haben. Dennoch sind jene immer noch bessere Ärzte als solche, die im Kranken nur ihr eigenes Geschäft sehen und nur danach handeln, was ihnen selbst zum Wohle gereicht. Wenn wir daher die Regierung übernehmen, dann kann es jedenfalls nicht schlechter werden als bisher.“

„Was willst du, Bonaventura?“ mischte sich jetzt auch Bruder Onofrio ein, „seit ewigen Zeiten warten wir auf den Erlöser und jetzt, wo er vor der Tür steht, sagst du, er ist vielleicht ein Gaukler! Worauf sollen wir noch warten?“
„Wir sollen nicht warten, wir müssen es selbst in die Hand nehmen, unser Dasein zu verbessern. Ich stelle Medizin her, die den Körper der Menschen heilt, seine Schmerzen lindert, aber wer heilt den Körper, den die Regierung bildet? Und wie kann man ihn heilen? Welche Medizin ist die richtige? Und wer kann diese Medizin herstellen? Glaubt ihr, Muzio Brancaleone vermag all das? Oder braucht es nicht mehr als einen Mann, wie herausragend seine Tugenden auch sein mögen? Ist es nicht vielmehr unsere Aufgabe, die Gerechtigkeit und Großherzigkeit, die Besonnenheit und Stärke unserer Regierung ständig zu überwachen, dass wir in Frieden und Sicherheit leben können? Denn wer will bestreiten, dass gerade die Seele des Herrschers besonders von Untugenden wie Hochmut, Eitelkeit und Habgier angegriffen wird? Braucht es nicht ein ganzes Heer, diesen zu widerstehen, vielmehr als nur einen einzelnen Mann?“
„Was willst du, Bonaventura?“ fragte Bruder Onofrio erneut, „geht es dir plötzlich ums Regieren oder willst du ein Erblühen in Liebe jedes Einzelnen von uns, die Freiheit, der Dame huldigen zu können, ohne den eisigen Wind der Eifersucht zu fürchten?“
„Ich will eine Regierung, die allen das möglich macht, was du sagst, lieber Onofrio. Was aber ist dein Ziel? Du scheinst mir ein Blatt, das sich vom Baum gelöst, im Wind bald in die eine, bald in die andere Richtung treiben lässt. Was willst du?“
Onofrios Antwort ließ einen Moment auf sich warten, als müsse er selbst in dem Wirrwarr seiner Seele nach ihr suchen, den Krieg der Seelenkräfte miteinander missachtend. Wer war die stärkste Kraft in dieser Psychomachie? Nach diesem Moment des Schweigens, in dem nur das schwere Atmen Lemmos zuhören war, antwortete Onofrio: „Du sprichst wohl recht, verehrter Großmeister, ich bin ein Blatt; getrennt vom Ast, vom Stamm, von seinen Wurzeln, sucht es nach dem Ort. Dem segensreichen Ort, wo einst nur meine Augen sie erblickten, wo Amor aus ihrem Antlitz mich erblickte

und mich für immer mit dem Band der Sehnsucht an sie band. Dort wo ihre holde Hand mir anmutig das Joch auflegte; das Joch, von dem die selige Kraft kommt, die mich auf den Weg der Erlösung führt, und die Hoffnung, die mich diesen voranschreiten lässt!"

„Er redet von der Herrin Armut", sagte Niccolò zu sich selbst, „er kann nur von ihr reden. Bruder Onofrio kennt keine andere Frau."
„Liebe", setzte Onofrio seine Rede fort, „... die Freiheit, lieben zu können, ohne etwas fürchten zu müssen, ist mein Ziel. Der Frau huldigen zu können, wann und wo ich es will, nicht Verfolgung oder Scheiterhaufen fürchten zu müssen, weil ich der Dame den Liebesdienst erweise. Du aber sagst, nicht auf geradem Wege schreite ich. Mal hierhin, mal dorthin führen mich vielmehr meine Wanderungen? Das mag wohl so sein. Aber strahlt nicht auch die Sonne morgens von Osten und abends von Westen? Und ist es nicht dennoch ihr Licht, zu dem wir streben? Das Licht der Sonne aber leuchtet aus den Augen der Frau, bald von hier, bald von dort. Nur wer die Schönheit dieser schwarzen Edelsteine erkennt, die sie voller Süße dreht, kann die himmlische Schönheit ermessen. Nur wer ihre goldenen Locken, von den Quellnymphen gelöst, berührt hat, kennt das himmlische Licht!"

„Schwarze Augen, goldenes Haar!" Niccolò fühlte das Blut in seinem Hals, im Kopf, im ganzen Körper pulsieren, „es ist die Herrin Armut! Er hat das Gelübde der Keuschheit abgelegt. Sie ist die einzige Frau, deren goldenes Haar er berühren darf! ‚Berührt' sagt er wirklich, er hat sie berührt!"
Niccolò sah Bruder Onofrio an. Vom Gesicht des Franziskaners erstrahlte eine tiefere Röte als sonst, röter als die Erde Sienas, röter sogar als Zinnober. An seiner Wange, der Stirn und der Nase glänzten Schweißperlen.
„Ihr süßer Seufzer ist der Wind, der uns treibt; ihre Worte sind der silberne Bach, an dessen Quelle der Wacholder blüht ..."
Niccolò hielt sich mit beiden Händen am Hocker fest, auf dem er saß. Es drängte ihn danach, diesen Hocker zu greifen und auf Onofrios Kopf zu schmettern.

Lemmo da Gubbio sagte: „Ei, ich versteh‘ dich gut, Ritter Onofrio. Aber glaub‘ mir, wenn wir erst an der Macht sind, dann könnt ihr so viele Frauen haben, wie ihr wollt. Wenn ihr uns nur die Tore aufmachen tut, dann haben wir alle ein bisschen Spaß. Wenn ihr sie nicht aufmacht, dann kommen wir nämlich trotzdem rein. Ihr glaubt aber gar nicht, wie so ein Posten an der Macht die Weiber verrückt macht!“

4. Kapitel

Die Glocken von S. Rufino läuteten. Auf dem Domplatz strömten die Einwohner von Assisi zur Messe. Doch wer jetzt noch nicht im Dom war, hatte kaum noch eine Chance. Bestenfalls konnte man sich noch einen Platz an einer der Türen ergattern und von dort der Messe beiwohnen. Denn heute, am Tage der heiligen Maria Magdalena, las der Bischof Pontano selbst die Messe seiner liebsten Heiligen.

Beatrice und Niccolò standen in ihrer Sonntagskleidung in der Via del Torrione und schauten dem Treiben von dieser erhöhten Position zu. Zufrieden sahen sie sich an. Soweit war alles nach Beatrices Plan verlaufen. Schon am Abend zuvor hatte sie ihre Familie überzeugt, dass nach den Ereignissen der vorigen Tage der Segen des Bischofs wohl hilfreich sein könnte und man deshalb diesen Sonntag nicht wie gewohnt zur Messe nach S. Francesco gehen sollte, sondern zu der des Bischofs in die Kathedrale. Auch müsse man zeitig das Haus verlassen, damit man bei diesen vielen Menschen noch einen Platz in der Nähe des Altars bekäme. Sie und Niccolò hatten sich dann beim Eintreten in den Dom im Hintergrund gehalten, so dass sie, ohne aufzufallen, geschützt durch die Gruppen von herein strömenden Gläubigen in gegensätzlicher Richtung den Dom wieder verlassen konnten. Zuvor aber hatten sie sich versichert, dass auch Mariuccia in der Kirche war. Mariuccia hatte heute sogar ihren Mann überzeugen können, sie zur sonntäglichen Messe zu begleiten. Draußen vor den Türen der Kirche standen die Gläubigen bereits wie Bienenvölker um ihre Königin, erfüllt von der Zuversicht, dass der bischöfliche Segen bis zu ihnen reiche.

Beatrice und Niccolò stiegen die Straße noch ein Stück hinauf, umrundeten dann den Dom und stiegen an der Rückseite über verschiedene Gassen und Treppen wieder hinab. Sie gingen bis zur Porta Nuova und dann an der Stadtmauer entlang bis zum Haus Vitellozzos, wo sie gleich zu der kleinen Pforte eilten, die in den Hof führte. Wie erwartet war die Pforte geschlossen, doch sie kletterten leichtfüßig darüber. Nahe beim Haus, war Beatrice schon tags zuvor eine Öffnung aufgefallen, von der aus eine Treppe nach unten führte. Niccolò war enttäuscht. „Sie werden halt einen Keller haben", dachte er. Aber er stieg schon hinter Beatrice die Treppe hinab. Die Treppe führte in einen Raum, der fast völlig finster war. Es roch nach Schinken, Käse und Wein. Sie ertasteten Fässer und Säcke, von der Decke hingen Würste, Schinken und Käselaiber.

„Hier bewahrt er also seine Vorräte auf!", rief Niccolò, „ich habe mich schon gewundert, dass es oben aussieht wie bei armen Leuten!"

„Nun, arm ist der Bader sicher nicht", meinte Beatrice nachdenklich, „er lässt sich für seine Dienste wohl gut bezahlen? Sicher besser als ein Maler, wenn er sich solche Vorräte leisten kann."

Am Ende des Raumes ertasteten sie eine Tür, die sich mit einiger Anstrengung sogar öffnen ließ. In die kleine Kammer, die sie durch diese Tür betraten, fiel Licht durch zwei winzige Fenster in der Decke. An der gegenüberliegenden Seite erkannten sie eine weitere Tür. Der Raum war weiß gestrichen und bis auf eine durchlöcherte Holzkiste und zwei metallene, rötlich schimmernde Kugeln leer. Mitten im Raum standen aber zwei Hähne und gackerten mit so heiserer Stimme, dass sie kaum zu hören waren.

Beatrice wollte unbedingt sehen, was in der Holzkiste war, und durchquerte den Raum. Sie sah, dass die beiden Kugeln offensichtlich innen hohl waren, denn ihre Oberfläche war durchlöchert. Aus der Kiste aber hörte sie ein Quaken, wie das Quaken von Fröschen. Die Hähne drehten die Köpfe nach ihr und versuchten wohl, noch lauter zu gackern und Beatrice entgegen zuspringen. Wie sehr sie sich aber anstrengten, sie bewegten sich kaum von der Stelle. Sie waren so dick, dass sie sich nicht bewegen konnten! In der Kiste aber saßen wirklich zwei fette Kröten und quakten aus vollem Halse.

Was hatte das zu bedeuten? Hähne, zu dick, um sich noch zu bewegen, und Kröten in einer Kiste! Aber mehr gab es nicht in dieser Kammer.
Beatrice hatte kaum Hoffnung, dass die andere Tür sich öffnen ließe. Dennoch versuchte sie es. Die Tür war höchstens zwei Ellen hoch, dass sie sich bücken musste, um die Klinke herunter zu drücken. Zu ihrem großen Erstaunen war die Tür unverschlossen. Dahinter lag ein dunkler Gang, von ungewisser Länge, aber ebenso niedrig wie die Tür.
„Glaubst du, der Dicke kommt da durch?“, fragte Niccolò ungläubig.
„Wie er es anstellt, weiß ich nicht“, antwortete Beatrice, „aber irgendetwas muss da ja sein. Eine Tür muss doch immer irgendwo hin führen. Aber wir brauchen eine Lampe, denn da hinten ist es stockfinster.“

Sie durchsuchten den ersten Raum, die Vorratskammer, dabei ließen sie die Tür zur Kammer mit den Hähnen offen, um ein wenig Licht herein zu lassen. Und sie hatten Glück! Auf einem Weinfass lagen mehrere Kienspane, ein Maulaffe und sogar ein Feuerstahl und ein Feuerstein. Beatrice schabte zunächst von einem Kienspan ein paar kleine Späne ab, schlug dann mir dem Feuerstahl mehrmals schnell gegen den Feuerstein bis die ersten Funken sprangen und die Späne zum Glühen brachten. Schnell hielt sie den Kienspan in die Glut. Nach wenigen Versuchen gelang es ihr, den Span zum Glühen zu bringen. Sie steckte ihn in den Maulaffen, hielt diesen zwischen ihren Lippen fest und kehrte zu der niedrigen Tür zurück.
Das wenige Licht ließ erkennen, dass der Gang nicht sehr lang und an seinem anderen Ende wiederum eine Treppe nach unten führte. Beim Gehen tasteten die beiden sich mit den Händen an der Wand des Ganges entlang. Sie fühlte sich feucht und moosig an. Ein Geruch von Schimmel ging von ihr aus. Als sie die neun Stufen herunterstiegen, wurde es mit jeder Stufe kühler und feuchter.
Die Stufen führten in einen Raum, der größer und weitläufiger schien, denn die beiden konnten wieder aufrecht stehen. Das Summen von Fliegen war zu hören. Beatrice leuchtete mit dem Kienspan an der Wand entlang. Weinfässer standen dort ordentlich in einer Reihe.

„Nix!“, nuschelte sie, „noch ein Weinkeller.“ Der Maulaffe zwischen ihren Lippen machte ihre Worte beinahe unverständlich, dennoch wurde Niccolò ihrer Enttäuschung gewahr. Und auch er hatte eine bedeutendere Entdeckung erhofft. Sie waren am Ende der Wand angelangt, doch auch entlang der anderen Wände gab es wieder nur Weinfässer.
„Anscheinend kommt er heimlich hierher, um zu trinken“, bemerkte Niccolò, als er auf einigen Fässern verschiedene Glasbehälter mit rotem Wein entdeckte.
„Ja, ef war wohl finnlof“, gab auch Beatrice zu, „laff unf gehen!“
Sie wollte den Raum durchqueren, um zu dem kleinen Eingang zurückzugelangen, während Niccolò es für sicherer hielt, sich weiter an den Fässern an der Wand entlang zu tasten. Er hatte bereits den Ausgang erreicht, als Beatrice etwa in der Mitte der Kammer gegen eine Art Tisch stieß, der offenbar aus einem Holzbrett, das quer über zwei Fässer gelegt war, bestand. Sie beleuchtete die Tischplatte mit ihrem Kienspan.
„Anfeinend kommt er auch fum Essen hierher“, auf dem Tisch erkannte sie die Reste eines offenbar sehr üppigen Banketts, Knochen und Fleisch. Rohes Fleisch! Rot und blutig lagen Fleischstücke von unterschiedlicher Größe auf dem Tisch verteilt, in einer großen Schale erkannte Beatrice ein Herz, eine Leber sowie weitere Innereien, auf denen Scharen von Fliegen saßen. Vom der Glut des Kienspans aufgeschreckt begannen sie, nervöse Runden zu schwirren.
Dieser Vitellozzo war anscheinend ein Viehdieb, der heimlich gejagte Rehe und Wildschweine schlachtete! Und richtig, am anderen Ende des Tisches stand eine Wanne auf dem Boden, in der sie eine dunkle Flüssigkeit erkannten. Das Blut des Tiers!
„Bice, komm!“, rief Niccolò vom Eingang, „dass der Alte ein Verbrecher ist, haben wir uns doch schon immer gedacht. Wen wundert‘s also, wenn er auch Vieh stiehlt.“
Noch einmal hob Beatrice ihren Kopf mit dem Kienspan im Mund und beleuchtete das Obere der Tischplatte. Und da erst sah sie sie! Diese Augen, die ihr so vertraut waren, die sie seit ihrer Kindheit kannte!

Sie blickten sie direkt an, und der Blick traf sie wie ein plötzliches Hagelgewitter. Beatrice wollte schreien, öffnete den Mund. Der Kienspan mit dem Maulaffen fiel heraus, klapperte auf den Boden.
„Bice! Was ist los?“, rief Niccolò.

Doch Beatrice konnte nicht schreien, sie konnte nichts sagen. Sie machte einige Schritte rückwärts, die Augen auf das Dunkel gerichtet, von dort, wo die anderen Augen sie anblickten, die Augen, die sie seit ihrer Kindheit kannte, die sie nie wieder sehen würde, deren Bild sich aber für immer in ihre Seele einbrannte. Etwas trat ihr in den Rücken, sie drehte sich nicht um, sie schrie nicht, sie fiel ohne ein Wort zu Boden.
„Bice!“, rief Niccolò nochmal, „sag doch was! Was hast du gesehen?“ Zitternd ging Niccolò dem Licht des Kienspans entgegen. Vor jedem Schritt tastete er den Boden mit der Fußspitze ab, fuchtelte mit den Armen in alle Richtungen, streckte sie dann nach vorne, bevor er wagte, endgültig den Fuß aufzusetzen. Als er in der Höhe seiner Hüfte die Tischplatte ertastete, musste er den Tisch zuerst umrunden, um zu dem am Boden liegenden Kienspan zu kommen. Er bückte sich danach, stieß dabei an die Wanne, so dass das Blut darin Wellen schlug, wie das Wasser des Chiascio, wenn die Frauen ihre Wäsche wuschen. Er fragte sich, ob es das war, das Blut eines geschlachteten Tiers, das Beatrice so erschreckt hatte. Mit dem Maulaffen in der Hand drehte er sich einmal um sich selbst und rief dabei immer wieder nach Beatrice. Doch als er sich beinahe einmal komplett um sich selbst gedreht hatte, sah auch er ihn im Lichte des Kienspans. Versteinert blieb Niccolò stehen und starrte dieses Gesicht an. Dieses sommersprossige Gesicht, das beinahe zu lächeln schien. Das gutmütige, etwas verlegene Lächeln, das sich immer für etwas zu entschuldigen schien. Diese roten Haare, die wie Flammen in alle Richtungen abstanden. Dieses Rinnsal von Blut, dessen Spur noch auf dem Tisch zu erkennen war, das inzwischen zwar trocken und bewegungslos, noch vor kurzem in die Wanne darunter tropfend und diese mit Flüssigkeit versorgte.
Plötzlich spürte er Beatrices Hand an seinem Arm: „Niccò, komm da weg! Wir müssen hier raus!“

Und da rannte er los. Er tastete sich nicht mehr vorsichtig durch die Dunkelheit. Er stieß sich am Tisch, an den Weinfässern, fand aber schließlich den Ausgang, lief so schnell er konnte durch den engen Gang, die neun Stufen hinauf, durch die Kammer, in der die dicken Hähne immer noch heiser gackerten, raus in den Hof, sprang über die Pforte und rannte weiter durch die Gassen von Assisi. Erst auf der Piazza Santa Chiara hielt er inne, drehte sich um und stellte fest, dass Beatrice hinter ihm war. Atemlos sahen die beiden sich an.

„Wir müssen Francesco alles erzählen", stieß Beatrice nach einiger Zeit hervor. Niccolò sah sie entgeistert an:

„Aber, dein Bruder wird uns bestrafen! Bedenke doch, was wir gemacht haben, wir sind in ein Haus eingedrungen. Wir haben gegen das Gesetz verstoßen, wir ..."

„Niccò!", rief Beatrice aus, „bist du dir im Klaren, was wir gerade entdeckt haben? Dieser Bader ist ein Mörder, vielleicht steht er sogar mit dem Teufel selbst im Bunde! Wenn wir nichts sagen, machen wir uns zu seinen Komplizen und verfallen womöglich der ewigen Verdammnis. Was kann dagegen eine Strafe sein, die Francesco verhängt?"

Nach kurzem Nachdenken musste Niccolò ihr recht geben. Es war das Schrecklichste, das er je in seinem Leben gesehen hatte. Schrecklicher als die abgeschlagenen Köpfe, die er einmal aufgereiht an den Mauern der Stinche, dem Gefängnis von Florenz, gesehen hatte. Dort waren es Verbrecher, von der irdischen Gerechtigkeit verurteilt. Hier aber war das Opfer unschuldig. Warum Bartolo? Was hatte der Bader mit Bartolo zu schaffen? Bartolo, der nicht einmal häufig ins öffentliche Bad ging, der kaum in irgendwelche Geschäfte mit Vitellozzo verwickelt sein konnte. Es war der Abgrund der Hölle!

* * *

Auf der Piazza del Comune trafen sie die Prozession, die gerade von S. Rufino nach S. Francesco zog, um dort die neue Kapelle der heiligen Maria Magdalena zu weihen. Bischof Pontano an der Spitze hatte bereits die Straße erreicht, die an der Kirche S. Nicolò vorbei zum Konvent der Franziskaner führte. Astrolabio da Salerno ging nur einige Schritte hinter ihm. Es folgten die Mitglieder der Regierung mit der Fahne der ghibellinischen Partei. Dann die verschiedenen Standarten der Stadtteile, der Bruderschaften und der Zünfte. Messer Bonaventura trug die Standarte seiner Zunft, hinter ihm schritten Pietro Lorenzetti, Francesco, Ricco di Lapo, Puccio Capanna und eine Reihe weiterer Maler, und beinahe am Ende der Gruppe stapfte plump und plattfüßig der Bader Vitellozzo. Dann folgten weitere Gläubige der Prozession; in ihrer Mitte entdeckte Beatrice plötzlich ihre Mutter. Ciuta hatte ihre Hand auf Lucias Schulter gelegt, neben ihnen gingen Lauretta und Caterina mit dem kleinen Stefano. Chiara ging ein Stück hinter ihnen neben ihrer Freundin Federica. Auf einmal sehnte sich Beatrice nach dem Schutz und der Geborgenheit ihrer Familie, sie wünschte sich, brav wie ihre Schwestern mit der Mutter in die Messe gegangen zu sein und jetzt unwissend und unschuldig an der Prozession teilhaben zu können. Doch es war, als klaffte ein tiefer Abgrund zwischen ihr und ihnen.
„Mamma!", rief sie beinahe tonlos, „Mamma!" Doch selbst wenn ihre Stimme laut und durchdringend gewesen wäre, hätte Ciuta sie nicht hören können. Der Gesang und die Musik der Prozessierenden hätte auch die kräftigste Stimme übertönt. Und so zog Ciuta mit ihren anderen Töchtern singend weiter ohne des Höllenschlundes und ihrer verzweifelten Tochter gewahr zu werden.
„Lass uns nach Hause gehen und dort auf sie warten", sagte Beatrice traurig zu Niccolò.

* * *

„Du musst es jemandem gesagt haben, du verdammte Hexe!", schrie er, während er mit dem schmiedeeisernen Schürhaken auf sie einschlug.
Mariuccia lag wimmernd am Boden. „Nein, nein, nein, es wusste niemand!"
„Du hässliches giftiges Vieh! Ich hab' dir gesagt: ‚Halt' dein Maul! Sag nichts!' Und du, brutta diavola, du tratschst es in der ganzen Stadt rum: ‚Mein Mann hat da eine Kammer mit Hähnen und Kröten, er züchtet Basilisken. Eines Tages werden wir reich sein ...'" Diese Worte piepste er mit einer hohen Stimme zwischen seinen wenigen Zähnen hervor, die Sprechweise seiner Frau schlecht imitierend.
„Vitellozzo, ich schwöre dir, bitte glaub' mir doch, ich wusste doch gar nicht, was du da machst, ich habe niemandem ...", winselte Mariuccia immer wieder, doch er hörte nicht auf sie. Sein Gesicht war vor Zorn verzerrt, die kleinen Augen schienen fast herauszuquellen, ohne anzuhalten drosch er auf sie ein.
„‚Ich habe es niemandem erzählt!'", piepste er, um gleich danach donnernd herauszuschreien: „warum aber, so frage ich dich, beim Gott der unbefleckten Hostie, sind dann alle Türen offen? Alle! Warst du etwa selbst da unten?"
„Nein, du weißt doch, dass ich nie da runter gehen würde, dass ich Angst habe, da unten ..."
„Du hässliche, giftige Hure! Wer war dann also unten?", Er hielt erst an, als Mariuccia keine Worte mehr von sich gab, nur noch leise, ganz leise wimmerte. Er ließ den Schürhaken fallen und ging in den Hof hinaus.

„Wo bringe ich sie jetzt nur hin?", murmelte er immer wieder, während er ziellos im Hof umher ging. Plötzlich kam ihm ein Gedanke. Er stieg die Treppe zur Vorratskammer hinunter, lief schnurstracks in die Kammer, hob mit seinen fleischigen Händen einen der beiden dicken Hähne in die Höhe und sagte:
„So lange schon ziehe ich euch jetzt groß, und hat es mir irgendetwas gebracht? Habt ihr auch nur ein Ei gelegt? Ihr bekommt besseres Essen als ich es mir selber gönne, ihr seid so fett, reicht das immer noch nicht, ist die Hitzigkeit des Fettes noch immer nicht groß genug, tretet ihr euch noch

nicht einmal? Was wollt ihr eigentlich?“ Daraufhin brachte er den Hahn in die dunkle Kammer, deren Tür immer noch offen stand, und steckte ihn in eines der Fässer, die dort aufgereiht waren. Den zweiten Hahn steckte er in ein anderes. Dann schob er die Holzkiste mit dem quakenden Inhalt ebenfalls in den Raum und lief wieder nach oben. Er holte einen riesigen Hammer aus dem Haus und schlug damit gegen eine Wand des Kaninchenstalls. Bald brachen die ersten Steine heraus, wenig später stürzte ein großer Teil der Mauer ein. Er packte den größten Stein und trug ihn die Treppe hinunter. Nach und nach trug er einen Stein nach dem anderen hinunter. Seine Körpersäfte sprudelten wie Wasser, das lange über dem Feuer hing. Keuchend und schnaufend setzte er dann unten die Steine in die Türöffnung der verräterischen Kammer, zuerst die größeren, dann in deren Lücken etwas kleinere, bis er zuletzt auch die kleinsten Öffnungen mit kleinen Steinchen schloss. Am Ende sah die Mauer glatt und ordentlich aus. Er war zufrieden.

* * *

Mariuccia kauerte immer noch am Boden, als jemand an die Eingangstür klopfte. Laut und entschieden klopfte es. Mariuccia hob den Kopf. Sie sah den Schürhaken, der immer noch dort lag, wo Vitellozzo ihn fallen gelassen hatte. Dann sah sie die Füße ihres Mannes, der auf einem Hocker am Tisch saß, jetzt aber langsam aufstand und noch langsamer zur Tür ging und diese öffnete. Vier Männer standen davor.

„Vieri, genannt Vitellozzo, Sohn des Bernardo?“, fragte einer von ihnen, während zwei andere sofort an Vitellozzo vorbei ins Haus stürmten.

Vitellozzo nickte.
„Auf Erlass des Podestà von Assisi kommen wir, dich zu verhaften! Du wirst der Mithilfe des Mordes an Bartolo di Giovanni, dem Florentiner, verdächtigt."
Vitellozzos gespielte Ruhe war sofort wieder dahin: „Was soll ich getan haben? Wer sagt so etwas von mir? Ich habe noch nie irgendjemanden ermordet, und auch nicht dabei geholfen, irgendjemanden zu ermorden."
„Das kannst du dem Richter beim Verhör erklären. Wir sind nur beauftragt, dich abzuführen."
Die beiden Büttel kamen zur Tür zurück, zwischen ihnen ging, das Haupt gesenkt, Mariuccia.
„Ser, außer ihr scheint niemand im Hause zu sein. Sie redet nicht, sagt nicht einmal ihren Namen."
„Deine Frau?"
„Was wollt ihr mit ihr?", schrie Vitellozzo aufgebracht, „sie ist nicht klar im Kopf. Sie schwätzt nur wirres Zeug, besser, ihr gar nicht erst zuzuhören!"
„Mir scheint vielmehr, sie schwätzt gar nicht", sagte der Hauptmann, und seinen beiden Bütteln befahl er: „nehmt sie mit zum Verhör. Sie wird schon reden!"
Die beiden hielten Mariuccia fest in ihrer Mitte, ihr Kollege band Vitellozzo die Hände auf dem Rücken zusammen und legte ihm eine weitere Schnur um den Hals. Er ging mit dem Hauptmann und dem fluchenden Vitellozzo voran, die beiden andern folgen. Mariuccia ging zwischen ihnen. Den Kopf gesenkt sah sie ihre Füße in den schönen Lederschuhen, die sie nur an hohen Feiertagen trug, über das staubige Pflaster steigen und schämte sich. Sie schämte sich, dass sie an diesem sonnigen Festtag, ihrem Festtag, mit geschwollenem Gesicht durch die Stadt geführt wurde, dass ihr gutes Gewand schmutzig und zerrissen war, dass sie nicht einmal an diesem Tag ihrem Haus und ihrer Heiligen Ehre machen konnte.

* * *

Das warme Licht der Sommersonne schien durch das offene Fenster im Schlafzimmer von Francesco und Lauretta und ließ den Altar mit seinem goldenen Rahmen erstrahlen, als sei es die Sonne selbst. Niccolò sah, wie eine fette Fliege sich genau auf die schöne Gestalt Christi setzte. Er wedelte mit der Hand durch die Luft, die Fliege flog kurz auf, setzte sich dann aber sofort wieder an die gleiche Stelle. Niccolò betete, doch seine Gedanken kehrten immer wieder zu dem Geschehenen zurück.

Francesco hatte recht, man musste die Angelegenheit dem Podestà melden, damit dieser sie der weltlichen Justiz übergeben konnte. Francesco war nicht einmal wütend geworden, weil er und Beatrice in das Haus eingedrungen waren. Er hatte nur mehrmals nachgefragt, ob sich die Sache auch wirklich so zugetragen hatte, wie die beiden berichteten. Als er ihnen dann nach vielen Affirmationen und Beteuerungen endlich glaubte, entschied er, noch am gleichen Tag, dem Feiertag zum Trotz, zusammen mit den beiden Zeugen den Podestà aufzusuchen.

Die Strafe, ja die Strafe hatte Francesco beinahe vergessen. Mehr um seiner Autorität willen als aus der wirklichen Überzeugung ihrer Notwendigkeit hatte Francesco für beide Hausarrest verhängt. Sie würden morgens mit den anderen zur Arbeit in den Konvent gehen, abends mit ihnen zurückkommen. Ansonsten würden sie das Haus nur zur Messe verlassen und auch da nur in Begleitung. Kein Herumstreifen durch die Wälder mehr, keine Besuche bei den Brüdern des Eremo.

Die Fliege saß immer noch auf Christus. Sie saugte mit ihrem Rüssel auf dem Bild, immer an der gleichen Stelle. Niccolò vertrieb sie erneut. Er streichelte sanft das Bild. So fein war es gemalt, ganz schmal und schlank war der gepeinigte Körper Christi. Wie Efeu an einem Baumstamm schlang er sich elegant um die Säule.

Ebenso anmutige Linien formte das aus den Wunden rinnende Blut und die Gesicht und Schultern umschmeichelnden Locken. Christus spürte keine Schmerzen, seine Augen schauten das Paradies, die Peitschen auf seinem Körper berührten ihn, den Entrückten, nicht.

Da war die Fliege wieder da. Erneut wollte Niccolò sie verscheuchen. Da plötzlich sank das Tier, ohne dass er es auch nur berühren konnte, vom Bild herab, zuckte noch einmal mit den Flügeln und blieb rücklings auf dem Boden liegen.

Niccolòs Fingerspitzen strichen über die geschwungene Linie des Körpers Christi. Eine Stelle, dort, wo zuvor die Fliege gesessen hatte, fühlte sich anders an als die samtige Oberfläche, wärmer und ein bisschen klebrig.

5. Kapitel

Der Gerichtsnotar war freundlicher als Mariuccia erwartet hatte. Doch war er es nicht, den sie fürchtete. Mehrmals versicherte ihr der Notar, dass ihr Mann im Kerker im Tempel der Minerva in Ketten lag und ihr somit kein Leid zufügen könne. Doch Mariuccia verstand nicht, was der Notar von ihr wollte. Der Schreiber sah den Notar erwartungsvoll an. Er hielt die Feder in der Hand, vor ihm auf dem Pult lag ein fast leeres Blatt Pergament. Man war seit kurzem in Assisi dazu übergegangen, Gerichtsakten nicht mehr auf Papier sondern auf Pergament zu schreiben.

„Also, beginnen wir noch einmal von vorne. Wie ist dein Name, Weib?"

Mariuccia zögerte, die Augen zum Boden gewandt flüsterte sie endlich: „Mariuccia, nein, Maria Maddalena ..."

„Maria Maddalena, genannt Mariuccia", wiederholte der Notar, und der Schreiber notierte die Worte.

„Wo bist du geboren?"

„Hier, in Assisi, glaube ich ...", antwortete Mariuccia.

„Tochter von ... ?"

Mariuccia zuckte mit den Schultern.

„Wie war der Name deines Vaters?"

„Gherardo", sagte sie nach einigem Zögern, aber war das wirklich ihr Vater?

„Maria Maddalena, genannt Mariuccia, aus Assisi, Tochter des Gherardo. Bist du Vieris, des Baders, Frau?"

Wieder zuckte Mariuccia mit den Schultern.
„Dieser Vitellozzo, ist er dein Mann?"
Beinahe unmerklich nickte sie mit dem Kopf.
„Wohnst du an den Quellen von Moiano?"
Sie nickte erneut.
„Kennst du Bartolo di Giovanni, den Florentiner?"
Jetzt schüttelte sie den Kopf.
„Weißt du, welcher Straftat dein Mann verdächtigt wird?"
„Mein Mann hat nichts getan. Er ist ein guter Mann."
„Warum lagst du am Boden, als die Büttel in euer Haus eindrangen?"
„Ich weiß nicht, ich bin gefallen."
„Bürger, ehrbare Bürger, haben eine Aussage gemacht. Danach soll dein Mann im Keller eures Hauses seltsame Geschäfte betreiben. Was weißt du davon?"
„Er tut nichts Verbotenes."
„Was bewahrt ihr im Keller auf?"
„Schinken, Wein und Käse."
Das Verhör dauerte noch eine Zeit an, doch von Mariuccia kam keine brauchbare Antwort. Der Schreiber füllte sein Blatt mit diesen Nichtigkeiten, der Notar ließ Mariuccia Kreuze auf das Blatt zeichnen und sagte ihr dann, dass sie bis auf weiteres nach Hause gehen könne. Mariuccia schlich durch die Gassen von Assisi, vorbei an der Kirche S. Maria Maggiore, bis zu ihrem Haus bei den Quellen von Moiano. Nachdem sie die Tür geöffnet hatte, hielt sie sich in Erwartung von Schlägen die Hände vor das Gesicht. Doch niemand schlug sie. Sie ging in die Küche, sie ging in den Hof, fütterte die Kaninchen, die im ganzen Hof umher hoppelten. Dann stieg sie die Treppe in die Kammer hinauf und suchte ihn dort. Auch dort war niemand. Zum ersten Mal in ihrem Leben war niemand da, der sie anschrie oder schlug. Erschöpft legte Mariuccia sich auf das Bett und schlief ein.

* * *

Erst die Schergen am nächsten Morgen, gekommen, um das Haus erneut zu durchsuchen, weckten sie mit vehementem Klopfen an der Tür. Sie verwüsteten die Räume des Hauses, öffneten die frisch vermauerte Tür im Keller. Im grausigen Fund dahinter, sahen sie dann Anlass, Mariuccia erneut mitzunehmen, wegen des Verdachtes der Mithilfe und der Hoffnung auf nützlichere Aussagen. Sie selbst verstand immer weniger, was von ihr erwartet wurde. Im Gefängnis hatte sie kurz gehofft, ihren Gatten wiederzusehen, doch der Trakt der Frauen lag in einem anderen Teil des alten Minervatempels. Dicht unter seinem Dach wurden die Frauen in eine Kammer gesperrt, die so niedrig war, dass kaum eine darin aufrecht hätte stehen können, wenn sie nicht ohnehin durch die Ketten, mittels derer sie an den Wänden ringsum befestigt waren, zu gebückten Haltung gezwungen wären.

Mariuccia kauerte sich in ihre Ecke, verweigerte fürderhin jede weitere Aufnahme von Nahrung und Wasser; am Tag des heiligen Calimero verließ ihre Seele ihre irdische Behausung.

* * *

Vitellozzo beteuerte beim Verhör seine Unschuld. Er habe niemanden getötet, keine Leichen geschändet, er wisse nichts vom Inhalt des Kellers in seinem Haus.

Doch nach zwei Nächten in der feuchten Gefängniszelle und unter der Androhung, noch eine lange Zeit dort verbringen zu müssen, um dann mit anderen Mitteln zur Offenbarung der Wahrheit gezwungen zu werden – obschon der kommunalen Gerichtsbarkeit nicht die gleichen Methoden wie der kirchlichen zur Verfügung stünden – gestand er.

Er gestand, Bartolo mit einem großen Hammer niedergeschlagen zu haben (den gleichen Hammer, den er verwendet hat, um die Mauer des Kaninchenstalls einzureißen), ihm dann den Kopf vom Halse abgetrennt habe, weil er vor allem an dessen Blut interessiert war, den Körper aber zerlegt, die einzelnen Organe dann fein säuberlich geordnet und aufbewahrt habe.
Was er mit dem Blut gewollt habe?
Das Blut eines rothaarigen Menschen habe er zum Herstellen von Gold gebraucht.
Ob es noch andere Teile eines Menschen bedurft habe?
Nein, man braucht das getrocknete Blut eines Rothaarigen, dazu die Asche von verbrannten Basilisken. Beides müsse man dann in einem Gefäß mit reinem Essig anrühren. Diese Anmachung streiche man dann auf ganz dünne Bleche von Rotkupfer und lege diese ins Feuer, so lange bis sie glühen. Dann müsse man das Kupfer in besagter Anmachung ablöschen und dann waschen. Wenn man diesen Vorgang wiederhole, dann erhalte man ein Metall, das in Farbe und Gewicht dem Gold gleichkommt, also Gold sei. Die Materia prima aber, das Blut des Rothaarigen und die Asche der Basilisken, habe er sich beschaffen müssen. Das Blut auf besagte Art und Weise, die Basilisken dagegen habe er sich selbst herangezüchtet. Sei es doch eine allgemein anerkannte Tatsache, dass Basilisken aus den Eiern fetter Hähne schlüpfen, sofern man diese von Kröten ausbrüten lasse.

Wie er denn die Gefahr habe beherrschen wollen, die mit der Geburt von Basilisken einhergehe? Er wisse doch freilich, dass der Basilisk, kaum dem Ei entschlüpft, die Erde Kraft seines Atems aufreißt, um sich zum Reifen dort hineinzulegen, später aber alles Lebendige in seiner Nähe mit der Kälte, der gleich darauf das Feuer folgt, zu töten?
Er habe sich bronzene Kugeln besorgt, diese seien innen hohl und soweit mit Löchern versehen, dass Luft hineingerate. Darin wolle er die Basilisken sechs Monate lang aufbewahren, um sie dann zu Asche zu verbrennen. Denn sobald sie schlüpfen sehen sie zuerst aus wie Küken, bis ihnen dann der Eidechsenschwanz wachse. Und erst von diesem Zeitpunkt an seien sie giftig.

Wer ihm diese Lehre übermittelt habe?
Das mit den Basilisken wisse doch jeder, und das andere habe er in einer alten Schrift nachgelesen.
Er sei also des Lesens mächtig? Und der alten Sprache etwa auch?
Ja, ein wenig könne er lesen.

Von wem er diese Schrift erhalten habe?
Er wisse es nicht, sie war plötzlich da. Er habe nie über ihre Herkunft nachgedacht.
Er wisse aber, dass es noch dunklere Kerkerräume als den von ihm bis dahin bewohnten gäbe? Wo kein Lichtstrahl ihn erreichte? Er nicht einmal die Gesellschaft, die ihm Ratten und Eidechsen leisteten, sehen könne, wenn sie anfingen, an seinem Fleisch zu knabbern? Und vielleicht fände sich auch der eine oder andere Basilisk ...

Der, den keiner kennt, war es, den es eigentlich gar nicht gibt. Der Namenlose. Er selbst aber soll die Schrift von einem Bürger bekommen haben. Dieser Bürger habe ihm, Vitellozzo, auch aufgetragen, einen Leichnahm zu schänden. Er habe ihn dann gezwungen, die Teile des Leichnahms zu kochen bis die blanken Knochen übrig blieben, wovon er ja weiß, dass der heilige Vater es verboten hatte. Aber er habe gesagt, man muss das tun, man muss den Antichristen bekämpfen, dem Tier die Köpfe abschlagen. Warum den Anderen aber, den Maler, das habe er nicht verstanden. Denn der Maler war ja gar keiner von den sieben Köpfen des Drachen.
Köpfe des Drachen, ob er etwa die Häresien des Joachim da Fiore meine?
Er sei kein Ketzer, nein, er sei ein guter Christ, nur einen habe er ermordet, ja einen Unschuldigen habe er getötet. Aber wenn er unschuldig ist, wird er doch ins Paradies eingehen. Gott erkennt seine Kinder doch. Aber mit den Ketzern habe er nichts zu tun, nie habe er denen auch nur zugehört, die durch die Straßen ziehen und predigen, sich Fratizellen nennen, oder Brüder des freien Geistes, die alle die Jünger des Teufels sind, die Köpfe des Drachens ...

Wer ihm von dem Drachen erzählt habe?
Der Bürger, der Namenlose, der der ihn beauftragte, den Andern zu kochen, dem er die Knochen dann wieder gebracht hatte.
Wer dieser Bürger sei?
Ein angesehener Bürger, ein Gelehrter, einer der Bücher hat und der die Menschen erlösen will.

* * *

Die seligste Dreifaltigkeit schauen in ihrem Namen, der Gutheit. Was war das Gute aber anderes als das Verströmen seiner selbst? Der Vater brachte den Sohn hervor durch die Kraft des heiligen Geistes. Vater, Sohn und heiliger Geist – verschieden in ihren Eigenschaften, aber Eins in der Substanz. Deswegen schaute der erste Cherub zum Faden, dem Faden, der das ewige Sein Gottes mit dem zeitlichen Sein der Menschen verband. Das Wirkliche ist verbunden mit dem Ewigen, das Vollkommene mit dem Geringsten. Der zweite Cherub betrachtet die Eigenschaften, schaute die Wesensgleichheit zusammen mit der Vielheit, die Einheit der Person in Christus zusammen mit der Zweiheit der Naturen und der Dreiheit der Substanzen.
Bonaventura verstand. Ein Lot des roten Öls, dem Kind der Zwillinge, musste zu acht Lot Saturn gegeben werden, langsam, Tropfen für Tropfen. Dann musste alles zehn Tage und zehn Nächte im geheimen Ofen erhitzt werden, den man jeden Tag ein Grad heißer stellte. Das Glühfeuer trieb den fetten essentiellen Teil in die Materie hinein. Die Salzfeuchte trocknete vollkommen aus. Holte man es heraus, glänzte die Oberfläche des Bleis schön rot-gold. Nun musste er es nur noch in Venitiam Boreas auflösen, damit Gold herauskam.

Der unreine Teil wurde in die fixe Erde getrieben. Ein braunes Pulver war entstanden, der Erde gleich. Unrein, aber doch der Zwilling des Goldes! Den Anleitungen der Schrift Buoninsegnas folgend musste es nach einigen Tagen der endgültigen Reife nur noch im Pelikan destilliert werden. Dann hatte er das Panazee. Bis dahin musste er es in das sichere Versteck bringen. Messer Bonaventura wickelte den Behälter mit dem braunen Pulver mehrmals in Lumpen ein und steckte ihn in seinen Beutel. Dann verließ er das Haus.

Als er zurückkehrte, hörte er von draußen die angsterfüllte Stimme seiner Tochter

„Federica?“, rief er, da wurde die Tür schon von innen auf gerissen, drei Männer standen in der Apotheke, hinter dem Ladentisch Federica.

„Papà!“, rief sie mit vor Angst zitternder Stimme, „sie sagen, sie kommen vom Podestà, irgendjemand soll etwas über dich …“

„Bonaventura Guidotti!“, sprach einer der Gerichtsdiener, „es liegt eine Aussage vor, die Euch betrifft. Es geht um einen Fall von schwarzer Kunst. Wir haben Auftrag, Euch zum Verhör mitzunehmen.“

Sie banden Messer Bonaventura die Hände auf dem Rücken zusammen, Federica schrie entsetzt auf.

„Sei ganz ruhig, meine Tochter“, beschwichtigte Messer Bonaventura, „du weißt, dass ich nichts Böses getan habe. Es wird sich alles sicher schnell aufklären …“ Einer der Büttel stieß seinen Flegel in Messer Bonaventuras Rücken und schob den ihn zur Tür hinaus.

6. Kapitel

Die Hitze des Sommers lag über der Stadt wie eine unsichtbare Wolke. Sie raubte den Menschen den Atem und drückte sie gegen die staubige, trockene Erde. Wer des Mittags durch die Stadt ging, auch wenn sein Geist leicht und unbeschwert sein mochte, fühlte sich, als trage er einen schweren Sack auf den Schultern. Auch das Gemüt der Menschen wurde von einer drückenden und unbarmherzigen Hand nieder gepresst. Niemand sprach mehr laut auf den Straßen, deklarierte Gedichte oder sang. Man redete nur noch leise, hinter der vorgehaltenen Hand miteinander, blickte sich dabei des öfteren rechts und links über die Schulter, so als fürchte man, belauscht zu werden. Böse Geister machten sich auf den Straßen und Plätzen von Assisi breit. Sie trugen die hässlichen Fratzen des Gerüchts und der Verleumdung. Und wie immer wusste niemand, woher sie kamen, wer sie geboren hatte. Sie waren plötzlich da. Man redete über die rätselhaften Morde, darüber, dass sie Auswüchse einer Verschwörung seien, dass sich eine Gruppe von Verschwörern mit Hilfe schmutziger Methoden wie Mord oder schwarzer Magie die Macht in Assisi verschaffen wolle, um dann die Ordnung der Stadt und schließlich Gottes Ordnung zu zerstören und alle in den Abgrund zu stoßen. Davon, dass als ehrenwert geltende Bürger der Stadt in diese Verschwörung verwickelt waren.

Schwer zu glauben war für viele, dass sogar der Apotheker Guidotti an dieser üblen Verschwörung teilnahm. Und doch hatte man – der Benediktiner Astrolabio da Salerno war der Finder – unter seinen Dokumenten die Zeichnung des Drachens gefunden, in tiefschwarzer Tinte unzweifelhaft von seiner eigenen Hand gezeichnet. Die sieben Köpfe des Untiers hatte er zwar nicht einzeln dargestellt. Die Köpfe, die – wie man erzählte – die sechs falschen Könige Herodes, Nero, Constantius, Mohammed, Mesemotus und Saladin darstellten, der siebte Kopf aber den kommenden König, der die anderen an Grausamkeit und Gottlosigkeit noch übertreffen würde und der Antichrist genannt werden könne. Diese Köpfe zu zeichnen muss der Apotheker sich gescheut haben; aber das andere Ende des Drachens war deutlich zu sehen. Den Schwanz, der sich in gleichmäßig abnehmenden Runden aufrollte, so dass der ganze Drache einer Schnecke glich, hatte Guidotti penibel konstruiert. Er hatte das Tier in ein Netz aus verschieden großen Quadraten eingepasst, so als habe er seine Proportionen genau berechnet wollen. Dieser Schwanz, der die Völker Gog und Magog bezeichnete, die am jüngsten Tag vom Satan befreit werden und in den Kampf gegen alle Gläubigen ziehen werden wie geschrieben steht: „Und sie zogen herauf auf die Breite der Erde und umringten das Heerlager der Heiligen und die geliebte Stadt. Und es fiel Feuer von Gott aus dem Himmel und verzehrte sie.“[1]

Der Kampf aber tobte bereits in Assisi, der geliebten Stadt der Heiligen. Die rechten Hirten (wie eben jener Benediktiner Bruder Astrolabio) warnten jetzt verstärkt vor der Gefahr der ghibellinischen Verschwörung. Als die sechsmonatige Amtszeit des Podestà zu Ende ging, wurde dann auch mit großer Mehrheit ein Guelfe in dieses Amt gewählt. Der neue Podestà dankte Astrolabio da Salerno besonders für seine Unterstützung, und so wurde der Benediktiner bald auch zu einem Vertrauten des weltlichen Herrschers von Assisi. Von den Verschwörern, zu deren Aufdeckung Astrolabio so eifrig beigetragen hatte, ließ man Konterfeis malen und diese an der Außenmauer des Palazzo Comunale anbringen, auf dass jeder Bürger vor ihnen gewarnt sei. Das Bildnis Bonaventura Guidottis, des Baders Vieri, Torsolos (was dieser mit der Verschwörung zu tun hatte, hätte zwar keiner sagen können, doch schien der

Bizzocco immer für einen Verdacht gut zu sein) und auch jene unheilvolle Zeichnung des Drachens; sie alle prangten dort und jagten den Einwohnern der Stadt die Angst in den Leib. Und die meisten Bürger, zufrieden über diese Wiederherstellung des städtischen Friedens, dankten der Regierung, indem sie diese Porträts beim Vorbeigehen mit Schmutz bewarfen oder anspuckten. Astrolabio indes genoss seine Position der Achtung und Aufmerksamkeit, verdeutlichte sie ihm doch die Macht des Geistvollen über die ungebildeten Toren. Seine Oberlippe zuckte im rechten Winkel. Belustigt betrachtete er das Blatt. Der Podestà hatte es sofort verbrennen wollen, damit der darin wohnende Teufel sein Gift nicht weiter verbreite. Ganz gleich, ob Ghibellinen oder Guelfen, Dummheit und Einfalt waltete in allen Ämtern. Mit der Autorität des Ordenshabits konnte man ihnen jeden Unsinn als Wahrheit verkaufen. Die Schnecke der Drache Joachims! Was dieser Guidotti da gezeichnet hatte, war noch nicht einmal ein Drache, es musste irgendetwas sein, das mit seiner so geliebten Mathematik zusammenhing. Mathematik, wie Guidotti sie verstand, als eine Welt der Ideen, der Vorbilder der die stets unvollkommenen Abbilder. Perfekte Quadrate, vollkommene Kreise, Ideen, Guidotti hatte das Wesen der Mathematik verstanden. Und sicher hatte er es auch geschafft, den Ideen Ewigkeit zu schenken! Die Wahrheit hing am Palazzo Comunale, für alle sichtbar, aber von niemandem zu erkennen, war sie versteckt von der Lüge.

* * *

Wie so häufig hatte Francesco Niccolò angewiesen nach der Vesper noch einmal in der Werkstatt nachzusehen, ob die Lehrlinge auch alles in einem ordentlichen Zustand hinterlassen hatten. Diesmal allerdings erwartete ihn dort Beatrice.
„Ich habe ihn!“, rief sie ihm entgegen, „es ist doch Bruder Onofrio!“
Niccolò verstand gar nichts: „Was ist Bruder Onofrio?“
„Der Dieb des Giftes, und damit wohl auch – der Mörder!“
„Unsinn! Was redest du da? Fängst du schon wieder an! Nur, weil du ihn nicht magst, und weil er vielleicht keine Mädchen mag ...“ Niccolò wurde wütend.
Doch Beatrice berichtete ihm, wie sie die Behälter und ihren Inhalt geprüft, die seltsame Vorahnung sie überkommen habe, es würde erneut etwas verschwinden, und sich deswegen unter der mit einer Plane abgedeckten Bank versteckt hatte. Und tatsächlich sei Onofrio noch einmal zurückgekommen – als alle anderen schon bei der Vesper waren – und habe ein Gefäß mitgenommen. Und was war drin in jenem Gefäß? Rauschgelb, Auripigment – also das Gift, mit dem Guido und vielleicht auch die anderen vergiftet wurden!
Niccolò wollte es nicht glauben, doch Beatrice zeigte ihm den genauen Platz, an dem das Gefäß gestanden, und ihre Liste, in der sie jedes einzelne Gefäß verzeichnet hatte. Niccolò wandte dagegen ein, dass Onofrio doch gewusst habe, wie genau sie jedes Stück in der Werkstatt aufliste und deswegen doch kaum so dumm wäre, ein Gefäß zu stehlen. Außerdem könne doch ein Mann, an dem der heilige Franziskus sogar ein Wunder bewirkt habe, kein Mörder sein. Und so stritten sie eine Zeit lang, weil Niccolò die furchtbare Wahrheit, die Beatrice ihm Stück für Stück bewies, nicht glauben wollte. Beatrice verlor schließlich die Geduld:
„Die Wahrheit! Schau sie doch an, die Wahrheit! Ich glaubte, wenigsten du suchst die Wahrheit! Doch auch du ziehst die Lüge vor wie alle hier! Hast du das schon gesehen?“ Sie zog ein Blatt Papier aus ihrer Tasche.
„Was ist das?“
„Das ist der angebliche Drache mit den sieben Köpfen, deswegen wurde Messer Bonaventura verhaften! Aber es ist kein Drache, ich kenne die Zeichnung.

Er hat sie gezeichnet, als ich dabei war. Er hat mir etwas erklärt, die Konstruktion der Schnecke, die Konstruktion der Welt, und die mathematischen Regeln, die der Schöpfung zugrunde liegen. Erinnerst du dich denn nicht mehr an die Ringelblumen?"

Niccolò erkannte die Zeichnung. Hing sie nicht vor kurzem noch am Palazzo Comunale?

„Wo hast du das her? Hast du die etwa gestohlen?"

„Gestohlen! Ich habe den falschen Beweis, die öffentliche Lüge, nur der Verleumdung und dem falschen Zeugnis dienend, entfernt! Ist das etwa falsch?"

Niccolò murmelte etwas. Nein, falsch konnte es nicht sein, aber gefährlich! Wenn Bice nun erwischt worden wäre!

„Niemand hat mich gesehen, glaube ich wenigstens. Aber selbst wenn doch, ist denn die Wahrheit nicht wichtiger, als das Urteil der Menschen? Und außerdem ist das ein wichtiges Werk, das ist quasi der Bauplan der Schöpfung und nichts, was man der Zerstörung preisgeben kann!"

Und doch war etwas seltsam, dieses zerschlissene, fleckige Papier sollte der Plan der Schöpfung sein? Niccolò musste es anfassen, rau fühlte sich seine Oberfläche an. Er roch daran, hielt es in die Höhe, hielt gegen das Licht. Da war noch etwas.

„Da steht noch etwas drauf ..."

„Ja, er wird wohl den Bogen abgeschliffen haben. Papier ist teuer."

Ein übliches Vorgehen, freilich, aber für den Bauplan der Schöpfung?

„Was steht da? *B SIVE N* und irgendwelche Zahlen?"

Doch eilige Schritte von draußen unterbrachen Niccolòs Forschungen. Die Schritte schienen immer näher zu kommen, dann aber drehten sie plötzlich um und entfernten sich immer schneller. Niccolò und Beatrice sprangen sofort aus der Werkstatt in den Kreuzgang hinaus. Am anderen Ende des Kreuzgangs, dort wo die Klausur der Mönche lag, sahen sie noch das flatternde Ende einer Kutte verschwinden.

* * *

Niccolò hob die Plane, die über der Bank hing, ein wenig an. Der Rücken tat ihm weh. Der harte Steinboden war kein bequemer Schlafplatz. Auch wenn er kaum geschlafen hatte, sondern die Nacht weitgehend wach mit dem Verfassen von Gedichten für Monna Ginevra verbracht hatte, hatte ihn zuletzt die Müdigkeit doch übermannt, dass er sich auf den Boden der Basilika gelegt und kurz die Augen geschlossen hatte. Erst als die Tür in ihren Angeln quietschte, war er wieder erwacht. Jetzt aber sah er, wer da hereinkam. Er sah zwei nackte Füße, er kannte diese Füße. An den Füßen konnte man einen Menschen ebenso gut erkennen wie an seinem Gesicht. Erst jetzt glaubte Niccolò, was er schon wusste.
„Onofrio!“, rief er, während er aus seinem Versteck hervorkroch. Onofrio zuckte zusammen, dass ihm fast der irdene Behälter mit dem hölzernen Stöpsel aus der Hand gefallen wäre.
„Onofrio, wie kann das sein? Du hast das Rauschgelb gestohlen!“
Onofrio blickte Niccolò einen Moment sprachlos an, dann aber raunte er: „Meine Güte, Niccolò, bist du etwa frei von Sünde?“
Niccolò ging langsam auf ihn zu: „Du hast das Gift gestohlen, du hast sie alle vergiftet, Bartolo, Guido und wahrscheinlich auch Leone und Messer Salvestro!“
„Nein! Was redest du da?“, Onofrio wich einen Schritt zurück, „ja, ich habe das Rauschgelb genommen. Aber ich habe doch niemanden getötet. Schau dich doch in der Stadt um. Sie nehmen es doch alle. Wenigstens die, die es sich leisten können. Und auch deinem Freund Bartolo hat es immer gemundet.“
„Was soll das? Bartolo soll dieses Zeug schlucken?“
Und da erzählte Bruder Onofrio dem entgeisterten Niccolò, was er mit dem gestohlenen Rauschgelb machte. Dass er es verschiedenen Bürgern der Stadt brachte, die ihn dafür bezahlten. Nicht mit Geld, denn als Franziskaner dürfe er ja kein Geld besitzen. Aber die verschiedensten Gefälligkeiten haben die Bürger ihm dafür erwiesen. Er habe stets nur kleine Mengen geliefert. Kleine Mengen genügten auch. Ob Niccolò es denn wirklich nie probiert habe? Man könne kleine Stückchen im Mund lutschen wie den kostbaren Kandiszucker

oder man zerstoße es im Mörser zu feinem Pulver und verteilte es dann auf Speck. Anfangs soll man nur winzige Mengen nehmen, doch bald gewöhne man sich daran und brauche mehr. Der Gesundheit des Körpers ist es sehr förderlich. Man erträgt große Lasten oder schwere körperliche Arbeit mit viel größerer Leichtigkeit. Und sah nicht Bartolo auch viel gesünder und rosiger aus? Habe er nicht einen größeren Appetit gezeigt, rundlichere Formen entwickelt?

„Bartolo nahm dieses Zeug?“, rief Niccolò entsetzt.

Onofrio bejahte, was auch beweise, dass er nicht daran gestorben sein könne. Denn wenn man es mit einem gewissen Regelmaß einnehme, dann habe das darin enthaltene Gift, wenn man denn mal zuviel nehme, keine Wirkung mehr. Das sei der Grund, warum er selbst das vergiftete Rosinenbrot habe essen können, es den armen Guido aber umgebracht habe. Es habe da mal einen König gegeben, vor langer Zeit, zur Zeit von Propertius und Cynthia vielleicht, der habe sich nicht einmal mehr selbst vergiften können, weil selbst das stärkste Gift seiner Zeit seine Wirkung nicht mehr entfalten konnte.

Es war also kein Wunder des heiligen Franziskus, wenn er selbst noch am Leben war!

Kein Wunder, sondern erklärbar mit den Gesetzen der Natur. Aber mit dem vergifteten Rosinenbrot habe er, Onofrio, nichts zu tun. Und längst nicht alle Bürger in Assisi, die dieses Zeug schluckten, bekamen es von ihm. Es musste also noch einige weitere Möglichkeiten geben, an dieses Gift heranzukommen.

Ein schrecklicher Gedanke erschütterte Niccolò. Er ließ den verdutzten Onofrio stehen und rannte nach Hause.

* * *

„Fass es mal an! Es ist keine Farbe, es ist nur ein Fleck. Was ist das? Kann das das Gift sein?“ Niccolò zog Beatrice an den Hausaltar in Francescos Schlafzimmer.
„Gift auf dem Altar?“ Beatrice befühlte den Fleck, hielt ihre Fingerspitzen an die Nase, „du meinst ...“
„Der Altar kommt aus Leones Haus! Es könnte doch sein, dass ...“
„Wie soll Leone dann daran gestorben sein? Meinst du, er hat den Altar abgeleckt?“
„Oh, Bice, er wird ihn geküsst haben! Hast du noch nie ein Bild geküsst?“
Nachdenklich blickte Beatrice auf das Bild, die von dem Fleck verdeckte Stelle. „Ja, habe ich, aber an dieser Stelle ...“
„An welcher Stelle küsst du ein Bild?“
„Nun, ich glaube ... Ich habe zum Beispiel mal das Christuskind geküsst, auf die Wange, oder Stirn und Hände Marias, oder auch einmal den heiligen Sebastian auf die Lippen, weil er so schön war ...“ Beatrice versagte die Stimme, verlegen blickte sie zu Boden.
„Immer an die Stelle also, die deinen Blick am stärksten anzieht! An die lieblichste, süßeste Stelle. Und bei Leone war das wohl ...“, auch Niccolò errötete. Nach einem Moment des Schweigens fragte er: „Warum aber klebt es? Was kann es sein?“
Erleichtert über diese Wendung überlegte Beatrice: „Wir müssten erst einmal wissen, wer das Gift auf das Bild aufgetragen hat. Ob es Leone selbst war, oder irgendjemand anders. Wenn es ein anderer war und der Fleck wirklich giftig ist, dann muss dieser Jemand Leone sehr gut gekannt und gewusst haben, was der da macht.“
„Und wenn er es selbst war?“
„Warum sollte Leone sich selbst vergiften? Und selbst wenn er sich wirklich selbst vergiften wollte, warum hat er dann nicht einfach das Gift geschluckt?“
„Er könnte aber doch die Substanz auf das Bild aufgetragen haben ohne sich deren Giftigkeit bewusst gewesen zu sein. Vielleicht wollte er sich die Stelle noch mehr versüßen ...“
„Süß! Das ist es!“ rief Beatrice, „war nicht sein Haus voll mit Honigtöpfen!

Könnte es das nicht sein? Es klebt, die Fliegen setzen sich darauf, und auch in Riccos Rosinenbrot war doch Honig!"

„Du meinst, der Mörder hat den Honig vergiftet, und Leone selbst hat ihn dann auf das Altarbild gestrichen?"

„So könnte es gewesen sein. Dann muss der Mörder noch nicht einmal gewusst haben, was Leone mit dem Honig machte."

„Aber Leone war Lehrer, wenn er den Honig nun den Kindern gegeben hätte?"

„Nun, vielleicht war das dem Mörder egal – aber, wenn ich mich erinnere, haben mir meine Schwestern erzählt, dass die Kinder zwar immer die Honigtöpfe angestarrt haben, und Leone ihnen auch stets Honig versprochen habe, aber nie, wirklich nie, hat ein Kind etwas davon bekommen."

„Also wusste er von dem Gift?"

„Vielleicht."

„Aber Bice, war Leone nicht blutüberströmt, als dein Bruder ihn fand? Er soll sich doch selbst zu Tode gegeißelt haben."

Beatrice überlegte. „Ja, du hast recht … Aber wenn nun das Gift ihn nicht ganz getötet, sondern lediglich seinen Geist verwirrt hat, so dass er sich zwar selbst tot gegeißelt hat, dabei aber unter dem Einfluss des Giftes stand?" Und nach einer Pause rief sie: „Wir sollten Bruder Onofrio fragen! Er hat das Gift doch auch genommen und ist nicht gestorben. Aber es muss doch einen Grund haben, warum er und Bartolo und noch einige andere das Zeug schlucken."

„Onfrio sagt, es kräftige den Körper, ließe die Wangen rosiger werden und stärke den Geist."

„Dann wollte Leone dann etwa die Stärkung des Geistes, die sich ja durch das Gebet und durch die Übungen der Buße einstellt, noch verstärken! Und Messer Salvestro?"

„Vielleicht nicht nur verstärken, sondern auch versüßen. Wir müssen uns dann einfach fragen, was für Messer Salvestro wohl so süß war, wie Christus für Leone."

7. Kapitel

Auch die Arbeit in der Werkstatt von S. Francesco war anstrengender als sonst. Die große Hitze ließ den Kalkputz ungewöhnlich schnell trocknen, so dass man in sehr kleinen Etappen voran gehen musste. Die Scherze und Albernheiten der Gesellen, die sonst auch große körperliche Anstrengungen erträglich machten, blieben aus. Für Niccolò dümpelte die Zeit dahin wie eine Kloake. Und wie man den Gestank schmutzigen Wassers nicht mehr vernimmt, wenn man darin steckt, so fühlte er zwar die Hitze, die niedergedrückte Stimmung, das Fehlen von Heiterkeit und Abwechslung, wurde sich deren aber kaum bewusst, so als sei er selbst ein Teil undefinierbarer Form des stets fließenden Baches. Er ging nach dem Aufstehen zur Prim, dann zur Arbeit, in der Hoffnung, die Stunden vor dem Ausbruch der großen Hitze fruchtbringend nutzen zu können. Später besuchte er die Non, abends die Vesper, um dann nach Hause zu gehen und nach einem wortarmen Abendessen seine Kammer aufzusuchen. Obendrein beobachtete Francesco ihn ständig, nur selten konnte er noch mit Beatrice alleine über die Angelegenheit Bonaventuras reden. Und Niccolò hätte kaum noch gewusst, welcher Tag gerade war, wären da nicht die Sonntage, die diese Gleichform in regelmäßigem Rhythmus unterbrachen, und die verschiedenen Heiligen, deren in der Messe gedacht wurde.

Dann aber, am Vorabend des Tages des heiligen Laurentius, durchbrach das helle Licht der Sonne dieses dumpfe Dahinfließen. Als Niccolò abends zusammen mit Anselmo und Jacopo zur Vesper ging, sah er Monna Ginevra vor der Kirche. Begleitet von zwei Frauen schwebte sie dem Eingang entgegen. Niccolò fühlte das wilde Pochen seines Herzens. Er dachte an ihren abweisenden Brief und hätte sich am liebsten ungesehen davongeschlichen. Allein er wusste nicht, wie er dies seinen Gefährten hätte erklären sollen. Und da war es auch schon zu spät. Die dunklen Sterne ihrer Augen hatten ihn erfasst. Ihre Strahlen waren direkt auf ihn gerichtet. Plötzlich aber hob Ginevra die Hand zum Gruß! Monna Ginevra de' Moriconi grüßte Niccolò! Einen Moment lang fühlte er nichts, dachte nichts, so als wäre er aus Marmor. Dann hob auch er die zitternde Hand zu einer Art Gruß. Doch Ginevra hatte sich – vielleicht mit einem Lächeln, einem unsichtbaren Lächeln – auf den Lippen schon wieder ihren Begleiterinnen zugewandt.
Um Niccolò aber war die Welt eine andere, weit weg war die übelriechende Kloake, an die er sich gewöhnt hatte. Er schwebte in die Kirche. Wie ein sommerlicher Regen tröpfelten die Worte des Priesters dahin. Aber Niccolò bemerkte den Regen nicht. In seiner Welt schien jetzt die Sonne. Die Sonne, die stets wieder der Dunkelheit wich, die nie für immer schien. Die Sonne, die ganz ohne seinen Willen das Dunkel erhellte. Kann etwas Sünde sein, das ganz ohne den eigenen Willen geschieht? War das nun aber Liebe, was er fühlte? Wenn es aber keine Liebe war, was war es dann? Hatte er nicht schon versucht, es als Nichts anzusehen, es zu vergessen? Doch Nichts vermag kaum, die dunkle Erde zu erleuchten, den stinkenden Unflat zunichte zu machen. Wenn es aber Liebe war, war es dann gut? Und wenn es gut war, warum schmerzte es dann so? War es aber schlecht? Warum sehnte er sich dann so nach dieser Qual? Konnte etwas Schlechtes von solcher Süße sein?

* * *

Zahlen! Auf dem Bogen hatten zuvor Zahlen gestanden, eine Reihe von Zahlen, nichts zufällig aufgelistetes, sondern eine bewusst aufgeschriebene Zahlenreihe. Und „B SIVE N“ Beatrice oder Niccolò! Die Nachricht hatte Messer Bonaventura eigens für sie beide hinterlassen! Irgendetwas musste sie bedeuten.

Beatrice entflammte sogleich:
„Sub basi gemellorum viam: 12, 3, 105, 25, 28, 6, 5, 17, 2, 9, 4, 37, 15, 10, 20, 22, 24, 1, 9, 4, 8 post IIII praecationem. Das sind die indischen Figuren! Siehst du, sie sind aus den einzelnen Ziffern zusammengesetzt; auch die Null ist dabei. Aber was soll das heißen?“
„Das möchte ich eigentlich von dir wissen“, entgegnete Niccolò, „was der lateinische Satz bedeutet, und dann die vielen Zahlen, diese komischen neuen Figuren ...“
„Das sind die indischen Figuren!“
„Die sind schwierig ..., warum diese seltsamen Kringel, warum nicht einfach Striche, die kann man wenigstens zählen?“
„Das ist ja das Geniale! Das ist auch nicht einfach ein Kringel, das ist die Zahl Null, Nichts. Die gibt es bei den alten Zahlen gar nicht.“
„Genau. Warum braucht man auch eine Figur, die nichts ist?“
„Oh du einfältiger Tropf! Das Nichts ist der Anfang von Allem. Gott hat die Welt, uns alle, aus Nichts geschaffen.
„Du meinst, ohne Nichts gäbe es gar nichts?“
„Alles kommt aus Nichts, meine ich. Wenn etwas da ist, also wenn Gott Etwas geschaffen hat, dann muss es vorher doch Nichts gegeben haben. Sonst wäre die Schöpfung doch keine Schöpfung gewesen, sondern eine Umwandlung, sowie man aus einem Haufen Farbe ein Bild macht ...“
„Aber ein Bild ist doch auch eine Schöpfung?“
„Aber nicht aus Nichts, aus Nichts können wir nichts machen, wir können nur Etwas umwandeln.“
„Aber warum brauchen wir dann Nichts, ich meine, die Null? Jetzt, wo wir da sind, gibt es doch Nichts nicht mehr.“

„Doch! Das ist es ja! Wenn Gott nämlich aus Nichts Etwas gemacht hätte, was hätte er dann getan? Er hätte das Nichts einfach umgewandelt in Etwas. Aber er hat Etwas geschaffen, und das ist nicht Nichts. Das heißt aber, Nichts ist auch noch da. Und dafür gibt es die Zahl Null. Die Null ist Nichts, aber zusammen mit einer anderen Zahl, zum Beispiel einer Eins, wird sie eine andere Zahl, zum Beispiel eine Zehn. Etwas zusammen mit Nichts wird zu etwas Anderem."

Unsicher, ob er diese Logik verstand, meinte Niccolò: „Aber schwierig sind sie trotzdem. Was soll dann also diese Schrift. ‚Sub basi gemellorum viam', was heißt das?"

„Unter der Basis der Zwillinge, der Weg, nein, den Weg, da fehlt etwas ..., und die Zahlen, können die vielleicht für Buchstaben stehen?"

„Die Zwillinge, Bice! Haben nicht alle von Zwillingen geredet? Sogar Torsolo, erinnerst du dich? Er hat gesagt, der verschleierte Sinn von irgendetwas sei der Zwilling des wörtlichen Sinns, oder so ähnlich. Und dann Onofrio, hat er nicht an jenem Tag auch irgendetwas von Zwillingen gesagt?"

Beatrice dachte nach. „Ja, einige haben von Zwillingen gesprochen. Torsolo, Onofrio. Einen Kopf hat der, aber zwei Gesichter, eines schaut nach vorne, eines nach hinten ..."

„Wie unsere Prudentia, die Klugheit."

„Ja, und warum hat die Klugheit zwei Gesichter? Weil sie in die Vergangenheit und in die Zukunft schaut. Also müssen wir vielleicht auch in die Vergangenheit blicken und nach dem alten Gott suchen."

„Und wo finden wir den?"

„Hm, vielleicht sollten wir Monna Margherita fragen, die weiß doch so viel!"

* * *

Als Monna Ginevra von der Vesper zurückkehrte, wartete ihr persönlicher Beichtvater bereits im großen Saal des Hauses auf sie. Wenngleich sie nicht mit seinem Kommen um diese Zeit gerechnet hatte, freute sie es dennoch, ihn hier anzutreffen. Bruder Onofrio wollte sich dagegen nicht mit langen Begrüßungsreden aufhalten:

„Monna Ginevra", begann er ohne Umschweife, „ich bringe es Euch hier noch einmal, allerdings muss ich den Behälter wieder mitnehmen. Es ist auch noch am Stück, Ihr werdet es selbst im Mörser zerstampfen müssen. Und ich muss Euch leider sagen, dass es vorerst das letzte Mal ist, dass ich Euch davon etwas liefern kann. Man hat einen Verdacht geschöpft ...".

Ginevra zog ein seidenes Tüchlein aus ihrer Tasche und legte es über ihre schlanke Hand. Bruder Onofrio befreite den irdenen Behälter von seinem Holzstöpsel und ließ den Inhalt in Ginevras Tuch gleiten.

„Das ist aber schade, lieber Bruder", sagte sie, während sie zierlich das Seidentuch über den golden funkelnden Inhalt legte. „Hat Meister Francesco irgendetwas mitbekommen?"

„Meister Francesco ist so unbedarft wie ein Lamm", antwortete Onofrio, „nein, seine Schwester Bice, dieses neugierige Mädchen, das seine Nase in alles steckt, kontrolliert die Werkstatt jetzt ganz genau. Jedes einzelne Gefäß hat sie in einer Liste verzeichnet, mit Inhalt und allem. Ich hoffe, Meister Giotto findet bald einen Ehemann für sie."

„Ja, lieber Bruder Onofrio, bleibt denn da für Euch überhaupt etwas übrig? Kommt nur morgen wieder, auch ohne etwas. Ich werde es jetzt gleich von Ninuccia zermahlen lassen. Wenn Ihr morgen kommt, dann können wir uns beide daran erlaben."

„Monna Ginevra, ich weiß Eure Großzügigkeit wohl zu schätzen und danke Euch von ganzem Herzen. Aber ein Ritter der Armut muss auch ohne das leben können."

„Lieber Bruder Onofrio, ich weiß, wie standhaft Ihr seid, niemand weiß das besser als ich. Dass Ihr dieses Stoffes nicht notwendig bedürft, weiß ich sehr wohl, wie Ihr keinerlei weltlicher Substanzen bedürft, sondern nur für die Liebe zur Herrin Armut lebt. Ich hoffe doch, Ihr redet nur von dem Pulver,

wenn Ihr von dem Ende sprecht. Denn ich lade Euch von ganzem Herzen ein, jederzeit wieder zu kommen. Ihr seid doch in diesen schweren Zeiten mit der Sorge um meinen Vater meine einzige Stütze, deswegen steht Euch auch mein Haus stets offen."
„Macht Euch keine Sorgen um Euren Vater", beruhigte sie Bruder Onofrio, „Ihr werdet ihn bald wiedersehen. Er hat die Stadt nur für einige Zeit verlassen, wird aber bald zu Euch zurückkommen. Seid ganz beruhigt."
„Eure Sicherheit gibt mir Frieden, lieber Bruder, ich bin sicher, Ihr wisst, wo mein Vater ist, könnt es mir aber aus irgendwelchen Gründen nicht sagen."
„Genauso ist es", versicherte Onofrio.

* * *

Monna Margherita wusste viel. Sie wusste sogar, warum man Torsolo verhaftet hatte. Hielt er sich doch auffällig oft beim Apotheker auf und dass dieser mit den Morden zu tun haben musste, das schien nun eindeutig.
„Das ist doch völliger Unsinn!", rief Beatrice, „Messer Bonaventura ist doch kein Mörder!"
Die anderen sahen sie an.
„Ich meine", erklärte sie, „er kann doch kein Mörder sein, ein Mann, der so viel weiß ..."
„Und doch soll es Beweise gegen ihn geben, erzählen die Leute wenigstens. Keine Beweise, dass er die Morde begangen hat, nein, davon hat niemand etwas gesagt. Aber mit schwarzer Magie soll er sich befassen, und dann ...", Margherita zögerte, „dann hat man diese Zeichnung bei ihm gefunden, diese Zeichnung soll beweisen, dass er ein Ketzer ist, er soll einer von denen sein, die den ketzerischen Lehren dieses Gioachino anhängen ..."

„Gioachino da Fiore! Der lehrt doch das Weltende, das angeblich bevorstehe, aber Messer Bonaventura hat immer gesagt, das Ende der Welt ist noch lange nicht da, er sagt, es gibt noch eine sehr lange Zukunft für die Menschen, und dass in vielen Jahren oder Jahrhunderten das Leben viel schöner sein wird. Man wird fliegen können, man wird Maschinen bauen, die ..."
„Aber genau das ist es doch gerade!", fiel Margherita ins Wort, „das glauben die doch! Das Zeitalter des Heiligen Geistes kommt, und dann wird niemand mehr leiden und dergleichen mehr. Das sind doch gerade die ketzerischen Reden dieser Leute! Halte dich von ihnen fern, Kind, sie sind gefährlich! Geh nur gleich zum Bischof oder zum Podestà und erzähl ihm, was du von Messer Bonaventura weißt. Es könnte helfen, die Wahrheit herauszufinden!"

„Messer Bonaventura ist kein Mörder und kein Ketzer! Niemals werde ich irgendetwas aussagen, was ihn anklagen könnte!" Beatrice ereiferte sich.
„Du siehst es nicht", sprach Margherita weiter, „du bist zu jung, um zu verstehen, dass sich manchmal genau die vortrefflichen Männer den ketzerischen Lehren verschreiben. Der Leibhaftige versucht jeden von uns an der Stelle, an der er sich den größten Erfolg verspricht. Und bei den Männern des Geistes ist das eben der Verstand. Er versucht sie mit Wissenschaft und lässt sie glauben, sie könnten ihr eigenes Gesetz machen, so wie sie ihre Substanzen nach ihren eigenen Regeln zusammensetzen. Und dann hat er sie. Er hat sie von rechten Weg abgeleitet, und sie – obwohl guten Willens – folgen dem Weg der Sünde. Ich habe viele solcher Männer gesehen, glaubt mir. Selbst unser vortrefflicher Bischof ..."

„Bischof Pontano soll sich mit Ketzern gemein gemacht haben?" Ciuta sah die Alte ungläubig an. Auch die anderen warteten gespannt auf die Fortsetzung der Rede. Wie üblich ließ Margherita sich erst eine Weile bitten, bis sie dann endlich erzählte, was sie über die Vergangenheit des Bischof wusste.
„Habt ihr wirklich noch nie vom Weißen Martyrium gehört?", fragte sie, offensichtlich in der Absicht, ihrer Erzählung eine größere Spannung zu verleihen.

Und nach weiteren Kunstpausen berichtete sie dann von diesem Weißen Martyrium. Davon, dass einige geistliche und tugendsame Männer einst glaubten, dass ein keusches Beilager mit einer Frau ein Weg der Buße sei. Amor purus, die reine Liebe, glaubten sie, sei nicht nur das höchste Liebesvergnügen der Edelleute sondern vielfach auch von Männern, die das Keuschheitsgelübde abgelegt hatten, umgesetzt worden.
Margherita hielt erneut in ihrem Redefluss ein, indem sie vorgab, verlegen zu sein. Doch merkte sie bald selbst, dass es ihr kaum noch gelänge, wie ein junges Mädchen zu erröten.
Männer, von denen manche gar im Rufe der Heiligkeit standen, haben dabei absichtlich das Nachtlager mit Frauen gesucht; oft mit Ordensfrauen, die selbst der Keuschheit verpflichtet waren. Sie hielten die Frauen fest, drückten ihren Körper gegen den eigenen, bis sich ihr eigenes Fleisch erwärmte, bis sie alle ihre Säfte durch die Glieder strömen spürten. Dann, wenn der Teufel schon triumphierte, wenn er schon sicher war, das Spiel gewonnen zu haben, dann, wenn die Körpersäfte der beiden ihren höchsten Grad der Hitze erreicht hatten, dann – Margherita sah einen nach dem anderen an – dann ließen sie voneinander ab. Der Mann ließ das Weib los, sang Psalter, der Stachel seiner Fleischeslust wurde immer schwächer und schmolz schließlich dahin wie ein Eiszapfen in der Sonne. Der Teufel aber sah sich genarrt ob solcher Festigkeit und versuchte Männer von solcher Standhaftigkeit nicht mehr.
„Und einer solchen Lehre soll der Bischof nachgegangen sein?“, fragte Beatrice verwirrt.
„Ja, fragt nur nach in Todi, hört euch um bei den älteren Leuten, die ihn noch in seiner Jugend kannten. Der Bischof war schon damals ein Muster an gottesgefälliger Lebensführung. Und doch gab es dieses Gerede ...“, und nach einer weiteren Pause beeilte sich Margherita von der Buße des Bischofs zu berichten. Davon, dass die heilige Maria Magdalena selbst ihn eines Nachts in diesem Lager aufgesucht habe.
„Schön soll sie gewesen sein, leuchtend wie die Sonne, mit Augen, die wie Sterne leuchteten, und einem Körper schlank und biegsam wie eine Tamariske und doch weiß wie Milch.“

Mit ihrer Stimme, die süßer klang als Honig, und doch den Posaunen des Jüngsten Tages gleichkam, habe sie den Bischof damals angeklagt, ihm in einer gelehrten Rede die Falschheit seines Glaubens dargelegt, und ihn damit gerettet. In jener Nacht soll Tebaldo Pontano dann umgekehrt sein, die folgenden Tage gefastet, die Nächte gewacht, seinen Körper gegeißelt und Maria Magdalena fortan zu seiner persönlichen Schutzheiligen erklärt haben.
Die alte Margherita war zufrieden mit der Wirkung ihrer Erzählung. Alle schwiegen. Einzig Niccolò waren Zweifel gekommen.
„Warum war das Weiße Martyrium eine Sünde?", überlegte er, „war es nicht eine fleischliche Liebe, die nicht vollzogen wurde? Wie kann aber eine nicht begangene Sünde Sünde sein?"
„Sicher gibt es hier in Assisi mehr Ketzer als anderswo" beteuerte die alte Margherita, „es gibt doch auch mehr Heilige. Und Orte, die den heiligen Geist anziehen, die locken auch die Ketzer und Dämonen an. Denn die Ketzer verehren die Dämonen, und hier ist es noch voll von ihren Tempeln!"

„Was sind das für Dämonen, Monna Margherita?" fragte Beatrice.
„Nun, all diese Dämonen, die die Alten als ihre Götter verehrten und deren Verehrung Reste wir hier noch finden: als erstes die Dämonin, die sie Minerva nannten und deren Tempel heute das Gefängnis ist, weil Gott uns damit sagt, dass auch der, der den falschen Dämonen anhängt ein Gefangener ist, ein unfreier Knecht. Ihr seht, Kinder, wie unser Vater zu uns spricht. Nichts ist eitel, nicht ein Wort ist zu viel. Haltet euch daher fern von diesen Orten."
„Aber Monna Margherita", Niccolò rutschte auf seinem Hocker hin und her, „wie könnt Ihr sagen, alle diejenigen, die Minerva verehrten, hingen falschen Göttern an? Stand denn nicht der Tempel der Minerva schon vor dem Erscheinen Christi? Diejenigen, die der Minerva vertrauten, konnten sich doch nicht Christus zuwenden, weil er noch gar nicht erschienen war. Und haben sie nicht das Beste ihnen mögliche gewählt, indem sie die Weisheit wählten? Suchen nicht auch wir nach der Weisheit?"
„Ja, nach der Weisheit Gottes. Die wahre Weisheit aber, die bekommt der geschenkt, der aufrichtig nach ihr sucht. Es braucht kein Studium, es braucht

keine Gelehrsamkeit. Es ist ein reines Geschenk. Gott gibt uns alles, was er uns gibt, als Geschenk. Du kannst dir seine Gnade nicht verdienen."
„Monna Margherita, welche sind die anderen Götter, von denen Ihr spracht?" wollte Beatrice wissen.
„Ja, mein Kind, da gibt es noch einige: den doppelköpfigen Janus, dort steht heute die Kirche Santa Maria Maggiore. Der heilige Savino errichtete sie als seinen Sitz an Stelle des alten Dämons, um zu zeigen, dass Maria alle diese falschen Götter vertrieben hat."
Missmutig sah Niccolò Bice an. Sie waren so schlau wie zuvor.

* * *

Onofrios Füße schmerzten. Heftiger als sonst stieß er die bloßen Sohlen bei jedem Schritt auf den Boden. Er hatte es nicht gekonnt! Er hatte ihr sagen wollen, was passiert war, das Ende ihres Vaters. Doch als das Licht ihrer Augen ihn angestrahlt hatte, da waren seine Worte in deren dunklen Wellen versunken wie ein Schiff im Orkan. Nichts hatte er ihr mehr sagen können. Er, der Redegewandte, der Menschen mit dem honigsüßen Fluss seiner Worte zu locken verstand, er hatte nur noch vereinzelte Satzfetzen heraus gestoßen, Laute, die mehr einem Tier als einem Menschen würdig waren.

Ein Blatt im Wind, hatte Bonaventura gesagt, ohne einen Baum, der ihn festhielt. „Du kannst reden, Bonaventura Guidotti!“, dachte Onofrio bitter, „deine Eltern haben dich nicht in einen Konvent gegeben, weil sie zu arm waren, dich und deine Geschwister zu ernähren! Sie haben dir auch keine Vorwürfe gemacht, weil du irgendwann die Mönche, die dich täglich begleitet, dich lesen und zeichnen gelehrt haben, als deine Eltern angenommen hast und sie dir lieber waren, als deine wahren Eltern! Du standest immer im Licht! Du konntest an den verschiedenen Universitäten studieren, an Orten, von denen ich nicht einmal träumen darf! Du kamst bis nach Paris, womöglich gar bis Britannien, ich habe es nicht einmal bis Rom geschafft! Ja, du kannst schöne Reden halten!“

Ein Blatt im Wind! Ja, Onofrio war ein Blatt im Wind, seit er neun Jahre alt war, seit seine Eltern ihn an jener Tür abgegeben haben, seitdem er nicht mehr weiß, wo er hingehört. Er ist ein Blatt im Wind, doch hatte er entschieden, den Wind zu lieben! Den milden den Frühling verheißenden Zephyr ebenso wie die Stürme des Herbstes, wenn sie die Wärme des Sommers vertreibend die würzigen Gerüche von Holzfeuer und Weinkelter mit sich führten. Die Franziskaner von Rimini haben ihn gelehrt, die ganze Natur als seine Familie zu lieben, die Pflanzen, die Tiere, die Menschen.

Wenn es nun aber unter den Menschen einzelne gab, die ein anderes Gefühl der Liebe in ihm hervorriefen, ein weniger heiteres, ein beunruhigenderes Sehnen, den Wunsch, das Verlangen, das geliebte Wesen ständig zu sehen, mit ihm zu sprechen, es zu berühren? Wenn kein Tod ein größeres Martyrium sein kann, als das Martyrium, von ihr getrennt zu sein? War das nicht die nächsthöhere Stufe der Liebe? Das Wollen des Leibes hatte er hinter sich gelassen, auf Essen und Trinken, auf bequeme Betten und warme Räume konnte er verzichten. Er hatte solange auf das leibliche Wohl verzichtet, dass es ihm nicht mehr schwerfiel. Deswegen durfte er sich diesen Genüssen wieder hingeben. Er stand nicht mehr unter ihrem Joch. Jetzt musste er auf das Wollen der Seele verzichten, und das war ein unvergleichlich viel schwereres Joch. Er durfte nichts fühlen, wenn er bei ihr war, er durfte sich nach nichts sehnen. Seine Hand in ihrem Haar, auf ihren Schultern, ihren Brüsten durfte er sich nicht nur nicht vorstellen; er durfte nicht einmal den Willen verspüren, sich dies vorzustellen. Vom Duft des Wacholders durfte er sich nur berauschen lassen, ohne dabei an sie zu denken. Wie sollte er das vollbringen? Doch erst wenn er dies vermochte, konnte er zu ihr gehen. Dann konnte seine Hand von ihrem Haar, über ihre Brüste sanft nach unten gleiten. Erst wenn er nichts mehr dabei empfand, war es keine Sünde mehr! Dann konnte sie ihn nicht mehr mit ihren dunklen Augen anleuchten und heimlich ihren Sieg genießen; sich nicht mehr an seiner Verlegenheit, seiner Sprachlosigkeit ergötzen. Er würde der Sieger der Schlacht sein! Aber bis dahin musste er kämpfen.

Onofrio stampfte noch einmal mit dem Fuß auf. Heute, gerade eben, hätte er siegen können, nur eine Schlacht im Verlauf eines langen Krieges, doch diese hätte er gewinnen können. Wenn er nur geredet hätte! Er hätte sich ihr als der Wissende, der Überlegene zeigen können, als der, der allein im Besitz eines Geheimnisses war. Doch er hatte versagt; kaum das Schlachtfeld betreten, war er dem Feind ausgewichen.

Wenn er Ginevra aber nicht vom Ende ihres Vaters berichten konnte, dann sollte es auch kein anderer tun. Das Gerippe im Beinhaus musste für immer aus den Köpfen der Cavalieri verschwinden.

8. Kapitel

In den Nächten schlief Federica kaum noch. Sie verbrachte die Zeit mit Beten oder unstetem Umherlaufen. Dabei grübelte sie ständig, wer wohl ihren Vater angezeigt haben könne und wessen er beschuldigt sei. Erst wenn die ersten orangen Strahlen der Morgensonne das Tal zu erhellen begannen, fiel sie in einen unruhigen und von Alpträumen geplagten Schlaf. Auch heute am Vorabend des großen Perdono von Assisi plagten gerade die ersten wirren Traumgespinste ihren Kopf, als sie plötzlich wieder erwachte. Ihr war, als habe sie jemanden im Haus gehört. Zitternd stand sie auf, öffnete die Tür ihrer Kammer und lauschte nach unten. Da waren wirklich Schritte! Sie schlich leise die Treppe hinab und tastete sich an der Wand entlang zur Haustür. Doch diese war verschlossen, kein Einbrecher konnte durch sie gekommen sein. Und der einzige, der einen Schlüssel besaß, war ihr Vater. Der Eindringling konnte also nur durch die Apotheke herein gekommen sein. Federica öffnete leise die Tür zu dem Raum, in dem Messer Bonaventura seine Substanzen verkaufte. Aber auch hier war die Tür verschlossen, alles stand an seinem Platz.

Da hörte sie die Geräusche wieder. Sie kamen aus Vaters Offizin. Doch waren es nicht die Geräusche, die ein Dieb verursachen würde, der nach Wertvollem sucht und dabei sicher einiges umstoßen oder zerstören würde; vielmehr schien jemand äußerst behutsam dort zu arbeiten. Sie presste das Ohr gegen die Tür und hörte, wie ein Gefäß geöffnet, langsam wieder verschlossen und sorgfältig abgestellt wurde. Sie hörte sogar das Umblättern von Seiten. Plötzlich überkam sie ein Gefühl der Zuversicht wie früher, wenn sie aufgestanden war und ihr Vater schon früh morgens in seinem Offizin gearbeitet hatte. Federica sprang vor Freude in die Luft. Er war wieder da! Sie öffnete die Tür zum Offizin und rief: „Papà!"

*   *   *

Am Tag des großen Perdono kniete Niccolò in der Kirche von San Francesco und betete. Zahlreiche Pilger waren wie jedes Jahr zum Generalablass nach Assisi gekommen und füllten die Kirche. Selbst mit geschlossenen Augen konnte er sie hören, riechen und spüren. Sie alle beteten um Vergebung ihrer Sünden. Auch Niccolò sehnte sich nach der Vergebung seiner Sünden, doch bereitete es ihm Mühe, sich diese einzugestehen und als Sünden zu erkennen. Es war sicher Sünde, Ginevra zu lieben und zu begehren, ihr Gedichte zu schreiben und Briefe zu schicken. Doch waren die Sünden des Fleisches wohl lässliche Sünden, solange sie im Fleisch nicht vollzogen wurden. Niccolò betete darum, dass die Tugenden seiner Seele den Kampf gegen die Laster gewinnen mögen, wenn möglich aber nicht sofort. War nicht ein Sieg in der Schlacht umso ruhmreicher je länger der Feind standhielt?

Doch wenn Gott zuweilen sein Gebet erhörte und Niccolòs Gewissen weniger von Ginevra belastet wurde, quälten ihn die anderen Dämonen, die der jüngsten Geschehnisse um Bartolo und der anderen, die auf solch rätselhafte Weise gestorben waren. Wer konnte hinter diesen Taten stehen? Und was hatten die Toten miteinander zu tun? Der Lehrer Leone, Messer Salvestro und Guido di Giacomo, was konnten sie gemeinsam haben? Warum sollte jemand gerade diese drei töten?
Und Bartolo? Bartolo war ein Fremder, ein Florentiner wie er selbst; er konnte nichts mit den Verwirrungen in Assisi zu tun haben. Und kannte er Bartolo nicht so gut, dass es keine Geheimnisse zwischen ihnen geben konnte? Bartolo konnte in keine mysteriöse Angelegenheit verstrickt sein, ohne dass er, Niccolò, etwas davon bemerkt hätte. Zu lang war die Zeit, die sie fast wie Brüder zusammen verbracht haben, zu groß ihre Vertrautheit.

Niccolò öffnete die Augen. Er blickte geradewegs auf das Fresko der Vertreibung der Teufel aus Arezzo. Seine eigene Wanderung nach Assisi kehrte wieder in sein Gedächtnis zurück, zusammen mit Bartolo, die sie auch nach Arezzo geführt hatte. Völlig ahnungslos waren sie damals durch die Stadt gewandert, die genauso an ihrem Hügel klebte wie es auf dem Fresko gemalt war. Die Häuser türmten sich übereinander, die Gassen waren so eng, dass die Teufel sich dort leicht verstecken konnten. Aufgeschreckt durch das Gebet des heiligen Franziskus und seines Mitbruders flüchteten sie gerade aus der Stadt gleich dem Rauch über dem Feuer. Waren jetzt die Teufel etwa zurückgekehrt?
Denn war es nicht damals in Arezzo gewesen, als diese unerklärlichen Ereignisse begonnen hatten. Das merkwürdige Benehmen der Wachmänner, dieses seltsame Lied, das sie an jenem Abend gehört haben, im Hause des Dichters. Von Bauern hatte er gesprochen, die sich auf die Wange küssen und verliebt von Schweinen daher säuseln. Sollte das etwas mit ihnen zu tun haben? War die Stadt erneut von Teufeln heimgesucht? Bartolo hatte das Lied für ein wirkliches Liebeslied gehalten! Niccolò musste fast lachen. Bartolo war viel zu unbedarft, um in dunkle, gar teuflische Machenschaften verwi-

ckelt zu sein. Und er selbst, der einer mysteriösen Gruppe angehörte, die sich als Dichter ausgaben, aber in Wahrheit etwas anders waren? Aber was? Niccolò ließ den Blick weiter über die Fresken der Kirche schweifen. Auf einmal stockte ihm der Atem. Da war das Zeichen! Die drei Ringe mit dem kleinen Stein in ihrer Mitte! Das gleiche Zeichen, das ein unbekannter Maler auf sein Fresko der heiligen Keuschheit gemalt hat, das gleiche Zeichen, das den unterirdischen Weg markierte.

Es war das Bild, in dem der heilige Franziskus sich anschickt, durchs Feuer zu gehen, um dem Sultan seinen wahren Glauben zu beweisen. Die rechte Hand auf das Herz gelegt zeigt Franziskus mit der anderen auf das Feuer, während die Priester des Sultans sich ängstlich verdrücken. Franziskus' treuer Freund und Begleiter, Bruder Illuminatus, steht hinter ihm und blickt mit Verachtung auf die flüchtenden Priester. Der Sultan thront auf goldenen Löwen, die einen kostbar gearbeiteten Marmorthron schmücken. Dieser Thron gipfelt in einem Dreiecksgiebel, und in diesem Giebel prangt es, das Zeichen! Nicht einmal klein und versteckt, sondern groß und für jeden sichtbar. Wer kann es dort gemalt haben? Giotto selbst etwa? In Niccolòs Kopf tobte ein Gewitter. Das Zeichen, der unterirdische Gang, Onofrio und seine Liebe zur Herrin Armut, Francesco und seine Dichter mit ihren seltsamen Gedichten, Torsolo und seine Reden, das Bild, das sich plötzlich von selbst vollendet, die komischen Worte des Wächters in Arezzo, Bartolos Tod, Salvestros Tod, Leones Tod; alles blitzte und donnerte vor seinen Augen. Was hatte alles miteinander zu tun?

* * *

Es war schwarz vor ihren Augen. So schwarz wie der Schmerz in ihrem Körper. Er war absolut, so dunkel, dass es keine Steigerung mehr geben konnte, dass sie nicht einmal zu schreien vermochte oder auch nur daran gedacht hätte, sich zu wehren. Er hatte ihr die Kutte über das Gesicht gespannt, der Stoff presste ihren Kopf nach unten, so dass sie das Gesicht zur Seite drehen musste. Er hielt ihre Arme mit festem Griff am Boden fest. Das schreckliche Tier riss sein schwarzes Maul auf. Seine glühenden Zähne drangen in sie ein. Stoß auf Stoß. Sie wusste nicht, wie lange es dauerte, sie hatte jedes Gefühl der Zeit verloren; es war die Ewigkeit. Die schreckliche, hoffnungslose, schmerzvolle, nie endende schwarze Ewigkeit der Verdammten. Auch als er von ihr abließ, blieb sie am Boden liegen, den Kopf zur Seite gedreht. Die Ewigkeit war nicht vorbei. Sie war in der Hölle. Beinahe nebenbei wie in einem Traum sah sie, dass sie ihn kannte, auch wenn sie sein Gesicht nicht sehen konnte. Sie sah nur seine Füße, über denen die Kutte hing. Sie kannte diese Füße, die in Schuhen aus weichem Leder steckten, sie kannte seinen Gang, den aufrechten Gang, den man sogar von hier unten sah.

„Wo will ich mit meiner Schande hin?“, fuhr es ihr durch den Kopf und sie erinnerte sich an Tamar, daran, dass Amnon ihr so gram war, dass sein Hass größer war als seine Liebe, die er zuvor für sie empfand, wegen des Gewaltaktes, den doch er an ihr begangen hatte.

Da aber kam er zu ihr zurück, setzte sich wieder auf sie. Sie sah die Klinge vor ihren Augen blinken, fühlte noch das kalte Eisen an ihrem Hals. Dann verschlang sie der schwarze Schlund des Tiers.

* * *

„Wir müssen bei den Quellen von Moiano suchen!“ Beatrice empfing Niccolò an der Tür, noch bevor dieser das Haus betreten konnte.
„Was? Wen?“ fragte Niccolò verwirrt.
„Erinnere dich doch, was die alte Margherita sagte, von dem Gott mit den zwei Gesichtern, da wo jetzt die Kirche Santa Maria Maggiore steht!“
Was redete das Mädchen?
„Die Zwillinge! Und der Kerl, dieser Janus, oder wie er heißt, hat zwei Köpfe, sagt Margherita. Mit einem sieht er die Vergangenheit, mit dem anderen die Gegenwart. Und außerdem sind da doch die Quellen!“
„Was haben die Quellen nun damit zu tun?“ Niccolò war genervt, er wollte sich in seine Kammer zurückziehen, um sich in aller Ruhe seinem Seelenleid hingeben zu können. Aber Bice redete unaufhörlich auf ihn ein.
„O Niccò, kapierst du heute gar nichts? Sub basi gemellorum! Da war aber der Tempel von dem Gott mit den zwei Gesichtern, außerdem hat der Bader, dieser Vitellozzo, dort seine Badestube ...“
„Was hat der jetzt damit zu tun?“
„Der Bader! Und wer sind die Schutzpatrone der Bader?“
„Cosmas und Damian?“
„Bravo! Zwillinge, hast du jetzt verstanden? Das kann kein Zufall mehr sein, ein Gott mit zwei Gesichtern, die heiligen Zwillinge, die Schutzpatrone der Ärzte, der Bader ...“
„Und der Apotheker“, fiel Niccolò beiläufig ein, sich der beiden Zwillingsbrüder erinnernd. Ein heidnischer Kaiser hatte ihnen nach dem Leben getrachtet, sie ertränken, verbrennen und mit Pfeilen auf sie schießen lassen. Doch erst als er ihnen die Köpfe abschlagen ließ, starben sie. Die Vollkommenheit ihrer Heiligkeit machte den Körper nahezu unzerstörbar.
„Ja, auch der Apotheker“, stimmte Bice bei, „lass uns also dort suchen gehen!“
Niccolò wusste zwar nicht, was Beatrice suchen wollte, doch er schlurfte hinter ihr her zu den Quellen von Moiano. An den sechs großen Becken wuschen Frauen Kleidung und Wäsche. Beatrice untersuchte die Becken, deren Mauern von innen und außen, als hoffte sie, dort irgendeinen Hinweis zu finden.

Einen Hinweis worauf? Niccolò wusste nicht, was er tun sollte, stand unschlüssig herum. Als eine Frau schimpfte, weil er ihren Weg versperrte, verlor er die Geduld.

„Bice, lass uns gehen, hier gibt es keine Zwillinge, bestenfalls Drillinge!"

Und wirklich, es gab drei Bögen, durch die man die Becken erreichte, dahinter drei Reihen Becken, selbst die Wappen in der Nische über der Wasserleitung waren drei. Nichts, was in irgendeiner Weise an Zwillinge erinnerte. Nichts, was irgendeine Spur auf irgendetwas sein könnte. Hier gab es nur harte, schmutzige Arbeit und schlecht gelaunte Frauen.

„Es muss aber etwas mit Zwillingen zu tun haben", wandte Beatrice missmutig ein, „warum schrieb er sonst ‚sub basi gemellorum viam'? Und die Säulen zwischen den Bögen, das sind doch zwei? Vielleicht meinte er die, und sie haben auch Basen."

„Wenn der Weg also unter der Base der Zwillinge sein soll, dann müssen wir also nur noch diese Straße entlang gehen. Und wohin führt die?"

„Nach oben zu der anderen Straße."

Niccolò verzog das Gesicht. „Bice, du führst mich an Plätze, an denen wir überhaupt nichts finden. Wir wissen noch nicht einmal, was wir suchen!"

„Wo würdest du also suchen? Wir haben die Nachricht, jemand wollte uns etwas mitteilen, verstehst du? Und wahrscheinlich war dieser jemand Messer Bonaventura, ein Mann, der gerade unschuldig angeklagt ist für Verbrechen, die er nicht begangen hat. Vielleicht bittet er uns auf diese Weise um Hilfe. Auf jeden Fall aber muss er geglaubt haben, dass wir das Rätsel lösen können, deswegen hat er es uns überlassen. Wir müssen den Weg finden und dann werden wir auch verstehen, was wir finden sollen. Wir müssen nur verstehen, was er gemeint hat."

„Bice, weißt du, was ich nicht verstehe? Wenn Messer Bonaventura uns – und nur uns etwas mitteilen wollte, warum drückte er sich dann nicht so aus, dass wir es verstehen können?"

„Weil nur wir es verstehen sollen. Er wollte das Geheimnis niemandem anderen anvertrauen. Er wusste, dass nur wir es verstehen und danach suchen werden!"

„So, er glaubt also, dass wir, ein einfacher Maler und ein Mädchen, den anderen an Weisheit voranstehen?"
Beatrice schwieg, doch plötzlich erhellte sich ihre Miene:
„Niccò, das ist es!"
„Was?"
„Weisheit! Wo hat die Weisheit in Assisi ihren Sitz?"
„Du meinst, den alten Tempel auf der Piazza?"
„Den Tempel der Göttin der Weisheit!"
„Und die Zwillinge?"
„Hat der Tempel nicht zwei Gesichter? Oder wenigstens zwei Teile, einen auf der Piazza und einen darunter! Und da haben wir doch damals Onofrio getroffen und er hat irgendwas von Zwillingen geredet!"
„Von Castor und Pollux hat er gesprochen. Aber das sind doch Liebesgeschichten, erinnerst du dich denn nicht? Hilaira und Phoebe verführten die beiden allein mit ihrer Natur ohne jeden Schmuck, ohne die üblichen Täuschungen und Tricks, die das Weibsvolk anzuwenden pflegt, allein mit ihrem Wesen, dem Strahlen ihrer Augen, den Proportionen ihres Körpers ..."
„Was weißt du denn von diesen Dingen?"
„Ich erinnere mich einfach, an das, was man uns beigebracht hat, die alten Geschichten, und in vielen davon ging es um Liebe ..."
„Aber Zwillinge ..."
„Castor und Pollux waren auf jeden Fall Zwillinge, und wegen der Weisheit, die sie der Schöpfung und der Natur gezeigt haben, werden sie am Tempel der Weisheit verehrt."
„Also müssen wir wieder da runter!"
„Wenn wir Castor und Pollux finden wollen, schon."

* * *

Guidotti musste die Ewigkeit entdeckt haben, und er musste sie finden. Astrolabio hatte jeden Behälter in Bonaventuras Offizin geöffnet, jede einzelne Substanz überprüft, extrahiert, sublimiert, destilliert – nichts. Wo hatte Guidotti das Elixier wohl aufbewahrt? Wo, wenn nicht in seinem Offizin? Und was waren das für seltsame Buchstaben auf seinem Tisch? REX EXP REX – in Quadrat angeordnet? Ein magisches Quadrat? Und was wollte er damit sagen? War das überhaupt ein Hinweis auf das Elixier? Oder auf den Ort, an dem er es versteckt hatte?

9. Kapitel

Eindeutig war der Schuldspruch des Richters, was Vitellozzos Mord an Bartolo di Giovanni betraf. Vitellozzo hatte den Mord gestanden und war zum Tod durch den Strang verurteilt worden. Was den Tod Guido di Giacomos betraf, war man jedoch zu dem Ergebnis gekommen, dass der Bader wahrscheinlich nichts mit ihm zu tun hatte. Es schien, als habe er den jungen Maler gar nicht gekannt. Guido war keiner derer, die sein Badehaus besuchten.

Im Falle Torsolos war die Rechtslage weniger eindeutig. Es schien, als ginge die ganze grausige Geschichte auf seine skurrile Phantasie zurück. An der Tötung Bartolos war er wohl nicht beteiligt, ebenso wenig wie an den anderen Morden. Torsolo wurde deswegen noch einige Tage im Kerker festgehalten, wo er seinen Mitgefangenen mit seinen ständigen Reden tüchtig auf die Nerven ging.

Einzig Messer Bonaventura hatte die Schöffen und den Richter von seiner Unschuld, wenigstens die Morde betreffend überzeugen können. Die Schrift, von der die beiden sprachen, sei ihm wohlbekannt. Es sei eine Kopie der „Schedula diversarum artium“, verfasst von einem gewissen Theophilus, der in der Tat verschiedene Methoden der Goldherstellung beschreibt.

Doch seien seine Rezepte nicht wörtlich zu nehmen, mit Basilisken seien natürlich nicht die Tiere gemeint. Jeder wisse schließlich, dass sie einen Menschen in ihrer Nähe sofort töten würden, da helfen auch keine Kupferkugeln. Es könne gut sein, dass irgendjemand diese Schrift in seiner Apotheke gestohlen und weitergegeben habe. Dass daraufhin der Bader mit seinem allgemein bekannten schlichten Gemüt sie dann wörtlich genommen und versucht habe, nach der dort beschriebenen Anleitung Gold herzustellen. Ja, er selbst kenne die Schrift, habe sie zwar gelesen, ihr aber keinerlei Wert beigemessen. Ja, er habe sich von Messer Pietro Lorenzetti eine Schrift bringen lassen, aber das war ein ganz anderes Buch. Es handele sich um eine Übersetzung des „*De Oleo Antimonii Tractatus*" des Roger Bacon. Darin gehe es nicht um Goldherstellung, sondern um die heilende Wirkung des Spießglanzes auf die Gesundheit. Wer es entwendet haben könne, wisse er nicht, doch habe der Dieb daraus sicher keine alchemistischen oder magischen Praktiken entnehmen können, die ihm zu den Morden veranlasst haben könnten.

Messer Bonaventura gelang es, jeden Verdacht in Verbindung mit den Morden zu entkräften. Nicht widerlegen konnte auch er aber den Verdacht der Ketzerei. Die verschiedenen Beweise, besonders das Pergament mit der seltsamen Zeichnung, sprachen dafür, dass Messer Bonaventura sich mit ketzerischen Ideen befasste. Sah die Schnecke, die dort gezeichnet war, nicht aus wie der siebenköpfige Drache der Joachimiten? Zwar waren keine sieben Köpfe zu erkennen, genau genommen gab es nicht einmal einen Kopf. Doch spiegelte die ganze Form der Schnecke den Drachen wieder, der seinerseits den Ablauf der Zeiten, wie ihn die Ketzer sahen, abbildete. So hatte es wenigstens ein Mann der Kirche erklärt, bestätigten die Schöffen. Auch dass die Zeichnung auf rätselhafte Weise vom Palazzo Comunale verschwunden war, konnte auf teuflisches Eingreifen deuten. Des weiteren obliege das Urteil darüber, ob es sich hier um einen Fall von Verbreitung falscher Lehren handele, nicht ihnen sondern vielmehr der heiligen Inquisition, die zu Rate zu ziehen der Podestà vorerst nicht in Erwägung ziehen wolle.

Messer Bonaventura wurde also freigelassen. Am Tag des heiligen Bartholomäus schlossen zwei Gerichtsdiener die Pforte für ihn auf, und Bonaventura Guidotti, das abgemagerte Gesicht von einem fahlgrauen Bart bedeckt, trat schnellen Schrittes den Weg nach Hause an.

* * *

Der Weg war der gleich wie damals, am Tag der Calendimaggio. Der Stein bei der kleinen Kirche S. Maria delle Rose, der unterirdische Weg, das geflügelte Wesen, die Treppenstufen, der Altar, diesmal bar allen Schmuckes.
Aber wo waren Castor und Pollux, die Zwillinge? Wenn der Tempel der Minerva auch ihr Tempel war, wie Onofrio gesagt hatte, musste es dann nicht irgendwo ein Bild von ihnen geben? Die beiden suchten mit der Lampe den Marmorblock des Altars ab, die Stufen des Minervatempels. Es gab noch einen weiteren großen Steinblock, so hoch wie ein Mensch und ohne Bild.
„Hier steht etwas geschrieben!" rief Beatrice, „komm mit der Lampe!" Sie tastete die Buchstaben ab. Es war die klare gerade Schrift der Alten. „Gal tettenius pardalas et tettenia galene tetrastylum ..."
„Was soll das heißen? Was ist das für eine Sprache?" unterbrach Niccolò.
„Keine Ahnung, aber es geht noch weiter. ‚sua pecunia fecerunt' Das ist Latein! Sie machten irgendetwas mit ihrem Geld!"

„Wer?"
„‚simulacra castoris et pollucis'! Da haben wir sie, die Zwillinge! Irgendjemand hat ein Bild von ihnen machen lassen und dafür Geld bezahlt. Hast du Papier dabei? Schreib das ab, das ist unser Weg!"
„Ist da denn von einem Weg die Rede?" Niccolò ärgerte sich über seine geringen Kenntnisse der alten Sprache.
„Da ist von den Zwillingen die Rede, und vielleicht ist dieser Steinklotz eine Basis. Die waren damals doch größer. Aber egal. Das muss Bonaventura jedenfalls gemeint haben. Und wenn er wollte, dass, wer diese Nachricht entdeckt, irgendetwas finden sollte, dann kann das nur diese Inschrift sein. Schreib sie ab! Irgendwie führt sie uns weiter!"
Und so kopierte Niccolò Buchstabe für Buchstabe und gab sich dabei große Mühe, die wohlgeformten Versalien möglichst genau abzuzeichnen.
„GAL TETTIENUS PARDALAS ET TETTIENA GALENE TETRASTYLUM SUA PECUNIA FECERUNT ITEN SIMULACRA CASTORIS ET POLLUCIS MUNICIPIBUS ASISINATIBUS DON DEDER ET DEDICATIONE EPULUM DECURIONIBUS SING XV SEXVIR XIII PLEBEI XI S DEDERUNT"

Auf dem Weg nach Hause aber fragte er: „War das wirklich das, was wir suchten? Ich meine, wir haben die Zwillinge, gut, aber was sagen sie uns? Und die ganzen Zahlen, die Bonaventura auflistete, die kommen doch in der Inschrift gar nicht vor."
„Nun, vielleicht doch ..." Beatrice grübelte, „wenn man die indischen Figuren in der alten Weise schreibt, dann sind sie doch den Buchstaben gleich. Lass' mal sehen." Sie nahm Niccolò das Blatt aus der Hand.
„12, 3, 105 – also in der alten Schreibweise: XII, III, CV – die Lettern kommen alle vor im Text."
„Vielleicht müssen wir nach den Buchstaben suchen, die nicht vorkommen. Die geben dann vielleicht einen Satz?"
„Oder wir müssen den 12., den dritten und den 105. Buchstaben zusammensetzen."
„SLB?"

„Auf irgendeine Weise muss das der Schlüssel sein." resümierte Beatrice alle ihre erfolglosen Versuche, „gib mir nur die beiden Blätter, ich werde es herausfinden."

10. Kapitel

Die Sonne stieg gerade über die Hügel des Monte Subasio und ließ den Galgen auf der Richtstätte nördlich der Stadt wie die lefzende Zunge eines Ungeheuers aussehen, als das kleine Glöckchen aus dem Turm des Palazzo Comunale erklang. Süß und silbern war seine Melodie, gleich dem Gesang der Sirenen. Niccolò hingegen kam der sanfte Klang wie das schreckliche Quietschen einer Säge vor und, obwohl es trotz der frühmorgendlichen Stunde schon sehr warm war, fühlte sich der Schweiß, der über seinen Rücken rann, kalt an. Viele Menschen hatten sich auf der Piazza Comunale versammelt und standen die ganze Strecke bis zur Porta San Giacomo, reckten sich aus den Fenstern der Häuser und über die Mauern der Gärten und Höfe. Wie bei einem Fest oder einer feierlichen Prozession, dachte Niccolò. Früher, zuhause in Florenz, war er nie zu einer Hinrichtung gegangen. Nie hatte er seine Kameraden und seine Nachbarn verstehen können, die bis zum anderen Ende der Stadt gelaufen waren, nur um einem solch schaurigen Spektakel beizuwohnen. Doch heute wollte er es sehen. Er wollte dem Mörder seines Freundes ins Gesicht sehen, ihn anspucken und ihn mit Dreck bewerfen. Einen trockenen Klumpen Lehm hielt er fest umschlossen in seiner Faust, als er den Vicolo Santa Croce zur Via San Paolo hinunterstieg. Von der anderen Seite der Via San Paolo konnte man weit über das Tal bis hinunter zur Porziuncula sehen.

Die Morgensonne tauchte alles in einen Ton wie Morellone mit einem Teil roten Ockers. Direkt am Rand der Via San Paolo stand ein Feigenbaum mit prallen Früchten. Niccolò beobachtete einen geflügelten Käfer, der sich langsam in eine Frucht hineinfraß, er hatte bereits durch die dicke dunkelblaue Schale das süße blutrote Fruchtfleisch erreicht und labte sich gerade an der sündigen Frucht.
Ein dicker Junge grinste ihn an: „Gleich kommt er vorbei, der Mörder!"
Das Geschrei der Menge wurde immer lauter. „Assassino! Mörder! Teufel!", tönte es nun ganz in der Nähe. Die Menschen liefen zur Mitte der Straße, doch zwei Gerichtsdiener schoben sie an den Straßenrand zurück.
„Da isser!" Der dicke Junge hüpfte vor Freude in die Höhe. Und endlich sah ihn auch Niccolò. Abgemagert sah er aus, aber nicht dünn. Es schien vielmehr als habe seine bisherige Körpermasse ihren Zustand geändert, sei zu einer weichen wabbeligen Substanz transmutiert. Niccolò konnte sich nicht erinnern, je einen so formlosen Körper gesehen zu haben. Nichts war geblieben von der berechenbaren Harmonie der männlichen Proportionen. Beim Gehen bewegte er kaum noch seine kurzen Beine sondern schwankte vielmehr seitlich von einem Fuß auf den anderen; nur der Stock des hinter ihm schreitenden Gerichtsdieners trieb ihn voran.

Plötzlich stellte jemand Vitellozzo ein Bein und er fiel, da seine Hände auf dem Rücken zusammengebunden waren, ungebremst auf den Bauch, sein Gesicht landete im Staub der Straße.
„Fettsack!", rief der dicke Junge und stieß ihm seine Rute in die Seite.
„Aufstehen!", befahl der Gerichtsdiener. Aus Vitellozzos zahnlosem Mund kam ein Keuchen, er zuckte mit den Armen, versuchte, den Kopf zu heben. Die Menge lachte. Der Gerichtsdiener zog ihn an seinen Fesseln hoch bis er endlich wieder auf den Füßen stand.
„Weiter!", befahl er und stieß ihm erneut den Stock in den Rücken.

Niccolò hatte sich dem Mörder seines Freundes genähert. Als dieser auf dem Boden lag, dann mit des Gerichtsdieners Hilfe wieder aufgerichtet wurde und zunächst einen Augenblick auf der Erde kniete, da konnte Niccolò ihm direkt ins Gesicht blicken. Er sah die herabhängenden Pausbacken des Baders, seine kleinen eingefallenen Augen.

„Mörder!“, wollte er gerade rufen, doch seine Stimme gehorchte ihm nicht und er bewegte nur tonlos die Lippen. Aus dem Auge Vitellozzos rann eine Träne, langsam lief sie seine Wange herunter und hinterließ einen hellen Streifen auf der staubigen Haut.

Einen Augenblick nur, dann stand Vitellozzo wieder und wurde weiter hinauf zur Richtstätte getrieben. Singend und spottend folgte ihm die Menge zur Porta San Giacomo hinaus. Niccolò aber blieb unter dem Feigenbaum stehen; der Lehmklumpen in seiner Hand bröselte zu Boden, während er den Menschen nachblickte.

Es war plötzlich ruhig geworden. Nur von Ferne hörte man noch das Getöse der Menge. Niccolò stand jetzt ganz alleine auf der Via San Paolo. Er weinte. Er weinte so heftig wie er wohl seit seiner Kindheit nicht mehr geweint hatte. Das Gesicht zu Boden gewandt sah er seine Tränen in den trockenen Staub tropfen. Da entdeckte er auf einmal den Käfer. Er musste vom Feigenbaum gefallen sein. Doch lag er auf dem Rücken und zappelte mit seinen dünnen Beinchen im vergeblichen Bemühen, sich wieder aufzurichten. Mit einem kräftigen Fußtritt zermalmte Niccolò das Tier.

* * *

Die Arbeit musste weitergemacht werden. Auch wenn die Hitze immer noch drückte, der Verputz immer noch viel zu schnell trocknete und Niccolò von tiefer Traurigkeit erfüllt war. Er hatte heute Morgen einen Menschen gesehen, der jetzt vielleicht schon in der ewigen Verdammnis weilte, Bartolo würde er nie mehr sehen und Ginevra hatte er seit jenem Tag nicht mehr gesehen. Niccolò wollte weg, raus aus dieser stinkenden Werkstatt, weg von diesem dummen Anselmo, der den Putz in seiner üblichen seltsamen Art mit beiden Händen verstrich. Runter ins Tal wollte er laufen und ein Bad im kühlen Wasser des Tescio nehmen. Oder wenigstens mit Bartolo über irgendeinen Unsinn reden. Zum ersten Mal merkte er, dass der Freund ihm fehlte, wenngleich auch ihre Gespräche in letzter Zeit nur Streitereien waren. Gut nur, dass Francesco gerade zu irgendeiner Versammlung der Cavalieri musste – mitten am Tage! Doch konnte er so wenigstens nicht ständig die Augen auf ihn gerichtet halten.

Auch Beatrice, wenngleich auch sie sich ob der Abwesenheit des Bruders erleichtert fühlte, war schlecht gelaunt. „Ich schaffe es einfach nicht", brummte sie, „ganz gleich, wie ich es versuche, es ergibt keinen Sinn!" Das Blatt, auf welchem Niccolò tags zuvor die Inschrift der Zwillinge abgeschrieben hatte, war voll mit den verschiedensten Versuchen, die Nachricht mit Hilfe der Zahlen Bonaventuras zu entschlüsseln.

„Es kommt immer nur Unsinn heraus. Wenn ich die Buchstaben heraus nehme, die die Zahlen bezeichnen, kommt kein verständlicher Satz heraus. Nehme ich nur die, die übrigbleiben, auch nicht. Ich habe versucht, jeden Buchstabe durch seinen Vorgänger im Text zu ersetzen. Weißt du, was das Ergebnis war?"
„Nein, was denn?"
„UAIEIET. Nehme ich hingegen dagegen jedes Mal den Nachfolger, dann ergibt sich: PTUTNT. Ich habe dann versucht, alle Zahlen mit zwei, dann mit drei, mit vier und so weiter zu multiplizieren, aber das Ergebnis war genauso unsinnig."

Nach einer Weile sagte Niccolò: „Vielleicht sollten wir es sein lassen."
„Was meinst du?"
„Ich meine, was suchen wir denn? Wir jagen irgendwelchen Nachrichten nach, die Messer Bonaventura vielleicht hinterlassen hat, und wissen ja noch nicht einmal, was wir eigentlich suchen."

„Niccò, wenn Messer Bonaventura eine solche Nachricht hinterlässt, dann muss es wirklich wichtig sein. Er musste uns irgendetwas sehr wichtiges mitteilen und er wusste, dass wir es verstehen werden!"
„Vielleicht hat er uns überschätzt?"
„Ja, vielleicht."

Beatrice schwieg unzufrieden. Niccolò wandte sich wieder seiner Arbeit zu. Nach einer Weile sagte er: „Weißt du, was mich wirklich nervt?"
„Was?"
„Dieser Anselmo. Hast du gesehen, wie er den Putz auf die Wand aufträgt? Er hält in jeder Hand eine Kelle und streicht dann einmal nach rechts einmal nach links darüber."

Die Stirn runzelnd blickte Beatrice zu Anselmo, seine ungewöhnliche Art, die Wände zu verputzen, hatte sie nie bemerkt. „Sei's drum, Hauptsache, der Putz bleibt an der Wand. Kann doch jeder machen ..." plötzlich unterbrach sie sich selbst: „Ecco! Das ist die Lösung!"
„Wir sollen den Putz von zwei Seiten glattstreichen?"
„Nein, wir müssen den Text von beiden Seiten lesen. Sieh doch, die erste Zahl bezeichnet einen Buchstaben, wenn wir die Inschrift von vorne lesen, die zweite bezeichnet den Buchstaben, wenn wir sie von hinten lesen! Dann kommt heraus: SUBSE, vier, fünf sechs, DEPAST, fünfunddreißig, sechsunddreißig, ORISVETERIS. SUB SEDE PASTORIS VETERIS! Wir haben es!"
„Und was heißt das?"
„Hm, ‚unter dem Sitz des alten Hirten'?"
„Aha, wer ist denn der alte Hirte, und wo sitzt er?"

„Das müssen wir herausfinden. Vielleicht gibt es jemanden, der ‚Pastore' heißt, oder der Hirte, das könnte doch auch Christus sein oder einer seiner Vertreter ..."

„Du meinst, ein Bischof?"

„Ja, warum nicht? Bischof Pontano ist doch auch schon ziemlich alt. Vielleicht müssen wir seinen Sitz suchen, unter dem Sitz des Bischofs, also dem Dom, S. Rufino ..."

„Bice, wenn es nun aber nicht ‚der Sitz des alten Bischofs' ist, sondern ‚der alte Sitz des Bischofs'?"

„Du meinst, S. Maria Maggiore? Freilich, der frühere Dom! Margherita hat die Kirche so genannt. Da müssen wir suchen!"

„Wonach sollen wir suchen? Nach dem ‚vierten Gebet'? Was soll das sein?"

„Das werden wir dann sehen, wenn wir es gefunden haben. Erstmal müssen wir suchen. Heute Nacht, sobald es dunkel ist und alle im Bett sind, schleichen wir hinaus!"

* * *

REX EXP REX, das war typisch für Guidotti, typisch vor allem für Buoninsegna. Buoninsegn d'Assisi und Bonaventura Guidotti, Idee und Abbild.

Man konnte die Buchstaben des Quadrats neu mischen, sie zu anderen Worten zusammensetzen. Man konnte nach raffinierten Verschlüsselungen suchen. Unzählige Nachrichten ließen sich herauslesen. Doch das wäre nicht Buoninsegna. Seine Verschleierung bestand immer darin, die Dinge offensichtlich zu machen. Also musste der Text so gelesen werden, wie er da stand: REX EX PREX, ‚der König aus dem Gebet'. Warum aber hatte er diesen Satz als Quadrat dargestellt? Der idealen Form halber? Wegen der vier gleichen Seiten, der vier Ecken?

Vier! Vier Gebete, davon sprach Buoninsegna am Anfang seiner Schrift! Astrolabio suchte den ersten Teil, den aus Maestro Leones Haus. Unter der Miniatur der zu Boden blickenden Frau stand: Sinus vultum bifrontis sub eo cathedra cuculi parvi. Pervenis ad eum per portam quattuor praecationis. Und wenn es das Elixier gar nicht gab? Schließlich war die Tochter des Apothekers tot. Hätte er nicht, wenn er das Elixier besessen hätte, es zuerst seiner Tochter gegeben, dem Menschen, den er am meisten liebte? Astrolabio betrachtete die Miniaturen in der Schrift, Pietro Lorenzettis Judas kam ihm wieder in den Sinn. Judas und die ewige Verdammnis! Auch er würde ihr anheim fallen, wenn er das Elixier nicht fände. All sein Mühen, auch die Morde, wären vergeblich ohne das Elixier! Es konnte nicht sein, Buoninsegna hatte sein Leben dem Elixier gewidmet, er musste es entdeckt haben. Und Bonaventura? Und seine Tochter? Federica war jung und unschuldig, sie musste das Gericht nicht fürchten. Hatte Bonaventura verstanden, dass das Elixier für sie nicht Erlösung sondern Strafe bedeutet hätte? Ewiges Leben, was war das schon? Musste sich nicht nur der danach sehnen, dem die ewige Verdammnis sicher war? Judas – nur er, kein anderer würde je freiwillig das Elixier einnehmen.

Nach der Vesper, sobald die Mitbrüder sich zurückgezogen hatten, verließ der den Konvent.

*   *   *

„Das vierte Gebet, wo soll das sein? Die Kirche hat zwei Eingänge, eine Rosette und sonst nichts, nicht einmal irgendeinen Schmuck." Hoffnungslos tastete Niccolò sich an der Fassade des früheren Doms entlang.
„Wir müssen unter die Kirche", wandte Beatrice ein, „wir müssen an die andere Seite, unter den Chor. Das ist wie bei S. Franesco. An der Fassade liegt der Boden höher. Hier an der Seite geht es hinunter und da ist dann das Geschoss unter der eigentlichen Kirche."
An der linken Seite der Kirche führte wirklich eine kleine Treppe hinab in einen Hof.
„Hier ist kein Eingang", brummte Niccolò, „und selbst, wenn da einer wäre, glaubst du, die würden den offen stehen lassen?"
Aber Beatrice untersuchte bereits die Mauer, das Fundament der Kirche. Sie schob allerlei Kletterpflanzen beiseite und befühlte die Steine.
„Die Steine sind riesig. Diese Mauer müssen die Alten gebaut haben. Das ist die Wand des alten Tempels von diesem Gott mit den zwei Gesichtern."
„Janus ..."
„Genau der, und hier ist auch eine Treppe!"
„Mit vier Stufen vielleicht? Dann können wir auf jeder Stufe ein Gebet sprechen."
„Niccò, hier steht was geschrieben! Ich reiche nicht gut ran, du bist größer, komm!"
Wirklich, im steinernen Architrav über den Stufen, einen Eingang bekrönend, gab es eine Inschrift. „I I I I P R E C A ... „
„Post IIII praecationem, das vierte Gebet! Das ist der Zugang zum Tempel!"
Selbst die hölzerne Tür war aus ihren Angeln gehoben, so dass die beiden sich mit ein wenig Bewegung des Körpers daran vorbei schieben konnten.

* * *

Astrolabio hatte die beiden an ihren Stimmen erkannt und verfolgte sie zunächst unbemerkt. Wie sind die beiden auf diesen Weg gekommen, ein unbedarfter Jüngling und ein Mädchen? Wem hatte Bonaventura sein Geheimnis mitgeteilt?
Zunächst verärgert, beruhigte er sich bald beim Gedanken, dass die ungeahnte Begegnung ihm vielleicht die Möglichkeit bot, zwei Tauben mit einer Bohne zu fangen: die Ursubstanz und den Maler!

* * *

Beatrice und Niccolò folgten dem schmalen niedrigen Gang einige Schritte. Er führte in einen Raum. Als sie sich mit der Lampe einer der Wände näherten, trauten sie ihren Augen nicht. Die Wand war vom Boden bis zu einer Höhe weit über ihren Köpfen mit Pflanzen und Tieren bemalt. Pflanzen, wie sie die beiden noch nie gesehen hatten. Kugelförmige rote Früchte
„Wer kann das gemalt haben?“ flüsterte Beatrice.
„Was soll das sein?“ wollte Niccolò gerade fragen, doch er griff nach Beatrices Arm und zog sie ins Dunkel. Eine Gestalt war am Eingang erschienen!
Er zog Bice weiter in die unbekannte Finsternis. Sie stolperten über Steine und Trümmer, schließlich stießen sie gegen eine Wand.

* * *

Astrolabio musste beinahe lachen! Diese beiden waren genauso dumm wie die anderen. Vor ihm weglaufen wollten sie! Sich in die Dunkelheit flüchten! Und dabei hatten sie ihre Lampe mitgenommen! Er ergötzte sich an der Angst der beiden Gefangenen. „Nun, ihr Lieben, ich danke euch für eure Einladung. Und dafür, dass ihr mir illuminiert. Das ist doch wirklich eine schöne Behausung! Und was für schöne Bilder hier an die Wand gemalt sind! Mir scheint, wir haben hier alle gefunden, was wir suchen. Zwei Kaninchen in einer Falle, wo ich mich doch durchaus mit einem zufrieden gegeben hätte."
Mit langsamen Schritten näherte er sich dem Licht der Lampe.

* * *

Niccolò, selbst vom Licht der Lampe geblendet, konnte ihn nicht sehen.
Doch hörte er plötzlich Bice „Lass mich los!", schrie sie in das Gerede des Anderen hinein, der gerade sagte: „Kannst du auch so gut malen?"
Da wurde Niccolò seines Fehlers gewahr, das Licht noch in der Hand zu halten. Was für ein Trottel!
Doch vielleicht … Niccolò schwang seinen Arm und schleuderte die Lampe in Richtung des Anderen.

* * *

Beide rannten sie über den Platz vor S. Maria Maggiore, schneller als die anderen Male, als sie vor irgendwelchen Verfolgern flüchten mussten, rannten sie. Schneller als sie konnten, rannten sie.

* * *

Langsam öffnete Astrolabio die Augen. Sie waren weg! Die beiden Kaninchen waren ihm entwischt! Selbst Kaninchen waren schlauer als er! Und jetzt hatte er weder einen Maler noch Bunchum. Er griff an seinen Kopf. Er wird sich eine Geschichte ausdenken müssen, um die Beule vor seinen Mitbrüdern zu begründen. Es war schwer, ohne den Segen des Herrn zu arbeiteten. Den Handlungen fehlte das Glück.

Missmutig streckte er sich und wollte aufstehen. Da stieß er mit seiner Hand an einen Gegenstand. Seine Oberfläche war zu glatt, als dass es sich um einen Stein handeln konnte. Es war ..., es musste ..., es musste Glas sein, ein Fläschchen mit einem Deckel! Und es schien ... Astrolabio hielt den Gegenstand ans Ohr und schüttelte ihn – eine Flüssigkeit!

* * *

„Es reicht!“ keuchte Niccolò, „du mit deinem Verlangen, irgendwelche Geheimnisse zu lüften! Dieser Kerl hätte uns töten können!“
„Hat er nicht, beruhige dich“, entgegnete Beatrice, „wer war das?“
„Es ist mir egal, wer das war! Ich weiß nur, dass ich gerade wieder am Rand der Hölle stand! Immer willst du irgendetwas herausfinden und jedesmal geraten wir in solche Situationen! Überlass das doch dem Podestà oder denen, die es können!“
„Genau das mache ich, ich überlasse es denen, die es können! Hast du den Eindruck, der Podestà oder sonst jemand von der Regierung könne es? Kümmert sich denn irgend jemand um das, was passiert ist? Nein, wenn wir den Dingen nicht nachgehen, dann macht das niemand!“
„Ja, das kann sein. Aber auch wenn wir den Dingenn nachgehen, kommt nichts dabei heraus. Oder haben wir irgendetwas entdeckt?“
„Ja, wir wissen jetzt, dass noch einer dem Geheimnis auf der Spur ist ...“
„Bice, ich will nicht mehr! Nicht mehr nachts um meinen Schlaf gebracht und beinahe umgebracht werden, nicht mehr in Häuser, Löcher, unterirdische Gänge oder ähnliches einsteigen! Ich habe genug!“

11. Kapitel

Gewitter brachten den Bürgern von Assisi Erleichterung. Der Regen spülte den trockenen Staub des heißen Sommers aus der Stadt. In den Straßen bildeten sich kleine Bäche, die sich weiter unten zu größeren Bächen vereinten. Mit dem Wasser liefen Erde und Schmutz die Hänge hinunter. Wie die Buße den Menschen von Schuld und Sünde reinwäscht, so reinigte der Gewitterregen Stadt und Land. Sogar die Richtstätte säuberte er vom Blut. Nachdem der Richter Vitellozzo das Urteil verlesen, der Henker ihm die Schlinge um den Hals gelegt, und er selbst, nach seinen letzten Worten gefragt, noch einmal mit heiserer Verzweiflung herausgeschrien hatte: „Ich bin so unschuldig, wie Christus am Kreuz!“, hatte der Henker den Strick festgezogen; das Gewicht des Baders zog diesen stracks nach unten, so dass der Todeskampf nicht lange andauerte und die Seele schnell den Leib verlassen hatte. Der leblose Körper am Galgen begann bald, unerquickliche Gerüche zu verbreiten, was den Rat der Comune bewegte, auf eine möglichst schleunige Beerdigung des Leichnams zu optieren. Deswegen wurden Vitellozzos sterbliche Überreste nach nur zwei Tagen von Galgen abgenommen, der Kopf vom Körper abgetrennt und beides weit entfernt von einander außerhalb der Stadt begraben.

Ganz in der Nähe fand auch Bonaventura Guidotti seine letzte Ruhestätte. Niemand wusste wie lang er in seiner Offizin gelegen hatte, als man seinen leblosen Körper dort fand, eine Schale mit Rizinussamen neben sich stehen. Schnell war man zu dem Ergebnis gekommen, dass er nicht durch fremde sondern durch eigene Hand verschieden war und er deswegen außerhalb der Stadt begraben werden musste.
Der Regen prasselte auf die frisch umgegrabene Erde beider Grablegen und machte sie der Umgebung so gleich, dass schon bald nichts mehr an die dort Begrabenen erinnerte. In den fast ausgetrockneten Flussbetten von Chiascio und Tescio stieg das Wasser wieder. Bald schon hatte der Regen sie in reißende Ströme verwandelt, die jeden Unrat aus der Welt wuschen. Und so sah niemand den wohlgeformten Körper des Jünglings, den der Tescio zusammen mit Abfall und Tierkadavern hinab spülte.

Teil 6 – lapidificatio

1. Kapitel

Zu bestimmten Zeiten des Jahres offenbart der himmlische Vater seinen Kindern verstärkt seine Liebe und seinen Schutz. Niccolò spürte diese väterliche Liebe jedes Mal, wenn sich das Fest seiner Taufe jährte. Wenn er morgens aufwachte, die Septembersonne durch das Fenster ahnte, war er auf seltsame Weise glücklich; wenn er dann aufstand und ihre sanfte Wärme spürte, die sich wie ein seidenes Tuch um sein Haut schmiegte, dann fühlte er sich stark und schön. Sogar in diesem Jahr, als seine Taufe sich zum achtzehnten Male wiederholte und obgleich Niccolòs Seele noch von den Wirbelstürmen der letzten Ereignisse aufgewühlt war, zeigte sich die göttliche Präsenz in einem Gefühl von Harmonie und Leichtigkeit, gleich dem Licht eines Leuchtturms, das dem Schiffer nach einer Fahrt durch die stürmische See die nahe Rettung verkündet.

Gewitter hatten die drückende Hitze vertrieben, die Luft kündete mit ihrer Süße die ersten Spuren des Herbstes und seinem goldenen Schimmern an. Auch die Farben, mit denen Niccolò in diesen Tagen malte, sangen diese Harmonie wie eine wohlklingende Melodie heraus. Wenngleich er sonst das Malen auf dem frischen Putz liebte, bereitete es ihm jetzt besondere Freude, in kräftigen Temperafarben schmückende Details zu schaffen und damit die Wirkung der Freskofarben zu verstärken. Er gestaltete die Gewandborten der tanzenden und musizierenden Engel, die Begleiter des heiligen Franziskus bei seiner Himmelfahrt. Ein anderes Mal verbrachte er beinahe den ganzen Tag damit, die Büsche von Rosen und weißen Lilien, die hinter der heiligen Armut, der Braut des heiligen Franziskus, wuchsen, durch das Zufügen verschiedener Details und zusätzlicher Schattierungen besonders hervorzuheben.

Francesco lobte seine Genauigkeit, besonders die weißen Rosen, die sich wie eine Aureole um den Kopf der heiligen Armut rankten.
„Das sind die Rosen der Reue!“, rief er, „die Rosen des neuen Menschen, der alle Sünde abgelegt hat und jetzt rein ist wie die weiße Rose!“
Wenig später ermahnte Francesco Niccolò aber sich nicht zulange mit Kleinigkeiten aufzuhalten. Er hieß ihn, von der Arbeit am Gewölbe abzulassen – die plastische Gestaltung der Aureolen und deren Vergoldung können auch minder talentierte Gesellen übernehmen – und sich der Ausmalung der Apsis zu widmen. (Überhaupt mahnte Francesco in letzter Zeit verstärkt zur Eile, fast als fürchte er, dass die Arbeit, wenn sie nicht zu einem bestimmten naheliegenden Zeitpunkt vollendet wäre, gänzlich verloren sei.) Niccolò aber versenkte sich in seine Malerei, und in seine Seele zog Frieden ein.
In der Apsis waren zum großen Teil noch die Sinopien zu sehen. Nur im oberen Teil hatten die Kameraden bereits das geflügelte Kreuz, den Seraph in Form des Kreuzes, im Fresko fertiggestellt. Puccio Capanna malte gerade den unter diesem knienden heiligen Franziskus. Niccolò und einige andere sollten die große Schar von Heiligen, Engeln und Gläubigen, die der Szene beiwohnten, freskieren.

Niccolò trug gerade den Putz über der Zeichnung eines Kopfes auf, als plötzlich eine Idee in ihm aufflammte. Er schattierte das Gesicht in den üblichen Grüntönen, stieg dann vom Gerüst, um sich etwas von dem Inkarnat zu holen, das er selbst gemischt hatte. Er verteilte die Farbe auf mehrere Näpfe, mischte dem einen ein klein wenig Sangiovanni bei, um es ganz leicht aufzuhellen, einem anderen dagegen setzte er eine Prise Morellone zu und erzeugte damit eine dunklere Abtönung der gleichen Farbe. Zu einem anderen Teil aber gab er eine größere Menge – etwa das Maß einer Bohne – der roten Erde aus Siena bei. Auch von dieser Farbe mischte er dann noch eine hellere und eine dunklere Tönung. Schließlich holte er sich noch etwas gelben Ocker und grüne Erde.

Jeder Pinselstrich verliehj dem Gesicht Farbe und erhöhte die Freude in Niccolòs Herzen. Zuerst gestaltete er das runde Gesicht im hellen Inkarnat. Als er mit seinem Werk zufrieden war, verteilte er mit der dunkleren Farbmischung zahlreiche Punkte auf Nase und Wangen des Gesichts. Den Augen gab er zartes Sangiovanni, ihr Inneres aber malte er im kräftigen Grün wie die Farbe frischen Salbeis. Zum Schluss gab er dem Kopf noch Haare. In leuchtenden Rottönen, versetzt mit Ockertönen, die im Kontrast wie Gold wirkten, standen sie in alle Richtungen vom Kopf ab.

* * *

Am Abend verließ Niccolò gerade die Werkstatt, als er plötzlich seinen Namen rufen hörte. Eine junge Frau hatte nach ihm gerufen. Niccolò kannte sie, er hatte sie schon einmal gesehen. Verstohlen drückte sie Niccolò ein Stück aufgerolltes und mit einem grünen Band zusammengebundenes Papier in die Hand. Im Auftrag ihrer Herrin, wie sie sagte, und verschwand daraufhin sofort wieder. Niccolò fiel plötzlich ein, woher er sie kannte. Sie war eine der Begleiterinnen Monna Ginevras. Mit zitternden Händen öffnete er die Schleife und entrollte das Papier. Er erkannte die großen in die Breite gezogenen Lettern Ginevras.
„Mein geliebter Niccolò!", Niccolòs Herz schlug plötzlich wie im Sturm. Wie nannte sie ihn? Er las noch einmal. Da stand wirklich „geliebter"!
„Mein geliebter Niccolò!
Ich kann Deinem Bitten nicht länger widerstehen. Es ist vergebens. Du hast gewonnen. Betrachte meine Seele als Dein. Du sagst, du würdest Dir wie Ikarus Flügel anstecken, nur um mit mir zu reden. Ich sage Dir, die Liebe findet immer einen Weg.
Wisse Liebster, heute in drei Tagen wird mein Gemahl abwesend sein. Ich werde selbst dafür sorgen, dass sein alter Diener zu genehmer Stunde einschlafen wird. Komme du, wenn die Glocke von San Rufino die zehnte Stunde geschlagen hat, in die kleine Gasse gegenüber meinem Haus und warte dort. Ninuccia, du kennst sie, sie überbrachte dir diese Nachricht, wird dich dort abholen.
Ich erwarte Dich sehnsüchtig."
Niccolò las den Brief immer wieder; schließlich tat er einen Sprung in die Luft. Monna Ginevra wollte ihn sehen! Und sie hatte sogar eine Möglichkeit gefunden, ihn zu ihr kommen zu lassen. In drei Tagen würde er Freuden kennenlernen, die er bisher noch nie gekostet hatte. Wie Ikarus würde er dem Labyrinth dieses Lebens und seinen Wirrungen entkommen!

* * *

Drei Tage.
In den folgenden beiden Nächten hatte Niccolò kaum geschlafen. Diesmal war es jedoch das Gefühl des Glücks, das dazu geführt hatte, dass er sich auf seinem Lager hin und hergedreht hatte, dass er mit offenen oder mit geschlossenen Augen gleichsam doch nur das lichte Antlitz der Geliebten, das im Dunkeln leuchtete, vor sich sah. Immer wieder hatte er sich ihre Begegnung vorgestellt, sich ausgemalt, was er ihr sagen würde, was sie ihm antworten würde, sich allein ihre Begrüßung in der verschiedensten Varianten ausgemalt. Doch wie würde er Monna Ginevra aber begrüßen? Und sollte er ihr nicht ein Geschenk überreichen?

Als er an besagtem Tage das morgendliche Singen der Vögel vernahm, das noch vor den ersten Sonnenstrahlen in seine Kammer drang, sprang er sogleich von seinem Lager auf. Er würde ihr ein Geschenk mitbringen müssen. Doch was konnte er, der doch nichts besaß, einer Dame schenken? Nach dem, was er wusste und von anderen gehört hatte, überreichten die Burschen bei einer solchen Gelegenheit ihren Angebeteten ein Schmuckstück, einen Ring, einen Anhänger oder doch wenigstens einen schönen farbigen Stein. Doch er selbst besaß kaum die Mittel, etwas derartiges zu erwerben.
Während des Morgengebetes grübelte er weiter; und noch als er in die Werkstatt ging, waren seine Gedanken von dieser Frage eingenommen. Doch nachdem er die schwere Wanne mit dem Putz auf das Gerüst gehievt und gerade begonnen hatte, die Mischung aus Sand und Kalk auf die Wand zu streichen, stand die Lösung plötzlich vor seinen Augen. Er würde Monna Ginevra das gleiche Geschenk machen, mit dem er zuvor Bartolo bedacht hatte! Konnte es ein größeres Geschenk geben als die Ewigkeit?
Und er machte sich daran, das Gesicht Monna Ginevras in den frischen Putz zu malen. Er verwendete einen lichteren Grünton für die ersten Schattierungen, um die Klarheit ihres Antlitzes besonders hervorzuheben. War nicht eine Sache dann schön, wenn sie voll des göttlichen Lichts war?
Er achtete besonders auf die Proportionen, denn Schönheit war ja gerade die Harmonie aller Teile, wie Francesco seine Schüler immer wieder lehrte.

Wenn Ginevras Gesicht schöner als alles andere war, dann mussten auch die einzelnen Teile des Gesichts in besonders harmonischem Verhältnis zum gesamten Gesicht stehen. Die Länge des gesamten Gesichts von der Kinnspitze bis zum Haaransatz musste das Fünffache der Breite eines Auges betragen, die Breite des Gesichts auf der Höhe der Augen das Dreifache. Die Länge der Nase entsprach der doppelten Breite der Augen, die Höhe der Augen aber dem vierten Teil ihrer Breite, die Breite des Mundes wiederum vier Fünftel der Augenbreite, und der Abstand zwischen beiden Augen genau der Breite eines Auges. Der Schöpfer hatte die Natur nach genauen Regeln geformt. Nachdem der Verdaccio vollendet war, suchte Niccolò sich einen der zu Brötchen geformten Cinabreseklumpen. Er fügte dem Gemisch aus heller Sinopie und Sangiovanni noch ein wenig zu – weniger als die Größe einer Bohne –, um das zarte Inkarnat Ginevras zu gestalten.

Niccolò betrachtete das Gesicht mit seinen perfekten Proportionen. Alles stimmte. Die Augen strahlten im vollkommenen Rund; die Lippen waren leicht geöffnet, wie wenn sie gerade zum engelgleichen Lächeln ansetzen wollten, die makellosen Perlen der Zähne unter dem Rubinrot verborgen. Doch etwas lies ihn zweifeln. Es fehlte dem Gesicht etwas, damit es wirklich das Gesicht Monna Ginevras wurde. Es schien ihm, dass all die zahlreichen Zeichnungen, die er bis dahin von ihr angefertigt hatte, manche schnell dahin geworfen ohne auf Proportionen oder Regeln zu achten, mehr Ähnlichkeit mit der wahren Ginevra hatten als dieses Abbild der Vollkommenheit. Verglich er es mit dem Bild Bartolos vom Vortag, war der Unterschied frappierend. Das war Bartolo, der verlegene Ausdruck seiner Augen, die leichte fast unsichtbare Andeutung seines Lächelns; es war, als ob der Freund ihm aus der Wand anschaute und gleich eine seiner einfältigen Bemerkungen machen würde.

Dem Bildnis der Ginevra dagegen fehlte etwas; es war etwas in der Geliebten, das in dem Bild nicht zu sehen war. Nach einigem Überlegen kam Niccolò zum Schluss, dass es wohl ihre Augen sein müssten, die er noch nicht

farbig ausgearbeitet hatte. Er stieg vom Gerüst, um sich die nötigen Farben zu holen. Die dunkelste umbrische Erde würde er nehmen und sie mit dem Schwarz mischen, das aus Weinreben gemacht war.
Als er wieder auf das Gerüst zurückstieg, fand er dort Beatrice, die seine Malerei betrachtete.
„Schön", sagte sie, „ein schönes Gesicht hast du da gemalt. Und auch unser Bartolo – es ist, als wäre er hier."
Obwohl Niccolò wusste, dass ein Lob von Beatrice kein leicht vergebenes Geschenk war, freute es ihn nicht.
„Bist du etwa nicht zufrieden?", bemerkte sie dann auch sogleich.
„Nun, es ist vielleicht schön, aber es ist nicht ..., wie soll ich sagen, Bartolo mag angehen, aber dieses hier, ich wollte es anders, anders schön ..."
„Es stimmt doch alles. Es sind die Proportionen, die Francesco uns immer gelehrt hat, die vollkommenen, die göttlichen Proportionen. Schönheit ist doch immer eine Frage der Proportion, das sagen mein Bruder und mein Vater schon immer. Und wenn auch die Schöpfung nach den Regeln der Mathematik gemacht ist – das sagt Messer Bonaventura – dann ist dieses Gesicht schön. Wäre es nicht schön, dann hätten sowohl Giotto, der immerhin der meist gerühmte Maler unserer Halbinsel ist, als auch ein Gelehrter wie Messer Bonaventura, der viele Jahre seines Lebens mit dem Studium der Wissenschaften verbracht hat, unrecht. Und du, der du noch nicht einmal sagen kannst, was du meinst, hättest recht. Was scheint dir wahrscheinlicher?"
„Oh Bice, es ist doch nicht so einfach! Sagtest du nicht gerade selbst, dass auch das Bildnis Bartolos schön sei? Sind da die Proportionen etwa vollkommen?"
„Nichts stimmt, aber es ist eben Bartolo. An ihm stimmte nichts; und deswegen muss, wer Bartolo malt, wer ihn schön malt, auch alle Regeln der Proportion außer Acht lassen. War Bartolo deswegen etwa hässlich? Manchmal schafft der Schöpfer eben Wesen, die er vielleicht nicht mit Lineal und Zirkel nachmisst, deren Formen nicht vollkommen sind. In ihnen ist nur ein Teil des göttliche Lichts. Hat nicht jeder von uns einen ganz verschiedenen Anteil an der göttlichen Vollkommenheit?"

Niccolò sah Beatrice an. Der Abstand zwischen ihren Augen betrug wirklich die Länge eines Auges, doch waren ihre Augen höher als ein Viertel der Augenbreite. Da erst bemerkte er, dass sie bereits wieder redete.

„... und deswegen kann Bartolo nicht hässlich sein, schließlich hat Gott ihn in seine Ordnung eingefügt. Also kann es nicht falsch gewesen sein. Was wäre denn dann mit Sokrates? Oder mit Vater? Jener soll ein hässlicher Gnom mit einer Knollennase gewesen sein ..."

„Wer?", dachte Niccolò und sah in das vollkommene Rund ihrer Pupillen.

„... und viele sagen, Babbo sei hässlich, sogar er selbst. Aber dennoch bringt er die schönsten Werke hervor. Muss nicht also seine Seele schön sein? Sie nennen ihn den Affen der Natur, weil Affen so hässlich sind, aber ist ein Maler – ein großer Maler – nicht mehr als ein Affe? Ist er nicht selbst ein kleiner Schöpfer? Diese Frau, die du gemalt hast, ist so schön, dass die Natur sie kaum hervorbringen konnte, denn irgendwo lässt die Natur immer einen kleinen Fehler. Aber die Kunst kann vollkommene Schönheit hervorbringen ..."

Beatrices Augen hatten die Farbe dunkler Kastanien, etwas an ihnen erinnerte ihn an Ginevra. Nicht die Farbe – Ginevras Augen waren schwarz wie der Ruß der Lampen – vielleicht die Form, das vollkommene Rund, die göttlichste aller Formen.

„... du hast Bartolo und die schöne Frau unter dem Kreuz der Erlösten gemalt. Sagt das nicht schon alles? Erlöste sind doch immer schön, also ist Bartolo schön", Beatrice redete weiter über die Schönheit, die Schönheit der Erlösten, die Schönheit der Hässlichen, die Schönheit der Seele, die man nicht sehen konnte, die aber trotzdem da war. Niccolò ließ seinen Blick hinunter zu ihren Lippen gleiten. Ihr Mund übertraf deutlich das Idealmaß von vier Fünftel der Augen. Wieder erinnerte ihn etwas an Ginevra. Nicht die Form des Mundes, nicht die Farbe ihrer Lippen, nicht der Klang ihrer Stimme. Vielleicht war es nur die Art wie ihr linker Mundwinkel sich beim Reden nach oben zog, dabei den äußeren Rand des Auges ebenfalls fast unmerklich ein Stück in die Höhe schob. Plötzlich war da ein Strahlen in Beatrices Gesicht, das an das sternengleiche Strahlen Ginevras erinnerte.

Niccolò konnte seine Augen nicht mehr von ihrem Gesicht abwenden. Er verspürte den Wunsch, dieses Gesicht zu berühren, mit den Händen, mit den Lippen.

„Schön ist doch auch, was das Gemüt erfreut", hörte er sich da flüstern.

„Genau! Also ist doch Bartolo ... und Babbo ..."

Da zog Niccolò Beatrice an sich und küsste sie so heftig wie er noch nie geküsst hatte; kein Bild, keine Reliquie, kein heiliges Gewand und schon gar kein Mädchen.

2. Kapitel

Francesco war nervöser als üblich, wenn sich die Herren in seinem Haus versammelten. Ranieri di Giacomo hatte ihn in der Werkstatt abgeholt und nach Hause begleitet. Dort zogen beide sich sogleich in den Salon zurück, das Abendessen mit dem Mindestmaß der gebotenen Höflichkeit ablehnend. Auch Bruder Onofrio, der wenig später eingetroffen war, sich zunächst von den Gerüchen euphorisiert am Küchentisch niedergelassen und bereits nach einem hölzernen Löffel gegriffen hatte, war schnurstracks aufgesprungen, um zu den beiden zu gehen, nachdem er von ihrer Anwesenheit erfahren hatte. Giacomo Tadei und Gherardo di Guccio hatten nach ihrer Ankunft die Familie in der Küche nur kurz gegrüßt und sich ebenfalls gleich in den Salon begeben. Ricco di Lapo saß auf der Küchenbank, blickte jedem der durchhastenden Gäste erwartungsvoll ins Gesicht, als hoffe er jedes Mal, dass jemand ihn auffordere, an der Versammlung teilzunehmen. Doch niemand schien ihn zu bemerken, und so blieb Ricco trüben Blickes in der Küche sitzen.
Nur noch zu fünft waren sie. Francesco schlug daher vor, sich statt im Salon in seinem Schlafzimmer zu versammeln. Aus Gründen größerer Sicherheit. Wovor er Angst hatte, verstand zwar niemand, nicht einmal er selbst wusste diese Frage zu beantworten, doch man kam seinem Vorschlag gerne nach. Im Schlafzimmer hatte Francesco außerdem vorsorglich alle Fensterläden geschlossen, so dass auch nicht ein kleiner Lichtstrahl nach draußen dringen konnte.

In der Küche beschwerte sich Caterina gerade darüber, dass ihre sorgsam bereitete Suppen an diesem Abend von allen verschmäht wurde. Denn nicht nur die vier Verschwörer fehlten an der Tafel. Lauretta hatte den ungewohnten Entschluss gefasst, an diesem Abend zu fassten. Nachdem sie aber von ihrem Platz am Hausaltar vertrieben worden war, wo sie den Abend im Gebet zu verbringen gedachte, war sie aus dem Haus gegangen, in der Absicht, eine Kirche aufzusuchen. Beatrice hatte bereits vor dem Essen von Magenschmerzen gesprochen und sich in ihr Zimmer zurückgezogen, den prüfenden Blick ihrer Mutter ignorierend. Ciuta zweifelte zwar an der Wahrheit des Vorwandes, doch war ihre Lebenserfahrung umfangreich genug, zu wissen, dass der heftige Wunsch nach Alleinsein ein junges Mädchen aus den mannigfaltigsten Gründen überkommen konnte.
Wo Niccolò steckte, wusste niemand. Und so war Ricco di Lapo an diesem Abend der einzige Mann, der die abendliche Tafel mit seiner – zumindest körperlichen – Anwesenheit beehrte.
Bald aber klopfte ein weiterer Mann – oder besser ein Männchen – an die Tür des Hauses und begehrte Einlass. Lemmo da Gubbio ließ sich ohne lange Reden der Begrüßung von Caterina einen Napf Suppe geben - „machse mir aber schön voll, gell – und begab sich sogleich, in der einen Hand den Napf, in der anderen den Löffel, in den Augen Wolllust, ebenfalls ins Schlafzimmer.

* * *

Die kalten Wellen des Wassers kühlten Niccolòs Glieder. Er wollte die Feuersbrunst in seiner Brust beruhigen, aber sein Herz schlug immer noch so heftig wie der Hammer eines Schmiedes auf den Amboss.
Er hatte niemanden sehen wollen, war aus der Werkstatt hinaus gerannt. Es hatte gerade zum Angelus geläutet, als er durch die Straßen von Assisi gelaufen war; hinaus aus der Stadt, durch die Porta Perlici und den Berg hinauf Richtung Eremo delle Carceri war er gerannt. An einer Lichtung war er stehengeblieben, hatte sich erschöpft auf einen Stein gesetzt und versucht, nachzudenken. Die Blitze seiner Gedanken entzündeten sich zu einem Gewitter in seinem Kopf. Warum Bice? Er liebte doch Ginevra. Was war passiert? Was hatte er getan?
Niccolò fand keine Antwort auf diese Fragen. Doch musste er sich jetzt um das Wichtigste kümmern. Heute Nacht sollte er zu Ginevra gehen. Unmöglich konnte er in diesem Kittel, voll von Farbflecken, zur Geliebten gehen. Ganz abgesehen von ihm selbst, der er Staub und Farbe an seinem ganzen Körper spürte. Sogar sein Haar war vom Leim der Tempera verklebt. An seinen Händen erkannte er alle Farben, mit denen er heute gemalt hatte. Das lichte Inkarnat, das er eigens für ihr Bildnis gemischt hatte; das Rubinrot, mit dem er ihre Lippen gemalt hatte; das dunkle Schwarz ihrer Augen, von denen er sich nicht mehr erinnerte, ob er sie wirklich ausgeführt hatte oder ob es bei der Absicht geblieben war. Die Farben Ginevras!
Langsam und nachdenklich hatte Niccolò den Weg nach unten in die Stadt angetreten. Er hatte die großen Straßen gemieden, einige Umwege durch die verschlungenen Gassen gemacht bis er endlich zuhause angekommen war. Es war die Stunde des Abendessens. Niccolò konnte daher hoffen, von niemandem gesehen zu werden. Er hatte die Fassade hinauf geblickt. Am Fenster von Beatrices Zimmer hatte er einen schwachen Lichtschein erkannt. Dieses Licht hatte ihm einen Stoß in den Magen versetzt, doch im nächsten Augenblick hatte es ihn auch beruhigt. Bice war anscheinend in ihrer Kammer, mit etwas Glück würde er ihr nicht begegnen. So leise wie möglich hatte Niccolò die Hintertür geöffnet und war die Treppe hinauf in seine Dachstube geschlichen. Dort hatte er nach seinem Sonntagsgewand gegriffen und war auf

dem gleichen Weg wieder hinunter geschlichen. Erleichtert hatte er die Tür wieder geschlossen. Niemand hatte ihn gesehen. Sogleich war er wieder los gerannt, aber diesmal in die entgegengesetzte Richtung. Durch die Porta San Francesco, den Hügel hinunter bis an die Ufer des Tescio. Er hatte sich einen Platz gesucht, der von dem wilden Wuchs der Macchia von den Blicken zufällig Vorbeikommender geschützt war, seine Kleider auf den Boden geworfen und sich ins Wasser gestürzt. Immer wieder war er in die kalten Fluten untergetaucht, bis sein Körper sich sauber anfühlte.

Niccolò zitterte am ganzen Körper, als er aus dem Wasser stieg. Schnell zog er sein gutes Gewand über, rollte die Alltagskleidung zu einem Bündel zusammen und stieg wieder hinauf zur Stadt. Es war bereits dunkel. Zur Porta San Francesco konnte er nicht mehr hineingehen. Das Tor war geschlossen und von zwei Wächtern bewacht. Er umrundete die halbe Stadt bis zur Porta Perlici an der Nordostseite. Dort stand ein junger Wachmann, der Niccolò kannte. Schon mehrmals hatte er ihn und seine Freunde zu abendlicher Stunde in die Stadt gelassen, wenn diese von ihren Ausflügen zum Eremo zurückgekehrt waren. Die Glocke von San Rufino schlug gerade neun Mal, als Niccolò durch das Tor eintrat. Beim Gedanken an das nächste Läuten begann sein Herz erneut wild zu schlagen. Er ging für ein kurzes Gebet in den Dom, bevor er sich auf den Weg zum vereinbarten Treffpunkt machte.
Vertraut war ihm die kleine Gasse, die dem Palazzo Moriconi gegenüberlag. Hier hatte er schon einmal gestanden und sein selbst verfasstes Lied gesungen. Wie lang war das her! Niccolò drückte sich in das Dunkel der Gasse, hörte unbemerkt den letzten Zechern und Würfelspielern zu, die auf ihrem Weg vom Wirtshaus vorbeikamen. Von Ginevras Dienerin war nichts zu hören. Doch hatte es auch noch nicht zur zehnten Stunde geschlagen. Niccolò wartete. Die Zeit verging nicht.
Endlich ertönte die Glocke. Niccolò zählte die zehn Schläge mit. Noch nie hatte eine Glocke so langsam geschlagen. Und immer noch passierte nichts. Erst nach einer weiteren Ewigkeit tauchte Ninuccia auf. Seltsamerweise aber kam sie vom anderen Ende der Gasse und forderte ihn auf, ihr in genau diese

Richtung zu folgen. Wortlos ging er der Dienerin und ihrer kleinen Öllampe durch mehrere Gassen nach, zwischendurch stiegen sie einige Treppenstufen nach oben, drückten sich dabei stets an die Mauer, um nicht von den Nachtwächtern entdeckt zu werden. Schließlich durchquerte Ninuccia einen gemauerten Torbogen, der so niedrig war, dass selbst sie, die nicht groß gewachsen war, den Kopf neigen musste. Niccolò wollte sich wieder aufrichten als er den Bogen passiert hatte, doch er musste feststellen, dass sie sich in einem Raum befanden, dessen Decke beinahe ebenso niedrig wie der Eingangsbogen war. Ninuccias Licht ging langsam zu Boden und verschwand kurz darauf plötzlich. Niccolò tastete sich an der Decke entlang, als er sie rufen hörte:
„Herr, ich bin hier unten!“, Langsam tastend ging Niccolò der Richtung der Stimme entgegen. Da sah er das Licht ein Stück unter sich.

„Die erste Stufe ist ein bisschen hoch“, hörte er Ninuccia sagen. Erst da merkte Niccolò, dass es dort eine Treppe gab, und Ninuccia bereits einige Stufen hinabgestiegen war. Am Ende der Treppen folgte ein Gang, der wieder so eng war, dass man sich an der Wand entlang tasten konnte. Das musste ein weiterer Weg der unterirdischen Stadt sein! Wie groß war diese Stadt? Gab es etwa unter der heutigen sichtbaren Stadt noch eine Stadt, die genauso groß war, die man aber nicht sehen konnte? Alles schien doppelt zu sein in Assisi, die Stadt, die Kirche von San Francesco, selbst die Worte, die die Menschen hier redeten, hatten eine doppelte Bedeutung.

Ninuccias Licht war stehengeblieben, Niccolò tastete einen Gegenstand. Er fühlte sich wie Holz an. Es war eine Leiter.
„Wir sind da, Herr“, sagte Ninuccia. Niccolò hörte, wie sie die Leiter hinaufkletterte und oben anscheinend eine knarrende Tür öffnete. Noch ein Stück ging es nach oben, dann kamen sie in einen kleinen Raum. Ninuccia führte ihn durch die Küche, in der noch das Feuer des Herdes brannte, und über die Treppe der Dienstboten hinauf. Schließlich klopfte sie an eine Tür.
„Ja?“, erklang die Stimme von drinnen. Das war Ginevras Stimme!

In Niccolòs Herzen schlug Amor heftig den Gong. Die Ritter auf den Wandelgängen der Burg des Vergnügens bliesen in ihre Fanfaren. Die dünne Stimme der Vernunft ermahnte und erinnerte ihn, weswegen er gekommen war. Nur reden wollte er, bloß nicht der Todsünde verfallen!
Ninuccia schob ihn ins Zimmer und schloss die Tür hinter ihm. Vom spärlichen Licht einer Lampe erhellt erstrahlte Ginevra vor ihm.

* * *

Beatrice lag auf ihrem Bett und blickte zu der bizarren Form des Lichts auf der Zimmerdecke. Sie hatte die Lampe im Fenster stehen lassen, weil sie, obgleich sie niemanden sehen wollte, doch Angst hatte vor den Gestalten, die ihr im Dunkeln erscheinen würden. Wenigstens überzeugte die Stimme ihrer Vernunft sie, dass das der Grund war. Leise, aber durchdringend hatte aber noch eine andere Stimme in ihr gesprochen: „Stell das Licht ins Fenster, dann sieht er, dass du da bist, und vielleicht findet er einen Weg zu dir." Doch die Stimme der Vernunft strengte sich an, die andere zu übertönen und selbst die Leitung zu übernehmen.
Die Vernunft war zum Kampf gerüstet. Mit Gugelhaube und Panzer angetan, das Schwert in der Linken, den Dolch in der rechten Hand, stand sie vor der Festung ihrer Seele, bereit, jeden Feind niederzuschlagen. Doch der Feind kämpfte nicht. So wie die Mäuse immer ihren Weg in eine belagerte Stadt finden, so schlichen auch sie leise und ohne vom Wächter bemerkt zu werden in den blühenden Garten der Seele: Schönheit, Vergnügen und Jugend. Und so schob der Wächter draußen aufmerksam seine Wache, während drinnen die Wesen, die er bekämpfen wollte, bereits ausgelassen tanzten.

Sie tanzten den Reigen um den Brunnen herum, dessen kristallklares Wasser in der Mitte des Gartens sprudelte. Sie tanzten über die Wiese mit den bunten Blumen, vorbei an den Maiglöckchen, die ihre weißen Köpfchen sittsam zur Erde neigten, den Kornblumen, die ihre blauen Blüten sehnsüchtig in den Himmel streckten. Sie pflückten den zartrosa Affodill und flochten Kränze daraus.

*   *   *

Das französische Altarbild, das filigrane Werk, Christus, von so unsagbar schöner Gestalt – ausgerechnet auf seinem Körper verunzierte ein dunkler Fleck das Bild. Warum fiel Francesco dieser Fleck gerade jetzt auf? Warum störte ihn diese eine Fliege, als sie sich immer wieder auf diesen Fleck setzen wollte? Drängte es ihn wirklich, die Fliege zu erschlagen, oder verlangte er vielmehr danach, so wie die beiden Folterknechte den schönlinigen Körper malträtierten, auf hässliche Hülle dieses Lemmo einzuschlagen?
Hatten sie nicht alles vorbereitet? Die Cavalieri hatten ihren Teil des Plans erfüllt. Trotz aller Widerstände hatten sie den Weg freigemacht, einen Plan entwickelt, damit Muzio und seine Männer ohne Kampf in die Stadt kommen und die Regierung übernehmen konnten.
Und jetzt sagte dieser Lemmo, dass alles egal sei, dass Muzio sowieso überall herein komme, wo er wolle, dass es Muzio doch völlig egal sei, was für ihn vorbereitet wird, er nimmt sich doch einfach was er will, hat er immer so gemacht!

Und dabei löffelte dieser hässliche Gnom die gute Suppe seiner Schwester, der Großzügigkeit der Familie Giotto di Bondones mit keinem Worte dank erweisend, schlürfte die letzten Tropfen direkt aus dem Napf und hätte am liebsten diesen gleich mit verschlungen. Der himmlische Begleiter der Dame, der Amor der göttlichen Venus!

„Glaubt ihr, das geht gut?“, fragte Giacomo Taddei dann auch, kaum dass Lemmo das Haus verlassen hatte, „ich meine, wird mit ihm das neue Reich kommen, die Regierung des Friedens und der Vernunft?“

„Vernunft? Du redest wie Bonaventura! Haben wir nicht lange genug auf ihn und seine Vernunft gewartet? Wenn wir den eisigen Wind vertreiben wollen, dann müssen wir handeln, nicht auf die Vernunft warten!“

„Aber Onofrio, wir haben doch geplant ...“

„Bonaventura hatte geplant, nicht wir! Er wollte, dass Muzio friedlich in Assisi einzieht, dass er mit seinen Reden und mit seinem Charisma die Menschen überzeugt und dass die ihn dann zum Podestà wählen! Das glaubt ihr doch wohl selbst nicht mehr! Denkt ihr denn wirklich, dass Gott immer auf der Seite der guten Herrscher stehen muss? Wenn das so wäre, dann gäbe es nur noch gute Regierungen. Wie lange sollte es aber dauern, bis sich die Vernunft durchsetzt? Nicht in Jahrhunderten wird das geschehen! Wenn wir jetzt etwas ändern wollen, dann müssen wir jetzt handeln!“

„Was sollen wir aber tun?“, fragte Francesco, „der Zugang durch die Unterstadt, der Plan Bonaventuras, ist das alles ohne Sinn? Was willst du machen, Onofrio? Willst du zuschauen, wie sie die Stadt überfallen und plündern?“

„Deswegen werde ich ihnen das Tor öffnen“, antwortete Bruder Onofrio, „die Wächter der Porta San Francesco mit ein wenig des Goldes aus unseren Schatzkammern zu bezahlen, damit sie in der vereinbarten Nacht vergessen, das Tor zu bewachen, war nicht schwer. Du aber, Francesco, bring lieber deine Familie in Sicherheit! Bring sie ins Mugello oder wohin du willst, aber jedenfalls weg von hier. Muzio wird sicher nicht warten, bis er zum Podestà gewählt wird, er wird sich das, was er will selbst nehmen. Genauso wie seine Truppen – du weißt wie Soldaten sind – nicht warten werden, bis ihnen das, was sie haben möchten, angeboten wird.“

Francesco hatte bereits voll Zorn Onofrios Gewand ergriffen, er ließ jedoch die erhobene Faust niedersinken ohne sie Onofrio ins Gesicht zu schlagen. „Du sagst, dass alles, wonach die Cavalieri gestrebt haben, all unser Sehnen, unsere Anstrengungen, dass alles umsonst war? Dass wir einem Trugbild nachgelaufen sind? Das neue Reich, das Reich des Friedens – nichts wird wahr werden?"

„Porca miseria, Francesco, glaubtest du je, das neue Reich sei ein friedlicher Garten, wo sich jeder sorglos seiner Kunst widmen, malen, dichten und was weiß ich noch machen kann? Wo dir niemand mehr Befehle gibt, wo niemand dir mehr verbietet, irgendetwas zu glauben oder zu denken? Hast du das wirklich geglaubt?"

„Ja", antwortete Francesco.

* * *

„Oh welch Glück widerfährt mir! Oh du, meine strahlende Nacht! Du Lager höchster Freude!" Die Worte des Dichters klangen in Niccolòs Ohren. So oft hatte er sich diese Begegnung vorgestellt; so häufig hatte sich die Szene in seinem Kopf abgespielt. Die Worte der Liebe, die sie im Schein der Lampe austauschen würden! All die galanten Liebenswürdigkeiten, die er ihr sagen würde. Und jetzt erinnerte er sich kaum noch an seine Worte; er erinnerte sich nicht einmal, ob er überhaupt Worte gesprochen hatte. Freilich konnte er zuerst nur scheu flüstern. Als er sie gefragt hatte, ob es wohl eine Sünde sei, nachts das Gemach einer verheirateten Frau aufzusuchen, hatte seine Stimme wohl gezittert.

Doch dann, als sie die Lampe zur Seite gerückt, ihr Gewand von den Schultern gleiten und ihn die seidene Feinheit ihres Untergewandes spüren ließ, und ihm gleichzeitig so überzeugend erklärt hatte, sie könne Ehebruch – wenn überhaupt – nur mit ihrem Ehemann begehen und auch dieser sei keine Sünde, weil sie ja nichts empfinde mit ihrem Mann, „ebenso wenig wie die Huren eine Sünde begehen", da waren die Worte der Liebe von selbst aus Niccolòs Lippen geflossen, gleich so als ob Amor selbst aus ihm spräche. Sie hatte ihn geleitet, die fürsorgliche Meisterin; er, der folgsame Schüler, war ihr gefolgt. Als seine Lippen dann, es dem Vorbild der ihren gleich tuend, die Süße dessen tranken, was das Gewand mehr versprach als verhüllte, diese sich wie Honig in seinen Glieder ergoss und wie Feuer seine Körpersäfte entflammte, da waren keine gesprochenen Sätze mehr vonnöten, nur noch reine Ausrufe des Entzückens.

Nicht müde wurden sie einander. Nicht wie Amnon der Thamar, nachdem er die Freuden ihrer Liebe genossen, überdrüssig geworden und sie verstoßen hatte. Diese beiden aber wünschten, die Nacht möge ewig währen. Sie nannte ihn ihren Iphis, ihren Endymion, ihren Lancelot; er hätte sie seine Sulamith, seine Selene, seine Thisbe nennen können, allein diese Worte fielen ihm erst jetzt ein, da der Moment vorüber war. Jetzt, da die Natur ihrem unvermeidlichen Werk nachgegangen war und die Körpersäfte wieder abgekühlt, nachdem die schöne Frau selig ihren Arm um seine Körper geschlungen in das alles vergessen machende Reich des Schlafs geglitten war.

Jetzt, da er den Hauch ihres Atem ganz nah spürte, ihren Geruch – diesen neuen Geruch, das war nicht ihr üblicher Duft nach Rosenwasser, es erinnerte ihn eher an Knochenleim –, als die zarte Flut ihres seidigen Haares seine Brust kitzelte, als er für einen kurzen Moment geglaubt hatte, das Paradies zu spüren, da krochen sie auch schon hervor, die kleinen gemeinen Wesen seiner Seele. Ganz leise kamen sie angeschlichen, flüsterten zuerst mit leiser Stimme, um dann immer deutlicher zu werden. Bald konnte er jedes ihrer Worte verstehen.

Die Rede der schweinerüsseligen *Unreinheit* dröhnte in seinem Kopf: „Das ist Sünde! Du hast der Versuchung des Fleisches nachgegeben! Bedenke, was ist schon der Körper? Der Bruder Esel! Er wird dich bald hierhin, bald dorthin ziehen und zuletzt in den Abgrund. Du bist jetzt der Sklave des Esels!“

Ihr folgte die grau verhüllte *Buße*: „Kehre um, bereue deine Sünde!“ Grazil, fast schmächtig erschien *Amor* jetzt, als er mit versiegender Stimmer rief: „Aber es ist doch Liebe!“

„Liebe! Es ist Sünde! Es ist Wollust! Obendrein ist sie die Frau eines anderen!“, donnerte Buße.

Mit einem gemeinen Lächeln auf dem Gesicht kam plötzlich *Eifersucht* hervor: „Ja, sie ist die Frau eines anderen“, sie sprach langsam und ruhig, „und wer weiß, ob sie wirklich nur eines anderen Frau ist. Wer bist du aber, dass du glaubst, sie würde dich allen anderen voranstellen? Ihr Haus besuchen Männer von Rang und Würden, Männer, die in der Kunst der Liebe größere Erfahrung und Fertigkeit haben als du. Was kannst du schon außer malen? (Und selbst das ...) Vielleicht wollte sie nur für eine Nacht ein bisschen Abwechslung, ein neues Spielzeug, weil sie der alten Spielsachen überdrüssig ist? Glaubst du nicht, dass sie deiner auch bald überdrüssig wird? Sieh doch, schon jetzt, im Schlaf, lacht sie über dich!“

Niccolò blickte in Ginevras vom Silber des Mondlichts schwach beleuchtetes Gesicht. Friedlich sah es aus, vielleicht sogar glücklich. Und doch, es schien als seien ihre Lippen zu einem Lächeln verzogen. Lachte sie vielleicht wirklich über ihn? Plötzlich verspürte er den Wunsch, ihren Arm, ihre Haare zur Seite zu schieben, aufzustehen und davonzulaufen.

Aber Amor gelang es, die anderen zu beruhigen: „Ihr habt ja recht, es ist Sünde. Doch morgen früh ist doch noch Zeit, zu bereuen. Morgen gehst du gleich in die Kapelle der heiligen Magdalena und bereust deine Sünden.“

Niccolò seufzte. Warum musste die Sünde so schön sein, dass man sich das Paradies kaum schöner denken konnte?

* * *

Ranieri di Giacomo rannte durch die Straßen der Stadt. Er rannte so schnell er konnte. Er hatte zwar schon mehrere Male seine Richtung gewechselt, unentschlossen, was jetzt das Vorrangigste sei. Zuerst war er in Richtung des Palazzo Moriconi gelaufen, er wollte seine Frau in Sicherheit bringen. Doch dann war ihm eingefallen, dass sein Auftraggeber es kaum verzeihen würde, wenn er nicht als erstes informiert würde. So rannte er die Straße wieder hinunter, die er zunächst herauf gelaufen war. Als dann aber die ersten roten Strahlen der Morgensonne die Ankunft des Tages – des Schreckenstages – verkündet hatten, da hatte er wieder an seine Frau denken müssen und war umgekehrt. Doch die Angst vor dem Zorn des Auftraggebers brachte ihn erneut dazu, seine Richtung zu invertieren. Und so rannte er jetzt und versuchte, nicht mehr zu denken, nur noch auszuführen, was von ihm erwartet wurde.

Dabei hatte er alles versucht, was er konnte. Er wollte sie von ihrem Plan abbringen. Dieser Plan war der reine Wahnsinn! Wäre doch Salvestro noch hier, er hätte die erhitzten Gemüter zum Abkühlen gebracht. Der Bestie zuerst den Kopf abzuschlagen, war falsch, das merkte Ranieri jetzt. Lebte sie doch trotzdem weiter und wütete kopflos noch viel verheerender als zuvor! „Bloß nicht darüber nachdenken!“, sagte Ranieri zu sich selbst, „er wird schon einen Ausweg wissen.“ Außer Atem klopfte er an die Pforte von San Pietro.

* * *

„Herrin, wacht auf! Beeilt Euch!“

Niccolò erkannte Ninuccias Stimme, begleitet von heftigem Gehämmer an der Tür. Ginevra, die noch immer ihren Kopf auf seiner Schulter gebettet hatte, streckte ein wenig ihre Arme und Beine in die Länge, drehte sich dann auf den Rücken und öffnete die Augen. Ihre Stimme klang eher gelangweilt als müde, als sie sagte: „Was ist los, Ninuccia? Kommt der Herr nach Hause? Er soll sich in seine Kammer zurückziehen und schlafen!“

„Herrin, er ist bereits unten bei den Pferden, er hat den Stallburschen geweckt und die Pferde satteln lassen. Er will aufbrechen, gleich!“

„Dann lass ihn, um Gottes Namen …“

„Er will mit Euch aufbrechen!“

„Was redest du da? Sag ihm, ich habe keinerlei Absicht …“

„Ginevra!“, tönte da Ranieris Stimme von draußen.

Niccolò blickte verzweifelt zur Tür.

„Schnell, in die Truhe!“, befahl da Ginevra und öffnete den schweren Deckel einer Hochzeitstruhe.

„Da rein? Nein … kann ich denn nicht …?“

„Wenn er dich findet, wird er dich töten und er kommt bereits die Treppe herauf.“ Sie schob ihn zur Truhe, Ninuccia sammelte derweil seine Kleidungsstücke ein und warf sie in die Truhe.

„Herrin, streift wenigstens Euer Nachtgewand über. Was soll er denken?“, hörte er Ninuccia flüstern. Dann wurde es dunkel.

* * *

Astrolabio verschloss missmutig die Kassette und steckte den Schlüssel in seinen Beutel. Was hatte dieser Ranieri da erzählt? Schon heute sollte es passieren? Und dieser Lemmo war bereits unterwegs? Warum hatten sie ihren Plan geändert? Warum schon heute?

Noch ein paar Tage, und er hätte sein Vorhaben vollenden können. Es war alles so reibungslos verlaufen bis zu dieser Sache mit dem Rosinenbrot. Warum hatte sich dieser Tölpel aber auch so ungeschickt angestellt? Das mit dem Honig funktioniere nicht bei Francesco di Giotto und diesem Onofrio, die seien nicht von dieser Sorte, hatte er gesagt. Was sollte das? Alle Männer sind „von dieser Sorte", wenn man es nur geschickt anstellte! Nun gut, er, Astrolabio hatte seinen Plan daraufhin geändert – Gift war nicht mehr so einfach möglich – und vielleicht hatte er zu lange gezögert, ihnen so erst Gelegenheit gegeben, sich neu zu organisieren.

Er stampfte wütend mit dem Fuß auf. Warum musste er auch auf solche Dummköpfe wie den Bader und den anderen zählen? Nun gut, wenigstens würden diese beiden kein Unheil mehr anrichten. Dennoch, Leone, Salvestro, Bonaventura – von den sieben Köpfen des Drachens hatte er erst drei abgeschlagen! Aus den übrigen Köpfen aber könnten neue erwachsen, gleich der Hydra, der für jeden Kopf, den Herkules ihr abtrennte zwei neue wuchsen. Besonders Francesco di Giotto und sein einfältiger Schwager mit ihren Kontakten nach Florenz, wo es eine große Gruppe der Fedeli d'Amore gab, waren gefährlich. Würde es ihnen erst gelingen, nach Florenz durchzudringen, dann würden dem Untier neue Köpfe wachsen! Aber welche Möglichkeit hatte er, Astrolabio, noch, dies zu verhindern?

Nach langer Abwägung aller Möglichkeiten kam Astrolabio zu dem Ergebnis, dass es das Beste sei, die Methoden der Fedeli und der Cavalieri anzuwenden. Er musste dem Untier ins Gesicht sehen, sein Vertrauen gewinnen. Er musste den eisigen Wind begrüßen und vorgeben, sich darin zu laben wie in einer Frühlingsbrise. Er würde ihm das Verhalten entgegenbringen, das die Cavalieri der heiligen Kirche gegenüber einnahmen. Er würde weinen.

* * *

Im vollkommenen Dunkel sah Niccolò ihn, den kleinen *Amor*. Splitternackt wie er selbst, lediglich den Köcher umgeschnallt, an dessen Riemen sich rote Herzen reihten, stand er vor ihm, in der Hand den Bogen und weiße Rosen, auch im goldlockigen Haar trug er einen Kranz weißer Rosen. Ein Jüngling von zierlicher Gestalt und anmutigem Antlitz. Doch konnte man nur einen Teil seines Gesichtes erkennen, er trug nämlich eine Binde auf den Augen.
„Laufe ihr nach, sofort!“, rief er Niccolò zu, „spute dich, oder du wirst sie nie wieder sehen!“
Diese Worte wiederholte er ständig. Doch erst als diese Worte das Einzige waren, was Niccolò hörte, als von draußen keine Geräusche mehr zu ihm hereindrangen, als die Worte Amors wie ein Chorgesang, der sich ständig steigerte, in seinem Kopf klangen, da wagte er, sich gegen den Deckel der Truhe zu stemmen.
Das Licht der Morgensonne blendete seine Augen. Er stieg aus der Truhe und war nun nackt und bloß dem vollen Schein des Lichtes ausgesetzt. Und da zeigte auch sie sich, die *Vernunft*, die zu ihrem Wirken des Lichtes bedarf, die im Dunkeln stets schweigt. Ihre klare Stimme ließ Amors Gesang immer schwächer werden:
„Was willst du? Ihr nachgehen? Was würdest du damit erreichen? Du würdest auf ihren Ehemann treffen, wie willst ihm das erklären?“
Da meldete Amor sich wieder, doch es war kein harmonischer Gesang mehr, sondern seine Stimme klang jetzt schwach und heiser: „Du könntest ihn doch töten, diesen Messer Ranieri, dann würdest du mit ihr glücklich!“
„Ja, das könntest du“, sprach da wieder die Vernunft, „doch bedenke, Messer Ranieri ist ein Herr, hat schon an manchem Turnier teilgenommen und vielleicht auch so einige Kämpfe bestritten. Du hast in deinem Leben noch kein Schwert in der Hand gehabt, ja du kannst kaum ein Kaninchen töten. Was, wenn er dich ins Jenseits versetzt, dann nimmst du alle deine Sünden mit?“
Bei diesen Worten drehte sie den Spiegel um, den sie in der Hand hielt. Im Spiegel erblickte Niccolò das Bild Vitellozzos am Galgen.
„Kehre um, bereue deine Sünden!“, donnerte da die *Buße* aus dem Hintergrund.

„Zieh dich erst einmal an", sagte die Vernunft mit ruhiger Stimme, „und dann, wie willst du ihr eigentlich nachgehen? Zu Fuß? Du weißt ja noch nicht einmal, in welche Richtung sie geritten sind."

* * *

Schließlich machte Niccolò sich auf den Weg. Er ging durch die Straßen, durch die er jeden Morgen der letzten Monate gegangen war, und doch kam es ihm vor, als sei es das erste Mal. In der Stadt war es seltsam ruhig. Einige Fenster und wenige Türen der Häuser wurden geöffnet. Die ersten Frühaufsteher kamen heraus, um ihrer täglichen Arbeit nachzugehen. Es schien ein gewöhnlicher Morgen wie viele andere vorher und nachher. Die Einwohner der Stadt wussten noch nicht, was heute geschehen würde. Was würde aber geschehen? Wer wusste es?

Die Stimmen in Niccolò redeten unaufhörlich weiter. Wie lange wird es wohl dauern, bis Muzio und seine Truppen hier sind? Wenn der Kurier, von dem Messer Ranieri gesprochen hatte, heute Nacht – vielleicht um Mitternacht? – nach Perugia aufgebrochen war, mochte er wohl in den ersten Morgenstunden dort angekommen sein. Niccolò erinnerte sich an seine eigene Wanderung, die so lange zurücklag. Sie hatte damals beinahe einen Tag gebraucht, einen Tag im November. Jetzt waren die Tage länger. Der Kurier würde wohl weniger lang unterwegs sein. Doch waren sie bei Licht gewandert, der Kurier müsse den Weg im Dunkeln finden. Allerdings war die letzte Nacht doch vom Vollmond erhellt. Wenn die Truppen dann aber bei Ankunft des Kuriers gleich aufbrächen, dann könnten sie kaum vor Mittag hier sein. Doch besaß dieser Muzio wohl sehr schnelle Pferde und geschickte Reiter. Um wie viel schneller ist aber wohl ein Reiter als vier Jünglinge zu Fuß? Oh, wenn doch Bice hier wäre! Sie würde alles genau berechnen.

Bice – zum ersten Mal seit dem vorigen Abend, der, obgleich kaum durch Schlaf vom heutigen Tag getrennt, in so weiter Ferne lag, kam sie ihm in den Sinn. Wo war sie wohl jetzt? Wenn Messer Ranieri seine Frau in Sicherheit gebracht hat, dann würde doch wohl auch Francesco seine Familie aus Assisi herausbringen? Messer Ranieri hatte Ginevra sogar befohlen, ohne Gepäck aufzubrechen. Ja, er wollte ihr nicht einmal die Zeit lassen, sich anzukleiden. In seinem Hause auf dem Land gäbe es genügend Kleidung und alles, was man sonst so brauche. (Hatte er etwa gar nicht bemerkt, dass sie splitternackt war?) Nun, Francesco würde nie ohne Gepäck aufbrechen und seine gesamten Besitz zurücklassen. Sein Aufbruch würde also viel länger dauern, als der Ranieris und Ginevras. Zu den kostbarsten Dingen, die Francesco besaß gehörten aber auch seine Farben und seine Werkzeuge. Er würde also auf jeden Fall vor dem Aufbruch in den Konvent kommen, oder jemanden aus seiner Familie hinschicken. Und wieder rann ein Schauer durch Niccolòs Körper, doch diesmal fühlte er sich warm und wohlig an.

* * *

„Ich dachte, du wärst schon fort? Haben sie dich denn nicht mitgenommen?" Bruder Onofrios Stimme klang undeutlich, weil er irgendetwas im Mund hatte und darauf herumkaute. Niccolò erschrak, doch gleich darauf fühlte er sich erleichtert. Wenigstens ein bekanntes Gesicht!
„Was ist geschehen? Wo ist Meister Francesco? Und die anderen? Was tust du hier?"
„Das sind zu viele Fragen auf einmal, mein Lieber. Und dabei ist die interessanteste Frage doch: Wo kommst du auf einmal her?"

„Äh, von draußen ..."
„Ma va?", Onofrio nahm die Füße von dem Weihwasserbecken, auf dem er sie abgelegt hatte, und setzte sich aufrecht auf seine Holzkiste. Kauend neigte er sich zu Niccolò, „sie sind weg, fort, geflüchtet. Vorher hat er selbstverständlich noch seine Schwestern hergeschickt, um alles wegzutragen, was auch nur irgendeinen Wert hat. Das Ultramarin haben sie natürlich zuerst eingepackt, aber noch nicht einmal ein bisschen Rauschgelb wollten sie mir lassen, diese Geizhälse. Das letzte ist das, was ich gerade im Mund habe", er grinste schief, „du hättest übrigens Bices Gesicht sehen sollen! Es schien fast, als habe Francesco sie hergeprügelt. Ganz verschwollene Augen hatte sie, und nichts hat sie gesagt, die ganze Zeit!"
„Ja und, wo sind sie jetzt?"
„In sein Haus ins Mugello wollte er sie bringen. Doch müssen sie wahrscheinlich über Neapel nach Florenz reisen, denn sie werden kaum die Straße nach Perugia nehmen können. Ist das nicht seltsam, dass sie jetzt alle die Stadt verlassen, wo doch das Ziel erreicht ist, das wonach sie alle strebten. Der Ritter kommt und die Geliebte stirbt! Und ich sage dir noch etwas: es ist besser so. Es ist besser wenn die Dame ihre fliehenden Diener nicht mehr erkennt, die nur noch ihre eigene Haut retten wollen. Sophia ist schon lange fort."
„Bruder Onofrio, ich weiß, dass du die Gelübde deines Ordens nicht ernst nimmst. Aber wer ist sie, wer ist Sophia?"

„Du einfältiger Novize! Es war ein Fehler, dich in den Kreis der Cavalieri aufzunehmen; du hast nichts verstanden. Du kennst nur das Schmachten nach der Fleischeslust, deren Freude dann, wenn du sie endlich erreicht hast, dahinschmilzt wie Schnee in der Sonne. Aber wir, wir glaubten daran! An die Liebe, die unvergängliche, ewige, reine Liebe! Und was kann wohl unvergänglich sein? Doch nur das, was nicht verbraucht wird! Das ist die Liebe, die aus dir einen neuen Menschen macht! Die Liebe zu Sophia – ich nenne sie so – andere nennen sie vielleicht Costanza, Madonna Povertà oder auch Beatrice, ‚die Seligkeit verheißende'. Diese Liebe, diese Dame enttäuscht dich nie, denn die Dame ist frei von Sünde. Nicht einmal das weiße Martyrium – du weißt wohl, was das ist?"

Niccolò nickte.

„Das weiße Martyrium! Du riechst den Duft ihres goldenen Haars, du spürst die Berührungen ihrer Haut auf deiner, du fühlst die Strahlen ihrer schwarzen Augen! Den süßesten Honig bietet sie dir, aber du isst ihn nicht; du siehst ihn nur an, sein Duft erregt deine Wollust, aber du bleibst stark. Wie einst Eva im Paradies ihrem Mann die verführerische Frucht darbot und damit sich und das gesamte Weibsvolk verdammte. Doch du bist nicht wie der schwache Adam, du bist der neue Adam!"

Plötzlich kam es Niccolò vor, als verließe jede Kraft seinen Körper. Müde setzte er sich auf den Boden.

„Sie hätten dich übrigens mitgenommen, sozusagen als Familienmitglied. Aber leider wusste kein Mensch, wo du stecktest."

Niccolò sah überrascht zu Bruder Onofrio auf. Hörte er da etwa Neid in dessen Stimme? Mutlos fragte er: „Aber wir, was sollen wir jetzt machen?"

„Wir? Ich bin durch mein Ordensgelübde gebunden. Du aber kannst machen, was du willst. Du kannst ihnen nachreisen oder du kannst hierbleiben."

„Ja aber, soll nicht etwas Fürchterliches passieren?"

„Was Fürchterliches? Nein, nur das Übliche: Besatzung, Brandschatzung, Plünderung. Was soll uns schon passieren? Wir haben doch nichts, was sie uns rauben könnten. Außer ...", er sah Niccolò mit einem breiten Grinsen an, „außer unserer Jungfräulichkeit."

Auch Niccolò bemühte sich zu grinsen: „Weißt du übrigens, mein Martyrium war nicht weiß, und es war eigentlich noch nicht einmal ein Martyrium."

* * *

Traurig und enttäuscht betrat Niccolò die Kapelle der heiligen Magdalena. Es schien, als ermahnten ihn alle Personen auf den Fresken an den Wänden. Wie verbitterte, unzufriedene alte Tanten sahen sie ihn an, Riccos Holzpuppen! Niccolò kniete sich vor den Altar und betete. Er bat die heilige Magdalena um Vergebung seiner Sünden und vor allem um eine Antwort auf seine drängendste Frage, was er jetzt tun solle und wohin er jetzt gehen könne. Plötzlich traf ihn der Strahl des göttlichen Lichts! Es gab doch einen Ort, an dem er stets willkommen war, wo immer Frieden waltete, nie Streit, und wo vor allem Muzio und seine Peruginer nie hinkämen, weil sie noch nicht einmal wussten, dass es diesen Ort gab. Dort konnte er Ruhe finden, überlegen, was zu tun sei und mit Amor die Angeleigenheit ohne Eile bis ins letzte Detail besprechen. Die heilige Maria Magdalena blickte aus dem Bild auf ihn herab, wirklich, sie sah ihn an vorbei am büßenden Bischof sah sie auf ihn, ihre Lippen hatten sich zu einem Lächeln geformt. Sie hatte ihm geantwortet! Niccolò blieb in der Kapelle, bis die Mönche in der Oberkirche die Prim beendet hatte. Dann wandte er sich an einen älteren Mönch und bat ihn, ihm die Beichte abzunehmen. Mit frisch gereinigter Seele verließ er die Stadt durch die Porta Perlici.

Teil 7 – separatio

1. Kapitel

Die Flammen tanzten über dem Feuer. Wie Mädchen und Jünglinge auf einem Fest tanzten sie. Da waren die jungen Mädchen, zum ersten Mal durften sie auf einem Ball tanzen und verschämt warteten sie, dass ein Jüngling sie zum Reigen auffordern würde. Sie tanzten erst langsam, verhalten, dann aber wurden sie immer kühner, ihre Bewegungen anmutiger, ihr Reigen schneller bis sie sich endlich im Rausche der Musik vollkommen auflösten. Da waren die forscheren Mädchen, die nicht schüchtern den Blick zu Boden senkten, sondern selbst den Jüngling erwählten, den sie dann mit dem Strahl ihres Blickes ermutigten, sie zum Tanze aufzufordern. Sie tanzten zielstrebig auf die Mitte der Tanzfläche zu ohne gewahr zu werden, dass sie dabei die anderen verdrängten. Sie lösten sich viel später auf als die anderen, die zurückhaltenden. Manche sogar erst, wenn ein neues Stück Holz ins Feuer gelegt wurde, in dessen Innern neue und kräftigere Tänzer steckten, die die anderen an den Rand drängten.

Niccolò schaute ihrem Tanz zu und sinnierte, welche Position wohl die bessere sei. War es trefflicher, lange in der Mitte zu tanzen, von allen beachtet und selbst singend in die Weisen des Reigens einzustimmen? Oder sollte man sich lieber am Rande halten, um möglichst bald dem allen unausweichlichen Ende entgegenzugehen?

Er blickte an sich herunter. Er trug noch immer das Gewand, das er einst für den Besuch bei Ginevra angelegt hatte. Doch glich es in nichts mehr einem Feiertagsgewand. Schmutzig hing es an ihm herunter, durch die vielen Löcher waren Teile seiner ebenso schmutzigen Haut zu sehen. Seit langer Zeit – und Niccolò wusste nicht einmal, wie viele Tage oder Wochen oder gar Monate seither vergangen waren – hatte er sich nur notdürftig an der Quelle gewaschen. Mit jedem neuen Tag, stets etwas kühler als der vorangegangene, war auch das Wasser kälter.

Sein Blick streifte weiter über die Steine am Boden, auf die er mit angebrannten Stöcken gezeichnet hatte. Zeichnungen von Gesichtern, Tieren – er erinnerte sich kaum noch – schon riss die herbstliche Feuchtigkeit die Bilder an sich und verschmolz sie mit dem Nebel der Erinnerungen. Alles verschwand irgendwann im Nebel, jede Kontur war dazu bestimmt, sich aufzulösen.

Weiter unten am Hang sah er die grazile Figur fra' Gentiles, die gleich darauf wieder im Gestrüpp verschwand und sporadisch erneut auftauchte. Noch weiter unten sah er nur den dichten Nebel über dem Tal liegen, so dicht, dass nur eine weiße Fläche zu sehen war.

„Vielleicht ist das das Paradies?", dachte Niccolò und hörte seinen Magen knurren, als wolle dieser seinem Gedanken widersprechen, „ist es nicht das, was man sich immer erwartet? Friede, Liebe, Brüderlichkeit und gemeinsamer Besitz?"

Fra' Gentile im Gestrüpp auf der Suche nach essbaren oder anderweitig verwertbaren Kräutern kam Niccolò plötzlich wie ein Engel vor. Ein Engel, der in einer Himmelssphäre über den Wolken schwebt. Ein Paradies des Friedens und der Liebe – und des Schmutzes und des Hungers, entgegnete eine Stimme in ihm.

„Was ist mit dir, lieber Bruder?“ Niccolò drehte sich um. Fra‘ Maso schlich sich stets lautlos wie eine Katze heran. Doch zum ersten Mal merkte Niccolò, dass es ihn störte.
„Du siehst aus, als hättest du gerade einen Dämon erblickt. Sollte da etwa ein Waldschrat aus dem Nebel auftauchen?“
„Ach, nein, ich … ich habe nur nachgedacht.“
„Selig sind die da geistlich arm sind, denn das Himmelreich ist ihr …“
Niccolò runzelte die Stirn, doch fra‘ Maso redete weiter: „Denk nicht, sei doch einfach glücklich. Gibt es denn im Leben eine vollkommenere Seligkeit als diese, die dir gerade widerfährt?“
„Ja!“, rief die Stimme in Niccolòs Magen, aber er sagte: „nun, ich weiß nicht, vielleicht, wenn wir arbeiten würden? Alles, was ich auf Steine zeichne, löst sich gleich wieder auf, ich sehe nichts von meiner Arbeit.“
„Was hängst du dein Herz auch an vergängliche Dinge? Deine Arbeit! Was kannst du schon erschaffen, was nicht dazu bestimmt ist, zu Nichts zu werden?“
„Aber doch nicht schon sofort, vor meinen Augen?“
„Deine Zeichnungen, was sind sie schon! Auch du, dein Körper wird zerfallen vor den Augen derer, die dann noch sehen können! Nichts, was aus der Erde kommt, ist von Dauer. Hänge doch dein Herz nicht an vergängliche Dinge!“
„Aber Dinge, ich meine“, Niccolò zögerte ein wenig, doch als er sah, dass fra‘ Maso schon Luft holte, um seine Rede fortzusetzen, beeile er sich, ihm zuvor zu kommen: „ich meine, die wenigstens nicht sofort vergehen, können doch auch dazu gemacht sein, uns einen Vorgeschmack des Ewigen zu geben. Wenn ich ein Fresko gemalt habe und dieses verbessert habe solange, bis ich endlich zufrieden damit war, dann habe ich dieses Glück gefühlt und was ist denn Glück, das wir im Leben empfinden, anderes als der Vorgeschmack des Paradieses?“
„Glück im Leben? Nichts ist es! Lug und Trug ist es!“ Fra‘ Maso sprang auf, „glaubst du, Menschen könnten nicht etwa auch Glück empfinden durch den Wein oder sogar durch Frauen? Aber das Glück, das aus der Sünde kommt, ist ein Vorgeschmack der Hölle! Der Teufel selbst schickt es uns, um uns in sei-

nen Abgrund zu ziehen! Alles ist eitler Tand: Wein, Frauen, Reichtum, Arbeit … alles ist Teufelswerk!"

„Was hast du, Bruder? Was tobst du?" Fra' Gentile war unbemerkt herangekommen. Er trug einen mit verschiedenen Blättern gefüllten Korb am Arm.

„Fra' Maso sagt, meine Arbeit sei nur eitles Teufelswerk", murmelte Niccolò.

„Aber Bruder, was redest du? Heißt es denn nicht: ‚Gehe hin zur Ameise, du Fauler, siehe ihre Weise an und lerne![1]'? Schwester Ameise macht es uns vor."

„Ja, die Ameise!", rief fra' Maso und sprang immer wilder herum, „die Ameise arbeitet fleißig, sie schleppt schwere Gewichte, viel schwerer als ihr eigener kleiner Körper, aber sie schafft kein eitles Werk, für das sie gelobt werden will! Ihre Arbeit ist kein Vergnügen, sie arbeitet im Schweiße ihres Angesichts. Sie malt keine Bilder und betrachtet sie dann mit Stolz, sie rackert sich ab bis zum Tode, sie …"

Niccolò spürte, wie der Ärger in seiner Seele sich zum Angriff vorbereitete. Er spitzte gerade einen kleinen Pfeil, setzte ihn an den Bogen und schoss: „Mir scheint nicht, lieber Maso, dass du dich im Schweiße deines Angesichts abrackerst und wie die Schwester Ameise unter dem Gewicht deiner Last zugrunde gehst."

„Sagst du da etwa, ich sei faul! Du, der du immer noch den Reichtümern nachläufst! Denn was sind deine Bilder denn sonst? Ruhm und Reichtum willst du und nennst es Arbeit! Besser würdest du es Konfusion nennen oder trauriges Vergessen jeder Tugend! Die Herrin Armut hat dir ihre Krone angeboten und du stößt sie weg!"

„Lass ab, Bruder! Was tust du?" Fra' Gentile hielt fra' Maso am Arm, der mit geballten Fäusten auf Niccolò losgehen wollte, „er ist doch unser Bruder!"

„Ich bin nicht euer Bruder", Niccolò lies seinen Stock fallen, „ich war euer Gast. Ich danke euch für eure Gastfreundschaft. Alles Gute!"

Mit diesen Worten ging er davon.

* * *

Obgleich es heller Tag war, wurde die Porta Perlici von drei Männern bewacht. Sie fragten Niccolò nach seinem Vorhaben in der Stadt aus. Auf die Antwort, er wolle zum Hause des Florentiners Francesco di Giotto, brummte der eine von ihnen nur, es gäbe keine Florentiner mehr in Assisi. Niccolò erklärte, Francesco di Giotto müsse noch da sein, sei er doch mit der Ausmalung von Querhaus und Apsis von San Francesco beschäftigt und könne damit wohl kaum fertig sein. Es sei eine wichtige Aufgabe, ein Auftrag des Kardinals Orsini ...

„Es gibt keine Kardinäle mehr in Assisi!", fauchte der Brummige, „und es gibt keine Bettler mehr in Assisi. Deswegen gehe du am besten dahin, wo du herkommst!"

„Aber ich bin Maler! Ich arbeite für Kardinal Orsini ..."

„Habe ich dir nicht gerade gesagt ...", der Brummige stieß Niccolò mit einem kräftigen Schlag seiner Faust vom Tor weg. Doch sein Kollege zog ihn zur Seite und redete so leise auf ihn ein, dass Niccolò es nicht verstehen konnte.

„So, ein Maler bist du also. Wie ist dein Name?", wandte er sich dann an ihn.

„Niccolò di Ranuccio, aus Florenz."

„Kannst du Fresken malen?"

„Natürlich, ich arbeite bei Francesco di Giotto, dem Sohn des berühmten Giotto di Bondone ..."

„Dem Florentiner, gut. Wo wohnst du?"

„In seinem Haus, im Hause Francesco di Giottos ...", Niccolò war inzwischen nicht mehr sicher, ob er dort wirklich noch wohnte.

Aber zu seiner Verwunderung ließen die Wachen ihn in die Stadt. Kaum hatte er das Tor passiert, sah er den Wächter auf seinen brummigen Kollegen einreden.

* * *

Wie hatte sich die Stadt verändert, seit Niccolò sie verlassen hatte! Nur wenige Menschen liefen auf den Straßen umher. Und diese wenigen gingen zügig ihres Weges, den Blick gesenkt geradeaus gerichtet, als ob eilige Geschäfte sie vorantrieben. Nur wenn sie einem der berittenen Soldaten begegneten, hoben sie kurz ihren Blick, um dann flink zur Seite zu springen. Niemand sprach mit Niccolò, niemand grüßte ihn. Ihm war, als betrete er einen völlig neuen Ort.

Die Piazza del Comune war beinahe menschenleer. Nicht einmal am frühen Morgen hatte Niccolò sie bisher so leer erlebt. Auf dem Dach des Palazzo Comunale wehte die ghibellinische Fahne; aus den Fenstern des Palazzo del Capitano hingen Banner, die einen aufsteigenden Löwen zeigten. Niccolò wusste nicht, was der Löwe zu bedeuten hatten. Aber die Fahnen der Ghibellinen beruhigten ihn ein wenig. Francesco hatte doch stets die Ghibellinen gelobt, eine bessere Regierung von ihnen erwartet, eine Regierung, die endlich dem Volk und der Vernunft ihren Platz einräumte. Musste dann jetzt nicht alles besser sein? Francesco und seine Familie mussten doch zurückgekommen sein und vielleicht würden sie ihm, dem Abtrünnigen, seine lange Abwesenheit verzeihen.

Dennoch pochte sein Herz, als er an die Tür des Hauses klopfte. Er musste mehrmals anklopfen, bevor eine Stimme von drinnen fragte, wer da sei. Es war die Stimme der alten Margherita! Also waren sie doch hier!
Margherita öffnete ihm die Tür. Sogleich fiel sie Niccolò um den Hals und küsste ihn. Niccolò kämpfte gegen die Tränen, die sich in seinen Augen sammelten. Er hatte Vorwürfe ob seines langen Ausbleibens erwartet und nun empfing sie ihn, als habe sie ihren längst verloren geglaubten Sohn wieder gefunden! Er spürte ihre mageren Arme, ihren kleinen schmächtigen Körper, ja es schien ihm, als sei sie noch dünner geworden. Auch ihr Gesicht war noch runzliger als er es in Erinnerung hatte. Die Haut ihrer Wangen war nach innen gezogen wie die Wand eines leeren Weinschlauchs, ihre Augen saßen so tief in den Höhlen, dass ihr Gesicht wie ein Totenschädel anmutete.

Plötzlich sah die Alte ihn beinahe vorwurfsvoll an: „Junge, wo warst du? Sie haben auf dich gewartet, solange sie konnten, solange bis es nicht mehr ging."
„Was soll das heißen? Wo sind die anderen?"
„Sie sind weg. Alle."
„Wer alle? Und wohin?"
„In den Süden, Richtung Spoleto, alles andere sei zu gefährlich, sagte Meister Francesco. Ins Mugello wollten sie, in jene ruhige Gegend, wo Meister Giotto ein Haus gekauft hat. An jenem unheilvollen Morgen sind sie aufgebrochen. Bis zum Abend wollte Francesco schon in Montefalco sein, deswegen konnten sie auch nicht mehr auf dich warten. Auch wenn die Mädchen sich sehr gesträubt haben. Besonders Bice, sie hat sich geweigert, ihre Sachen zu packen, sogar sich anzuziehen. Am Ende hat er sie fast aus dem Haus geprügelt. Wenn ihre Mutter nicht eingegriffen hätte, wäre das noch böse ausgegangen …"

Fassungslos sah Niccolò die Alte an.
„Signora Ciuta wollte, dass ich mit ihnen gehe. Doch so eine Reise ist für meinen alten Körper nichts mehr. Und dann, was soll mir schon passieren? Das schlimmste, was sie mir antun können, ist, mich zu töten. Und in meinem Alter hat der Tod jeden Schrecken verloren."
„Wer soll Euch etwas antun, Monna Margherita? Was ist denn eigentlich los?"
„Weißt du denn wirklich von nichts, Junge? Ein Sturm kam auf, ein fürchterlicher Sturm! Sie sind hier! Wohl zwei Monate schon sind sie hier. Seitdem kann jeder Tag unser letzter sein. Hoffentlich hast du alle deine Sünden gebeichtet? Wenn nicht, dann lauf jetzt gleich in die Kirche. Beeile dich, bevor der heilige Vater das Interdikt über die ganze Stadt verhängt! Schnell, lauf in die Kirche des heiligen Petrus, zu den Benediktinern. Das ist die einzige Kirche, die noch sicher ist. Nicht einmal S. Francesco …"

Die schmächtige Margherita sah plötzlich mächtig wie ein alter Baum aus, als sie versuchte, Niccolò nach draußen zu schieben.
„Aber wer ist denn hier?"

„Ghibellinen! Gottloses Gesinde! Verräter haben in jener Nacht beschlossen, den Truppen dieses Muzio di Francesco die Tore zu öffnen. Von oben sind sie gekommen, von der Porta San Giacomo und der Porta Perlici. Muzios Botschafter, dieser Lemmo da Gubbio, war bereits in der Nacht zuvor hier. Weiß der Teufel, wie er in die Stadt gekommen ist! Meister Francesco war dagegen, auch Messer Ranieri – du weißt schon, der Mann der hübschen Ginevra ..."
Ein kurzes Zucken durchzog Niccolò. Hatte Monna Magherita ihm da etwa einen zweideutigen Blick zugeworfen? War die Alte denn allwissend?
„... aber die anderen waren nicht zu überzeugen. Vor allem Bruder Onofrio, dieser Satan im Gewand eines Heiligen, bestand darauf. ‚Die Tore werden geöffnet, und wenn ich es allein machen muss!', schrie er irgendwann. Er macht es sich leicht, er hat keine Familie zu beschützen. Aber Meister Francesco ... Nun, den Rest weißt du ja schon. Meister Francesco wollte sofort seine Familie in Sicherheit bringen, und auch Messer Ranieri eilte gleich zu seiner Frau. Recht tat er, denn wenn Muzios Horden sie in die Finger kriegen ..."
„Ghibellinen regieren in Assisi? Aber heißt das nicht, dass alles besser wird? Sie herrschen doch auch in Arezzo und das soll doch so eine gerechte Regierung ..."
„Die Glocken haben Sturm geläutet an jenem Abend. Du würdest dich wundern, wer alles geläutet hat: zuerst vom Campanile von S. Rufino – vier der Kanoniker haben sich auf die Seite der Verräter gestellt – dann läuteten die Glocken von S. Stefano und S. Andrea. Schließlich stimmten sogar die Pfarreien des Umlandes, S. Nicola di Sterpeto, S. Donato, S. Stefano della Costa, S. Maria di Trecuscio. Unser guter Bischof Tebaldo hat die ganze Bande exkommuniziert, aber auf Muzio und seine Horden macht nicht einmal das mehr einen Eindruck, ist ihnen die ewige Verdammnis doch ohnehin schon sicher. Muzio selbst hat sich zum Capitano del Popolo erklärt, obgleich doch jeder weiß, dass man in dieses Amt gewählt werden muss. Sein Verbündeter, der perfide Bischof Tarlati von Arezzo, sandte seinen ebenso perfiden Vertrauten, einen gewissen Vanne di Poppi, der jetzt das Amt des Podestà auszuüben vorgibt. Bewacht wird das ganze Unrecht übrigens von den Reitern, die Federico da Montefeltro ihm schickte."

Niccolò hörte den Bericht mit Entsetzen. Sollte das die Regierung sein, in die Bruder Onofrio so große Hoffnungen gesetzt hatte? Hatte Onofrio diesen Muzio nicht als Friedensbringer bezeichnet, und Bischof Tarlati gar mit den glorreichen Kaisern Friedrich und Heinrich verglichen?

„Am schlimmsten aber", setzte Margherita ihre Rede fort, „sind sie mit unserem guten Bischof Tebaldo umgesprungen. Sie nahmen ihn gefangen, sie plünderten seinen Palast. Zuletzt musste der arme Bischof in seine Heimatstadt Todi fliehen, die wie du sicher weißt, auch meine Heimat ist ..." Bei diesen letzten Worten spürte Niccolò den Stolz in ihren Worten.

„Heißt das, S. Rufino ist ohne Bischof?"

„Wir sind ohne geistliche Führung, deswegen gehe sofort deine Sünden beichten und lasse dich segnen. Wer weiß, wie lange das noch geht ..."

Während sie immer leiser redete, so dass sie die letzten Worte flüsterte, schob sie Niccolò endgültig zur Tür hinaus. Aber kurz bevor die Tür ins Schloss schlug, steckte er noch einmal den Kopf hinein: „Monna Margherita, habt Ihr wohl ein Stück Seife?"

* * *

Es war Niccolò egal, dass das Wasser des Tescio kalt wie Eis war. Er zog sich komplett aus, stieg in die Fluten und seifte sich mit dem kleinen Seifenstück solange ein bis er überall den reinigenden Schaum spürte. Endlich würde sein eigener Geruch nicht mehr in die Nase steigen, würde sich sein Haar nicht mehr wie gefettete Wolle anfühlen.

Bevor er die Stadt durch die Porta San Pietro verließ, hatte er sich dort einen kurzen Moment zum Gebet aufgehalten wie ihm Margherita geraten hatte. Einen sehr kurzen Moment, doch da er in den letzten Wochen bei den Brüdern im Eremo lediglich im Geiste gesündigt hatte, glaubte er, dass es vorerst ausreichte. Der Wunsch, endlich wieder einen sauberen Körper zu haben, war so stark, dass er sich ohnehin kaum auf das Gebet konzentrieren konnte. Er würde nach dem Bade noch einmal in die Kirche zurückkehren und hoffte, dass nicht etwa zwischenzeitlich die Nachricht vom päpstlichen Interdikt die Stadt erreichte.

Seine Glieder zitterten in der feuchten Kälte des Novembers, als er aus dem Wasser stieg und seine schmutzigen und verschlissenen Kleider wieder anzog. Er beschloss, zunächst in der Dachkammer nachzusehen, ob sein altes Gewand noch dort war. „Wo soll ich auch sonst hingehen?", dachte er und stieg den Hügel, den Höllenhügel, wieder hinauf.
Schon von weitem sah er die beiden Gerichtsdiener vor der Haustür stehen. Sie redeten auf die alte Margherita ein, die sich mit der ganzen Kraft ihres schmalen Körpers gegen die Tür stemmte. Kaum aber erblickte der eine Niccolò ließen sie auch gleich von ihr ab und wandten sich ihm zu:
„Bist du Nicola, der Maler aus Florenz?"
„Niccolò!", verbesserte Niccolò, „ja, der bin ich."
„Der Capitano del Popolo verlangt, mit dir zu sprechen."
„Wann?"
„Jetzt sofort, glaubst du etwa, der Capitano lässt sich zweimal bitten?"
„Bitte, darf ich wohl erst meine Kleider wechseln?", fragte Niccolò.
„Nein!", erwiderte der Büttel und stieß ihm die Faust in den Rücken, wie um ihn in die richtige Richtung zu setzen.
Niccolò warf Margherita einen fragenden Blick zu, bekam aber nur ein Schulterzucken zur Antwort und trottete dann vor den beiden, die ihn ständig zur Eile ermahnten, bis zur Piazza Comunale. Dort schoben sie ihn eine Treppe hinauf, durch einen großen Saal und in einen Raum, hießen ihn, dort zu bleiben und zu warten und verriegelten die Tür von außen.

Niccolò blieb zunächst eine Zeit lang verdutzt in der Mitte des Zimmers stehen, dann begann er, auf und ab zu gehen. Der Raum war nicht groß, er brauchte nur vier Schritte, um von der einen Wand zur anderen zu marschieren. Es gab ein kleines Fenster, aber es war zu hoch, als dass er hätte hinaussehen können, die große Tür, durch die er eben gekommen war, und noch eine kleinere Tür, nur so hoch wie er selbst und ebenfalls verschlossen. Durchs Fenster hörte er die Glocke des Turms läuten, er ging weiter auf und ab. Nach einiger Zeit änderte er die Richtung, dann streifte er an der Wand entlang, dann durchquerte er den Raum diagonal von einer Ecke zur anderen. Wieder läutete die Glocke. Niccolò studierte das Muster der Tonfliesen des Fußbodens, ging weiter durch den Raum, Mal die Füße nur auf die Fliesen setzend, Mal nur auf die Ritzen zwischen den Fliesen, Mal nur auf die Kreuzungen mehrerer Fliesen. Und wieder Glockenläuten. Durch das kleine Fenster fiel immer weniger Licht. Niccolò fragte sich, wie lange er wohl schon wartete, wie lange er noch warten müsse, was der Capitano von ihm wolle. Endlich öffnete sich die kleine Tür. Der Soldat musste sich bücken, um sie zu passieren:

„Signor Muzio hat jetzt Zeit für dich. Komm!", befahl er mit donnernder Stimme. Niccolò zog den Kopf ein, folgte dem Soldaten durch die Tür, durchquerte mehrere Räume, bis der Soldat schließlich in einem größeren Raum stehenblieb.

„Warte hier!", donnerte er und verschwand.

Nachdem er so lange in der dunklen Kammer verharrt hatte, kam dieser Raum Niccolò geräumig und hell vor. Er erkannte die fünf großen Fenster, durch die das abendliche Licht hereinfiel. Es waren die Fenster, die sich zur Piazza del Comune öffneten. So oft hatte er sie von außen gesehen und die filigrane Arbeit ihres Maßwerkes bewundert. Aber noch nie war er in das Innere des Palastes gekommen. Doch musste es sich wohl um den großen Ratssaal handeln. Vor den Fenstern stand ein dunkler Eichentisch, der beinahe die gesamte Breite des Raumes einnahm. Stühle mit hohen Lehnen waren an seiner Längsseite aufgereiht, während im ganzen Raum einfache Hocker aus Holz verteilt waren. Den Fenstern gegenüber durchbrachen zwei große geschnitzte Holztüren die Wand. An ihren Schnitzereien erkannte Niccolò diese Türen. Durch die eine war er vorher hineingekommen, durch die andere in den kleinen Raum gelangt, in dem er die ganze Zeit gewartet hatte. Dieser Raum lag also gleich hinter der einen Tür! Warum aber hatte der Soldat ihn dann erst durch so viele andere Zimmer geführt statt gleich durch diese Tür zu gehen? Was sollte das alles?

Das Erscheinen des Capitano del Popolo unterbrach Niccolòs Grübeln. Durch die eine der großen Türen schritt er begleitet von zwei Soldaten.
„Sei gegrüßt, lieber Meister Nicola!", sagte er und deutete mit der Hand auf einen der Hocker. Er selbst ließ sich auf einen der Stühle mit den hohen Lehnen nieder.
„Nun, ich hörte, du bist ein recht tüchtiger Maler?" Seine Stimme klang herzlich mit dem Idiom der Gegend, das in Niccolò angenehme Erinnerungen hervorrief. Auch die gesamte Erscheinung des Mannes widersprach der Vorstellung, die Niccolò sich in den vergangenen Stunden von ihm gemacht hatte. Groß und schlank war er, farbenfroh gekleidet – vielleicht etwas zu modisch – sein Haar fiel in ondulierten Wellen auf seine Schultern und am ein wenig spitzen Kinn trug er einen sorgfältig gestutzten Bart. So sah also ein Tyrann aus! Niccolò dachte an sein eigenes verwildertes Aussehen, an seine verschlissenen Gewänder, sein Haar, das noch nass vom Bad wild zerzaust herunterhing, den struppigen Bart und senkte den Blick zu Boden.
„Willst du mir nicht antworten?", ertönte da erneut die Stimme des Capitano.
„Ja, ja Herr, ich bin Niccolò di Ranuccio aus Florenz. Ich habe in der Werkstatt des Francesco di Giotto gearbeitet ..."
„Aha, du bist also wohl der letzte in der Stadt verbliebene Maler, der malen kann?"
„Ich verstehe nicht, Herr ..." Niccolò hob den Kopf und sah Muzio ins Gesicht. Dieser grinste, eines seiner kleinen listigen Augen blinzelte. Erst jetzt merkte Niccolò wie sehr er einem Fuchs ähnelte.
„Ich brauche jemanden, der wirklich malen kann. Einen Florentiner. Nicht so einen Bauerntrampel wie die Maler unserer Gegend, die immer nur wieder

die gleichen Bauerntrampel malen. Einen wie diesen Giotto di Bondone will ich. Erst als er damals kam, zog wirkliche Malerei in Assisi ein. Den ganzen Laden dieses Palmerino hat er umgekrempelt. Und die anderen haben nur noch erstaunt geguckt. Sogar der andere Florentiner, dieser Cimabue oder wie er hieß ... Aber genug davon. Sieh dir einmal die Wände dieses Saales an. Was siehst du?"

Niccolò verstand immer noch nicht, worauf er hinaus wollte. Deswegen antwortete er: „Wappen, Herr."
„Ja, ein fürchterliches Durcheinander von alten Wappen. Weißt du auch, was das für Wappen sind?"
„Die der früheren Capitani del Popolo?", hatte Muzio ihn etwa eigens geholt, um ihn sein Wappen malen zu lassen?
„Ganz richtig, du bist ein schlauer Bursche. Sechs Monate hat jeder hier regiert und dafür sein Wappen anbringen lassen. Ich werde hier viel länger regieren, deswegen will ich auch viel mehr als nur mein Wappen. Du sollst diesen Saal für mich ausmalen. Erstmal holst du den ganzen alten Krempel hier runter, das dauert ja wohl nicht so lange, oder?"
„Ihr meint, alle Wappen, den ganzen Verputz?"
„Richtig, ich wusste ja, dass du ein schlaues Bürschchen bist. Und dann malst du mir ein paar schöne große Fresken, so schön, als ob euer Giotto sie selbst gemalt hätte. Du willst jetzt sicher fragen, was du malen sollst?"
Niccolò nickte.
„Du sollst mir die wichtigsten Geschichten aus dem Leben meines persönlichen Helden, von dem ich meinen Namen habe, malen: Mucius Scaevola!"
„Wer ist das?", fragte Niccolò. Muzio brach in Gelächter aus und entblößte dabei eine Reihe erstaunlich weißer Zähne. Doch einer der beiden Soldaten verlor langsam die Geduld. Er machte einen Schritt auf Niccolò zu, die Hand am Knauf seines Schwertes.
„Was stellst du für dumme Fragen, Bursche?"
„Lass ihn", beschwichtigte ihn Muzio, „er muss doch wissen, was er tun soll. Schlimm genug, dass ein junger Florentiner Mucius Scaevola nicht kennt."

Und zu Niccolò gewand:
„Geh‘ zu den Mönchen, die haben doch Bücher. Wenn bei den Franziskanern nichts mehr ist, dann geh‘ eben zu den Benediktinern. Deren Bibliothek ist mindestens so voll wie ihr Weinkeller. Und lass dir von den gelehrten Herren erzählen, wer Mucius Scaevola war. Was brauchst du alles, um hier einen schönen Bilderzyklus zu malen?“

Niccolò blickte angstvoll auf den Soldaten, dessen Hand immer noch am Schwertknauf lag.
„Mitarbeiter“, antwortete er, „eine Werkstatt.“ Langsam zog der Soldat sein Schwert aus der Hülle. Muzio aber sagte: „Die trommelst du dir zusammen. Es sind ja noch ein paar von den Bauerntrampeln hier. Wenn sie unter deiner Leitung arbeiten, dann wird es schon gehen. Was sonst noch?“
„Nun, alles, was man so zum Malen von Fresken braucht: Kalk, Sand, Farben, Pinsel, die ganze Ausstattung ...“
„Dann geh erst mal zu den Franziskanern. Dieser Francesco di Giotto und dieser Lorenzetti werden ja nicht ihre ganze Ausrüstung mitgenommen haben, so schnell wie die getürmt sind. Da wird schon noch einiges da sein. Heute in genau einer Woche, wenn die Uhr – die von meinem Turm, versteht sich – zur fünften Stunde schlägt, erwarte ich dich hier mit einer Liste deiner Mitarbeiter, der Farben und dem Kram, der dir noch fehlt, und Zeichnungen von den Szenen, die du zu malen beabsichtigst.“

„Aber Herr, in einer Woche! Wie soll ich das schaffen?“, Niccolò sah das Schwert des Soldaten jetzt vor seinem Gesicht blitzen. Muzio hörte er sagen: „Das wirst du schon, du bist doch ein schlauer Bursche! Hast du sonst noch Fragen?“
„Ja, Herr“, Niccolò spürte das kalte Eisen des Schwertes direkt neben seinem Kopf, „wie viele Mitarbeiter soll ich ... ich meine ... wie viele Maler könnt Ihr bezahlen?“
Muzio brach bei diesen Worten erneut in schallendes Gelächter aus und verließ den Saal. Der Soldat fuchtelte mit dem Schwert in Niccolòs Haar herum.

„Du Dummkopf!“, flüsterte er, „weißt du denn nicht, dass wir eine reiche Beute in Spoleto gemacht haben? Mach dir um deine Bezahlung keine Gedanken!“
Niccolò sah eine verfilzte Locke zu Boden rieseln.

* * *

Der alte Bruder Bernabò hatte seinen Gehilfen geschickt, um von den Resten der Vorräte zu holen, die noch im Konvent waren. Zu Niccolòs Verwunderung hatten die Wachsoldaten am Eingang des Konvents ihn ohne lange Reden in den Kreuzgang und die Bibliothek gelassen. Die Erwähnung des Namens des Capitano hatte genügt. Bruder Filippo, der Kustode, und Bruder Alberto gesellten sich dazu; der Bibliotheksgehilfe hatte wirklich ein wenig Wein, einige Rosinen und etwas Käse auftreiben können. Niccolò bemerkte erst jetzt seinen Hunger und griff tüchtig zu. Dabei lauschte er der Erzählung des alten Bibliothekars.
„Alles haben sie geplündert, die Horden des Mannes, der sich jetzt ‚Capitano del Popolo‘ nennt!“
„Aber warum ausgerechnet euch, die ihr doch in Armut lebt und nichts besitzt?“, rief Niccolò entsetzt.
„Wir besitzen nichts, weil Christus nichts besessen hat, das stimmt schon. Wir besitzen nichts persönlich, verstehst du? Jeder einzelne von uns ist arm. Aber arm sind auch die Bauern, die unten im Tal die Erde bearbeiten. Das bedeutet noch nichts. Gott gefällt besonders die Armut, die ersehnt und geliebt wird, die dir so lieb ist wie eine Braut. Hast du nicht die Armut als Braut Christi gemalt?“

Niccolò nickte ein wenig ungeduldig. Bruder Bernabòs Reden erinnerten ihn an die Brüder im Eremo.
„Ja und diese wirkliche Armut, die liebt der wirkliche Liebhaber der Armut auch, wenn von Reichtum umgeben ist, wenn er ständig der Versuchung ausgesetzt ist. Und deswegen halten die Kustoden unseres Ordens es auch für billig, dass reiche Männer ihre Schätze in unseren Konventen horten. So können sie täglich die Schönheit der Reliquienschreine, der Bücher, der prächtigen Altartücher und was dergleichen mehr in ihren geheimen Verstecken liegt, bewundern."
Bruder Filippo runzelte die Stirn: „Lieber Bruder, ich habe diese Kostbarkeiten auf Geheiß des Ordensgenerals in unserem Konvent versteckt. Und dann bedenke, nicht nur der Schatz reicher Männer wie der des Kardinals Orsini war hier versteckt. Erinnere dich doch an Bruder Stefano aus dem Konvent von Nocera. Er kam eigens zu uns, um den Zehnten, den die Brüder von Nocera sechs Jahre lang gehütet hatten, hier bei uns vor Muzio sicher aufzubewahren. Und das war nicht das Geld reicher Männer. Es war vielmehr das Steuergeld, für das die Bürger und auch die Bauern von Nocera sechs Jahre lang schwer gearbeitet hatten! Kein goldenes Zierrat oder reiches Mobiliar, sondern einfache Münzen, an denen der Schweiß fleißiger Menschen klebte!"
„Schon recht, lieber Bruder", beschwichtigte Bruder Bernabò, „aber auch das haben sie mitgenommen, als sie nun schon einmal hier waren ..."
„Aber Bruder Bernabò", fragte da Niccolò, „sagtet Ihr nicht vorhin, der Schatz, ich meine, auch das Geld, sei gut versteckt gewesen? Wie konnten Muzios Leute es da gleich finden?"
„Ja, da frag mal lieber unseren Kustoden", antwortete Bruder Bernabò.
Bruder Filippo rutschte verlegen auf seinem Hocker hin und her. Dann aber sprang er plötzlich auf: „Was glaubt ihr denn, was er für Mittel hat, dieser Muzio? Zuerst hat er uns ganz freundlich zu sich gerufen, den Bruder Provinzalen, den Bischof und mich. Dann aber hielt er uns in seinem Palast eingesperrt, Stunden, Tage, ich weiß es nicht. Irgendwann kam er dann und wollte von uns wissen, wo der Schatz versteckt war. Wir sagten ihm, dass wir nichts besäßen und dass alles, was im Konvent gelagert sein mag, nur zur

Ehre Gottes und seiner Kinder sei. Muzio erwiderte, er wolle das Geld genau für die Armen. Es gäbe eine Menge armer Soldaten, deren Kehlen schon ganz ausgetrocknet seien, weil ihnen der Wein fehle, und arme Frauen, die Tag und Nacht für das Wohl jener Soldaten arbeiteten, ohne dafür je einen Denar zu bekommen. Außerdem wolle er den Schatz nicht geschenkt, er würde vielmehr alles zurückzahlen. Der Bischof erklärte sich schließlich bereit, Muzio eine Summe von 16.000 cortonesischen Pfund von seinem eigenen Besitz zu leihen. Muzio nahm an, aber es war ihm nicht genug. Es gäbe sehr viele durstige Soldaten, sagte er. Und wie ihr vielleicht wisst ..." Bruder Filippo blickte zu Boden und sprach jetzt sehr leise: „Muzio überzeugte nicht allein mit Worten! Wenn sich glühende Eisenzangen in dein Fleisch bohren und genagelte Walzen über den ganzen Körper rollen, dann brechen auch fromme Männer. Der Geist ist willig, aber das Fleisch ist schwach ..."

„Ja und wie es dann weiterging, weißt du vielleicht schon", setzte Bruder Bernabò fort, „der Bischof ist fort, auf seinem Thron spielt der Ketzer Rufino Bischof, der zwar den gleichen Namen trägt wie unser heiliger Patron, aber sieht nicht auch der Antichrist aus wie Christus?"

„Rufino, wer ist das?"

„Ein Fratizelle, der in Arezzo schon einige Seelen verführt hat. Er gehört womöglich sogar zu dieser ruchlosen Sekte, den Brüdern vom freien Geist. Das sind die wirklichen Feinde unseres Ordens; diese Gesellen sind es, die ihre ketzerischen Reden im Namen unseres heiligen Franziskus verbreiten! Und übrigens, erinnerst du dich an den Vertrauten des Bischofs, diesen Benediktiner?"

„Astrolabio?"

„Ja, so heißt er wohl, der Name passt gut. Auch er dreht sich nach den Sternen. Es ist ihm gelungen, auch das Vertrauen dieser lächerlichen Strohpuppe zu erlangen. Er scharwenzelt ständig um ihn herum und hilft ihm dabei, die Stadt von Guelfen und Ketzern – was sie Ketzer nennen – zu befreien."

Astrolabio war es also schon wieder gelungen, sich in eine bedeutende Position zu bringen. Wie typisch! Doch Niccolò fiel der eigentliche Grund seines Kommens wieder ein:

„Was ratet Ihr mir, lieber Bruder Bernabò? Dieser Muzio will alles auf einmal. Schon in einer Woche soll ich ihm ein fertiges Bildprogramm vorlegen, eine Werkstatt zusammengestellt und auch noch das notwendige Gerät besorgt haben."

„Dann rate ich dir, dich zu beeilen. Es wird dir kaum etwas anderes übrig bleiben. Mach dich gleich an die Arbeit!"

Niccolò zögerte ein wenig. Es war nicht die Antwort, die er sich erhofft hatte. Kleinmütig murmelte er: „Gut, dann brauche ich also Farben und all das. Ist noch etwas da von unseren Sachen?"

„Einiges ist noch da! Meister Franceso ist so eilig aufgebrochen, dass er aus der Werkstatt nicht viel mitgenommen hat."

„Und dann brauche ich noch Maler. Wo steckt denn Bruder Onofrio?"

„Onofrio! Den gibt es nicht mehr. Er ist weg. Seit jener unglückseligen Nacht ist er verschwunden. Niemand weiß, wo er steckt."

„Auch das noch!", dachte Niccolò. Mit ansteigender Verzweiflung fragte er schließlich: „Wer ist Mucius Scaevola?"

* * *

Er würde sich beeilen müssen, Tag und Nacht arbeiten, dann konnte er sich vielleicht diesen Muzio gewogen machen. Vielleicht könnte er dann Assisi verlassen und zurück zu seinen Eltern nach Florenz oder zu Francesco ins Mugello gehen. Trotz dieser Überlegungen bummelte Niccolò die Straße entlang. Zum Haus Puccio Capannas wollte er. Aber er machte Umwege, schlenderte durch Gassen, volvierte dabei seine Situation ständig durch, suchte nach anderen Auswegen, von denen er doch wusste, dass es sie nicht gab.

Der einzige Weg war der, den er – wenn auch noch im Bummelschritt – zu gehen im Begriff war. Farbe war noch da. Francesco hatte die Werkstatt zurückgelassen, wie sie war. Noch immer liefen Niccolò einige Tränen über die Wangen. Wie hatte er sich geschämt vor Bruder Alberto, als er in der verlassenen Vierung der Kirche in heftiges Weinen ausgebrochen war! Die Malereien waren unvollendet, besonders das Fresko der Apsis – die Kreuzesallegorie, deren Sinn keiner verstand – war nur etwa bis zur Hälfte ausgeführt. Niccolò war mit den armen Sündern den Abgrund hinunter gestürzt von der Peitsche der Reue, dem Spieß der Zerknirschung traktiert. Niemals sollten diese Fresken vollendet werden, hatte Bruder Alberto erklärt, Kardinal Orsini habe seit dem Raub seines Besitzes jedes Interesse an der Kirche von Assisi verloren! Nie wieder würde ein Maler hier arbeiten!
Und jetzt war Niccolòs letzte Hoffnung ausgerechnet Puccio Capanna, ein Maler der Sorte, die Muzio als Bauerntrampel bezeichnen würde. (Was, wie Niccolò zugeben musste, nicht ganz falsch war.) Mutlos schlenderte Niccolò weiter.

* * *

Was war das? Niccolòs Blut begann augenblicklich zu kochen und verdrängte die schwarze Galle und das Phlegma. Eine Vision! Sie war aus der Seitengasse gekommen, hatte die Straße überquert und war in einer anderen Gasse verschwunden. Niccolò rannte so schnell er konnte. Es war keine Vision! Er sah sie, als er die Gasse erreicht hatte. Dort war sie wirklich! Der grüne Umhang mit dem Tropfenmuster! Niccolò rannte ihr nach, holte sie ein.
„Ginevra!“, rief er atemlos und wollte an ihre Schulter greifen, doch er hatte plötzlich Angst, sie zu berühren. Angst, sie würde sich im Moment seiner Berührung in Staub auflösen. Doch er musste sie nicht berühren. Sie hatte ihn gehört und drehte sich um. Zwei kleine staubblaue Augen blickten ihm aus einem pausbäckigen Gesicht entgegen. Niccolò zog sofort seine Hand zurück.

„Was ..., wer ..., wer seid Ihr?“, stammelte er.
„Wie? Wer bin ich? Stell du dich doch erst einmal vor!“ Die derbe Tonart, in der sie sprach, war von Pfeiftönen begleitet. Niccolò bemerkte, dass ihr ein Schneidezahn fehlte.
„Entschuldigt, liebe Dame“, stammelte er, „ich bin ein Freund von ..., ich dachte ..., nun aufgrund Eures Gewandes hielt ich Euch für jemand anderen.“
„Ja, ein schöner Umhang, gell?“, sagte sie und streckte ihm ihren Arm entgegen, „fass ma‘ an, is‘ ganz weich!“
„Woher habt ihr ihn?“
„Der war schon da, in dem Haus, wo ich jetzt wohne. Da unten“, ihr fleischiger Finger wies in Richtung der Straße. Niccolò kannte jene Straße, dort stand der Palazzo Moriconi.
„Seit wann wohnt Ihr da?“
„Och, schon lang, seitdem die reichen Leute, die wo da gewohnt hamm, weg sinn. Da hat der Bischof gesagt, dass der ihr Haus jetzt mir gehört. Weil doch jetzt alles allen gehören tut, wie Christus das immer gewollt hat, sagt der Bischof.“

* * *

Sogar für seine Verhältnisse war Puccio Capanna übel gelaunt. Besonders die Tatsache, dass Francesco ihm noch den gesamten Lohn für den letzten Monat schuldete, wurde er nicht müde, ständig zu wiederholen. Niccolò dagegen könne froh sein, dass der Padrone – und damit meinte er Giotto – so knauserig sei. Wäre nämlich sein Haus nicht so bescheiden und unauffällig geführt worden, dann würde auch da jetzt irgendeine Hure des falschen Bischofs hausen.

Doch so waren die Zeiten. Elend. Man wusste kaum noch, wie man sich und seine Familie durchbringen sollte. Vor allem, da ihm *la Bottega del Bondone* noch einen gesamten Monatslohn schulde. Wenn er nicht ein paar Aufträge zum Malen von Bannern, vor allem für Begräbnisse, hätte, er wisse nicht mehr weiter. Aber wenn das päpstliche Interdikt verhängt werde, dann sei auch mit Beerdigungen Schluss ...
Niccolò glaubte daher zunächst, Puccio müsste über den krisensicheren Auftrag Muzios erfreut sein. Doch dieser lamentierte weiter. Einem, der Klöster plündere und Nonnen schände, sei wohl kaum zu vertrauen. Wer weiß, ob der je zahlte. Da würde ja eher noch Meister Francesco den ausstehenden Monatslohn herausrücken.
Doch endlich überzeugte Niccolò ihn, das heißt, eigentlich sagte er gar nichts, sondern ließ Puccio einfach reden. Und dessen eigenes Gerede führte irgendwann dahin, dass man sich an die Arbeit machte.
Natürlich war das Thema verrückt. Warum die Geschichte von so einem Helden, den niemand kannte? Warum ließ Muzio nicht einfach Heilige malen wie alle anderen auch? Es sei sein persönlicher Namenspatron, wandte Niccolò ein. Doch Puccio war nicht zu überzeugen. Wie viele Heilige habe denn Napoleone Orsini malen lassen, die nicht seine Namenspatrone waren? Freilich hatte es noch niemand mit dem Namen Napoleone zu irgendeinem Ruhm gebracht!
Endlich einigten die beiden sich auf vier Szenen – auch wenn fünf nötig wären, um besagte Wand zu füllen – und begannen, zu zeichnen.
Wie gut, dass Bruder Bernabò ein gelehrter Mann war und Niccolò die Geschichte des römischen Feldherren, der den Belagerer mit seiner großen Tapferkeit überzeugt hatte, genau erzählen konnte.
„Wie sehen eigentlich Etrusker aus?“, hatte Niccolò ihn gefragt, „sind sie groß und blond wie die Leute aus dem Norden?“
Bruder Bernabò hatte über so viel Unwissenheit beinahe lachen müssen, dann aber erklärt, sie seien doch eher klein und dick. Niccolò hatte zwar nicht verstanden, was Bruder Bernabò so belustigte, doch bemühte er sich, die Etrusker als kleine dicke Männer zu zeichnen.

* * *

Nach mehreren Tagen und Nächten, in denen sie kaum schliefen und fast nichts aßen, hatten sie es geschafft. Niccolò konnte den Capitano del Popolo zum vorgesehenen Zeitpunkt aufsuchen, ausgerüstet mit Entwurfszeichnungen, einer Liste seiner Mitarbeiter und einer Berechnung der Ausgaben an Material und Gehalt. Letztere zusammenzustellen hatte ihn einige Mühe gekostet, mehrmals hatte er sich Beatrice und ihre Bravour mit den Zahlen herbei gewünscht. Doch schließlich war es ihm gelungen, wenngleich seine Aufstellung nicht die Vollendung besaß, die selbige Werke aus der Hand Beatrices auszeichnete.

Wie beim letzten Mal wurde er durch eine Reihe von Räumen geführt und musste warten. Es verging diesmal jedoch weniger Zeit bis die kleine Tür geöffnet wurde und eine leise Stimme verkündete, dass der Capitano ihn erwartete. Sehr langsam nur bewegte sich die Tür und ein sehr junges Mädchen blickte in den Raum. Sie musste das gesamte Gewicht ihres zierlichen Körpers gegen die Tür lehnen. In dem roten Kleid, in das sie sich verhüllte, sah sie aus wie ein Kind, das mit den Kleidern seiner Mutter spielte und Angst hatte, dabei ertappt zu werden. Mit einer Hand zog sie den Rock nach oben, um nicht auf den Saum zu treten; die andere Hand hielt sie über den tiefen Ausschnitt, ohne dabei gewahr zu werden, dass sie diese Öffnung dadurch nicht etwa verbarg, sondern nur noch mehr betonte. In seltsamen Kontrast zu dem eleganten Kleid stand der graue, zerschlissene Schleier, der ihren Kopf bedeckte. Sie bat Niccolò noch einmal sehr freundlich, ihr zu folgen.

Dabei ließ ihr Blick nicht mehr von ihm ab. Für eine kurze Ewigkeit ließ ihr Blick Niccolò erstarren. So grün wie das Wasser des Flusses am Morgen klammerten sich ihre Augen an ihn; eine Ertrinkende, unschlüssig, ob sie noch hoffte, gerettet zu werden oder sich vielmehr danach sehnte, sich selbst in den Fluten aufzulösen.

Verwirrt folgte Niccolò dem Mädchen in den benachbarten Saal. Muzio saß bereits auf einem der hohen Stühle, seine Füße in feinen Lederstiefeln lagen auf dem Tisch neben einem Glas roten Weins. Er lächelte Niccolò kurz mit seinem Fuchslächeln an. Dann wandte er sich an das Mädchen:

„Agnese, wie siehst du schon wieder aus! Wofür habe ich dir denn Gold und Perlen geschenkt? Geh und schmücke dich! Komm erst wieder, wenn du so gekleidet bist, dass du dich neben mir sehen lassen kannst! Und nimm diesen Lumpen vom Kopf!“ Er zog ihren grauen Schleier von ihrem Kopf, ließ ihn mehrmals in der Luft kreisen und warf ihm dann einem der umstehenden Soldaten zu, der ihn lachend mit seinem Schwert auffing. Agnese senkte den Kopf und Niccolò bemerkte ihre kurzen Haarstoppeln. War sie eine Hure, die für irgendein Vergehen bestraft worden war?

Doch er hatte keine Zeit, nachzudenken. Muzio wandte ihm bereits wieder sein füchsiges Lächeln zu und fragte nach dem Stand der Arbeiten. Niccolò berichtete, legte die Liste der Mitarbeiter auf den Tisch, dann die der Ausgaben – Muzio nickte kurz und reichte beide dem neben ihm stehenden Soldaten weiter – und schließlich die erste der Zeichnungen: Mucius Scaevola vor dem römischen Senat. Muzio nickte erneut, Niccolò legte die nächste Zeichnung auf den Tisch: Mucius Scaevola erdolcht den Schreiber des Königs Porsenna. (Die Zeichnung stammte von Puccio Capanna.) Groß und aufrecht stand Mucius Scaevola mit dem blutigen Dolch in der Hand inmitten einer Gruppe von Menschen. Zu seinen Füßen lag ein Mann mit einer klaffenden Wunde am Hals. Muzio nickte und lächelte. Niccolò präsentierte die nächste Zeichnung (sie stammte von ihm selbst): die Soldaten König Porsennas nehmen Mucius Scaevola fest. Zwei dicke Männer in phantasievoller Rüstung ergreifen Mucius Scaevola, der sie um etwa eine Kopflänge überragt. Muzios Lächeln wurde breiter, er zog die linke Augenbraue in die Höhe.

Niccolò legte seine letzte Zeichnung auf den Tisch: Mucius Scaevola legt seine rechte Hand ins Feuer. Niccolò hatte sich besondere Mühe gegeben, die verbrannte Hand zu zeichnen. Er hatte sich verbrannte Erde, verkohltes Holz angesehen und dessen Verformungen akribisch genau wiedergegeben. Fleisch wäre ein besseres Modell gewesen, doch es gab keines. Dennoch war Niccolò gerade auf diese Zeichnung so stolz, dass er nicht mehr an Muzios Zustimmung zweifelte. Dieser lächelte ihn an: „Das ist eine sehr gute Arbeit, Meister Nicola. Doch verrate mir eins, warum ist die rechte Hand des Mucius wohl so verdorrt?“

Niccolòs Sicherheit schwand schon wieder dahin: „Herr, er hielt sie doch ins Feuer.“

„Ja, und genau das ist doch das Entscheidende: er hielt sie ins Feuer und sie verbrannte nicht! Hat nicht auch der heilige Franziskus dem Sultan angeboten, durchs Feuer zu gehen? Glaubst du, das hätte er getan, wenn er dann für den Rest seines Lebens wie eine verschrumpelte Rosine hätte herumlaufen müssen?“

„Aber ..., nannte man ihn nicht genau deswegen ‚Scaevola‘, also ‚Linkshand‘?“

„Seine Hand verbrennt im Feuer nicht! Was ist die nächste Zeichnung?“

„Herr, die Geschichte ist hier zuende. Das war die letzte ...“

„Das waren vier. Ich brauche aber fünf. Zum einen, um die Wand auszufüllen ...“

„Wir können die Bilder etwas breiter machen.“

„... zum anderen, weil die Fünf eine männliche Zahl ist. Die Fünf, das ist die Welt und die Schöpfung, die weibliche Vier verbunden mit der männlichen und göttlichen Eins. Verstehst du? Ich brauche also fünf. Aber als letzte Szene malt ihr mir einfach den Tod Mucius Scaevolas.“

„Den Tod? Wie ist er denn gestorben?“

„Lass dir was einfallen, Meister Nicola. Auf dem Schlachtfeld, zum Beispiel. Er könnte dort ausgebreitet liegen, während seine Seele von Engeln in den Himmel aufgetragen wird. Vielleicht der Feind daneben, so ein kleiner, dicker, hässlicher, dessen Seele von Teufeln geholt wird. Das werdet ihr schon schaffen. Wann könnt ihr anfangen?“

Niccolò seufzte. „Wann es Euch genehm ist."
„Gut, dann also morgen. Agnese, bring unseren Gast hinaus!"
Agnese betrat in diesem Moment wieder den Raum. Sie trug jetzt eine goldene Kette um den Hals, die bei jeder Bewegung klimperte. Zwischen den kurzen Haaren blitzten Perlen, ihre Wangen waren so rot, dass sie aussah, als habe sie Fieber. Ihre Augen, die Augen einer Ertrinkenden, hefteten sich an Niccolò.
„Siehst du, geht doch", rief Muzio, „ich bin doch nicht Vanne, der Podestà. Der findet es erregend, wenn seine Damen noch ihr Ordenshabit tragen. Ich nicht!"
Erst jetzt begriff Niccolò, wer Agnese war. Eisige Todesangst überkam ihn. Er hatte gerade einen Vertrag mit dem Teufel geschlossen!

2. Kapitel

Bruder Francesco Diotallevi aus Gubbio konnte die Angst sehen, die über Assisi schwebte. Mit dem schwarzen Schwert in der Hand drehte sie wie ein hungriger Raubvogel ihre Runden am Himmel, jeden Moment bereit, sich auf ihre Beute zu stürzen. Schwarz war sie auch von Angesicht, ihre Haut halb verwest wie die einer Toten; die farblosen Haare flatterten im Wind, dem Wind den sie mit dem Schlag ihrer Flügel selbst erzeugte. Wo war der Engel, der sie bändigen konnte?

Wer noch ein Haus hatte, verließ es nur, wenn es unbedingt erforderlich war und dann ging er schnurstracks seinen Geschäften nach, senkte den Blick nach unten auf die nassen, schlammigen Straßen, die der Winter an manchen Tagen gnädig mit einer Schicht weißen Schnees bedeckte. Alle vermieden es, nach oben zu sehen, als ob das schreckliche schwarze Wesen verschwinde, wenn man es nur nicht beachtete.

Doch Francesco Diotallevi wusste, dass es da war. Als er zusammen mit seinem Mitbruder Pacino da Gualdo den Weg von der Portiuncula hinauf zur Stadt antrat, spürte er die eisige Kälte, die nicht allein dem Februarmorgen geschuldet war. Und sogar Bruder Pacino schien sie zu spüren. Noch am Tag zuvor hatte er während der gesamten Wanderung von Nocera fröhlich geschwatzt, jetzt stapfte er schweigend neben Francesco Diotallevi her, den Blick auf die eigenen blau gefrorenen Füße gerichtet.

Francesco Diotallevi ließ die Hand in seinen Beutel gleiten und tastete nach dessen Inhalt. Der Brief war noch da! Die leise Stimme der Zuversicht sprach zu ihm, versicherte ihm, er müsse sich nicht fürchten, mit diesem Schreiben ausgerüstet könne ihnen nichts passieren. Doch warum musste das Kapitel gerade ihn und Bruder Pacino auswählen? Wieder tastete er den Inhalt seines Beutels ab, umklammerte das Schreiben mit der Hand, strich mit den Fingern über das Siegel.

„Lass uns zuerst zu den Brüdern nach San Francesco gehen", unterbrach er schließlich das Schweigen, „sie kennen den Capitano del Popolo, vielleicht können sie uns nützliche Ratschläge geben, wie man am besten mit ihm verhandelt."

Bruder Pacino sah den Gefährten kurz an und nickte. Noch vor einigen Tagen war er glücklich darüber gewesen, sein Herz hatte zu hüpfen begonnen, als er erfuhr, dass er endlich den berühmten Konvent des heiligen Franziskus in Assisi sehen würde. Doch jetzt hielt die eisige Hand auch sein Herz fest umklammert.

„Wir müssen nach der Porta San Francesco gleich die erste Gasse einschlagen, die auf der linken Seite ansteigt", flüsterte Francesco Diotallevi, als sie hinter einigen Bauern, die gerade von den Wächtern kontrolliert wurden, am Tor standen. Sie drückten sich so weit sie konnten an die linke Seite des Tores in der Hoffnung, am Rand weniger gesehen zu werden. Es klappte sogar! Sie passierten das Tor, gingen einige Schritte geradeaus, dann stieß Francesco Diotallevi den Gefährten an und deutete mit einer kaum bemerkbaren Kopfbewegung zu der kleinen Gasse zur Linken. Gleich hatten sie es geschafft, in der Gasse würde man sie vom Tor aus nicht mehr sehen können und ihnen daher auch nicht mehr nachstellen. Beide atmeten erleichtert auf, als sie abgebogen waren. Die Gasse war so schmal, dass sie hintereinander gehen mussten. Bruder Pacino maschierte hinter Francesco Diotallevi, er hob nur einen Augenblick den Kopf und da sah er ihn! Am Ende der Gasse über ihnen sah er den Mann. Groß wie eine Steineiche stand er breitbeinig dort und grinste den beiden entgegen.

* * *

Seit es im Hause Giottos keinen Hausaltar mehr gab – Francesco hatte ihn mitgenommen –, besuchte Niccolò jeden Morgen die Prim in S. Franceso. Er stand sehr früh vor Sonnenaufgang auf, kam oft schon vor Beginn der Messe in der Kirche an, suchte sich einen Platz vorne möglichst dicht am Lettner, und betete eine Zeit lang still, bevor die Mönche den Introitus anstimmten. Warum er an diesem Morgen weit hinten geblieben war, hätte er selbst nicht sagen können. Vielleicht waren es die ersten Strahlen der Morgensonne, die durch das große Fenster der Fassade schienen und von einer lange nicht gespürten Wärme ahnen ließen. Wurde ihm dieses körperliche Wohlbefinden schon wieder wichtiger als das zunehmende Heilsversprechen, das doch umso sicherer war je dichter man beim Altar stand? Niccolò wusste es nicht, dachte auch nicht darüber nach; er blieb im Bereich des Sonnenlichts stehen, versenkte sich in sein Gebet und ließ die nach ihm eintretenden Gläubigen vorbeiziehen.

Doch nach kurzer Zeit lenkten die Sonnenstrahlen seine Gedanken ab. Unruhiger als sonst fiel er bald auf die Knie, stellte sich dann wieder auf und ließ den Blick im Raum schweifen. Wie oft schon hatte er die Bilder aus dem Leben des heiligen Franziskus betrachtet. Die Stigmatisierung des Heiligen, seinen Tod, wie Franziskus nach seinem Tode dem Bruder Augustinus erscheint, den edlen Ritter Hieronymus, der seine Hand in die Seitenwunde des Toten steckt, um sich von deren Echtheit zu vergewissern, alle diese Szenen hatte Niccolò ausgiebig studiert, sich gefragt, wie die Maler wohl die Farben gemischt, die Schattierungen gestaltet haben.
Doch kam es ihm vor, als sähe er die Bilder zum ersten Mal. Er sah den Engel, den Seraphen, von dessen eigenen Wundmalen die Strahlen ausgingen, die Franziskus mit ihrem Licht verwundeten. Er beneidete den ahnungslosen Bruder, der in seine Lektüre vertieft dabei saß, aber nichts bemerkte, nicht den Engel, nicht das Licht. Welche Schmerzen muss Franziskus gelitten haben! Der Bruder aber wurde trotzdem erlöst; so dicht beim Heiligen und doch bekam er nichts mit! Aber das göttliche Licht würde auch ihn retten! Später zweifelte der Ritter Hieronymus an der Echtheit der Seitenwunde und

berührte sie. Auch ihm wurde verziehen. Zweifel und Unwissenheit, das waren wohl lässliche Sünden. Aber was, wenn man selbst wissend auf der Seite des Bösen stand?
Er sah den Minervatempel, dachte an Bartolo und seine dummen Bemerkungen in den Tagen ihrer Ankunft, an Buder Onofrio und seine Rede über die Bedeutung der sieben Säulen, die erste Rede, die er von Bruder Onofrio gehört hatte. Sieben – die Zahl der Vollendung! Die siebte Stufe war die Stufe der Erlösung! Das hatten die Cavalieri ihm immer wieder gepredigt. Wenn er sich nur dem Studium widmete, würde er die siebte Stufe erreichen. Alles würde dann klar und geordnet sein, er wäre erlöst. Aber hatte er nicht gelernt? Hatte er nicht jeden ihrer Texte studiert, reflektiert und manchmal auch mit Bruder Onofrio darüber diskutiert? Und wo war die versprochene Erlösung? Das Chaos um ihn herum nahm zu, Ruhe und Frieden war nicht einmal zu ahnen.

Niccolòs Blick zog weiter zum Bild des Todes des Heiligen. Franziskus lag rücklings auf einem Holzbrett, viele Mitbrüder standen um ihn herum, weinten; einige küssten seine Wundmale, berührten seinen Körper. Doch keiner schien zu bemerken, dass Franziskus seine sterbliche Hülle längst verlassen hatte. Inmitten einer Schar von Engeln zog er in den Himmel hinauf. Er sah lebendig aus, unterhielt sich fröhlich mit den Engeln, scherzte und lachte sogar mit ihnen. Machten sie sich über die Trauernden lustig, die eine Larve beweinten? Franziskus und die Engel hatten gerade die Wolken durchquert, die hell unter ihnen leuchteten, so als schirmten sie alle Last des Lebens ab. Jedes Mal, wenn Niccolò das Bild betrachtete, musste er das strahlende Weiß der Wolken bewundern. Sie strahlten noch heller als die Gewänder der Priester, sogar als die Gewänder der Engel. Der Maler muss beinahe reines San Giovanni verwendet haben, dem er einen winzigen Zusatz von Schwarz beigemischt hatte – ein alter Trick, um Weiß noch weißer wirken zu lassen. Plötzlich fuhr der eisiger Wind in Niccolòs Glieder. Er sah etwas, was zuvor noch nicht da gewesen war! Es konnte noch nicht da gewesen sein, er hätte es bemerkt, bemerken müssen! Er rieb sich die Augen, blinzelte, doch es war immer noch da. Es konnte doch nicht sein! In den Wolken erkannte er ein Gesicht, das Gesicht eines Mannes, eines Mannes mit einem dämonischen Grinsen! Und je länger Niccolò hinsah, umso mehr prägte sich das Bild seiner Seele ein. Es war nicht das Gesicht irgendeines Mannes, es war Muzio di Francesco! Der Teufel!

* * *

„Ihr habt doch sicher Hunger, nach der langen Reise? Noch vor Sonnenaufgang müsst ihr ja losgegangen sein, nur um uns zu besuchen! Wie nett von euch! Doch jetzt esst erst einmal!“

Francesco Diotallevi hörte das Knirschen seines eigenen Kiefers, er musste ausgerenkt sein. Der Knecht des Kerkermeister schob ihm noch ein Stück des Pergaments in den Mund, der bereits voll davon war. Francesco Diotallevi spürte keinen neuen Schmerz. Der eine Schmerz hatte bereits alle seine Körperteile befallen und war so stark, nahm dermaßen Besitz von ihm, dass es keinen größeren Schmerz mehr geben konnte. Ob dieser Knecht das wusste? Irgendwann war man in den Schmerz hineingeschlüpft, es gab nur noch den Schmerz, man war selbst der Schmerz; es konnte kein Mehr geben. Man durfte nur der Angst keine Chance lassen! Sonst lag man bald winselnd am Boden wie Bruder Pacino. Man musste den Schmerz annehmen. Sei gegrüßt, Bruder Schmerz!

Der Geschmack des Pergaments erinnerte ihn an trockenes Leder. Er sah seinen Ziehvater in der Werkstatt wie er ihm selbst, dem kleinen Waisen Francesco, beibrachte, das Leder auf die Sohlen zu nageln, dabei seine kleine Hand mit dem kleinen, eigens für ihn angefertigten Hämmerchen führte. Er sah seine Ziehmutter zur Tür herein kommen, um ihre beiden „starken Männer“ zum Essen zu rufen.

„Möchtet Ihr vielleicht noch etwas zu trinken? Wir haben den besten Wein“, der Knecht goss Francesco Diotallevi aus einem Krug Salzwasser über den Kopf. Aus seinen Wunden zündelten tausend Flammen. Ein Schrei kam in ihm hoch, doch er blieb in seinem vollgestopften Mund stecken.
Wovor sollte er sich fürchten? Das schlimmste, das sie ihm zufügen können, das taten sie gerade. Jetzt konnte nur noch der Tod kommen, und der war harmlos dagegen. Sei gegrüßt, Schwester Tod!

* * *

Der Sekretär war zusammen mit dem Fratizellen Rufino, dem Bischof von Assisi, gekommen. Jetzt rückte er ungeduldig auf dem niedrigen Hocker hin und her. Er fühlte das Verlangen, aufzustehen und auf den Capitano del Popolo zuzugehen. Es sprach sich nicht gut im Sitzen, erst recht, wenn man eine Rede zu seiner eigenen Verteidigung halten musste. Doch der Büttel stand mit dem Schwert neben ihm, die Hand an seinem Knauf, nur auf einen Grund wartend, der sein Eingreifen rechtfertigen würde.
„So, er hat also die Zahlen gefälscht?“, wiederholte Muzio gerade und drehte den Kopf etwas zur Seite, um an seinen auf dem Tisch gelagerten Füßen vorbei dem Büttel ins Gesicht sehen zu können. Dieser bejahte mit einem kurzen Kopfnicken. Muzio senkte den Blick wieder auf das Buch mit den Zahlen, die dort ordentlich untereinander standen. Es stand eine sehr große Summe am oberen Rand der Seite, darunter weitere Ziffern und am Ende nur noch XXI. Am Rande standen in kleiner runder Schrift Anmerkungen, deren Tinte noch beinahe frisch war.

„Ja, das ist eine schlimme Sache, hier ist ja wirklich alles falsch!“, rief er aus und nahm zum ersten Mal die Füße vom Tisch, wohl um der Geste des mit der Faust auf die Buchseiten Schlagens mehr Nachdruck zu verleihen, „keine Rechnung stimmt! Was soll das?“
Astrolabio wollte etwas sagen, doch der Büttel stieß ihm den Knauf seines Schwertes in den Rücken.
„Mit Verlaub, lieber Capitano“, Astrolabio sah endlich den Moment zu seiner Verteidigung gekommen, „die Rechnungen stimmen alle, wie Ihr natürlich gleich bemerkt habt. Oben auf der Seite steht die Summe, die Ihr uns in Eurer Großzügigkeit überlassen habt. Darunter seht Ihr eine Liste von Ausgaben. Das bedeutet, diese muss man von der Summe abziehen, dann kommt genau das raus, was unten steht. Ich schrieb stets zugleich das Geld auf, was wir ausgegeben habe und das, was wir eingenommen haben. Und am Ende ist alles richtig, wie Ihr seht!“
„Ja, die Rechnung ist richtig“, donnerte Muzio, „aber ...“ Er schaute den Bischof an, doch dieser grinste nur verlegen.
„Das, was falsch ist“, sagte er nun endlich, „das habe ich Euch in meinen Anmerkungen mitgeteilt. Seht Euch doch nur an, was wir ausgegeben haben!“
„Würdet Ihr Euch bitte deutlicher ausdrücken!“
„Nun, wie Ihr seht, geht es um Ausgaben, Ausgaben, die wir getätigt haben sollen, für die Reparatur unseres Domes, für Kerzen, für allerlei Material, was wir so brauchen. Aber seht Euch erstmal an, was wir ausgegeben haben! 300 Goldflorin für die Reparatur des Daches! Und seht nur die Summe, die wir für die Armen ausgegeben haben, woran er mich übrigens hindern wollte! Doch ist es fast ein Wunder bei diesen vielen Armen, dass am Ende noch etwas in unserer Schatulle ist!“
„XXI?“
„Soldi!“
“Nein Goldflorin, und es ist das, was fehlt!“ korrigierte Astrolabio, „das Geld ist nicht da, vielmehr müssen wir noch zahlen. Ich gab dem Handwerker einen Schuldschein für das Dach ...“
„Einen was?“

„Ich gab ihm ein Blatt Papier, darauf garantierte ich ihm die 300 Goldflorin, die er bekommen sollte, sobald wieder Geld in unserer Kasse sein wird.“
„Da hört Ihr es!“, rief der Fratizelle Rufino, „er gibt Geld aus, das wir nicht haben. Ausgaben wie die in der ewigen Verdammnis verlorenen Seelen! Doch kann man die Verdammten in einer Liste mit den Gottgefälligen auflisten? Wird etwa ein Verdammter besser durch viele Erlöste? Oder ist die Erlösung eines Sünders weniger wert, wenn man ihr die Verdammnis Vieler gegenüberstellt?“.

Das also war die Rechnung. Er hatte das Geld, das er hatte, zusammen mit dem aufgelistet, das er noch zahlen musste. Und am Ende kam zwar eine Zahl heraus, jedoch musste eine Zahl nicht bedeuten, dass Geld in der Kasse war. Sie konnte das Gegenteil meinen. Das Gegenteil von Gold! Was sollte das sein? Außerdem schrieb er zwischendurch diese verdammten indischen Figuren! Muzio verstand sie nicht:
„Heißt das, er hat alles, was Ihr ausgegeben habt jedesmal abgezogen?“
„Genau das heißt es. Und nun meint dieser, es soll weniger sein, weniger als Nichts! Das geht doch überhaupt nicht! Ebenso wenig wie jemand der ewigen Verdammnis anheimfallen kann, der nicht zuerst geboren wurde …“
„Ja, ja, das verstehe ich“, Muzio unterbrach den Bischof. Bloß keine neue Rechnerei mit Verdammten und Erlösten! „Es müssen also 21 Goldflorin in der Schatulle sein?“
„Nein, viel mehr!“
„Nein, weniger!“
Erneut schlug Muzio die Faust auf den Tisch: „Manaccia alla miseria! Wieviel Geld ist denn nun da?“
„Nichts!“
„Nichts?“
Astrolabio hielt es nicht länger aus: „Nichts wäre schon mehr als das, was wir haben! Es ist weniger als nichts …“
Der Schlag des Büttels traf Astrolabio mitten ins Gesicht und ließ ihn verstummen.

„Ihr seht, Capitano, was sein Ansinnen ist," der Bischof schrie diese Worte in einer seltsam monotonen Weise. „Er will uns zum Narren halten! Weniger als nichts! Weniger als nichts! Für wie blöd hält er uns?"
„Wir müssen dem Handwerker ...".
Diesmal traf der Schlag Astrolabio auf den Mund.
Muzio überlegte eine Zeit lang, plötzlich sprang er von seinem Stuhl auf und lief auf Astrolabio zu. „Bedeutet das nicht, lieber Bischof, dass alles falsch ist? Seine Rechnungen sind falsch und jetzt kann er uns keine Erklärung dafür abgeben?"
„Genau das bedeutet es!"
„Und dass wir als weltlicher Vertreter des Gesetzes daher gezwungen sind, ihn festzunehmen, so lange bis ein Gericht den wahren Verlauf des Hergangs geklärt hat?"
„Das heißt es wohl!"
Nachdem Astrolabio von den Dienern aus dem Raum geführt worden war, flüsterte Muzio dem Bischof zu: „Versuch' das nächste Mal ein bisschen mehr wahres Gefühl in deine Sprechweise zu legen!"

* * *

Es war alles vergebens.
Astrolabio redete in mitreißender Sprache, so virtuos wie es nur ein in Rhetorik geschulter Gelehrter vermochte, dem der Schwertknauf eines illiteraten Dieners den Rücken traktierte. Seine Affirmationen, alle Rechnungen richtig aufgelistet zu haben, dass sogar weitere Summen dem Bischof von Bürgern zugekommen seien, Summen, die der Bischof diesen zurück zahlen müsse und die damit als Ausgaben gelistet seien, was dazu führen könne, dass

das Geld, das man besitzt, weniger als nichts sein kann, obendrein habe der Bischof selbst den Armen doch mehr zukommen lassen, als ihm seine Erinnerung vermittelte, verhallten ebenso im Nichts wie der Appell eines anderen Bürgers von Assisi an das Erbarmen des Capitano del Popolo, zwei ansonsten unbescholtenen Franziskanern, die nur ihr Ordensgelübde des Gehorsams achteten, die Folter zu ersparen. Astrolabio wurde noch am gleichen Tag im Tempel der Minerva eingekerkert.

Die Frage nach dem nicht vorhandenen Geld war damit zwar nicht gelöst, Muzios Apell an den Bischof, seine Erinnerungen, was die Geschenke an die Armen anging (besonders die Armen weiblichen Geschlechts), noch einmal einer Prüfung zu unterziehen, prallte am Grinsen auf dem bischöflichen Gesicht ab. Doch wusste Muzio, was er tat. Er wusste, wie er sich den schlauen und in allen Wissenschaften bewanderten Benediktiner zu Nutzen machen würde. Und dazu musste er ihn eben gefangen setzen.

Vergebens war auch der im Namen der Bürgerschaft von Porta San Rufino vorgebrachte Protest des tapferen Giacomo Taddei, bei dem sowohl der Capitano del Popolo als auch der Podestà, ser Vanni, sowie eine Reihe weiterer illustrer Herren anwesend waren. Ein kaiserlicher Notar hielt die Rede Giacomo Taddeis akribisch fest: alle Bürger der Stadt seien bereits informiert, dass der päpstliche Schatz zur Bezahlung der Soldaten verwendet werden solle; doch verlangten sie – die Bürger – die Rücknahme dieser Anordnung, da es nicht rechtens sei, Schätze der heiligen römischen Kirche sowie die von Kardinälen quod absint für die militärische Verteidigung zu verwenden. Ein wesentlich nützlicheres und wichtigeres Unterfangen dagegen sei es, Frieden zu schließen und diesen zu bewahren.

Dieser Protest blieb so ergebnislos, dass sogar gemunkelt wurde, es handle sich um eine von Muzio selbst organisierte Komödie.

Vergebens war sogar der Brief, den Papst Johannes durch den Rektor des Herzogtums Spoleto, Reginaldo da S. Artemia, überbringen ließ, den dieser aber aufgrund der zu großen Gefahr, die in Assisi Überbringern von päpstlichen oder anderweitig ungewollten Nachrichten drohte, lediglich bis Perugia brachte, um seinen Inhalt von dort zu verbreiten.

Die Forderungen des Papstes, alle exilierten Guelfen wieder in die Stadt zu lassen, den Brüdern von San Francesco alle eingezogenen Güter wieder zurückzugeben und besonders die bewaffneten Truppen aus selbigem Konvent zu entfernen, blieben ungehört. Auch der Aufruf an die benachbarten Städte zur Mobilmachung gegen Assisi beeindruckte den Capitano del Popolo nicht. Vergebens war die Exkommunizierung Muzios und seiner Spießgesellen, von diesem mit einem lapidaren non erat observanda kommentiert.
Am vergebensten aber war die Mission der beiden Franziskaner aus Nocera. Nachdem das Schreiben, das ihre Sicherheit garantieren sollte, teilweise von ihnen verdaut, insgesamt aber unleserlich war, ließ man sie die Nacht in einer finsteren Zelle im Turm des Palazzo del Comune verbringen, wo sie betend ihrem angekündigten Ende entgegensahen, das im Sturz von der Spitze des Turmes bestehen sollte. Am Morgengrauen aber warf man sie gnädig aus der Stadt, ohne ihren Wunsch, die Brüder von San Francesco auch nur kurz zu sehen, in irgendeiner Weise zu beachten.
Es war vergebens, weil der Schatz nicht wieder auftauchte. Vom Schatz aus dem Konvent von San Francesco erzählte man inzwischen, Muzio habe einen Teil seinem Verbündeten, Bischof Tarlati von Arezzo, einen anderen Teil an die guelfische Republik Florenz verkauft. Beide sollen dafür immense Summen gezahlt haben. Doch die Bürger von Assisi fragten sich, wo dieses Geld geblieben war, sicher hatte Muzio mit einem Teil der Summe seine Soldaten bezahlt und damit die sich anbahnende Meuterei im letzten Moment verhindert. Aber wo der Rest des Goldes war, wusste niemand. Auch das Geld des Bischofs blieb verschwunden, sofern eine Summe, die weniger als nichts war, verschwinden konnte. Astrolabios Zelle im Konvent von San Pietro war ebenso wie der gesamte Konvent gründlich durchsucht worden, doch außer ein paar Reliquien und einigen Wachskerzen, die bei früheren Durchsuchungen wohl übersehen worden waren, fand man nichts.
Muzios Schatullen waren leer, seine Diener warteten oft viele Tage und Wochen auf ihren Lohn, durch die Dächer vieler Kirchen drang der frische Märzregen. Der Unmut zog seine Bahnen unter den Bürgern angesichts des sichtbaren Verfalls der Stadt. Selbst ehemalige Anhänger Muzios, wie die

Prioren der Stadtteile von Porta Perlici und San Giacomo, Cuzio Guarniero und Lolo di Mercatuzio, und ihre Gefolgsleute überraschte man zuweilen in einer stillen Gasse, wo sie leise miteinander redeten und sich, sobald sie der Anwesenheit einer weiteren Person gewahr wurden, in verschiedene Richtungen verteilten, so als haben sie sich rein zufällig hier getroffen.

Auch Niccolò und Puccio Capanna mussten sich täglich die Beschwerden ihrer Maler anhören, wobei die Aussage stets die gleiche war. Seit Wochen habe es keinen Lohn mehr gegeben und man arbeite doch jeden Tag schwer und müsse zudem seine Familien ernähren, außerdem Steuern und Mieten bezahlen und zum Erhalt der eigenen Arbeitskraft auch selbst manchmal etwas essen. Puccio Capanna ließ sich dann vom Überfluss der gelben Galle in seinem Körper überwältigen und schrie lauter als die anderen, dass das Geld schon irgendwann käme, man müsse nur Geduld haben, schließlich arbeite man doch für den Capitano del Popolo und ein so mächtiger Mann könne sich gar nicht erlauben, ein so wichtiges Werk wie das ihre, nicht zu bezahlen, und schließlich seien sie ja Maler, also zu gar keiner anderen Arbeit fähig, und überhaupt, wem es nicht passe, der könne ja gehen. Niccolò war zwar jedes Mal froh über Puccios Ausbrüche, weil sie wenigstens dazu führten, dass für kurze Zeitspannen wieder gearbeitet wurde; leider aber wurden diese Zeitspannen immer kürzer. Außerdem knurrte auch sein Magen. Wenn die alte Margherita nicht dann und wann irgendeine Kleinigkeit zum Essen aufgetrieben hätte, dann wäre auch er kaum noch in der Lage, seiner Arbeit nachzugehen. An die Steuern und Abgaben, die er zahlen musste, wollte er nicht denken. Er wusste auch, dass der Moment, an dem Puccios lautes Geschrei nicht mehr genügen würde, nicht fern lag.

3. Kapitel

Astrolabio da Salerno wusste nicht genau, wie lange er schon kein Sonnenlicht mehr gesehen hatte. Auch jetzt, als die beiden Büttel ihn durch die Stadt führten, war die Sonne noch nicht aufgegangen. Über dem Monte Subasio konnte er sie aber schon erahnen. Die Stimmung der dunklen leeren Straßen an diesem Morgen rührten ihn auf seltsame Weise an. Obwohl seine Hände gefesselt waren und alle Knochen schmerzten, fühlte er sich heiter, beinahe glücklich. Es war ein Glück, wie er es manchmal als Junge gefühlt hatte, wenn er die Nächte gewacht, heimlich mit der Lektüre wissenschaftlicher Bücher verbracht, beim ersten Singen der Lerchen aufgeschreckt aus dem Fenster gesehen und dem herannahenden Tag entgegengesehen hatte. Er wusste nicht, was sie von ihm wollten, wohin sie ihn führten; ob sie ihn töten wollten. Es war unnötig, darüber nachzudenken; die Handlungen dieser Regierung konnte man nicht vorausberechnen, weil sie weder von der Vernunft noch vom Verstand gelenkt wurden. Doch was konnte ihm schon passieren?

Dennoch war er überrascht, als der kurze Spaziergang vor der früheren Apotheke endete. Die Tür, durch die einst die Kunden ins Geschäft getreten waren, war mit Brettern vernagelt. Aber die kleine Totentür wurde von innen geöffnet. Astrolabio erkannte einen weiteren Büttel, der ihn und seine seltsamen Begleiter empfing und durch das Haus bis ins Offizin – das ehemalige Offizin Messer Bonaventuras – geleitete. Dort sah er zuerst nur ein Licht (das Licht einer großen Wachskerze!), erst nach einigen Augenblicken erkannte er Muzio auf einem Hocker sitzen, die Füße auf Messer Bonaventuras Lesepult gelagert.

* * *

Die nächsten Tage verbrachte Astrolabio in Bonaventuras Offizin. Er fühlte sich wohl. Den ganzen Tag konnte er mit Destillieren, Sublimieren, Mischen und Beobachten verbringen. Er wusste, dass ihm nichts Schlimmes mehr passieren konnte, deswegen versuchte er vom Hüttenrauch und experimentierte mit anderen Substanzen; eine Freude, der er sich nie zuvor hingegeben hatte. Jetzt konnte er alles probieren ohne sich den Gefahren auszusetzen, die den Lehrer Leone, Messer Salvestro oder den armen Guido das Leben gekostet hatten. Das alles verdankte er aber Messer Bonaventura und seinem Elixier. Und nur er, Astrolabio, allein besaß das Rezept. Messer Bonaventura hatte es mit dem Rezept dieses britischen Franziskaners versucht. Ebenso wie der Brite hatte er verstanden, worum es ging. Gold war unwichtig, es war nur ein Nebenprodukt, entstanden durch die Veränderung von Eigenschaften. Alles konnte entstehen, wenn man die Eigenschaften der Substanzen änderte. War nicht alles aus der einen Materie zusammengesetzt und unterschied sich nur durch seine Eigenschaften?

Astrolabio musste lachen, wenn er an die Dummheit der einfachen Menschen dachte. Wer war nun der größte Esel unter all diesen Trotteln? War es der Bader Vitellozzo, der bedauernswerte, der „so unschuldig wie Christus am Kreuz" seinen Körper und seine Seele der ewigen Verdammnis preisgab? Dicke Hühner, Kröten und Basilisken! Basilisken, wer konnte diesen Unsinn nur glauben! Haben sie wirklich die alten Texte wörtlich genommen? War es nicht eindeutig, dass die alten Autoren sich einer bildhaften Sprache bedienten, dass der eigentliche Sinn hinter einem Schleier verborgen war und nicht gedacht war für Bader, Dienstvolk und Dummköpfe?

Oder jener Dummkopf aus Gubbio, der so schleimig wie ein Blutegel, sich für eine Art neuen Johannes haltend, das Volk auf den kommenden Messias vorbereitet hatte? Jetzt hatten sie ihren Messias. Und waren sie glücklich? Wussten sie denn nicht, dass Muzio genauso wieder verschwinden würde wie alle anderen?
Dass die Kaiser, Könige und Fürsten dieser Erde gar keinen Gedanken wert waren, weil sie sowieso nur eine kurze Zeit hier weilen würden? Alle würden sie gehen und neue würden kommen, nur er, Astrolabio da Salerno, würde bleiben; er würde sie kommen und gehen sehen, sie alle, die sich für wichtig hielten, und nur er würde wissen wie unwichtig sie eigentlich waren. Er würde sogar die Maschinen, von denen Roger Bacon gesprochen hatte, sehen, wenn dieser Bacon denn Recht haben sollte.

Einzig er, Astrolabio, hatte das Elixier Bonaventuras getrunken, dessen konnte er sich jetzt sicher sein. Der Apotheker selbst konnte es nicht geschluckt haben, denn er war tot. Auch seine Tochter war tot. Astrolabio fühlte Mitleid mit dem jungen unschuldigen Mädchen. Doch wem wird der Entdecker des Elixiers dieses wohl zuerst gegeben haben, wenn nicht dem Menschen, den er am meisten liebte? Musste aber nicht Unsterblichkeit auch Unverletzbarkeit bedeuten? Und sind nicht sogar die heiligen Märtyrer irgendwann ihren Verletzungen erlegen? Der Märtyrer Minias hatte zwar nach seiner Enthauptung seinen Kopf bis auf den Hügel getragen, der heute seinen Namen trug;

doch am Ende ist auch er gestorben. Es war das Gesetz der Natur, das Gesetz Gottes. Kein Körper, der aus Materie bestand, konnte lange bestehen, wenn diese Materie beschädigt war. Solange die Substanz aus den vier Elementen zusammengesetzt war, musste sie vergehen. Nur sein eigener Körper war gewandelt! Er musste weder Tod noch Folter oder Schmerz fühlen, denn er war unzerstörbar! Die junge Federica aber konnte das Elixier nicht getrunken haben, denn dann wäre das Wichtigste und Wesentlichste an ihr unverletzlich gewesen. Am Ende blieb ihr nur noch der Tod; sie würde als Märtyrerin in das Reich der Seeligen eingehen!

Rasche Schritte vor der Tür erinnerten Astrolabio wieder an die Dummköpfe dieser Erde. Die Tür wurde aufgestoßen und der Capitano del Popolo schritt in Begleitung zweier Diener herein.
„Guten Morgen, lieber Bruder Astrolabio", grüßte er, „habt Ihr etwas, das Ihr mir zeigen wollt?"
„Ja, ich habe etwas, das Euch begeistern wird. Folgt mir nur in die Kammer nebenan, wo kein Sonnenlicht hereinkommt." Astrolabio griff nach einem Gefäß und ging in den kleinen fensterlosen Raum. Muzio atmete vernehmbar, doch folgte er Astrolabio.

Das Phänomen im Dunkeln verblüffte ihn wirklich. Von der Substanz in dem Gefäß ging Licht aus! Nie zuvor, auch nicht bei seinen eigenen Experimenten, hatte Muzio etwas derartiges gesehen. Ein Stoff, der von sich aus leuchtete, ohne dass man ihn erst anzünden oder sonst wie behandeln musste. Dieser Astrolabio musste über erstaunliche Fähigkeiten verfügen.
Einer der Diener aber fragte: „Was soll das, ein Pulver, das leuchtet?"
„Ja, was kann man damit wohl anfangen?", fragte nun auch Muzio, „habt Ihr nicht verstanden, was ich von Euch erwarte?"
„Verehrter Capitano, ich weiß sehr wohl, was Ihr von mir wollt. Doch bitte ich Euch, eines zu bedenken: Es gibt immerhin 145 Möglichkeiten, irdische Stoffe miteinander zu verbinden. Lediglich eine davon ist das Goldmachen. Es braucht also ein wenig Zeit."

„So, 145 Möglichkeiten also. Mir scheint, dreizehn davon hast du bereits versucht; es bleiben also noch 132. Bei zwölf Versuchen am Tag – und das ist wohl möglich, hast du doch sonst nichts zu tun – sind es noch höchstens elf Tage, bis wir das gewünschte Ergebnis vorliegen haben. Der Zeitraum ist also absehbar. Ich werde in elf Tagen wieder hier sein. Bis dahin, lebe wohl."

* * *

Das Geräusch schreckte Niccolò aus der Versenkung in seine Arbeit. Es waren weniger die Hufe der Pferde, sondern vielmehr deren Nachhall, ein beinahe schweigendes Echo, so leise, dass er es gerade noch hören konnte, und dabei langsam immer weiter ansteigend, wie das Pfeifen einer Flöte, die von jemandem in der Musik unkundigen gespielt wird. Während seine Mitarbeiter sogleich die Treppe hinunter zum Ausgang stürmten, schlich er selbst zögerlich zum Fenster des Palazzo del Capitano del Popolo. Von den Reitern konnte er nur noch den von ihren Pferden aufgewirbelten Staub auf der Piazza sehen; in der Menge der Menschen, einem frischen Hefeteig gleich immer mehr anschwellend, erkannte er auch Puccio Capanna und einige der anderen Maler seiner Werkstatt, die mit ihrem verhaltenen Geflüster zu diesem Unheil verheißenden Pfeifton beitrugen.

Später war es Puccio Capanna, der Niccolò vom Geschehenen berichtete: bei den Reitern handelte es sich um Gesandte des Papstes, ja Papst Johannes hatte sie persönlich entsandt – sie waren übrigens Franzosen wie der Papst selbst und kapierten deshalb überhaupt nichts – in seinem Auftrag also sollten sie ein Manifest an die Tür des Domes nageln. Es war dieses verdammte Dingensdekret. Der Papst hatte das Interdikt über Assisi verhängt! Er bestrafte die ganze Stadt für die Sünden des Capitano del Popolo!

Und das sei Johannes noch nicht genug! Er habe Muzio und seine Spießgesellen exkommuniziert, alle, sogar den Bischof von Assisi und vier seiner Kanoniker, auch den Abt von San Pietro übrigens. Ob Niccolò sich das vorstellen könne? Der Bischof exkommuniziert!
Niccolò wollte gerade anmerken, dass er es sich sehr gut vorstellen könne, denn schließlich war dieser Rufino nicht der rechtmäßige Bischof, aber Puccio redete bereits weiter. Muzio müsse innerhalb von zehn Tagen den Schatz, den er den Franziskanern geklaut habe, zurückzahlen, ansonsten werde der Papst alle kirchlichen Lehen Muzios einziehen, außerdem werde er Muzios Söhnen, sofern sie kirchliche Ämter innehaben, diese entziehen, wegen Unfähigkeit heiße es, und obendrein werde dann jedermann im Land das Recht haben, Muzio festzunehmen – lebend übrigens.

Niccolò fragte sich gerade, wie Muzio den Schatz zurückzahlen wolle, wenn er ihn doch gar nicht mehr besitze – sagten doch alle, er habe damit seine Söldner bezahlt, als sich einer der Werkstattgesellen ins Gespräch mischte: „Heißt das, wenn wir unser Geld nicht in den nächsten zehn Tagen bekommen haben, dann kriegen wir es nie mehr?“
„Ja, das kann man so sagen“, antwortete Puccio, „denn wenn Muzio nichts mehr hat, weil sein ganzer Kram eingezogen wird, wie soll er uns dann bezahlen?“
„Wir hätten also umsonst gearbeitet?“

Sogleich breitete sich ein Gemurmel unter den Malern aus, das sich bald zu der einen Aussage verdichtete: die Bezahlung für ihre Arbeit müssen sie jetzt sofort erhalten; Niccolò als der Kopf der Werkstatt müsse sogleich zu Muzio gehen und die Bezahlung verlangen. Niccolò beteuerte immer wieder, dieser Moment sei sicher der ungünstigste Zeitpunkt; wenn man ihn überhaupt vorlasse, werde Muzio ihm sicher nicht zuhören, wahrscheinlich werde er ihn sofort wieder herauswerfen, außerdem wisse er auch gar nicht, wo der Capitano sich gerade aufhalte. Einige waren der Ansicht, er könne nur im Dom sein, da doch der Bischof sein treuester Verbündeter war; andere waren dafür, im Benediktinerkonvent von San Pietro nachzusehen. Endlich versprach Niccolò verzweifelt, den Capitano aufsuchen zu wollen, sobald er nur wisse, wo dieser sei.

„ICH weiß, wo er ist!“, die Stimme erschütterte den Tumult wie das Dröhnen eines Kanonenschusses in Friedenszeiten. Der Capitano schritt bis in die Mitte des Raumes, hinter ihm folgten zwei seiner Diener. Niccolò glaubte, ein leichtes Schwanken in seinem Gang zu vernehmen.

„Was ist hier los? Warum arbeitet ihr nicht? Wer ist für diesen Aufruhr verantwortlich?“

„Capitano, wir werden uns sogleich wieder an die Arbeit machen“, Niccolòs Stimme zitterte, „es gab nur gerade einen kleinen Disput.“

„Ich bezahle euch aber nicht zum Disputieren!“

„Nun Herr, genau darum ging es.“

„Worum? Dass ich euch nicht zum Disputieren bezahle?“

„Ja, wisst Ihr, einige sind der Ansicht – und es ist auch nicht ganz falsch, wenn man die Dinge bisher betrachtet …“

„Was?“

„… dass Ihr uns gar nicht bezahlt.“ Niccolò atmete tief.

Das eisige Schweigen wurde endlich vom Capitano unterbrochen: „So, ihr seid also der Ansicht, ich lasse euch hier umsonst arbeiten?“

„Seitdem wir hier beschäftigt sind, haben wir noch keine Zahlung bekommen“, Niccolò wurde mit jedem Wort ruhiger.

Muzio drehte sich um und sah ihm direkt ins Gesicht: „So, ihr habt also noch kein Geld bekommen? Aber sage mir bitte, lieber Meister Nicola, du glaubst doch an das Paradies, dass die Erlösten am Tage des Jüngsten Gerichts dort eingehen werden?“

„Natürlich …“

„Hast du aber das Paradies je gesehen?“

„Ja nun, vielleicht … nein.“

„Nein also, aber wie kannst du dann daran glauben?“

„Es ist uns doch versprochen worden, und liegt nicht Lazarus im Schoße Abrahams?“

„Aha, Lazarus, aber du, lagst du je im Schoße Abrahams?"
„Nein, Capitano."
„Aber du weißt von Lazarus und bist deswegen sicher, dass es auch dir – sofern du zu den Erlösten gehören wirst – einst so ergehen wird?"
„Ja, Capitano."
„Nun, dann weißt du ja wohl auch, dass ich diejenigen, die in Treue zu mir stehen, bezahle. Hast du etwa nicht mitbekommen, dass ich meine Soldaten bezahlt habe und dafür sogar mein eigenes Seelenheil aufs Spiel gesetzt habe?"
„Ja ..."
„Kleingläubiger, was zweifelst du also? Glaubst du etwa, dass ich, der ich einen Weg gefunden habe, meine Soldaten, die doch so viele sind und sich solch ruhmreicher Taten verdient gemacht haben, zu bezahlen, gerade euch, die ihr bisher noch nichts vollendet habt, nicht bezahlen werde?"
„Nein, das glaube ich nicht ... allein, Capitano, es ist eine Tatsache, dass die Männer, um arbeiten zu können, auch essen müssen. Wir aber arbeiten schon seit Wochen an Euren Fresken und sind bald gezwungen, den Kalk zu essen, mit dem wir die Wände verputzen. Wenn wir dagegen das Werk, das doch Euch zum Ruhm gereichen wird, vollenden sollen, dann tut ein wenig Nahrung not – wenigstens einmal am Tage."
Niccolò sah den Zorn in Muzios Augen blitzen, als dieser sagte: „Seid ihr jungen Männer nicht mehr in der Kunst der Beherrschung des eigenen Körpers geübt? Augustinus selbst sagte doch: ‚Es gibt Leute, die ohne Geruchsbelästigung mit ihren Hintern eine solche Vielzahl von Tönen willentlich hervorbringen, dass sie auch mit jenem Teile zu singen scheinen.' Wenn das geht, dann kann man doch auch dem Knurren des Magens mit der Kraft der Vernunft Herr werden. Aber komm nur morgen vor Beginn der Arbeit zu mir, du findest mich im Palast des Bischofs, dann wirst du die Bezahlung erhalten, die ihr verdient."
Darauf drehte Muzio sich um und verließ den Raum, seine beiden Diener folgten ihm wie Küken einer Henne.

* * *

„Was soll das sein?" Muzio hielt das gläserne Gefäß in die Höhe und drehte es hin und her.
„Könnt Ihr denn nichts erkennen?" Astrolabio schien erstaunt, „seht Ihr nicht, dass sich etwas darin bewegt? Und wie das, was sich da bewegt, aussieht?"
„Ich sehe eine Form in einer Flüssigkeit, sie bewegt sich meinetwegen auch, aber Gold ist es nicht, auch das sehe ich sehr deutlich."

„Nein, es ist sehr viel wertvoller als Gold."
„Es gibt keine Substanz, die wertvoller ist als Gold, das weißt du nur zu gut. Dieses gräuliche Etwas hier, mag es sich auch bewegen, hat mit Gold, das sich meines Wissens nach nicht bewegt, nichts zu tun."
„Aber lieber Capitano, seht Ihr denn nicht die Form des Wesens? Erkennt Ihr nicht die beiden Beine und Arme und den Kopf? Nehmt Ihr nicht den kleinen Menschen wahr, der in dem Gefäß steckt?"
Muzio hielt das Gefäß noch einmal gegen das Fenster und drehte es; und wirklich, das, was sich darin bewegte, hatte zwei Beine, zwei Arme und einen Kopf. Es war ein Mensch!
„Es ist nicht einfach ein kleiner Mensch", erklärte Astrolabio weiter, „es ist Euer Homunculus. Ihr wisst doch sicher, dass der Homunculus im Innensinn eines jeden von uns existiert. Nur durch den Homunculus in unserem Kopf können wir sehen, hören und die Welt um uns herum wahrnehmen. Spielt sich doch alles, was wir sehen und hören in unserem Kopf ab."
„Verzichte bitte auf die wissenschaftliche Lektion und erkläre mir, was ich mit diesem Kerl soll!", unterbrach ihn Muzio.
„Ja, wie ich schon sagte, es ist Euer Homunculus. Ihr könnt alle Eure Taten, vor allem Eure schlechten Taten, die es ja sicher auch bei einem großen Mann wie Euch geben muss, auf ihn schieben. Zusätzlich zu dem kleinen in Eurem Kopf habt Ihr noch einen in der Hand, der Eure Sünden übernimmt und Euch damit heiligt ..."
„Du machst dich über mich lustig! Ich will keinen Homunculus, ich will Gold!"

„Das habe ich doch schon längst", sagte Astrolabio ruhig und reichte Muzio einen Beutel. Dieser griff gierig danach, riss dessen Schnur auf und goss den Inhalt in seine Hand. Er sah kurz die schwarzen Kugeln an, die aus dem Beutel kullerten, dann sprang er auf und schrie: „Es reicht, ich will Gold! Ich brauche Gold! Und du sollst lernen, dass man mit mir keine dummen Spiele treibt! Werft ihn ins Gefängnis!"
Während die Diener Astrolabio ergriffen, redete dieser mit sanfter Stimme weiter: „Sieht man etwa der Hostie an, dass es sich bei ihr um den Leib Christi handelt? Und doch hat die Transsubstantation stattgefunden. Ebenso ist diese Substanz verwandelt; es ist Gold. Ich habe die Substanz geändert, die Akzidentien sind jedoch die gleichen. Aber ist nicht die Substanz das Wesen, das, das macht, das etwas, das ist, das ist, was es ist? Es sind die einfachsten Lehrsätze des Philosophen. Habt Ihr etwa nie eine Schule besucht? Wollt Ihr lieber irgendetwas, das glänzt? Lieber als wirkliches Gold? Auch die Haut der Bauern glänzt, wenn sie von der Arbeit schwitzen."
Wutentbrannt schleuderte Muzio den gläsernen Behälter gegen die Wand. Die Flüssigkeit rann an der Wand herunter und bildete eine Pfütze am Boden. Muzio sah den Homunculus in der Pfütze zappeln; panisch lief er durch die kleine Totentür ins Freie.

* * *

Großzügig war die Bezahlung nicht ausgefallen. Doch Niccolò war schon erleichtert, dass er überhaupt etwas bekam. Es hatte gerade genügt, um jedem seiner Maler ein paar Mal eine warme Suppe zu ermöglichen. Muzio jedoch sah sich offensichtlich nicht mehr in der Pflicht und so folgten keine weiteren Zahlungen. Nach ein paar Tagen arbeitete man bereits wieder mit leerem Magen und der dazu passenden Stimmung.

Der Moment, vor dem Niccolò sich gefürchtet hatte, obschon er sicher war, dass er kommen würde, trat an einem sonnigen Tag während der vorösterlichen Fastenzeit ein. Als er morgens zum Palazzo del Capitano kam, standen seine Mitarbeiter vor dem Eingang und machten ihm sehr deutlich, dass sie keinerlei Absicht hatten, ihre Arbeit weiter zu führen, solange nicht die gesamte zurückliegende Arbeit und zusätzlich ein beachtlicher Anteil der noch vor ihnen liegenden Arbeit bezahlt sei. Man hatte sogar ein Schreiben verfasst, um diese Forderungen festzuhalten. Die Summen, die man verlangte, waren darin klar und in alten Ziffern aufgelistet. Niccolò müsse also selbiges nur noch dem Capitano del Popolo überreichen, dann werde man schon sehen, wie dieser reagiere.

Niccolò sah keine andere Möglichkeit und brachte das Schreiben dem Capitano. Dessen Reaktion sah er auch sogleich, denn der Capitano hieß seine beiden Diener, Niccolò ins Gefängnis zu werfen. Er habe einfach genug von unverschämten Forderungen, vorgebracht von Burschen, die nicht arbeiteten.

Und so sah Niccolò zum ersten Mal das Innere des Tempels der Minerva.

4. Kapitel

An die Dunkelheit hatte Niccolò sich schnell gewöhnt, bald nahm er seine Umgebung gar nicht mehr als finster wahr. Wenn durch die Schlitze unter der Decke das Licht des Mittags einfiel, kam es ihm vor, als scheine die Sonne. Zuerst hatte ihn der Gestank gestört, doch auch diesen bemerkte er bald nicht mehr. Er hatte immer geglaubt, Gefängniszellen seinen feucht und kalt – von der Isola delle Stinche in Florenz erzählte man, das Wasser rinne von den Wänden – aber hier war es nicht feuchter und kälter als in seiner Dachkammer bei der alten Margherita. Auch das Essen war nicht schlechter als das, was er sich zuletzt in Freiheit hatte leisten können. Es schien, als kümmere sich die alte Göttin der Weisheit um ihre Kinder, wenigsten soweit sie es vermochte.

Er teilte sich die Zelle mit einem alten Mann, und obgleich der Alte ständig zusammengekauert auf dem Boden saß, erkannte Niccolò, dass er sehr groß und sehr dünn sein musste. Sein Gesicht war von dichtem Haar und einem – vermutlich – weißen Bart eingerahmt, und kaum zu erkennen. Der Alte sprach langsam ohne ein erkennbares Idiom; und das erstaunte Niccolò am meisten. Denn als er den Genossen am Tage seiner Festnahme mit einem aus tiefer Seele kommenden „*Porcavaccamaremmabucaiolamanacciallamiseria*“ begrüßt hatte, da hatte dieser lediglich geantwortet: „*Barbarus hic ergo sum, quia non intellegor ulli.*“

Doch es gab noch mehr Seltsames an diesem Alten. So hatte er eine Ratte gezähmt und ihr sogar einen Namen gegeben – sie hieß Cynthia. Er gab dem Tier von seinem Essen ab, manchmal bekam sie sogar mehr als er selbst aß, sah ihr dann versonnen zu, wenn sie die Stücke in ihren Vorderpfoten hielt und verspeiste. Nach dem Essen ließ er sie auf seiner Hand schlafen, um ihr dann nach dem Erwachen die Grundprinzipien der Philosophie zu lehren.

Auch Niccolò mochte die täglichen Lektionen. Obgleich sie der Ratte galten, konnte auch er seinen Sinn für Dialektik schulen – schließlich war er ein Handwerker und kein Magister und damit sicher in philosophischen Dingen kaum gelehrter als eine Ratte. Er war in jenen Momenten kein Gefangener mit einer ungewissen Zukunft mehr, sondern ein freier Geist; so frei, dass er hier in der finsteren Zelle des Minerva-Tempals verstand, wie die Schöpfung nach dem unendlich weisen Plan des Schöpfers aufgebaut war.

„Weißt du, Cynthia" sprach der Alte eines Tages zu dem Tier, „wenn der Sinn eines Dinges in der Erhaltung seiner Art besteht, dann ist der Sinn deines Daseins ebenso die Erhaltung deiner Art. Du bist nur ein Exemplar der Idee deiner Gattung, nur dafür bist du da. Ein Abbild bist du der universellen Idee wie das Bild eines Malers ..." Dabei streichelte er den Kopf des Tieres.

Niccolò horchte auf. „Herr, meint Ihr, das lebendige Tier ist nichts anderes als ein gemaltes Bild? Was ist dann aber mit der Seele? Das Tier hat doch eine Seele? Ein Tier, das ich male dagegen ..."

„Ist seelenlos?"

„Nun, ist es das nicht?" Niccolòs Stimme wurde leiser und er fragte sich selbst, wie er in einer so klaren Frage plötzlich unsicher sein konnte.

„Abbilder sind also seelenlos? Dann kannst du mir sicher erklären, warum die Menschen immer wieder Bilder liebkosen, küssen oder auch schlagen oder anspucken?"

Niccolò wusste keine Antwort.

„Hast du selbst noch nie ein Bild geküsst?"

„Ja, doch schon ...;

„Warum küsst du etwas, das keine Seele besitzt?"

„Nun, vielleicht ..., vielleicht ist nicht das Bild gemeint, sondern der, den es darstellt."
„Die Seele des Gemalten hat also teil am Bild?"
„Ja."
„Muss dann die Seele sich nicht vom Beseelten lösen lassen, denn wie kann sonst die Seele, sagen wir eines Menschen, in dessen Bild sein, wenn der selbe Mensch doch abwesend ist?"
„Sie ist doch ablösbar, die Seele des Menschen, meine ich; die der Tiere nicht, das unterscheidet den Menschen doch vom Tier ..."
„Brav, lieber Scholar, ich merke, du hast deine Lektionen gelernt. Dann kannst du mir sicher auch folgendes beantworten: wenn die menschliche Seele sich vom beseelten Menschen trennen lässt und in einem Bild desselben Menschen einziehen kann, muss dann nicht die Seele, oder zumindest ein Teil von ihr, diesen Menschen verlassen? Und heißt das nicht, dass je häufiger ein Maler einen Menschen malt, umso weniger bleibt in diesem Menschen beseelt? Hast du je das Teufelsantlitz in den Wolken bemerkt?"
Sogar die Erinnerung an die Fratze mit den Zügen Muzios machte Niccolò Angst. Er flüsterte: „Ihr meint, das Bild in S. Francesco?"

„Der Maler hat wohl geglaubt, dem Teufel einen Teil seiner Macht zu nehmen, wenn er ihn unter dem heiligen Franziskus zeigt. Als würde sich der böse Einfluss den Wolken gleich zerstreuen, liegt doch das, was sie seine Seele nennen, in dem Bild. Genauso denken die Maler, die irgendwelche Räuber, irgendein Diebesgesindel oder sonstige Verbrecher malen und deren Bildnisse dann öffentlich aufhängen, wo das Volk sie eifrig bespuckt, mit Steinen bewirft oder ihnen gar die Augen aussticht. Nun, wenn es so wäre, dann hätten wir das Böse doch längst ausgerottet. Müsste es nicht genügen, den Leibhaftigen und seine Kumpane oft genug abzubilden, um ihre Seele zu zerstören? Bei all den Monstern, die sich in den Kirchen tummeln, dürfte es schon gar keine beseelten Monster mehr geben.
Doch zurück zur ablösbaren Seele. Welches Organ ist es deiner Ansicht nach, in welchem sie ihren Sitz hat?"

„Das Herz?“
„Oh ja! Das Herz! Reicht nicht die Liebe selbst in euren Bilder der Armut ein Herz zum Geschenk? Ich fragte mich immer, wo ihr wohl ein Herz gesehen haben könnt, um es so genau zu malen?“
„Es gibt Bücher, von Malern angefertigt, mit Zeichnungen …“
„Ja, die Bücher, da findet man wohl so einiges, aber nicht alles, oder? Manchmal muss die Natur aushelfen?“
Niccolò hörte sein Herz schlagen. Was wusste der Alte alles über ihn?
„Hast du jemals ein Herz in der Hand gehabt oder auch nur gesehen?“
„Wenn die Bauern schlachten, manchmal sieht man dann ein Herz von einem Schwein.“
„Und hast du die Seele gesehen, sie muss ja noch da gewesen sein, die Schweineseele ist doch nicht ablösbar?“
„Nein …“
„Glaube mir, ich habe Herzen gesehen; ich habe sie zerlegt, Herzen von Tieren und von Menschen, und es gibt keinen Unterschied außer der Größe, die ja in diesem Falle unerheblich sein muss. Das gleiche gilt für die Leber oder für das Gehirn. Es gibt keinen Unterschied zwischen Mensch und Tier. Wenn die menschliche Seele ablösbar wäre, dann müsste es doch irgendwo im Herzen ein Loch geben, wo die Seele zuvor ihren Sitz hatte.“
„Ihr habt wirklich Menschen zerlegt?“
„Du doch auch? Hast du je eine Seele gesehen? Es muss die Seele geben, bringen sie dir bei, natürlich, die Ideen, Gottes Ideen wirken über die Seele auf den Menschen, durch sie hat er Teil an den ewigen Ideen. Doch wenn du danach suchst, dann findest du nichts. Was schließt du daraus?“

Niccolò wusste nicht, was er antworten sollte. Doch der Alte redete schon weiter:
„Ist vielleicht alles falsch, was sie uns lehren? Gibt es womöglich gar keine ewigen Ideen? Haben wir keinen Teil an ihnen? Hat man uns lauter falsche Dinge beigebracht?“
„Vielleicht …“

„Also es gibt keine Seele, es gibt keine Ideen, die göttlich, ewig und wahr sind? Und das, weil du keine Anzeichen in der Natur findest, dass es so ist, wie die Schrift uns seit Alters her lehrt?"
Niccolòs Verwirrung stieg weiter. Worauf wollte der Alte hinaus?
„Sollte man daraus nicht lieber schließen, dass alle unser Studien der Natur, all unser Suchen eitel und nutzlos ist, weil wir das, was wir zu finden hoffen, nicht finden werden? Wir forschen, mit den besten Absichten suchen wir in der Natur. Selbstverständlich, wir wollen, dass die Natur uns das bestätigt, was wir schon wissen, was wir nur glauben müssen. Wenn du nun aber glaubst, wenn du glaubst, dass die tierische Seele unablösbar sei, die der Menschen dagegen sich vom Körper lösen kann, wozu musst du dann noch die Beweise dafür finden, indem du die Natur untersuchst? Stellst du nicht, indem du suchst, schon die Lehre in Zweifel?
Wenn du sie findest, die Beweise, dann nützen sie dir nichts, weil du doch nur beweist, was du schon wusstest. Wenn du sie aber nicht findest, dann vergrößerst du nur deine Zweifel und kommst vom Glauben ab. Wo ist also der Nutzen der Studien?"
Niccolò dachte nach. Warum hatte er bisher die Natur studieren wollen? Warum hatte Francesco die Maler stets dazu angehalten? Er traute sich daher endlich, dem Alten entgegenzuhalten:
„Für mich, für uns Maler, waren Naturstudien immer wichtig, um unser Handwerk gut ausführen zu können. Ich wollte verstehen, wie die Dinge aufgebaut sind, um sie gut zeichnen zu können."
„Du wolltest sie verstehen, um sie neu erschaffen zu können?"
„Ja."
„Du erschaffst damit deine eigene Welt. Ist das aber die richtige Welt oder kann es sein, dass einer deiner Kollegen ein Ding ganz anders malt als du?"
Niccolò dachte an Onofrio und sein Kaninchen auf dem Stein und nickte mit dem Kopf.
„Du erschaffst sie mit dem Stift oder mit Pinsel und Farbe. Nichts anderes machen die Gelehrten, wenn sie den Aufbau der Welt verstehen wollen. Sie schaffen sich ihre eigene Welt, ihren eigene Lehre, ihren eigenen Glauben.

Wenn nun aber jeder seine eigene Welt erschafft, welche ist dann die wahre?"
Niccolò überlegte, dann sagte er: „Die wahre Welt, ich meine, die von Gott geschaffene, bleibt die nicht unverändert?"
„Nein, sie bleibt nicht unverändert. Wir können sie ändern und wir wollen sie ändern. Wir erfinden Maschinen, die das Leben leichter machen, die Arbeit einfacher, und vergessen, dass alles Leiden vom Schöpfer gewollt ist. Wir mischen Medizin, um den Schmerz des Körpers erträglich zu machen oder um das Leben zu verlängern, und doch sind Leid und Tod vom Schöpfer geschaffen. Wir wollen aus dem Leben einen schönen Ort machen und merken nicht, dass wir ihn dadurch zur Hölle machen. Wir schaffen die Hölle, weil wir die Dinge nicht mehr hinnehmen, wie sie sind, sondern sie verbessern wollen. Dadurch aber trägt nichts mehr seinen Wert in sich, sondern alles bekommt seinen Wert durch das Andere. Dieses Andere aber, woher bekommt das seinen Wert? Durch wieder etwas anderes. Und was haben sie erfunden, um den Wert von allem zu bemessen? Geld! Geld wird zum Maß von Allem! Sogar die Zeit, berechnen sie schon in Geld, sie bezahlen die Tagelöhner nicht mehr nach der erledigten Arbeit, sie bezahlen vielmehr die Zeit, die sie aufwenden. Gottes ewige Zeit wird zu einer Ware mit einem Preis!"
„Aber die Franziskaner", wandte Niccolò ein, „lehnen Geld und Besitz doch ab."
„Die Franziskaner sind von allen die Schlimmsten! Frei von Geld und Besitz wollen sie sein, nur der Armut wollen sie dienen. Sie geben vor, wie Christus sein zu wollen, und sind dabei ungehorsam gegen den Papst, lehnen sich gegen die Ordnung der Kirche auf!"
„Aber doch nur, um arm sein zu können, wie Christus!"
„Es geht nicht darum, arm wie Christus zu sein. Sie sind sich ja noch nicht einmal einig, ob Christus wirklich arm war, können es zumindest nicht beweisen. Und glaubst du nicht, dass, wenn es Arme und Reiche gibt, Gott das nicht auch so geplant hat, dass nicht jeder an den ihm gebührenden Platz gestellt wurde?"
Niccolò dachte an Messer Bonaventura und was dieser ihn immer gelehrt hatte.

„Herr, kann es nicht sein, dass auch das Studium, dessen Ziel die Verbesserung ist, die sicher nicht immer erreicht wird, manchmal aber doch, dass auch das von Gott gewollt war? Ich meine, warum hat er uns denn mit Verstand ausgestattet, wenn er nicht gewollt haben sollte, dass wir ihn benutzen? Und kann es nicht sein, dass er auch wollte, dass wir die Welt verändern, dass genau das zu seinem Plan gehörte? Schließlich hat er doch schon einmal einen neuen Bund mit den Menschen geschlossen."
„Was du da sagst, mein Junge, ist gefährliche Ketzerei. Aber du siehst, wie verbreitet solche Gedanken sind, dass selbst du von ihnen befallen bist, der du sicher nicht das Böse suchst. Gott soll uns den Verstand gegeben haben, damit wir die Welt verbessern? Auch die Wollust hat er uns gegeben, ich vermute, du hast bereits Erfahrung mit ihr, wollte er also, dass wir ihr zügellos frönen, wie die Tiere? Ganz sicher nicht, denn wie du weißt, führt Wollust zu Krankheit und Verderben. Und gerade weil der Vater einmal einen neuen Bund mit uns geschlossen hat, ist kein weiterer Bund möglich. Wenn Franziskus wirklich der neue Christus wäre, was wäre dann der alte Christus? Wenn es einen Erlöser nach ihm gäbe, dann konnte er nicht der wahre Erlöser sein. Dann würde für die Menschen, die vor der Zeit des Franziskus lebten, das gelten, was für die Menschen, die vor Christus lebten, gilt. Und wer kann dann wissen, ob nicht in einiger Zeit wieder ein neuer Erlöser erscheint. Nein, es kann nur einen geben, sonst gibt es gar keinen. Es kann nur eine Kirche geben, und dieser müssen wir gehorchen, auch wenn wir nicht immer verstehen, warum sie dieses oder jenes befiehlt. Alles andere führt ins Verderben!"
Niccolò schwieg. Die Rede des alten Philosophen im Minerva-Tempel ließ ihn zweifeln. Konnte er recht haben? Niccolò dachte an das Bild des Gehorsams, die mächtige Frau im Kreuzgang, selbst ein Joch auf den Schultern tragend, legte sie auch einem Mönch ein Joch auf. Waren all seine Lust, die Natur zu studieren, gar alle seine Freuden, dein Glück, das er beim Malen stets empfunden hatte, so sündig wie – wie die Wollust? Stand der Gehorsam an erster Stelle unter den Tugenden? Vor der Klugheit? Vor der Lehre, dem Fleiß, der Arbeit? Gehorsam immer und in jedem Falle? Aber gab es nicht Männer der

Kirche, die Sünden begangen hatten? Warum verehrte Bischof Pontano die Büßerin Magdalena? Hatte nicht ein Bischof damals bei Campaldino das Heer der Ghibellinen angeführt? Und Guido Tarlati, der Bischof von Arezzo, stand er nicht auf der Seite der Kaiserlichen? Ein Bischof, ein Ghibelline? Oder Ubertino da Casale, auch er war ein Mönch, ein Mann der Kirche? Oder Bruder Onofrio? Oder gar dieser Rufino, ein falscher Bischof, aber doch ein Mann der Kirche? Wem sollte man also gehorchen? Wie konnte man die echten Lehrer von den falschen unterscheiden?

* * *

Während in Niccolòs Kopf der Krieg der Gedanken tobte, wütete unten im Tal des Chiascio eine weitere grausame Schlacht.

Bereits Monate zuvor, nachdem Papst Johannes von Muzios dreister Nichtbeachtung seiner päpstliche Anordnungen erfahren hatte, einen weiteren Gipfel der Verhöhnung seiner Autorität seitens des Capitano del Popolo aber in der Vertreibung der Peruginer aus Nocera und der Einkerkerung des dortigen Podestà – immerhin ein Mitglied der Familie Baglioni! – gesehen hatte, beschloss der Papst, die Gegend endgültig von allen Abtrünnigen, Ketzern und vor allem Ghibellinen zu erlösen. Er veranlasste, in Perugia alle Gerichte, alle Werkstätten zu schließen. Als einzige Handwerker durften lediglich die Waffenschmiede arbeiten. Kein Mann zwischen dem 16. und dem 60. Lebensjahr durfte einem anderen Geschäft als dem des Krieges nachgehen.

Er ließ ein beachtliches Heer von Guelfen aufstellen. Sein in langjährigem Dienste bewährter Gefolgsmann und einstiger Podestà von Florenz, Cante Gabrielli, wenngleich selbst fast 60 Jahre alt, stand diesem Heer vor. Von Perugia aus war man auf Assisi zu marschiert, Valfabbrica und San Gregorio nahm man ein, dabei nur dem gewohnten und leicht zu unterdrückenden Widerstand der Einwohner begegnend.
Beim Insula Romana genannten Kastell aber begegnete man Muzios Truppen. Muzios Männer, wenngleich weniger an der Zahl als die Guelfen, kämpften mit unerwarteter Tapferkeit, die Seelenkräfte gestärkt durch die Erinnerung an die letzte Bezahlung seitens ihres Herrn. Reichlich wertvolles Metall hatte es gegeben, sogar Goldflorin, aus Florenz! Man kämpfte schließlich im Namen Gottes – und des Geschäfts.
Viele Monate hatte sie gekämpft, morgens mit den ersten Sonnenstrahlen bis in die Nacht, bis man den Feind nicht mehr vom Freund unterscheiden konnte. Sonntags hatte man die Toten begraben, für ihr Seelenheil und den eigenen Sieg, den gerechten, gebetet. Aber es kam der Tag, der jede lange Belagerung einmal beendet, der Tag, an dem es nicht mehr der Pfeile und Kanonen der Angreifer bedurfte, um den Tod ins Kastell zu bringen, an dem Hunger und Durst diese Aufgabe übernahmen und Essen und Wasser nicht einmal mehr für Goldflorin zu bekommen war. Und an diesem Tag brach das Kastell von Insula Romana zusammen, Cante Gabriellis Männer stürmten hinein, begierig, den Ort zu erobern, die Häuser zu plündern. Nur die sehr jungen unerfahrenen Soldaten zeigten ihre Enttäuschung, ob des wenigen, was es noch zu plündern gab. Die Erfahreneren hatten es gleich gewusst. Immerhin die sterblichen Überreste zweier heiliger Männer, den seligen Corrado da Offida, einige Jahre zuvor genau hier im Kastell verstorben, und Bruder Egidio, dem Gefährten des heiligen Franziskus, hatte man aus der Kirche S. Croce erobern und nach Perugia bringen können. Ansonsten musste man sich damit begnügen, den Ort dem Erdboden gleich zu machen, bevor man nach Assisi weiter zog.

* * *

Niccolò beschloss derweil, den Faden wieder aufzugreifen:
„Herr, ihr sagtet letzthin, man müsse der Kirche in jedem Falle gehorchen, egal, was sie uns befiehlt. Aber sagt mir, wenn die Kirche oder Männer der Kirche etwas von uns fordern, das falsch ist? Wenn sie von uns verlangen, eine Sünde zu begehen?"
„Ungehorsam ist die größere Sünde."
„Müssen wir dann also Sünden begehen, und werden wir für diese Sünden nicht bestraft?"
„Verlass dich auf den Herrn von ganzem Herzen und verlass dich nicht auf deinen Verstand.2"
„Wenn ein Mann der Kirche nun aber verlangt, einem anderen Menschen etwas Schlimmes anzutun, ihn gar zu ermorden? Ihr wisst wohl, dass Bischöfe zuweilen Kriege geführt und dabei auch getötet haben. "
„War nicht Abraham bereit, seinen Sohn zu töten?"
„Herr, würdet Ihr selbst ..., würdet Ihr Euer ewiges Leben verwirken? Ich meine, Abraham musste ja am Ende seinen Sohn nicht töten ..."
„Er hätte es getan."
„Aber das hätte Gott doch nie von ihm verlangt! Der himmlische Vater, wie könnte er wohl von einem Vater verlangen, seinen Sohn zu töten!"
„Wie kannst du, Kreatur, wohl erkennen, was der Wille unseres Vaters ist?"
Wollte der Alte ihm wirklich sagen, Gott könne verlangen, Todsünden zu begehen? Oder hatte er etwa selbst ... plötzlich erstarrte das eben noch kochende Blut in Niccolòs Adern. Wie durch eine Eisschicht sah er Gesichter, undeutlich erkannte er einige Gesichter, Messer Salvenstro, Aloisio, Bartolo. Warum erschienen sie gerade jetzt seiner Erinnerung?
„Warum soll Gott befehlen, einen Menschen zu töten? Kann denn der Mensch so böse sein?"
„Nicht der Mensch ist böse, nicht einmal das, was er tut, ist böse. Zumindest will dieser Mensch vielleicht gar nichts Böses tun. Und doch wird er zum Grund des Verderbens der gesamten Menschheit. Gerade wenn er nichts Böses will, wenn er sogar Gutes tun, die Welt verbessern, das Los der Menschen erleichtern will, dann wird er zum Verderben. Ist es dann nicht die Pflicht

dessen, der das Verderben erkennt, alles zu tun, um Schlimmeres abzuwenden?"
Die Welt verbessern? Das Los der Menschen erleichtern? Plötzlich verstand Niccolò, was der Mann ihm sagen wollte!

„Ihr habt sie getötet! Was haben sie getan? Der Maestro, ein einfacher Lehrer! Und Aloisio, ein Maler, kein wichtiger Mann! Oder Messer Salvestro, der doch stets so freundlich war!"
„Sie alle waren Glieder des Bösen. Ein Untier mit vielen Köpfen, erst wenn alle Köpfe abgeschlagen sind, ist das Tier wirklich tot!"
„Wer ist das Untier? Etwa die Cavalieri?"
„Weißt du denn immer noch nicht, was diese Ritter wollten? Glaubst du immer noch, sie waren nur Dichter, die irgendeiner Dame huldigen, die es nicht gibt? Hast du, der du stets in ihrer Nähe warst, nie gemerkt, was ihr eigentliches Ziel war?"
„Wollten sie das Leben der Menschen besser machen? Mussten sie deswegen sterben, weil sie glaubten, mit diesem Muzio würde alles besser werden?"
„Dieser Muzio ist vollkommen unwichtig! Er ist nur ein Geist, so flüchtig wie der Geruch eines Furzes! Aber die Cavalieri d'amore, wie sie sich selbst nannten, waren Umstürzler. Hast du denn nie verstanden, wer die Dame war, der sie alle huldigten?"
„Minerva? Sophia?" In Niccolò stieg die Wut. Wollte dieser Kerl ihn weiter wie einen Scholaren behandeln?
„Minerva! Sophia! Was für ein Unsinn! Gottvater selbst wollten sie von seinem Thron stoßen! Ihn durch irgendsoein Weibsbild ersetzen! Das Bild eines Weibes, wahrlich! Weisheit, Minerva, Sophia, wie immer sie sie nennen mögen, manche nennen sie auch Herrin Armut, ist sie doch nur ein Weib! Und was ist schon das Weib? Nur eine nicht zur Vollendung gelangte Entelechie! Der Mann, der ein Weib liebt, bewegt sich nach unten, dem Abgrund entgegen! Alle beten sie die Weiber an! Sie verehren sie und vergessen dabei, dass das Weib seiner Natur nach sündig und verderbt ist, dass es dem Tier näher steht als den Menschen!

Soll ein Mann wirklich seine Liebe auf etwas richten, das niedriger ist als er selbst? Sicher – nicht alle haben wirklich Weiber geliebt, doch ein Mann, der sich selbst zum Weib macht, ist noch niedriger als ein Weib."

Die letzte Aussage verstand Niccolò nicht, dennoch schien sein Blut wieder zu kochen:

„Ihr habt Menschen getötet, nur weil sie geliebt haben? Und dann noch nicht einmal eine wirkliche Frau! Salvestro, Leone, Aloisio, die haben sich ihre Liebesabenteuer doch nur ausgedacht!"

„Ihre Göttin haben sie sich selbst gemacht!"

Niccolò ballte die Faust, er wollte den Alten schlagen. Doch dann hielt er inne, er wollte noch mehr wissen von dem Alten.

„Sagt mir noch eines, bevor ich Euch totschlage ..."

Der Alte stieß einen seltsamen Ton aus. Lachte er etwa?

„Wenn Ihr alle getötet habt, wie habt Ihr es angestellt? Ich meine, eine Person alleine, wie Ihr? Wie hattet Ihr Zugang zu all den unterschiedlichen Personen?"

Jetzt lachte der Alte wirklich laut auf. „Trotz all deiner Wut und obgleich du mich erschlagen willst, ist doch deine Neugier größer? Oh seliger Wissensdurst! Aber ich will dir gerne deine Frage beantworten. Fangen wir vorne an. Der Lehrer Leone, ich glaube, er starb, bevor du nach Assisi kamst?"

Was wusste dieser Kerl? Wer war er?

„Der redliche Maestro war ein sehr gewissenhafter Mann. Er wusste um seine eigene Sündhaftigkeit, führte seine Übungen der Selbstgeißelung regelmäßig durch, übertrieb dabei zuweilen ..."

„Deswegen habt Ihr ihn getötet?"

„Er war ein Teil der Cavalieri. Doch das weißt du ja schon. Aber wie er zu Tode kam, wolltest du wissen. Sein Eifer war es, der ihn tötete. Mehrmals am Tag zog er sich in seinen Keller zurück, küsste dieses Altarbild, geißelte sich. Stets an der gleichen Stelle küsste er es, stets den schönen, jungen Körper des seelenlosen Abbildes. So war es nicht schwer, ihm diese Küsse zu versüßen. Die Süße, die er zu schmecken glaubte, wirklich zu machen."

„Ihr habt das Altarbild vergiftet?"

„Ein bisschen Honig bewirkt Erstaunliches. Nicht nur der jugendliche nackte Körper des Gegeißelten - denn seine Göttinnen waren Jünglinge - erfüllte ihn mit Lust, auch der Geschmack der Oberfläche des Bildes ..."
„Aber brachten ihn nicht die Wunden um, die er sich selbst zufügte?"
„Die kamen hinzu. Wenn er erst das Bild geküsst hatte, dann sah er, was er sehen wollte. Seine Göttin, der Jüngling, Christus selbst geißelte ihn zu Tode."
„Ihr selbst habt ihn gegeißelt? War es Euch nicht genug, ihn zu töten, musstet Ihr ihn auch noch quälen?"
„Quälen? Genossen hat er es! Er starb auf dem Höhepunkt der Lust!"

„Und die anderen? Salvestro, Aloisio?"
„Mit Messer Salvestro, in dessen Adern das Blut des heiligen Franziskus fließt, ging es genauso. Fast genauso. Die fehlende Peitsche musste ich durch mehr Honig ergänzen. Die Wollust war die nämliche."
„Was soll das heißen?"
„Auch hier gab es süße Küsse, doch war das geliebte Abbild aus Fleisch statt bemaltem Holz. Ich fand ihm ein anderes Bild, warm und lebendig, und doch nur ein Bild."
„Ein Mädchen?"
„So ähnlich. Und was diesen Deutschen angeht, das war einfacher, ohne jede Lust ..."
„Ihr habt das Brett angesägt!"
„Das Abbild erledigte die Arbeit. Doch wurde ich bald gewahr, dass es ohne dieses besser geht. Was immer du noch in deinem Leben verwirklichen willst, versuche es alleine. Mitwisser verwandeln sich immer in Hindernisse. Doch konnte ich kaum selbst hinaufklettern und das Brett austauschen, ohne bemerkt zu werden. Er dagegen war flink wie ein Grashüpfer und wurde ebenso wenig gesehen wie dieser."
„Woher wusstet Ihr, dass gerade Aloisio dort arbeiten würde?"
„Konnte ich ihn nicht tagtäglich beobachten?"
Wer war dieser Alte? Er wusste nicht nur alles über Niccolòs Leben, er kannte auch Aloisio und seine Gewohnheiten.

„Habt ihr auch das Brot vergiftet, das Guido tötete? Warum Guido? Er war kein Cavaliere!"
„Guido hatte Pech. Nicht er sollte sterben. Die Cavalieri sollte es treffen, Francesco di Giotto und Gherardo, genauso wie diesen minderen Bruder. Drei Köpfe des Tiers auf einmal wollte ich abschlagen! Doch dieser Tropf stellte es nicht schlau genug an; er gab das Brot dem Falschen. Ausgerechnet Ranieri! Noch so ein überflüssiger Mitwisser! Nicht eine nützliche Nachricht überbrachte er mir! Und diesen Onofrio schützte sein liederlicher Lebenswandel! Wer konnte damit rechnen? Die Aufgabe war zu groß. Habe ich bei den drei Köpfen versagt, so erledigte sich der letzte Kopf des Untiers von selbst."

„Messer Bonaventura? Habt Ihr ihn auch getötet? Und dieses arme Mädchen, Federica?"
„Guidotti hat mir die Arbeit abgenommen. Er hat den Giftbecher selbst gewählt. Dem Leben zog er den Tod vor. Er, der doch den anderen Becher hätte wählen können, den Trank des Lebens!"
„Was soll das heißen? Trank des Lebens?"
„Du Einfältiger! Du saßt doch immer bei ihren Zusammenkünften, studiertest all die Schriften, die sie dir gaben. Hast du denn nie gemerkt, wonach sie suchten?"
„Vollkommenheit?"
Wieder stieß der Alte einen Lacher aus. „Vollkommenheit, ganz richtig! Was lässt sich wohl vervollkommnen, in einer Welt, die dem ständigen Verfall anheim fällt?"
In Niccolòs Brust brannte der Zorn. Dieser Alte benahm sich weiter wie ein Magister. „Ich will keine albernen Lehrerfragen, ich will Antworten! Was suchten die Cavalieri? Was hatte Bonaventura? Warum habt Ihr Federica getötet? Und warum Bartolo?"
Er holte mit dem Arm aus, wollte den Alten schlagen. Doch seine Faust zeichnete in der Luft einen Halbmond und sank dann hinab, als habe eine unsichtbaren Kraft sie ihres Schwungs beraubt.

„Ich schlage Euch zu Boden", schrie er und wunderte sich über seine gedämpfte Stimme, „wenn Ihr mir nicht endlich den Grund für all das erklärt!" „Du kannst mich nicht zu Boden schlagen", sagte der Alte ruhig, „ich befinde mich bereits am Boden. Doch ich will dir erklären, was du eigentlich wissen solltest, was sie dich aber, wie es scheint, nicht gelehrt haben. Beruhige dich, setze dich, versuche nicht, gerade jetzt aufrecht zu stehen, wo kein Raum dazu ist.

Du weißt wirklich nicht, wonach sie suchten? Und was sie schließlich auch fanden? Zumindest dieser Guidotti fand es. Nein, eigentlich fand er gar nichts. Der wirkliche Entdecker des Elixiers war vielmehr sein Lehrer damals in Salerno, Buoninsegna d'Assisi. Er war mit Gaben des Geistes und des Verstandes ausgestattet, die wir uns kaum vorzustellen vermögen. Das Elixier entdeckte er, wie er es anstellte, das weiß nur Gott und vielleicht er selbst. Doch er entdeckte es, schrieb es auf, damals, als er selbst Magister in Salerno war. Einer der vortrefflichsten Magister war dieser Buoninsegna, nicht nur in philosophischen oder theologischen Dingen war er der erste unter den Lehrern, auch mit den anderen Künsten, der Arithmetik, der Geometrie, der Medizin war er vertraut und trieb sie voran. Und genau auf diesem Gebiet hatte er diese Schrift verfasst und damit den Verdacht der Inquisition erregt."

„Was für eine Schrift?"

„Die Herstellung des Elixiers! Buoninsegna hatte es herausgefunden und aufgeschrieben. Doch es war gefährlich! Er wollte die Menschen erlösen, doch er hätte sie verdorben! Guidotti hat dann nur die Ideen seines Meisters ausgeführt. Das Elixier hat er hergestellt. Doch hat er es selbst nicht getrunken, und auch sonst niemandem gegeben."

Es gab es also wirklich, das Elixier des ewigen Lebens!

„Wie könnt Ihr sicher sein, dass er es niemandem gab?"

„Wenn du ein Geschenk hättest, ein Geschenk, das das größte und schönste ist, das der Verstand sich vorzustellen vermag, würdest du es nicht dem Menschen schenken, den du am meisten liebst, vielleicht sogar, bevor du dich selbst daran erfreutest?"

Niccolò nickte.
„Guidotti hätte das ewige Leben sicher zuerst dem Wesen vermacht, dem er schon das irdische Leben schenkte? So wenigstens dachte ich."
„Ihr meint, seiner Tochter? Habt Ihr etwa deswegen Federica getötet, nur um des Versuchs willen?"
„Der Tod war ihr eine Gnade! Natürlich musste ich die Unsterblichkeit an ihr versuchen. Setzt denn Unsterblichkeit nicht Unverletzbarkeit voraus? Was ist denn der Tod, wenn nicht die Verletzung all dessen, was lebendig ist? Nun, wie du weißt – ich vermute, dass du es weißt – gibt es eine eigene Verletzlichkeit der Weiber, die ihrer Natur nach nur ihnen eigen ist. Eine Unversehrtheit, deren Verletzung für das Weib schlimmer als der Tod ist. Ein liebender Vater, was Guidotti zweifelsohne war, würde aber alles tun, um seine Tochter vor einer derartigen Verletzung zu schützen. Wenn er das Remedium zur Hand hätte, sie davor zu schützen, würde er noch zögern, es ihr zu geben? Er aber gab es ihr nicht. Ich versuchte ihre Verletzbarkeit und stellte fest, dass sie genauso verletzbar war wie jedes andere Weib."
Was meinte er jetzt schon wieder? Doch Niccolò hielt sich nicht mir Grübeleien auf. „Und Bartolo? Er hat weder Elixiere hergestellt noch war er einer der Cavalieri. Er war doch nur ein einfacher Geist!"
„Was deinen rothaarigen Freund angeht, der wäre mir nützlich gewesen, konnte er doch einigermaßen zeichnen, zumindest konnte er gut kopieren. Dieser Dummkopf von einem Bader hatte aber meine Absicht nicht verstanden. Er tötete ihn völlig sinnlos. Dummheit und Verschwendung! Und auch seine Frau zog er mit hinein. Seine Dummheit tötete schließlich alle drei."

„Unschuldige habt Ihr getötet! Bartolo, Federica und auch die arme Gattin des Baders!"
„Glaubst du, nur die Schuldigen sterben? Besorge dich nicht, Gott wird die Seinen erkennen!"
Der Zorn brannte Niccolò in allen Gliedmaßen. Doch konnte er dem Alten Schmerz zufügen, wenn er ihn schlug? War das wirklich genug? Oder gab es eine Möglichkeit, ihn mehr leiden zu lassen? Er befahl seinen Gliedern Ruhe,

sprach mit erzwungener Langsamkeit: „Herr, mir scheint, Ihr habt noch eine andere Möglichkeit übersehen. Könnte es nicht sein, ich meine, wäre es nicht möglich, dass Federicas Sterblichkeit etwas anderes bedeutet, nämlich, dass Bonaventura das Elixier vielleicht gar nicht besaß und daher niemand davon getrunken hat, folglich auch Ihr nicht unsterblich seid?"

„Das war auch mein erster Gedanke, fürwahr. Doch nach einigem Abwägen der Dinge wurde mir gewahr, dass das Geschenk des ewigen Lebens doch kein Segen, sondern vielmehr ein Fluch ist. Das muss auch Guidotti gewusst haben, deswegen gab er den Trank nicht seiner Tochter."

„Das Leben ist also ein Fluch. So aber sagt mir, warum Ihr dann ewig leben wollt!"

„Weil ich zum Leben verdammt bin! Ich habe das größte Opfer gebracht, das ein Mensch geben kann! Mein Opfer ist größer als der Tod Christi am Kreuz. Was ist schon das Sterben? Schmerzen, die vorüber gehen. Ich aber würde nach dem Tod ewige Schmerzen erleiden. Ich würde gequält, geplagt von tausend Teufeln, mal würde ich ins Feuer geworfen, mal ins Eis. Meine Glieder würden abgetrennt, würden kurz darauf wieder wachsen, nur um erneut abgetrennt zu werden. Und dabei gäbe es keine Hoffnung auf ein Ende der Schmerzen! Jeder Leidende hofft doch auf das Ende, und hat dabei die Gewissheit, dass dieses Ende kommen werde. Bist du einmal verdammt, endgültig verdammt, nicht im Purgatorium, wo du vielleicht nach einigen 1000 Jahren wieder rauskommst, gibt es nur noch ein einziges alles umfassendes Leid, die Gewissheit, dass du keine Hoffnung mehr hast."

* * *

Den Bürgern von Assisi fehlte der Wille zum Kämpfen. Die Küster einiger Kirchen läuteten ihre Glocken, aber niemand leistete Cantes Truppen Widerstand. Machte es einen Unterschied, von papsttreuen Herrschern tyrannisiert zu werden, unter Guelfen zu hungern oder von rotgekleideten Soldaten geplündert zu werden? Von den Wächtern der Stadttore, wie von allen anderen Dienstmännern Muzios war in der Stadt nichts mehr zu sehen, und so stellte die Eroberung für die Soldaten eine einfache Aufgabe dar. Enttäuschend einfach, weil auch hier der Ertrag der Plünderungen gering war.
Im Palazzo del Capitano del Popolo setzte sich ein neuer Capitano auf den Stuhl, legte seine Füße auf den Tisch, betrachtete die angefangenen Malereien an der Wand und verkündete, dass sich jetzt alles ändern werde. Die Klöster würden wieder sichere Orte sein, die Handwerker würden wieder arbeiten, und wenn der Papst erst das Interdikt von der Stadt nehmen würde, dann würden auch wieder Pilger in die Stadt kommen, essen, trinken, beten, den Wirtshäusern und den Kirchen Münzen spenden. Doch Papst Johannes erwartete die Rückgabe des päpstlichen Schatzes, und das Interdikt blieb.
Die Türen des Minerva-Tempels aber öffneten sich. Verbrecher unter der einen Regierung waren Helden unter der anderen. Niccolò und seinem Zellengenosse, den er immer noch nicht totgeschlagen hatte, löste man die Fesseln, erklärte ihnen, dass sie frei seien.

* * *

Niccolò war zu zornig, um sich über die plötzliche Freiheit freuen zu können. „Kommt mit heraus“, befahl er dem Alten, „damit ich Euch niederschlagen kann wie es einem Mann geziemt!“
Doch der Alte erhob sich nicht einmal vom Boden. „Geh‘ du, mein Junge, du hast das alles überlebt. Es ist Gottes Wille, dass du am Leben bist. Ich bleibe hier, aufzustehen ist nicht mehr der Mühe wert.“
„Was soll das heißen?“
„Dass es gleich ist, ob ich sitze, stehe oder liege, hier oder anderswo, denn bald werde ich nirgendwo mehr sein.“
„Tut nicht so, als würdet Ihr sterben! Noch vor Kurzem habt ihr mir erzählt, ihr könntet, ihr dürftet nicht sterben. Versucht nicht, mich zu verarschen!“
„Das habe ich dir gesagt, und das habe ich selbst auch geglaubt. Ich hatte solche Angst vor dem Leiden, dass ich wirklich geglaubt habe, den Qualen der Hölle entgehen zu können. Aber jetzt weiß ich, dass ich sterbe wie alle anderen. Wie alle anderen gebe ich meinen Körper ab. Die, die erlöst werden, bekommen einen neuen Körper. Ich werde das Paradies nicht sehen. Ohne Körper aber auch kein Leid. Aber vielleicht ist es mit dem Paradies wie mit den Dingen, die man lange erwartet, sich dabei auf etwas sehr Schönes freut, und dann, wenn es kommt, ist man enttäuscht. Das erste Mal, wenn du einem Weibe beiwohnst … Ganz gleich, ich weiß es nicht. Du aber …“
„Was?“
„Du hast das Elixier.“
„Ich habe gar nichts, außer meiner Faust, die Euch …“

„Du hast das Elixier, dir fehlt nur der letzte Schritt, und das ist kein schwieriger. Alles, was du dazu brauchst, findest du in Bonaventuras Ofizin. Das habe sie nicht geplündert, weil sie Angst vor all den Substanzen, Dämonen und Geistern haben. Du musst nur das braune Pulver im Pelikan destillieren. Vollende du das Werk!“
„Das braune Pulver? Ihr wisst also …“ Niccolò hielt inne. „Aber warum soll ich ein Werk vollenden, dass gescheitert ist? Denn wenn Ihr sterbt, wie Ihr selbst sagt, dann ist das Elixier ja wirkungslos.“

„Nichts ist wirkungslos, was Bonaventura Guidotti herstellte. Er musste mit allem die Schöpfung verbessern. Wenn es vielleicht nicht unsterblich macht, dann wenigstens stark, reich, schön, glücklich. Was weiß ich. Probiere es aus."

Er atmete tief, dann sagte er: „Nun löst sich meine Seele auf, in der allgemeinen Suppe der Idee. In einigen Minuten wird es mich nicht mehr geben, ich werde nicht mehr ‚ich' sagen können." Dann mit einem Lächeln: „Doch das heißt auch, es gibt wenigstens keine Hölle."

Das waren seine letzten Worte. Niccolò rief ihn, dann griff er ihn am Arm, schüttelte schließlich seinen Körper. Nichts. Der alte Mann mit dem weißen Bart war tot. Niccolò sah sich in dem engen Raum um. Irgendwo mussten sie doch auf ihn warten, die Teufel. Kleine Wesen vielleicht mit Pferdefüßen, mit Mistgabeln vielleicht, bereit, das Lebendige aufzuspießen, wenn es den Toten verlässt. Doch er sah nur Staub im schwachen Licht tanzen, das durch die kleine Luke herein traf. Nichts.
Nach einiger Zeit, wurde ihm gewahr, dass er frei war, dass er gehen konnte, wohin er wollte. Er ging zur Tür und rief in die allgemeine Aufregung draußen:
„Ihr Burschen, kommt! Hier hat es einer nicht geschafft!"
Mehrmals musste er rufen, bis zwei junge Männer ihn gehört und verstanden hatten, dass es einen Toten gab, und eine hölzerne Trage herbei holten. Eine Trage wie man sie für die Toten verwendete, und sie war noch intakt! Sie legten den Alten auf die Trage – er war so lang, dass sein Körper nur vom Kopf bis zu den Knien darauf Platz fand, seine Waden also herunter baumelten – und trugen ihn hinaus.
Im Licht sah Niccolò noch einmal, wie dünn er war. Wie in einem Moment des Lebens erstarrt, lag er rücklings mit geöffneten Augen da. Der Mörder! dachte Niccolò. Trotzdem sah er ihn sich genauer an. Dieses Gesicht, von Haaren und Bart bedeckt, kaum zu sehen. Die Augen, ja die Augen! Niccolò kannte diese Augen. Eisgrau waren sie, vollkommen farblos.

Schluss

Der alten Margherita zu erklären, dass er sie wieder verlassen werde, kaum dass er zurück gekehrt war, fiel ihm schwer. Doch was sollte er noch hier in Assisi? Gleich am nächsten Tag wollte er sich nach Florenz aufmachen. Nur noch einmal im Fluss baden, noch einmal schlafen, einmal essen.

Natürlich hatte Niccolò nicht schlafen können, war daher mit den ersten morgendlichen Sonnenstrahlen aufgestanden, hatte sich an der nur noch an einer Türangel hängenden Totentür vorbei durch den verwüstetes Laden in Bonaventuras Offizin geschlichen. Seltsam, hier schien alles noch so auszusehen wie damals, bis auf ein paar Glasscherben am Boden und einem unförmigen schwarzen Etwas in einem Fleck, der wie eine ausgetrocknete Pfütze aussah. Astrolabio hatte recht gehabt. Die Angst Muzios Männer genauso wie die aller anderen war sogar größer als ihre Habsucht! Sogar ein Buch lag noch auf dem Pult!

Auch den gläsernen Pelikan fand Niccolò unzerstört vor. Jetzt musste er nur noch das braune Pulver destillieren, und er würde im Besitz des Elixiers sein. Das Elixier! Niemand wusste, wozu es gut war, aber wenn Menschen dafür sogar andere Menschen töteten, musste es doch sehr wertvoll sein, dachte Niccolò. Aber was, zum Teufel, bedeutet „destillieren“? Er betrachtete den Pelikan und erinnerte sich, dass er ihm zuerst an eine dicke Frau mit den Händen in den Hüften erinnert hatte.

Er blätterte in dem Buch, hübsche Bilder, eine Burg, wie die Burg der Keuschheit, Schlachten, Kämpfe, ein Jüngling mit einer Blume, aber nichts von Destillierung. Der Text war leicht zu verstehen, kein Latein, eine Geschichte von der Liebe. Geschichten für Mädchen. Entmutigt blätterte er weiter, als er plötzlich zwischen den Buchseite einzelne, nicht von der Buchbindung zusammengehaltene Blätter fand. Sieben Blätter fand er, vollständig beschrieben und am Beginn jedes Textes eine Miniatur. Eine Frau in einen Mantel gehüllt, blickte zu Boden. Eine sitzende Frau blickte in die Ferne. Eine Frau mit einem Faden, dann eine tanzende mit Spindel. Auf dem fünften Blatt sah man wieder die erste, stehende, diesmal aber in ein gelbes Gewand gehüllt. Dann zwei Cherubim, der erste sah den anderen an, der zweite blickte aus dem Blatt heraus. Schließlich auf dem letzten Blatt ein Liebespaar, eine weißgekleidete Frau mit Krone und ein junger Mann sahen sich in die Augen. Sieben! Das war die Schrift!
Im letzten Teil, dem mit dem Paar, musste stehen, was destillieren bedeutet. „Separatio purum imporo“ Warum konnte dieser Buoninsegna nicht so schreiben wie der Verfasser der Liebesgeschichte? Doch Niccolò verstand. Er verstand, dass die quinta essentia, das fünfte Element geboren wurde, wenn die Substanz die anderen vier Elemente durchlaufen hatte. Dazu brauchte es das philosophische Feuer. Wann war Feuer philosophisch?

Niccolò füllte das braune Pulver mit Wasser in den Pelikan, entzündete im Ofen ein kleines (philosophisches?) Feuer und stellte den Pelikan darauf. Lange passierte nichts, doch dann stieg der Dampf vom unteren Gefäß in das obere und dann durch die beiden Rohre wieder nach unten. Bei jedem Durchlauf wurde der Dampf dunkler und trüber. Die innere Kraft des Ausgangsmaterials wurde nach außen gebracht, wie die Seele am jüngsten Tag sichtbar wird und unseren im Leben unreinen Körper zum Leuchten bringen wird wie die Sonne.
Dieser letzte Schritt zur Erlösung verströmte einen Geruch, wie Niccolò ihn noch nie zuvor gerochen hatte. Womit ließ der Geruch sich vergleichen? Mit dem der lebendigen Erde eines frisch gepflügten Feldes? Mit dem jungen

Holzes, gerade angeschnitten? Mit dem eines Kräuterextraktes fra' Gentiles? Es war ein ganz neuer Duft, keine Farbe, keine Blume, keine Frau roch wie das Elixier. Und es war ein herrlicher Duft. Er zog durch die Nase in den Körper, verbreitete sich von dort in alle Glieder und erhellte die Seele, die ja irgendwo im Körper wohnen musste, wie die Sonne.
Buoninsegna schrieb nirgends, wie lange man die Substanz auf dem Feuer lassen sollte, wie oft der Kreislauf wiederholt werden musste. Also ließ Niccolò es noch eine Weile dampfen und löschte dann das Feuer. Niccolò di Ranuccio, Sohn eines Schuhmachers aus Galluzzo bei Florenz, war jetzt das einzige Wesen der Schöpfung im Besitz der Erlösung der Menschheit! Das wahre Gold!
Braun und schmutzig sah der Pelikan aus, braun und schmutzig sah auch der Trank aus. Man konnte dem Gold seinen Glanz nicht ansehen. Niccolò griff nach dem Gefäß, verbrannte sich die Hand, fluchte, wartete bis die übergroße Hitze entwichen war und trank. Der Geschmack war scheußlich! Eine Bitterkeit, so beißend, dass sie die Zunge lähmte und für andere Aromen unempfindlich machte.

Und es passierte nichts. Keine Visionen, keine Dämonen. Niccolò rollte die sieben Blätter auf, packte sie in seinen Beutel und machte sich auf den Weg. Er verließ Assisi durch die Porta San Giacomo. Obgleich er während der vorigen Nacht nicht geschlafen hatte, war sein Gang munter und schwungvoll. Eine Weile lief er an der äußeren Stadtmauer entlang. Er wollte den Konvent von S. Francesco von außen umrunden und dann ins Tal hinabsteigen. Die Sonne schien ein bisschen heller und wärmer als zuvor, ein leichter Duft nach Frühling lag in der Luft, einige Vögel sangen. In den Gruben sumpfte der Kalk für die Fresken der Kirche – falls man irgendwann wieder Fresken in den Kirchen von Assisi malen würde. Wie weiß er war! In Florenz würde Niccolò wieder Fresken malen! Irgendein Maler würde ihn in seiner Werkstatt aufnehmen. Ihn, den Schüler Giottos! Er konnte es nicht erwarten, wieder Sand in diesen weißen Kalk zu geben und zuzusehen, wie die unreine Substanz von der reinen, weißen gänzlich absorbiert wurde.

Niccolò warf die Rolle in eine der Gruben. Es zischte, blubberte, dampfte, bis die Erlösung sich in der allgemeinen Suppe der Ideen aufgelöst hatte. Fröhlich singend ging Niccolò weiter; er lief so freudig und leicht am Ufer des Tescio entlang, dass er kaum den Weg bemerkte. So erreichte er Insula Romana, das jetzt Bastia hieß. Hier beschloss er bis zum nächsten Morgen zu bleiben, um nicht im Dunkeln wandern zu müssen, und bat daher die Mönche von Santa Croce, im geplünderten Konvent übernachten zu dürfen. Am nächsten Morgen noch vor Sonnenaufgang weckte ihn Gesang. Hinter der Mauer des Kreuzgangs erklang das Singen, und Niccolò kannte die Stimme, er kannte den Sänger.

„S'io fossi fuoco arderei lo mondo
s'io fossi vento io l'tempesterei
s'io fossi acqua io l'allagherei.
S'io fossi Dio lo manderei in profondo.
S'io fossi l'imperador, sai che farei?
A tutti mozzerei lo capo a tondo.
S'i fosse morte, andarei da mio padre;
s'i' fosse vita, fuggirei da lui:
similemente farìa da mi' madre. "

FINIS

Ein paar Fachausdrücke ...

Ariccio, Intonaco: der Unterputz bei der Freskomalerei, er wird über dem *Rinzaffo* aufgetragen, dem untersten Verputz, dessen Zweck es ist, die Wandfläche eben zu machen. Er besteht aus Sand und Kalk im Mischungsverhältnis 2:1 Auf den trockenen Ariccio werden die Sinopien, die Vorzeichnungen gemalt. Über den Ariccio wird der Intonaco aufgetragen, der eigentliche Malputz mit einem Mischungsverhältnis von Sand und Kalk von ca. 1:1.
Blasmangiere: weiße Speise aus Reis, Mandeln, Zucker und Fisch.
Borgo: Flecken, kleiner Ort.
Calendimaggio: traditionelles Fest zur Begrüßung des Frühlings, das um den ersten Mai herum stattfindet, in Assisi werden die Calendimaggio di Assisi noch heute aufwendig gefeiert.
Carabaccia: toskanische Zwiebelsuppe
Christi Verkündigung: der 25. März; der Tag war in Florenz und später im Großherzogtum Toskana bis 1749 der Tag des Jahreswechsels.
Cinabrese: Farbe, die für Hauttöne verwendet wird; in der Freskomalerei mischte man sie aus Sinopie und S. Giovanni
Cireneo: (auch Crocifero), laut Fortini der Bruder, der am Karfreitag das Kreuz vom Dom S. Rufino nach S. Francesco trug.
Confraternità: Bruderschaft, sehr verbreitete Struktur im Mittelalter, die sich u.a. um die sozialen Belange der Mitglieder kümmerte.
Contrada: Stadtteil.

Der Philosoph: Aristoteles.
Doctor Angelicus: Thomas von Aquin
Doctor Seraphicus: Beinahme des franziskanischen Philosophen und Theologen Bonaventura.
Doctor Subtilis: der schottische Theologe und Philosoph Johannes Duns Scotus,
Engel des 6. Siegels: nach Offb. 7, 2 – 3, der Engel mit dem Siegel des lebendigen Gottes, der im Osten aufsteigt, während vier Engel die Winden halten. Der Theologe Bonaventura hatte im 13. Jahrhundert den heiligen Franziskus mit diesem Engel gleichgesetzt.
Florentiner Elle: eine florentiner Elle beträgt 0,583 Meter.
Fratizelle: Franziskanermönche, die zu keinem Konvent gehörten sondern häufig herumzogen. Oft vertraten sie extreme Positionen wie die absolute Besitzlosigkeit Christi und der Apostel.
Guelfen und Ghibellinen: die beiden großen Parteien des Mittelalters; wobei die Guelfen (von Welfen) ursprünglich papsttreu, die Ghibellinen (von Waiblinger) kaisertreu waren. Die Stadtstaaten sowie Einzelpersonen wechselten jedoch ihre Parteizugehörigkeit häufig entsprechend der politischen Konvenienz.
Imperator pacis: Friedenskaiser, Beiname Friedrichs II. Der Kaiser wurde 1194 in Iesi als erstes Kind der Constanze von Sizilien. Da seine Mutter bereits 40 Jahre alt und seit neun Jahren mit Heinrich VI. war, wurde ihre Schwangerschaft angezweifelt. Um diesen Zweifeln zu begegnen, soll sie ihren Sohn öffentlich in einem Zelt auf der Piazza von Iesi zur Welt gebracht. Nicht gesichert ist, ob Friedrich wirklich im Dom von Assisi getauft wurde.
Inklusorium: eine Zelle, in die fromme (zumeist) Frauen, Reklusen genannt, sich einschließen ließen, um ihre Zeit mit Gebet zu verbringen.
Lapis sapientiae: Stein der Weisen, kann in der Alchemie verschiedene Bedeutungen haben;
Maestro d'abacco: Elementarlehrer, der Rechnen unterrichtete; bzw. Gelehrter, der gegen Bezahlung für Kaufleute die Abrechnung machte.
Maremma cane: „Hund der Maremma", in der Toskana üblicher Fluch.

Maremma: Landschaft um Grosseto, gehörte damals zur Republik Siena und war wegen ihrer Sümpfe als Malariagebiet gefürchtet.
Memento mori: „Gedenke des Todes", Vanitassymbol, Hinweis auf den Tod, meist als Warnung verstanden.
Mezza gente: mittlerer Stand, in Zünften organisierte arbeitende Stadtbevölkerung.
Mugello: Landschaft nördlich von Florenz.
Nove: das Governo dei Nove war von 1287 bis 1355 die aus neun Abgeordneten bestehende Regierung der Republik Siena.
Offizin: Labor eines Alchemisten.
Palio: der Preis, den es bei einem Wettbewerb zu gewinnen gibt, üblicherweise eine Standarte; (das heute noch berühmte Pferderennen in Siena hat seinen Namen vom Preis, den die siegreiche Contrade erhält).
Perdono d'Assisi: Generalablass, der in Assisi vom Mittag des 1. August bis Mitternacht des 2. August erworben werden kann.
Pietro del Morrone: der Einsiedler, von Juli bis zu seiner Abdankung im Dezember 1294 Papst Cölestin V.; die Joachimiten hielten ihn für den von Joachim prophezeiten Engelspapst, seinen Nachfolger Bonifaz VIII. somit für den ebenfalls von Joachim vorhergesagten Antichristen.
Podestà: Gouverneur in den mittelalterlichen Stadtstaaten, der Podestà kam zumeist aus einer anderen Stadt und für die Amtszeit von drei bis sechs Monate gewählt.
Poverello: der heilige Franziskus (Diminutiv von povero = arm).
Prim, Terz, Sext, Non: die kleinen Horen im Stundengebet, gebetet um 6.00, 9.00, 12.00 und 15.00 Uhr.
Ribollita: toskanische Suppe aus Brot, Grünkohl, Bohnen etc., sie steht oft mehrere Tage auf dem Herd und wird, ggf. mit weiteren Zutaten, wieder aufgekocht
(ribollita = wiedergekocht, aufgewärmt).
S. Giovanni/Sangiovanni: Calciumcarbonat, die in der Freskomalerei verwendete weiße Farbe.
Schwester Tod: *la morte* ist im Italienischen weiblich.

Seraph (Pl. Seraphim): in den neun Chören der Engel des Pseudo-Dionysius Areopagita bilden die Seraphim den oberen Rang der ersten Hierarchie, also die mit der größten Nähe zu Gott.
Sinopie: Vorzeichnung, hat ihren Namen von der kleinasiatischen Stadt Sinope, aus der eine rote Erde stammt, die häufig dafür verwendet wurde und die man ebenfalls Sinopie nennt.
Terziär: Angehöriger eines Laienordens, einer Gemeinschaft von Nichtgeweihten, die sich den Mönchsorden anschlossen.
Tympanon: dreieckiges Giebelfeld.
Verdaccio: grüne Farbe, die zur Modellierung von Licht und Schatten verwendet wird.
Vierung: Kreuzung von Haupt- und Querschiff einer Kirche
Zephyr: der milde Westwind, der den Frühling bringt.

Übersetzung der fremdsprachigen Zitate

Seite 13
Di maggio voglio che facciate en Cagli...
Den Mai sollt ihr in Cagli verbringen,
mit einer Meute Bauern,
mit Mauleseln und humpelnden Gäulen,
ihr Geschirr sei geflochtener Knoblauch von starkem Geruch.

Dabei sollt ihr festliche Bälle feiern
mit den schreienden zerrupften Bauern,
die mit ihrem Schweiß die Luft derart verpesten,
dass sie nie mehr frisch sein wird.

Und noch mehr Bauern bringen euch ihre Gaben
von Zwiebeln, Lauch und Kastanien,
dabei eine große Gelage mit viel Geschwätz.

Sie werfen den Mist nach unten, die Heugabel in die Luft:
die Alten küssen die Bauern auf die Wangen,
und säuseln von Schafen und von Schweinen.

Seite 15
D'ogni cosa donna è rosa...
Die Frau, die Rose,
sie gibt die Tugend,
das Licht der Schönheit,
und das Heil aller.

Seite 25
Senno me pare e cortisia...
Gut und höflich scheint es mir
für den schönen Messias verrückt zu werden!
Jacopone da Todi

Seite 75
Sciamus da patrem, noscamus atque filium.
Lass uns den Vater kennen, lass uns den Sohn kennen.

Seite 77
Nos nani sumus in umeris gigantium sedentes.
Wir sind Zwerge, die auf den Schultern von Riesen stehen.

Seite 91
Qui nunc iacet horrida pulvis...
Der, der hier liegt als schaurige Asche, war einst der Diener einer in Liebe.
Properz, Elegien, II, 13
Atque utinam primis animam ...
Aber hätte doch schon als Wiegenkind eine der drei Schwestern meine Seele dahingestreckt. *II, 43*
Sed frustra mutos revocabis, Cynthia,...
Aber vergeblich rufst du, Cynthia, den stummen Geist: was können meine unbedeutenden Knochen schon antworten? *II, 57*

Seite 174
O rocca de fortezza, – en la qual è gran tesoro...
Oh feste Burg – die einen großen Schatz birgt,
von außen scheint sie bitter – aber innen ist süßester Honig;
meiden muss man Faulheit – um dich stets anzuschauen.
Jacopone da Todi, Lauda XXXVII

Seite 183
Di quella povertà che heletta pare…
Von jener Armut, die erwählt erscheint,
kann man aus deutlicher Erfahrung sehen,
dass man sie, ohne Irrtümer zu begehen,
befolgt oder nicht, gleich wie man sie berechnet.
Aber die Befolgung ist nicht zu loben,
wenn weder Mäßigkeit noch Erkenntnis,
noch irgendeine Kraft
der Sitten oder Tugenden dabei zum Vorschein kommt.
Gewiss erscheint es mir als großer Hohn,
Tugend zu nennen, was das Gute auslöscht;
und sehr schlecht, wenn es geschieht,
dass man das Tierische der Tugend vorzieht,
welche Heil bringt,
was jeder erfahrenen Einsicht annehmbar ist,
und die wertvollste erfreut sich am meisten daran.
Giotto (Übersetzung von Rita Hirschfeld)

Seite 206
Quando i Giudei Cristo pigliaro…
Als die Juden Christus festnahmen,
umzingelten sie ihn von allen Seiten;
sie banden seine Hände fest zusammen,
rüpelhaft, wie einen Dieb.

Da la crudel morte di Cristo…
Über den grausamen Tod Christi
weine jeder Mensch bitterlich.

Trenta denari fu il mercato...
30 Denare war der Lohn,
der Judas bezahlt wurde;
es ist besser, nie geboren zu sein,
als so abgrundtief zu sündigen.
Alla colonna fu spogliato...
An der Säule wurde er entkleidet,
am ganzen Körper gegeißelt,
überall blutig,
so falsch und grausam.

Seite 207
Stabat mater dolorosa...
Christi Mutter stand mit Schmerzen
bei dem Kreuz und weint von Herzen,
als ihr lieber Sohn da hing.
Durch die Seele voller Trauer,
schneidend unter Todesschauer,
jetzt das Schwert des Leidens ging.
(Übertragung von Heinrich Bone, 1847)

Seite 210
D'april vi dono la gentil campagna...
Im April schenke ich euch die liebliche Landschaft,
erblüht und voll von frischem Gras,
an Wasserquellen soll es nicht fehlen,
und auch nicht an Mädchen und Frauen zu eurer Begleitung.
Folgore da S. Gimignano

Seite 232
Cynthia prima suis miserum...
Cynthia hat, sie zuerst, mit den Äuglein ach! mich erobert,
Mich, den zuvor niemals einige Liebe hat berauscht.
criminaque ignavi capitis mihi...
Was doch dichtest du mir Feigheit zum schmählichen Vorwurf,
weil ich zerbrechen das Joch, sprengen die Bande nicht kann?

Seite 236
The second multiplicatione is an augmentum..
Die zweite Art der Vermehrung ist ein Wachstum der Beschaffenheit des Steins mit seiner früheren Kraft, so dass dieser weder etwas von seiner Kraft verliert, noch etwas hinzugewinnt, aber in der Weise, dass sein Gewicht beständig weiter zunimmt, so dass aus einer einzigen Unze mehrere Unzen werden.

Seite 244
O Castitate, fiore...
Oh Keuschheit, du Blume, die du Liebe enthältst,
oh Blume der Keuschheut, wohlriechende Lilie,
voll der Süße, und von scharlachroter Farbe,
du bist die Ehre der Dreifaltigkeit!
Jacopone da Todi

Seite 255
Taedia dum miserae sint tibi luxuriae!
Widerlich nur sei dir ärmlicher Üppigkeit Tand!
Properz, I, II

Seite 271
Assisi, procedit iam securus cum angelorum cetibus.
schon schreitet er sicher voran mit der Schar der Engel,
Inschrift im Vierungsgewölbe von S. Francesco

Seite 477
Porcavaccamaremmabucaiola...
Himmiherrgodnoamoikruzefixhallelujasakrament...
Barbarus hic ergo sum, quia non intellegor ulli.
Ein Barbar bin ich hier, weil ich von niemandem verstanden werde.
Ovid

Seite 500
S'io fossi fuoco arderei lo mondo...
Wäre ich Feuer, ich verbrannte die Welt,
wäre ich Wind, zerstörte ich sie mit Unwetter,
wäre ich Wasser, würde ich sie überschwemmen.
Wäre ich Gott, stieße ich sie in den Abgrund.
Wäre ich der Kaiser, weißt du was ich dann machte?
Ich würde allen den Kopf abschlagen.
Wäre ich der Tod, dann ginge ich zu meinem Vater,
wäre ich das Leben, dann liefe ich weg von ihm:
genauso machte ich es mit meiner Mutter.
Cecco Angiolieri

www.ingramcontent.com/pod-product-compliance
Lightning Source LLC
LaVergne TN
LVHW080359180826
845678LV00026B/1763

* 9 7 8 3 3 8 4 1 4 9 3 0 5 *